近代日本の日蓮主義運動

大谷栄一

法藏館

はじめに

「日蓮主義者。この語をあなたは好むまい。私も曾《か》っては勿体なくも烈しく嫌ひました。但しそれは本当の日蓮主義者を見なかった為です。／東京鶯谷国柱会館及／『日蓮聖人の教義』『妙宗式目講義録』等は必ずあなたを感泣させるに相違ありません」[1]。

一九二〇年（大正九）一二月上旬、宮沢賢治はこう書き記した手紙を友人の保阪嘉内に送った。この年、賢治は在家仏教教団・国柱会（もと立正安国会）に入会しており、手紙のなかで「一緒に国柱会に入りませんか」と、保阪にも入会をすすめている。当時、国柱会は東京鶯谷に国柱会館という活動拠点を構えていた。また、一二月二日付けの保阪宛ての手紙のなかで、「田中先生に　妙法が実にはっきりと働いてゐるのを私は感じ私は信じ私は仰ぎ私は嘆じ　今や日蓮聖人に従ひ奉る様に田中先生に絶対に服従致します」とのべている。[2]「田中先生」とは、国柱会の創始者である田中智学のことである。『日蓮聖人乃教義』は智学の著作であり、『妙宗式目講義録』は智学の講義をまとめた国柱会の組織的な教学体系である。賢治が智学の日蓮主義に熱烈に共鳴している様子がうかがえるであろう。

同じ年の一二月二日、陸軍大尉の石原莞爾は、赴任先の中国漢口から妻に宛てた手紙のなかで、「一日モ早ク世人ノ一般ニ、日蓮主義ノ真意ヲ知ラセタイモノデス」[3]と記している。石原もこの年に国柱会に入会しており、別の手紙のなかで、「［田中智学―筆者注］先生ハ大聖人以来ノ第一人者ダト私ハ確信シマス。直チニ上行菩薩ノ御指導丈《ダ》ケデ解リ得ナイ私共ハ是非此大先生ノ御助ケヲ要シマス[4]」とのべ、やはり智学の指導のもとで熱心に信仰に励んでいた。

田中智学の唱える日蓮主義に影響を受けたのは、このふたりだけにとどまらない。文学者の高山樗牛や宗教学者の姉崎正治は智学に啓発されて日蓮研究に取り組み、血盟団事件の指導者である井上日召や創価学会（当初は創価教育学会）の創始者・牧口常三郎は智学の講演に一時期通っているように、戦前の日蓮仏教界における智学の影響力は多大なものがあった。

一方、智学とならんで日蓮主義の普及に力を発揮したのが、顕本法華宗（もと日蓮宗妙満寺派）の管長をつとめた本多日生である。日生は知識人や軍人を中心とする幅広い人的ネットワークを組織し、広範な社会的影響力を誇った。たとえば、はじめ日生に師事し、のちに日生のもとを離れて新興仏教青年同盟を結成し、社会主義的な宗教運動を組織した妹尾義郎は、一九一九年（大正八）一一月一四日の日記のなかで、「吾が望みは日蓮主義を弘めるよりは外にない。此の為に一切を捧げなくてはならぬ[5]」と断言している。なお、妹尾のいう日蓮主義は日生のそれを意味しており、妹尾にとって日生は「全く敬服して了《しま》ふ[6]」存在だった。

また、海軍中将の佐藤鉄太郎は、一九〇九年（明治四二）に日生を訪問し、いろいろと教化を受けた結果、「日蓮上人讃仰者としては、他人に譲らざる自信を得た[7]」と述懐し、以後、日生と活動をともにした。一九二〇年（大正九）四月には、名古屋で日生と一緒に講演をしている。

日生は、一九一二年（明治四五）四月、東京浅草に統一閣という「帝都布教道場」を開設するが、この統一閣では、毎週の日曜講演のほか、多くの団体によるさまざまな催しが開かれ、とくに日生の講演には数多くの聴衆が集まった。そのなかには、国柱会入会前の石原莞爾や、日蓮会殉教青年党（いわゆる「死なう団」）の創始者・江川桜堂の姿もあった。一九一〇～二〇年代初頭の日本社会では、日蓮主義が流行していたのである。

このように田中智学と本多日生という日蓮主義者の言説と活動は、戦前期の日本で大きな勢力をなし、さまざまな人物に影響を与えたが、現在にいたるまで、その全体像が明らかにされているとはいいがたい。本書は、これまでの研究では言及されてこなかった第一次資料（両者の著作や両教団の機関誌・紙など）を分析して、智学と日生が組織した日蓮主義運動を実証的に明らかにしながら、近代日本の国家と宗教の関係（政教関係）を検討することを目的としている。

そもそも「日蓮主義」とは智学の造語であり、自らの日蓮仏教の言説と活動を他の日蓮仏教のあり方と区別するため、一九〇一年（明治三四）に創唱された。智学の影響を受けて、日生もすぐに用いるようになる。つまり、二〇世紀のはじまりに「日蓮主義」という用語が造られたのである。ふたりの日蓮主義は、「法国冥合」（政教一致）による理想世界の実現を最終的な目的としており、きわめて社会的かつ政治的な志向性の強い宗教運動として実践されたという特徴をもつが、この二一世紀のはじまりに、あらためて日蓮主義を問うことの意味はどこにあるのだろうか。

近年、世界各地でナショナリズムが再生し、ファンダメンタリズムが隆盛をみせるといった現象が注目を浴びている。そこでは宗教が中心的な役割をはたしており、宗教が社会や政治とどのように関わっているかが問題となっている。現代世界において、国家と宗教の関係がきわめて重要な課題として問われており、現代日本においても、創価学会と公明党の関係にみられる政治と宗教の問題は選挙のたびにさまざまな波紋を投げかけている。こうした現状を視野に収めつつ、本書では、近代日本の歴史的文脈のなかで政教関係を問い直してみたい。政教分離を原則とする近代社会において、政教一致の実現をめざした日蓮主義運動を検討することで、宗教がどのように社会や政治と関わろうとしてきたのかを考えてみたい。

ここで、本書の構成と概要を簡単にのべておく。

本書では、一八八〇年代（明治中期）から一九二〇年代（昭和初期）までの智学と日生の日蓮主義運動の展開過程を考察するが、まず、序章で先行研究を整理しながら、筆者の研究視点を提示する。近代日本の国家と宗教の関係を考える際、近代日本国家の正当性を根拠づけた知識体系である国体神話に着目することが重要であり、また日蓮主義運動の特徴を考える際、運動の全体像を再構成することが不可欠であることを示したうえで、以下、大きく三部に分けて検討していく。

第一部では、一八八〇〜一九〇〇年代（明治中期〜明治後期）における智学と日生の運動を取り上げる。智学が立正安国会を立ち上げ（一八八五年）、日生が妙満寺派内の改革（一八八九年）を達成することで、それぞれの教団組織の形成と整備を進めながら、しだいに日蓮門下教団全体の改革運動を組織し、「あるべき日蓮教団」の実現をめざすようになる過程を分析する。そして、日露戦争をきっかけとして、両者が天皇や国体に宗教的な意味づけや解釈をしながら、宗教的なナショナリズムを主張するようになる経緯を検討していく。

つづく第二部では、一九一〇年代（明治末・大正初期）を通じて、両者の日蓮主義が国体神話と交渉し、国体神話を自分たちの教団の教義や実践に積極的に組み入れていく動向を検討する。まず、智学と日生の日蓮主義が社会的に流行していく状況を確認し、日蓮門下七教団の統合（一九一五年）の詳細を分析する。さらに第一次世界大戦やロシア革命、米騒動の勃発という社会状況のなかで、智学による「日本国体学」（日蓮主義的国体論）の体系化と日生による儒教・神道・仏教の三教の統一の主張（三教統一論）を通じて、「現実の日本」に対する「あるべき日本」が発見されていった過程を検討する。

第三部では、「あるべき日本」の実現をめざした一九二〇年代（大正中期〜昭和初期）の国体論的日蓮主義運動（国体神話が教義・実践体系の中核に取り込まれた日蓮主義運動）の展開を考察する。まず、両者によって国家と日蓮主義運動との公的な交渉と位置づけられた立正大師諡号宣下（一九二二年）の意義を考察したうえで、智学による「国体観念の自覚」を訴えたさまざまな国体運動と日生による「国民思想の統一」のための国民教化運動を検討する。最後に両者の運動の到達点となった一九二九年（昭和四）の教化総動員への参加を分析する。

以上を踏まえて、終章で近代日本の政教関係と日蓮主義運動の運動的特徴に関する結論をのべることにする。

なお、本書では、当時の資料の引用に際しては、漢字を新字体にあらため、傍点はそのまま引用することにする（ただし、傍点の種類に関しては統一）。また、日蓮遺文の引用に際しては、漢文は読み下し文にあらためたことをあらかじめお断りしておく。

注

（1）『新校本宮澤賢治全集』第一五巻「書簡　本文篇」（筑摩書房、一九九五年）、一九七頁。
（2）同前、一九六頁。
（3）玉井禮一郎編『石原莞爾選集1　漢口から妻へ』（たまいらぼ、一九八五年）、二三三頁。
（4）同年七月二二日付けの妻への手紙の一節（同前、六九頁）。
（5）妹尾鐵太郎・稲垣真美共編『妹尾義郎日記』第二巻（国書刊行会、一九七四年）、八五頁。
（6）一九二三年（大正一二）一月三日の日記（同前、二七九頁）。
（7）『信仰の体験』（民友社、一九三〇年）、九八―九九頁。

近代日本の日蓮主義運動・目次

第二章　日蓮門下教団改革運動の展開

第二部　日蓮主義と日本国体の交渉（一九一〇年代）

第四章　国体神話との交渉

第五章　日蓮主義ネットワークと日蓮門下統合運動

近代日本の日蓮主義運動

装幀＝高麗隆彦

序章　日蓮主義とは何か

一　本書の視点

本書のテーマは、戦前期の日蓮主義運動を対象として、近代日本の国家と宗教の関係（政教関係）を検討し、日蓮主義運動の運動的な特徴を、宗教社会学の立場から明らかにすることである。

日蓮主義運動とは、法華系の在家仏教教団・国柱会の創始者である田中智学《たなかちがく》（一八六一～一九三九）と、日蓮門下教団の一宗派・顕本法華宗の管長をつとめた本多日生《ほんだにっしょう》（一八六七～一九三一）によって組織された仏教系宗教運動である。両者は宗教活動にとどまらず、社会活動、教化活動、政治活動、芸術活動などの幅広い活動を繰り広げ、その影響は仏教界のみならず、知識人や軍人、法曹界関係者、政治家、教育者、資本家におよんだ。

本書では、両者が宗教運動を立ち上げた一八八〇年代（明治中期）から、ピークを迎えた一九二〇年代（昭和初期）までの五〇年間の日本社会の激動のなかで、ふたりがどのような言説によって人びとをひきつけ、どのような活動を通じて運動を組織していったのかを検討していく。

田中智学（以下、智学と略）は一八八〇年（明治一三）に横浜で蓮華会を創設し、一八八四年（明治一七）に東京で立正安国会を結成する。一九一四年（大正三）には国柱会として組織を再編し、その生涯を通じて、在家仏教運動を実践した。智学の日蓮主義運動は、独自の国体論である「日本国体学」（日蓮主義的国体論）を創唱する一九〇三年（明治三六）を境として、一八八〇～一九〇〇年代（明治期）の「宗門革命・祖道復古」を掲げた日蓮宗門改革運動、一九一〇～三〇年代（大正・昭和初期）の国体運動（「国体観念の自覚」を訴えた精神教化運動）を中心として展開された。

一方、本多日生（以下、日生と略）は一三歳で得度し、そののち日蓮宗妙満寺派（一八九八年に顕本法華宗に改称）の要職につき活躍した。一八八〇～九〇年代には宗派内改革を断行し、一八九六年（明治二九）に結成した統一団を活動基盤として、一九〇〇年代には日蓮門下統合運動を中心的に牽引した。日露戦争（一九〇四～五年）後の社会危機には積極的に社会的な発言をし、感化救済事業や地方改良運動にもコミットしている。一九一〇～二〇年代には天晴会や地明会などの研究団体を通じて、日蓮主義の布教・教化活動を行ない、さらに自慶会や知法思国会などの教化団体を結成して、活発な国民教化運動を展開した。

両者の運動は、『法華経』にもとづく「法国冥合《ほうこくみょうごう》」（政教一致）の実現による理想世界の達成を究極的な目的として展開されたが、一八八〇～九〇年代には日蓮門下教団の改革による「あるべき日蓮教団」をめざす宗教運動として出発し、日露戦争前後の一九〇〇年代を境として、一九一〇～二〇年代には「あるべき日本」の実現による日本統合と世界統一の達成をめざすナショナリスティック（国家主義的・民族主義的）な宗教運動として展開されたという共通点をもっている。このような運動を、在家教団の立場から組織したのが智学であり、伝統教団の立場から組織したのが日生であった。

では、どのような視点から、日蓮主義運動を検討していくか、簡単にふれておきたい。

そもそも智学と日生の日蓮主義運動は、日本近代化の「歴史への応答[1]」として立ち現われた。両者の宗教運動が、近代日本の国民国家の形成に積極的に対応しながら展開された以上、その対応のありようが問われなければならない。

本書では、近代日本の政教関係を明らかにするため、政治文化としての国体神話（いわゆる天皇制イデオロギー）に着目する。

国体神話は、天皇の権威（にもとづく近代天皇制）の正当性を基礎づけ、近代日本の国家体制を正当化するための知識体系であり、近代日本の政治文化である。そして国体神話によって基礎づけられた近代天皇制とは、古い伝統の名のもとにネーション（国民・民族）と近代国家の構築を担った「創られた伝統[2]」であり、この「創られた伝統」を基軸として、国民国家「日本」という「想像の共同体[3]」が構築されていった。

なお、国体神話は、国家儀礼・教育・軍隊・メディアなどのさまざまな回路を通じて普及していく過程で、当時の人びとに共有され、自明化されていった。その重要な契機となったのが、日清・日露戦争を通じての「日本国民」という国民意識の確立である。日本が一八九〇年代から一九一〇年代の両対外戦争の勝利によって大国主義的なナショナリズムを確立し、一九〇〇～一〇年代にかけて国家体制の基礎を固めるとともに、国体神話の「信憑構造[4]」が確立していくことになる。信憑構造とは、特定の観念や知識が人びとの間で「信憑性」を維持するための社会基盤であるが、国体神話の信憑構造は、近代天皇制（国家）の正当性を保証する社会基盤でもあった。つまり、近代日本のナショナリズムが確立していく過程で、国体神話の信憑性が「国民」の間で形成され、国体神話が人びとにとって自明のものとなった。その結果、「日本」は国体神話によって正当化されていったのである。

智学と日生は、このような国体神話を自らの言説や活動に積極的に取り込みながら、日蓮主義運動を展開した。

とくに両者の運動は、一九〇〇年代を境として、ナショナリスティックに転回するが、それは国体神話の信憑構造の確立と並行しており、とくに一九〇〇年代以降の日蓮主義運動を規定したのが、この国体神話の信憑構造であった。ふたりの日蓮主義者は、国体神話の信憑構造を背景として、国体神話という政治文化を用いて、自分たちの教義や実践体系を整備し、その教説によって意味づけられ、解釈された国体論的な言説によって、布教・教化活動を繰り広げたのである。と同時に、両者の運動の軌跡は、国家体制が国体神話の普及を通じて宗教を体制内に取り込みながら、国家体制を再編成していく動向も意味していた。こうした国家体制と宗教との関係を当時の時代状況に即して明らかにすることが、本書の重要な課題となる。

国体神話と宗教

近代日本の国家と宗教（政教関係）の問題についての重要な研究領域として、いわゆる国家神道研究がある。そのおもな成果としては、藤谷俊雄や村上重良の国家神道研究、[5] 中島三千男、坂本是丸、羽賀祥二、新田均、山口輝臣らの制度史的研究、[6] 宮地正人の政治史的研究、[7] 安丸良夫の思想史・精神史的研究がある。[8] これらの研究では、国家神道と宗教との関係が国家神道体制の成立過程や明治国家の宗教政策の分析を通じて、とくに制度史的な観点から検討された。

また、国家神道体制と仏教の関係については、幕末・維新期を対象とした辻善之助、明治期を対象とした土屋詮教や池田英俊、大正期を対象とした土屋詮教、大正・昭和期を対象とした孝本貢、明治から昭和期までを包括的に扱った吉田久一や柏原祐泉らの研究があり、[9] いずれもおもに宗教史的な観点から考察されている。

なお、この場合の「国家神道」とは――藤谷や村上の定義によれば――神社制度（神社神道）と宮中祭祀（皇室神道）、帝国憲法と教育勅語にもとづく天皇制イデオロギーから構成されている。[10] 本書では、国家神道の制度的側面ではなく、イデオロギー的側面に焦点をあて、近代日本の政教関係を検討していく。

すでに国家神道の制度的側面とイデオロギー的側面の区別については、戦前の加藤玄智の研究がある。[11] 加藤は、神道を「国家的神道」と「宗派的神道」に分け、さらに前者を「国体神道」と「神社神道」に区分している。[12] 教派神道一三派を意味する「宗派的神道」に対して、「国家的神道」は「外的形式」としての「神社神道」、その「精神内容」としての「国体神道」からなるという。とくに「国体神道」は「我が国教育の根本義、その真諦を形成して、随つて文部省監督の下で、学校教育は何れも国体神道の精神に則つて実行されてをるし、政治の方面に於ても、此の国体神道の精神で我国の政治が行はれてをる」と指摘している。[13] 筆者の考える国体神話は、ほぼ加藤のいう「国体神道」(忠孝教・天皇教)と一致する。ただし、加藤は「宗派的神道」ばかりでなく、「国家的神道」も宗教であるととらえているのに対して、筆者はあくまでも国体神話を政治文化ととらえ、宗教とは区別する。

また、W・P・ウッダード[14]や西山茂[15]は、次のように区分している。ウッダードは、「神社神道」「国家神道(または国家的神道)」「国体神道」「教派神道」「国体のカルト」と分ける。[16]「国家神道」は、政府諸官庁による管理という特色をのぞいては「神社神道」と重複するとされ、「国体神道」は、「天皇と日本の国土および国民は一つの神聖かつ不可分の存在であると説く神道の説話にもとづく政治哲学的な信念の体系である」と定義している。[17] また、「国体のカルト」とは「日本の天皇と国家を中心とした超国家主義および軍国主義のカルト」を指す彼の造語であり、[18]「政府によって強制された教説(教義)、儀礼および行事のシステム」と規定している。[19] つまり、それは「国家神道」や「国体神道」などの「神道の一形式でない」という。

一方、西山は、近代天皇制を「政治宗教」(天皇崇拝儀礼を核とした治教)と規定し、[20]「神社中心の国家神道」と

「国民的天皇崇拝儀礼」に分ける。[21]西山の「国民的天皇崇拝儀礼」やウッダードの「国体のカルト」は、儀礼という実践も含むが、これらの知識的側面が、筆者のいう国体神話にあたる。

筆者は加藤、ウッダード、西山によって指摘された国体神話という知識と、その知識をめぐる儀礼や行事との関連から、近代日本の国家と宗教の問題を、国体神話と宗教の問題に敷衍しながら検討すべきであると考える。

記紀神話のリアリティ

では、こうした視点は、これまでの宗教社会学（社会学）研究ではどのように位置づけられるのであろうか。西山の次の発言に注目してもらいたい。

「国民的天皇崇拝儀礼が義務教育を通して国民のなかに広く深く浸透した明治末・大正期以降になると、天皇崇拝的な要素を自らの信行体系の中核に取り込んだ新しい宗教運動が台頭してくる。田中智學の国体論的日蓮主義や出口王仁三郎の皇道大本の運動がそれにあたる。[22]」

ここで指摘されている田中智学の日蓮主義運動を論じたのが西山[23]であり、一九三〇年代の大本による昭和神聖会の運動を論じたのが栗原彬[24]である。また、対馬路人[25]は大本や天理本道（もと天理研究会、現在のほんみち）、璽宇、そして神政龍神会（大本の分派教団）の疑似天皇制的・疑似記紀神話的な性格を論じ、国体神話（天皇制）と宗教運動との関係を明らかにしている。これらの研究のポイントを確認しておく。

対馬は、大正期から戦後初期までの大本・天理本道・璽宇などの「終末預言宗教」が活性化した重要な要因として、国体神話の問題を指摘している。対馬によれば、近代天皇制神話が民衆に浸透し、定着したことによって、新宗教の宗教的構想力の自由な展開や表出を妨げ、歪めたとされるが、一方ではその活性化をもたらしたとも考えられる。[26]その根拠として、対馬は以下の点を指摘する。天津日嗣＝現人神信仰が国民に浸透し、超越者によるこの世（日本）の支配というイメージが流布したことで、救世主の観念がある程度のリアリティをもって受容される心理的基礎を提供したこと、記紀神話が歴史として強調されたことで、民族や国家の歴史を宗教的・神話的な視角からとらえる宗教的な歴史観を喚起したこと、さらにそうしたイメージの流布や関心の喚起が、当時の歴史的な危機に対する神義論的な疑問を生じさせることになったこと、である。[27] こうした神義論的な疑問は公的な神話体系としての記紀神話では充分に応えられず、「終末預言宗教」の活性化とその幅広い受容をもたらした、と対馬はのべている。

ここで興味深いのは、大本や天理本道の神話（教義）が「疑似記紀神話的枠組のなかで再編成された」という指摘である。[28] つまり「終末預言宗教」は、体制イデオロギーの枠組みを借用して構想されたのである。といっても、現実の天皇や天皇制がそのまま認められていたわけではなく、むしろ、そこには「現実の天皇（制）と理想の天皇（制）との間の激しい緊張」が表象されていた。[29] こうした「理想の天皇制によって現実の天皇制の超克を目ざすという屈折した構造」を、対馬は「天皇制に対する屈折した両義性」と規定している。[30]

なお、対馬の指摘する両義性は、一九三四年（昭和九）に出口王仁三郎が組織した国家主義団体・昭和神聖会の「皇道維新」の運動を分析した栗原においても指摘されている。天皇制が「全般的宗教化」した一九三〇年代の日本社会で、天皇制に深いルサンチマンを抱いていた下層民衆は現実の天皇制に過剰に同調するか、あるいは始原の理想的な天皇と同一化するかの岐路に立っており、下層民衆をおもな担い手とする大本も同じ地点に立っていた、と栗原はいう。[31] 天皇に対するこうした両義性は、昭和神聖会の「国家主義運動としての一般性と、大本の民衆宗教運動としての特殊性」を意味し、[32] この両者がせめぎあいながら繰り広げられた運動の過程で、「始原の大本が顕れて、下層民衆のルサンチマンが、それをラディカルな『水晶の世』［真実の世界―筆者注］に仕立てあげた」ことを指摘している。[33]

以上、これらの研究では宗教教団が国体神話を自らの教義・実践体系の中核に組み込み、記紀神話を援用しながら、「現実の天皇（制）」に「理想の天皇（制）」を対置して自らの運動を展開していったことが論じられている。そして、右に挙げた宗教運動の時代社会的な背景には、筆者のいう国体神話の信憑構造があったのである。

対馬と栗原が神道系の宗教運動をとりあげているのに対し、西山は国体神話と仏教系宗教運動の関係を検討している。西山は、田中智学と清水梁山という日蓮主義者が「近代天皇制国家の確立とその対外的拡張を契機として、日蓮の法国相関の理論を再編し、日蓮主義の立場から独自の日本国体論を構築した」ことを指摘する。[34] 智学独自の『日本書紀』解釈にもとづく「日本国体学」は、「現実の日本」と「在るべき日本」とを対置し、[35] さらにその中枢にある「天皇のもつ法華経的な含意」をも開示した。[36] 西山の研究でも、国柱会が記紀神話（とくに『日本書紀』）を用いて、天皇に対する独自の宗教的な意味づけをしたうえで、国体神話を自らの教義・実践体系の中核に組み込んで運動を展開していったことが分析されている。そして、「日本国体学」成立の背景にも、「国民的天皇崇拝儀礼が義務教育を通して国民のなかに広く深く浸透した」という時代状況があったのである。

本書は、こうした研究の流れの延長線上にある。田中智学と本多日生によって組織された日蓮主義運動が、国体神話とどのように関わりながら形成されていったのかを、当時の時代社会的な文脈に即して実証的に分析することで、国体神話と宗教の関係を検討し、近代日本の政教関係を明らかにしていく。[37]

二　日蓮主義をめぐる問い

本書のもうひとつのテーマは、日蓮主義運動の運動的な特徴を明らかにすることであるが、智学と日生の日蓮主義の言説と運動は、これまでの研究においてどのように評価されてきたのだろうか。

両者の言説と運動を含め、近代日本における法華・日蓮系の仏教思想と運動の展開を包括的に扱った研究として、望月歓厚編『近代日本の法華仏教』（平楽寺書店、一九六八年）、田村芳朗・宮崎英修編『講座日蓮4　日本近代と日蓮主義』（春秋社、一九七二年）、戸頃重基『近代社会と日蓮主義』（評論社、一九七二年）、中濃教篤編『近代日蓮教団の思想家―近代日蓮教団・教学史論』（国書刊行会、一九七七年）、日蓮宗現代宗教研究所編『日蓮宗の近現代―他教団対応のあゆみ』（日蓮宗宗務院、一九九六年）がある。また、智学と日生の個別の研究もなされてきた。ここで、これまでの研究史における両者への評価のポイントを確認しておきたい。

数多い研究のなかでも、のちの日蓮主義研究に多大な影響を与えたのが、戸頃重基の研究である。戸頃は『日蓮の思想と鎌倉仏教』（冨山房、一九六五年）と『日蓮教学の思想史的研究』（冨山房、一九七六年）をはじめ、『近代日本の宗教とナショナリズム』（冨山房、一九六六年）や『近代社会と日蓮主義』（評論社、一九七二年）で、思想史の立場から、智学と日生の日蓮主義を考察しているが、その評価は一貫していた。ふたりを「国粋主義に迎合して日蓮の研究・解釈・宣伝をつうじて、右翼的な政治行動にいちじるしい影響をおよぼした」人物ととらえ[38]、両者の言説を「国主法従説」と規定している[39]。戸頃は、智学と日生の日蓮主義がナショナリスティックであり、国家に迎合した御用宗教である、と評価する。この評価が現在につづく日蓮主義研究の基調をなしている。

戸頃の議論のポイントは、智学と日生における国家と宗教の関係、つまり（日蓮仏教の専門用語である）法国相関論（立正安国や法国冥合、王仏冥合）をどのように評価するのか、という点にある。この法国相関論こそが、智学と日生の日蓮主義のナショナリスティックな性格を読み解く鍵であり、両者への評価の分岐点となってきた。戸頃の研究では、戦前の日本のナショナリズムを悪とする戦後日本の価値観にもとづき、ナショナリズムと結びついた智学と日生の日蓮主義を「国主法従説」として断罪する構造になっている。

しかし、筆者は、智学と日生の日蓮主義の言説と運動が形成される過程で、なぜ、どのようにナショナリズムと結びついたのかが問われなければならないと考える。本書では、「ナショナリズム」そのものの価値判断は保留したうえで、智学と日生の日蓮主義を、近代日本の国体神話と宗教の問題として、問い直していくこととする。

これまでの研究に欠けていたもの

さらにこれまでの研究史を検討すると、智学と日生の日蓮主義運動の全体像の把握という問題が浮かび上がる。まず、智学の運動の全体像は、渡辺宝陽[40]、中濃教篤[41]、小林英夫[42]、西山茂[43]らによって検討されてきた。たとえば渡辺は、智学の運動は一九〇二年（明治三五）の日蓮開宗六五〇年の後、日露戦争頃を契機とするそれ以前の活動とそれ以後の「国体学へ傾斜して行く」活動を区別して検討する必要がある、と指摘する[44]。その全体像を把握するためには、この両時期の運動の関連をどう理解するかが重要となるが、筆者は次のように整理している[45]。智学の運動は前半の

「日本国体学」（日蓮主義的国体論）が創唱される一九〇三年（明治三六）を境として、智学の運動は前半の宗教運宗教運動（日蓮宗門改革運動）と後半の国体運動（国体論的日蓮主義運動）に分かれ、「法国冥合」（政教一致）による日本統合と世界統一の実現こそが、智学の日蓮主義運動の全過程を一貫する運動目的である、と。

一方、日生の運動の全体像を検討した研究は智学の研究にくらべて少なく、渡辺宝陽[46]や伊藤立教[47]などの研究があるが、筆者は次のように整理する[48]。（一）対宗派的な、宗派内改革運動の推進、（二）対宗門的な、日蓮門下統合運動の推進、（三）対社会的な、社会教化運動の展開。日生においても、日蓮門下改革運動（宗派内の改革運動を含む門下統合運動）と対社会的な運動（社会教化運動）が実践されており、やはり日露戦争前後から後者の運動の方が活発になっている。また、「あるべき国家と宗教」の関係、すなわち「法国冥合」（政教一致）の実現を強調していることも、智学と共通していた。

このように両者の日蓮主義運動の全体像は素描できる。だが、その把握は不十分なものである。というのも、

これまでの研究では両者の運動の実証的な把握が十分ではなかったからである。

筆者は、先行研究では言及されることの少なかった両者の運動の具体的な内容を詳細に分析し、近代日本の日蓮主義運動の全体像を再構成することをめざす。

国柱会は新宗教か

日蓮主義運動の運動的な特徴を検討する時、つねに問題となるのが国柱会が新宗教なのかどうかという点である（日生の運動は基本的には伝統教団による運動である）。この問題は、これまでの日本近代仏教史研究における法華・日蓮系の宗教運動に関するカテゴリーの問題とも関わってくるので、ここでそれを整理しておきたい。

これまで近代日本の法華・日蓮系の宗教運動を包括的に規定したカテゴリーとして、田村芳朗[49]と戸頃重基[50]による「日蓮主義」がある。戸頃は「日蓮主義」を、「法華経にもとづく日蓮の思想・信仰・行動の体系である」と定義して、日蓮の生きた鎌倉期から近現代までの法華・日蓮系の仏教思想・運動を広く網羅している[51]。田村はとくに定義していないが、「日蓮主義」を智学や日生などの「国家主義的な日蓮信奉」、高山樗牛や宮沢賢治、尾崎秀美の「国家を超越した普遍的な個に立っての信仰、あるいは日蓮・法華をとおしての宇宙実相の信仰」、さらに本門佛立講・霊友会系諸教団・創価学会の「日蓮系の新宗教運動」の三つの型に整理している[52]。戸頃は智学や日生も含めて広く「日蓮主義」に網羅し、田村は智学の運動を「日蓮系の新宗教運動」から区別している[53]。

また、村上重良は、田村のいう「日蓮系の新宗教運動」を「法華系在家教団」または「法華系新宗教」とカテゴライズしている[54]。この「日蓮系の新宗教運動」のカテゴリーとして、ほかには「日蓮系新教団[55]」、「新興法華経系教団[56]」、「法華系新興教団[57]」、「法華系新宗教運動[58]」、「法華経＝日蓮宗系の新宗教（法華系新宗教）[59]」などがある。

さらに、西山茂は「法華系新宗教運動[60]」や「法華系の新宗教[61]」とカテゴライズする。前者では本門佛立講と国柱

会を、後者では本門佛立講・創価学会・立正佼成会・妙智會を含めている。(62)

これらをみると、戸頃の「新興法華経系教団」と梅原正紀の「法華系新興教団」には国柱会が含まれ、日本宗教研究会の「日蓮系新教団」(「日蓮系新興教団」)と島薗進の「法華系新宗教」には国柱会は含まれていない。また、西山も「国柱会は新宗教には含めません」とのべている。(63) つまり、「日蓮主義運動」を「日蓮系の新宗教運動」に含めるかどうかは、研究者によって異なるのである。

ここで問題となるのは、「新宗教」の定義であろう。ここでは、島薗と西山の議論を参照して、この問題をさらに考えてみる。

島薗は、新宗教の必要要件を「宗教であること」「成立宗教であること」「既成宗教からの独立(自立性)」「民衆を主たる担い手とすること(民衆性)」の四点にまとめ、(64) 西山は、新宗教を「既存の宗教様式とは区別された新たな宗教様式の樹立と普及によって、急激な社会変動下の人間と社会の矛盾を解決または補償しようとする、一九世紀なかば以降に世界各地で台頭してきた民衆主体の非制度的な成立宗教」と定義している。(65) ふたりとも新宗教の担い手を「民衆」としており、運動の担い手がどのような社会層か、また民衆にどの程度受け入れられたのかという点が、国柱会が新宗教かどうかを判断するメルクマールとなっていることがわかる。じつはこの点が、これまでの研究では実証的には裏づけられていない。島薗は、国柱会が内村鑑三の無教会、釈宗活の両忘禅協会(とそこから分かれた人間禅教団)、伊藤証信の無我苑、西田天香の一燈園とならんで、「知識人や中上層の階層の人々を主たる担い手」として近代の宗教運動であると指摘する。(66) 本書で明らかにするように、この指摘に大きな誤りはない。だが、運動の具体的な内容や全体像が明らかでないことから、その実証的な裏づけが要請されるのである。

「日蓮主義」とは何か

以上の議論を整理しておこう。筆者は、「日蓮主義運動」を智学と日生の組織したさまざまな運動体による運動に限定して用い、次のように定義する。「日蓮主義運動とは、第二次世界大戦前の日本において、『法華経』にもとづく仏教的な政教一致（法国冥合・王仏冥合や立正安国）による日本統合（一国同帰）と世界統一（一天四海皆帰妙法）の実現による理想世界（仏国土）の達成をめざして、社会的・政治的な志向性をもって展開された仏教系宗教運動である」、と。

なお、本書では、近代以降の法華・日蓮系の宗教運動を包括するカテゴリーとして、「近代法華仏教運動」という概念を提示しておく。[67] この概念は、伝統教団としての日蓮門下各宗派から、智学と日生が組織した運動体、さらに本門佛立講から霊友会系諸教団、創価学会などの法華系新宗教教団の諸運動を包括するカテゴリーである。この近代法華仏教運動の下位カテゴリーとして日蓮主義運動を位置づけ、法華系新宗教と区別しておく。なお、智学と日生の運動の差異については、担い手や活動の内容など、運動の全体像をすべて検討してから、本書の最後であらためて言及する。その際、国柱会が新宗教かどうかという問題もあわせて言及することで、両者の日蓮主義運動の運動的な特徴を明らかにしていくことにしよう。

そもそも「日蓮主義」という言葉は、智学の造語である。ここで、当事者による「日蓮主義」の定義を確認しておく。

「日蓮主義」は、一九〇一年（明治三四）五月六日に発行された立正安国会の機関誌『妙宗』四編五号に付録として掲載された智学の「宗門の維新［総論］」において、はじめて用いられた。このなかで「非日蓮主義の安心を味守《みしゅ》せし也[68]」や「日蓮主義の鉄槌によりて鍛へ上げたる、真正の日本的気節也[69]」（傍点ママ、以下断りのないかぎりは同じ）というように用いられている。[70]「日蓮主義」は、今から一〇〇年前の一九〇〇年代初頭に創唱されたのである。また日生も、一九〇三年（明治三六）八月九日に開催された中央統一団友会での演説録『統一』第一百号の祝筵に臨みて本団の旨趣及前途の施設を述ぶ」で、「此考慮なきものは、決して真正なる日蓮主義とは称することを許されぬのである」[71]と用いてから、「日蓮主義」という言葉を広めていった。

その後、両者の影響力によって、宗教者のみならず、当時の知識人や軍人、法曹界関係者、政治家、教育者、資本家の間でも、「日蓮主義」が普及していく。

では、最初に智学の定義から確認していこう。

「宗教並にいへば日蓮宗といひ、所依の経に就ては『法華宗』とも称し来ッたのだが、純信仰の立場よりも広い意味に、思想的又は生活意識の上にまで用ひようとして、之を一般化して日蓮主義と呼倣したのである。[72]」

智学にとって「日蓮主義」とは、「政治であれ、経済であれ、社会でも人事でも、凡そ人間世界のすべての事に正しい動力となッて、実際の益を興す」「一切に亘る指導原理」であり、寺院や仏壇の中に封じ込めておくべきものではなく、世間を率いる「活指南」であった。この「一切に亘る指導原理」としての「日蓮主義」という考え方は、智学の生涯を通じて一貫していた。

一方、日生による定義は以下の通りである。

「日蓮主義の真面目は如何なるものかと云ふに、（中略）私共専門の方の研究では之を統一主義と称して居ります、統一と云ふことの前に開顕と云ふことがありますから、開顕主義とも統一主義とも言ひ、合せて開顕統一主義とも言ふのである、此四字が先づ日蓮主義を言ひ表すものであると思ふのであります、（中略）日蓮主義の真面目は開顕統一主義である。[73]」

日生は『日蓮主義』という著作でこう断言する。日生にとって、「個人と云ふ事と、家庭と云ふ事と、国家と云ふ事と、世界と云ふ事と、宇宙と云ふやうな事は之を統一して見なければなら」ず、「どんなものでも皆な開顕統一してしまふ」のが、「日蓮主義」であった。また「日蓮主義」の依拠する根本経典『法華経』は、「単に宗教的信仰許りを教ふるのではな」く、「人間の全生活、精神も肉体も道徳政治経済一切生まれてから死ぬ迄の全生活を全ふせしめて行く教」であった。このように日生もまた、「日蓮主義」を「純信仰の立場よりも広い意味に」用いているのである。

つまり、智学と日生の「日蓮主義」とは、日蓮仏教の信仰にとどまらない、政治・経済・社会・道徳などの「一切に亘る」宗教的価値であった。ふたりは、この「日蓮主義」という宗教的価値を現実世界に適応して、日本社会の統合と世界の統一をめざす日蓮主義運動を組織していくのである。

問うべき課題

さて、これまでのべてきた課題に答えるため、本書ではとくに日蓮主義運動の運動目標と布教・教化戦略の変化に着目しながら、智学や日生たちの言説や活動の内容を分析し、記述していく。

日蓮主義運動の究極的な目的（end）は、「法国冥合」（政教一致）による理想世界の達成であるが、両者は時代状況に応じて、具体的な目標（goal）をそのつど設定している。それが一八八〇～一八九〇年代の「あるべき日蓮教団」の実現であり、一九〇〇年代以降の「あるべき日本」の実現であった（さらに細かく時代ごとに具体的な目標が設けられている）。こうした運動目標を実現するために、成員たちはさまざまな活動に取り組んだ。

教団を維持・拡大し、運動を組織化するための活動が、布教・教化である。宗教運動の発展は、成員たちによる布教・教化活動によって支えられており、宗教運動を分析するためには、教団の布教・教化戦略を検討することが重要となる。その戦略は運動目標に規定され、目標の変容は布教・教化戦略を変容させるという関係にある。智学や日生は自分たちの布教・教化戦略を、仏教の教化方法である「四《し》悉檀《しつだん》」[74]（四悉）として提起している。両者の布教・教化戦略の基本は、宗教的真理を直接的に布教・教化する「第一義悉檀」である。ほかの「悉檀」による活動は、この「第一義悉檀」に人びとを導くための方便的な手段と位置づけられていた。当初、両者は「第一義悉檀」による布教・教化を主張していたが、日露戦争後には「世界悉檀」を強調するようになる。それは状況適合的な布教・教化への転換であった。「あるべき日蓮教団」から「あるべき日本」への運動目標の変化に伴い、布教・教化戦略も「第一義悉檀」から「世界悉檀」を重視するようになった。本書では、智学や日生たちの言説や活動を検討するため、運動目標と布教・教化戦略の変容に注目していくことにする。

以上、近代日本の国家と宗教の関係と日蓮主義運動に関する研究史を整理することで、筆者の視点を明らかにし、問うべき課題を設定した。次章より、いよいよこれらの課題を実証的に明らかにしていこう。

注

（1）西山茂「日本の近・現代における国体論的日蓮主義の展開」（『東洋大学社会学部紀要』二二巻二号、一九八五年、一八八頁）。

（2）E・ホブズボーム、T・ランガー編『創られた伝統』（前川啓治他訳、紀伊国屋書店、一九九二年、原著一九八三年）。

（3）B・アンダーソン『増補　想像の共同体―ナショナリズムの起源と流行』（白石さや・白石隆訳、NTT出版、一九九七年、原著一九八三年）。

（4）P・L・バーガー『聖なる天蓋―神聖世界の社会学』（園田稔訳、新曜社、一九七九年、原著一九六六年）、六八頁。

（5）藤谷俊雄「国家神道の成立」（『日本宗教史講座第一巻　国家と宗教』三一書房、一九五九年）、村上重良『国家神道』（岩波書店、一九七〇年）、同『天皇の祭祀』（岩波書店、一九七七年）、同『慰霊と招魂―靖国の思想』（岩波書店、一九七四年、岩波書店）、同『国家神道と民衆宗教』（吉川弘文館、一九八二年）、同『天皇制国家と宗教』（日本評論、一九八六年）。

(6)　中島三千男「大日本帝国憲法第二八条『信仰自由』規定成立の前史―政府官僚の憲法草案を中心に」(『日本史研究』一六八号、一九七六年)、同「『明治憲法体制』の確立と国家のイデオロギー政策―国家神道体制の確立過程」(『日本史研究』一七六号、一九七七年)、坂本是丸『明治維新と国学者』(大明堂、一九九三年)、同『国家神道形成過程の研究』(岩波書店、一九九四年)、坂本是丸・井上順孝編『日本型政教関係の誕生』(第一書房、一九八七年)、羽賀祥二『明治維新と宗教』(筑摩書房、一九九四年)、新田均『近代政教関係の基礎的研究』(大明堂、一九九七年)、山口輝臣『明治国家と宗教』(東京大学出版会、一九九九年)。

(7)　宮地正人『天皇制の政治史的研究』(校倉書房、一九八一年)、同「国家神道形成過程の問題点」(安丸良夫・宮地編『日本近代思想大系5　宗教と国家』岩波書店、一九八八年)、同「国家神道の確立過程」(國學院大學日本文化研究所編『近代天皇制と宗教的権威』同朋社出版、一九九二年)。

(8)　安丸良夫『神々の明治維新』(岩波書店、一九七九年)、同「近代転換期における宗教と国家」(安丸・宮地編前掲書『日本近代思想大系5　宗教と国家』)、同『近代天皇像の形成』(岩波書店、一九九二年)。

(9)　辻善之助『明治仏教史の問題』(立文書院、一九四九年)、土屋詮教『明治仏教史』(三省堂、一九三九年)、池田英俊『明治の仏教』(評論社、一九七六年)、同『明治の新仏教運動』(吉川弘文館、一九七六年)、土屋詮教『大正仏教史』(三省堂、一九四〇年)、孝本貢「大正・昭和期の国家・既成仏教教団・宗教運動」(孝本編『論集日本仏教史9　大正・昭和時代』雄山閣出版、一九八八年)、吉田久一『吉田久一著作集4　日本近代仏教史研究』(川島書店、一九九二年、原著一九五九年)、同『日本の近代社会と仏教』(評論社、一九七〇年)、同『近現代仏教の歴史』(筑摩書房、一九九八年)、柏原祐泉『日本仏教史近代』(吉川弘文館、一九九〇年)。

(10)　藤谷前掲論文、二七五―二八四頁ならびに村上『国家神道』七八―八〇頁、二二三―二二七頁。

(11)　加藤玄智の研究については、注6の新田前掲書「Ⅳ『国家神道』論の二つの原点」の「第九章　加藤玄智の『国家的神道』論」が、また後述のW・P・ウッダードの研究については、同「第十章　W・P・ウッダードの『国体狂信主義』論」を参考にした。

(12)　『神道の宗教発達史的研究』(中文館書店、一九三五年)、三頁。

(13)　同前、二頁。また、「国体神道」を「忠孝教又は天皇教 Mikadoism」ともいっており(『改訂増補　神道の宗教学的新研究』大鐙閣、一九二六年、原著一九二二年、二七二頁)、この「天皇を中心とした忠孝教即ち国体神道が、我が独特なる国体の大切なる要素である」ことも指摘している(同、二七八頁)。

(14)　W・P・ウッダード『天皇と神道』(阿部美哉訳、サイマル出版会、一九八二年、原著一九七二年)。
(15) 西山茂「近代仏教研究の宗教社会学的諸課題」(『近代仏教』五号、一九九八年)。
(16) ウッダード前掲書、七—八頁。
(17) 同前、八頁。
(18) 同前、八頁。
(19) 同前、九頁。
(20) 西山前掲論文、六頁。
(21) 同前、七頁。
(22) 同前、八頁。
(23) 西山茂「日本の近・現代における国体論的日蓮主義の展開」(『東洋大学社会学部紀要』二二巻二号、一九八五年)、同「日蓮主義の展開と日本国体論—日本の近・現代における法華的国体信仰の軌跡」(孝本編『論集日本仏教史9 大正・昭和時代』雄山閣出版、一九八八年)、同「日本の近代と仏教—田中智学の『日本国体論』を中心に」(『月刊アーガマ』一〇七号、一九九〇年)、同「近代の日蓮主義—『賢王』信仰の軌跡」(日本仏教研究会編『日本の仏教』四号、法蔵館、一九九五年)。
(24) 栗原彬「一九三〇年代の社会意識と大本—社会不安と両義性の宗教」(『思想』六二四号、一九七六年)。
(25) 対馬路人「終末預言宗教の系譜—日本の新宗教を中心として」(『真理と創造』二四号、一九八五年)、同「新宗教における天皇観と世直し観—神政龍神会の場合」孝本編『論集日本仏教史9 大正・昭和時代』雄山閣出版、一九八八年)、同「大正・昭和前期の新宗教と国家—立て替え立て直しをめぐる宗教的緊張」(國學院大學日本文化研究所編『近代天皇制と宗教的権威』同朋社出版、一九九二年)、同「敗戦と世直し—璽宇の千年王国思想と運動(1)」(『関西学院大学社会学部紀要』六三号、一九九一年)、同「敗戦と世直し—璽宇の千年王国思想と運動(2)」(『同』八七号、二〇〇〇年)。
(26) 対馬「終末預言宗教の系譜」、一〇二頁。
(27) 同前、一〇三頁。
(28) 同前、一〇三頁。
(29) 同前、一〇四頁。
(30) 対馬「新宗教における天皇観と世直し観」、二〇六頁。
(31) 栗原前掲論文、三七頁。
(32) 同前、四〇頁。
(33) 同前、四五—四六頁。
(34) 西山「日本の近・現代における国体論的日蓮主義の展開」、一六七頁。
(35) 同前、一八七頁。
(36) 西山「近代の日蓮主義」、一三六頁。
(37) ちなみにこうした近代日本の国体神話と宗教の問題は、歴史学の分野では安丸良夫による天皇制研究や桂島宣弘による幕末国学と民衆宗教(金光教)の研究を通じて検討されている。たとえば注8の安丸の『近代天皇像の形成』は、「天皇制にかかわるイメージや観念がどのように展開したのかという主題」を論じた研究であるが、そこでは天皇崇拝や国体観念を媒介とした国家と民衆意識の関係が考察されている。また、桂島の『幕末民衆思想の研究―幕末国学と民衆宗教』（文理閣、一九九二年）では、明治二〇～三〇年代の金光教や明治三〇年代の天理教の教えの形成が天皇制イデオロギーとの相克のもとに行なわれていった経過が論じられている。

(38)　『日蓮教学の思想史的研究』（冨山房、一九七六年）、三二二頁。

(39)　同前、五三三頁。国家が宗教に優先する立場を「国主法従説」、宗教が国家に優先する立場を「法主国従説」という。なお、智学と日生における「国」概念の問題については、次章以降にのべることにする。ちなみに戸頃は他の著作でも、智学を「日蓮ファシスト」（『近代日本の宗教とナショナリズム』冨山房、一九六六年、七八頁）と規定し、その言説を「国家至上主義的な日蓮解釈」（『近代社会と日蓮主義』評論社、一九七二年、六六頁）と評価し、日生を「明治日蓮教団史上、田中智学に次いで、日蓮の宗教を国権主義化した人物」（『近代日本の宗教とナショナリズム』、八〇頁、『近代社会と日蓮主義』、一〇〇頁）と断定し、その言説を「日蓮教学の国家主義的歪曲」（『近代日本の宗教とナショナリズム』、八一頁）と評価している。

(40)　渡辺宝陽「田中智学の宗教運動について―立正安国会・国柱会の展開」（望月歓厚編『近代日本の法華仏教』平楽寺書店、一九六八年）、同「田中智学」（田村芳朗・宮崎英修編『講座日蓮4　日本近代と日蓮主義』春秋社、一九七二年）。

(41)　中濃教篤「田中智学」（中濃編『近代日蓮教団の思想家―近代日蓮教団・教学史論』国書刊行会、一九七七年）。

(42)　小林英夫『昭和ファシストの群像』（校倉書房、一九八四年）「補論　田中智学」。

(43)　注23の西山前掲論文。

(44)　渡辺「田中智学の宗教運動について」、一三二頁。この年、国柱会（当時は立正安国会）の組織的な教学体系「本化妙宗式目」の成立（一一月）、立正安国会創業成満式の挙行（一一月）、半自伝「余が半生」の公表（一二月）により、智学は自らの前半生に区切りをつけている。そして翌年一一月、独自の国体論を公表することになる。

(45)　拙論「一九二〇年代における田中智学の日蓮主義運動をめぐって―運動としての『法国冥合』のパースペクティヴ」（『日本近代仏教史研究』（現『近代仏教』）二号、一九九五年、七〇頁）ならびに同「近代天皇制国家と仏教的政教一致運動―田中智学の国体論的日蓮主義運動の場合」（『年報社会学論集』八号、同年、一六九頁）。

(46)　渡辺宝陽「本多日生」（田村・宮崎編『講座日蓮4　日本近代と日蓮主義』春秋社、一九七二年）。

(47)　伊藤立教「本多日生」（中濃編『近代日蓮教団の思想家―近代日蓮教団・教学史論』国書刊行会、一九七七年）。

(48) 拙論「本多日生の統一的日蓮主義運動—とくに一九一〇～一九二〇年代の社会教化活動を中心に」(『宗教と社会』二号、一九九六年、三二頁)。
(49) 田村芳朗「近代日本の歩みと日蓮主義」(田村・宮崎編『講座日蓮4　日本近代と日蓮主義』春秋社、一九七二年)。
(50) 戸頃前掲書『近代社会と日蓮主義』。
(51) 同前、一八頁。
(52) 田村前掲論文、二—五頁。
(53) ちなみに「日蓮主義」という言葉自体は、後述するように、智学の造語である。
(54) 村上重良『新宗教—その思想と行動』(評論社、一九八〇年)、一四頁。
(55) 日本宗教研究会「日蓮系新教団の再検討—仏立宗・霊友会・立正佼成会の立宗の条件と、現在の状況」(『大法輪』二八巻一〇号、一九六一年、七四頁)。また、「日蓮系新興教団」とも規定している(同、七五頁)。
(56) 戸頃重基「霊友会系諸教団の特徴と問題点」(『別冊あそか』陽春号、一九六八年、四六頁)。
(57) 梅原正紀「法華系新興教団—その体質と問題点」(田村・宮崎編『講座日蓮4　日本近代と日蓮主義』春秋社、一九七二年、一九六頁)。
(58) 梅津礼司「霊友会系新宗教運動の発生—その思想的側面を中心に」(孝本編『論集日本仏教史9　大正・昭和時代』雄山閣出版、一九八八年、一八四頁)。
(59) 島薗進『現代救済宗教論』(青弓社、一九九二年)、一〇四頁。
(60) 西山茂「法華系新宗教に関する本」(『仏教』別冊3、法蔵館、一九九〇年、一九五頁)。
(61) 西山茂「在家仏教における伝統と革新」(『平成六年度東洋大学国内特別研究成果報告書』、一九九五年、一頁)。
(62) 西山は、別の論文で本門佛立講・国柱会・創価学会の「日蓮仏教系の教団」に対して、「法華経による先祖供養」を強調する「霊友会系の新宗教教団」を「フォルク系ないし法華系の教団」と規定し、両者を厳密に区別している(「宗教運動にみるユートピアとエクスタシーの相関—仏立講・国柱会・創価学会の事例研究」中牧弘允編『現代日本の〝神話〟』ドメス出版、一九八九年、一六〇頁)。なお、本書ではこの両者を区別せず、西山と島薗の議論を参考にして、「法華系新宗教」を用いることにする。
(63) 西山「在家仏教における伝統と革新」、二頁。
(64) 島薗進「新宗教の範囲」(井上順孝他編『新宗教事典』弘文堂、一九九〇年、五—六頁)、同『現代救済宗教論』、三八—四二頁。なお、「成立宗教」とは「独自の教義や実践の体系と教団組織を備えた宗教」のことである(『新宗教事典』、五頁、『現代救済宗教論』、三九頁)。
(65) 西山茂「新宗教の特徴と類型」(東洋大学白山社会学会編『日本社会論の再検討—到達点と課題』未来社、一九九五年、一四九頁)。

(66)　島薗『現代救済宗教論』、四一―四二頁。
(67)　拙論「本多日生の統一的日蓮主義運動」、二八―二九頁。ちなみにこのカテゴリーは、望月歓厚編『近代日本の法華仏教』（平楽寺書店、一九六八年）の題名を参考にしており、「近代日本の法華仏教」を宗教運動の観点からとらえるという意図がある。
(68)　「宗門の維新［総論］」（『妙宗』四編五号、明治三四年五月号附録、三頁）。
(69)　同前、七頁。
(70)　なお、智学は「日蓮主義」という造語について、坪内逍遙に尋ねている。そして「主義」の訳語である「イズム」の字源に関する回答（明治三四年一〇月一八日付の書簡）を得ていることを、石川教張は紹介している（「日蓮主義の宣言と抱負―智学と逍遙・樗牛をめぐって」『日蓮主義研究』一四号、一九八九年）。
(71)　『統一』一〇〇号（明治三六年八月号、三頁）。
(72)　「日蓮主義概論」（『日蓮主義新講座』第一巻、師子王文庫、一九三四年、一七頁）。この論考はこの年に刊行された『日蓮主義新講座』全一二巻の巻頭を飾り、同年、『日蓮主義概論』（師子王文庫）として出版されている。また、智学の全集『師子王全集』全三六巻（一九三二～三七年）の第二輯第五巻「教義篇（続）」にも掲載されている。智学が晩年に著した日蓮主義に関する概説書である。
(73)　『日蓮主義』（博文館、一九一六年）、四八七―四八八頁。なお、「開顕」とは「開権顕実」「開三顕一」「開迹顕本」「開近顕遠」の略で、いずれも法華教学の重要な概念。開権顕実とは方便の教え（権）を開き、真実の教え（実）である『法華経』を顕わすことであり、開三顕一と同義語。また、開迹顕本とは『法華経』迹門の釈尊（権仏）を開き、本門の久遠実成の本仏を顕わすことで、開近顕遠や発迹顕本ともいう。つまり、「開顕」とは『法華経』（の本門）によって、潜在的な真実や本質を顕在化させることを意味する。
(74)　大乗経典の『大智度論』に説かれており、「第一義悉檀」「世界悉檀」「為人悉檀」「対治悉檀」からなる。まず「第一義悉檀」とは、仏教の真理を直接的に説くやり方であり、「世界悉檀」「為人悉檀」「対治悉檀」の三方法は、民衆の立場や能力に即して教え導く方便的な方法である。「世界悉檀」は時・国など社会状況、「為人悉檀」は個人の能力に応じて行なわれ、「対治悉檀」は煩悩や偏見を断ちのぞきながら導くやり方である。

第一部　日蓮門下教団改革運動の歴史（一八八〇〜一九〇〇年代）

【関連組織一覧】

本多日生

日蓮宗妙満寺派（1388年独立）
顕本法華宗（1898年11月改称）

〔外郭団体〕
（1931年 8 月に決裂）

宗義講究会（1890年 2 月創立）
↓発展
統一団（1896年12月）
同師会（1929年春）

〔研究団体〕
天晴会（1909年 1 月）
講妙会（同年秋）
妙教婦人会（1910年 2 月）
地明会（1911年 5 月）

〔教化団体〕
自慶会（1918年 3 月）
立正結社（1922年11月）
知法思国会（1928年 7 月）

田中智学

蓮華会（1880年結成）
立正安国会（1884年 1 月創立）
国柱会（1914年11月編成）

〔臨時団体〕
宗門革命祖道復古義会（1891年 7 月創立）
国諫同志義会（1904年12月）

〔修養団体〕
天業青年団（1921年11月、里見岸雄が設立）

〔芸術団体〕
国性文芸会（1922年 1 月）

〔政治団体〕
立憲養正会（1923年11月）

〔研究団体〕
国酵会（1924年 5 月）

〔労働団体〕
天業労働会（1923年11月）

〔教化団体〕
大詔聖旨普及同盟（1924年 1 月）
明治会（1925年 5 月）

第一章　田中智学と本多日生

一　近代日蓮教団のなりたち

「あるべき日蓮教団」の実現をめざした一八八〇～一九〇〇年代の田中智学と本多日生の日蓮主義運動の背景には、近代日蓮教団の成立という宗教制度上の動向があった。明治初期における仏教界の激動のなかで、日蓮門下の諸宗派も再編成されていくことになる。そうした動向のなか、智学は在家仏教教団を新たに立ち上げ、また日生は自分の所属する宗派の改革運動に取り組む。そして両者は、日蓮門下教団全体の改革運動を展開する。

明治初期仏教界の危機

まず、最初に明治初期の仏教界の変動と、その変動に対する日蓮門下の対応からみていこう。

新政府の神仏分離・廃仏毀釈政策は、仏教界に切実な危機意識をもたらした。その危機意識にもとづく護法意識のもとに、仏教界は当時の状況に対処していくことになる。吉田久一は、明治初期の仏教界の動向についてこうのべる。

「護法の大部分は伝統的な『鎮護国家』『興禅護国』『王法為本』『立正安国』等の教説を基本におきながら、維新政府との結びつきを強め、『護国即護法』の論理によって廃仏の危機を乗切らんとしたものであった。[1]」

この「護国即護法」の論理こそが、近代仏教界の政教関係の基本姿勢となる。仏教界は、一八六八年（明治元）一二月八日に、京都の興正寺で諸宗同徳会盟を開催して以来、各宗派が提携して対応策を検討しあった。翌年四月二五日に東京の芝増上寺で開催された諸宗同徳会盟では、「王法仏法不分離之論」「邪教研窮毀斥之論」「自宗教書研覈《けんかく》之論」「三道鼎立練磨之論」「自宗舊弊一洗之論」「新規学校営繕之論」「宗々人才登庸之論」「諸宗民間教諭之論」の八ヶ条が審議された。[2] なお、池田英俊が指摘するように、諸宗同徳会盟の護法活動には「僧弊一洗による革新的な側面」とともに、「キリスト教排撃を通して護国護法の実現に期待する保守的角度からの政教関係への結合という側面」もあった。[3] つまり、この時期の仏教界は「世俗国家の体制への追随という方向で、教団の再編成が試みられた」のである。[4]

こうした「護国即護法」の論理による政教関係の編成は、近代日本の国民国家形成の一過程といえる。もともと近代日本の政教関係は、王政復古・祭政一致の理念にもとづく国家と宗教と祭祀（祭政教）の一致をめざした神道国教化政策にはじまる。しかし、祭祀と宗教の分離（一八八二年の神官教導職兼補廃止）や（条件つきの）信教の自由の保証による政教分離の制度化（一八八九年の大日本帝国憲法の制定）をへて、「神社は国家の祭祀」という位置づけのもと、祭政一致・政教分離という政教関係が整備された。それは、「強力な国民国家的統合が多様な宗教的社会的諸勢力の『自由』を介して実現されてゆくジグザクの過程」であった。[5] 日蓮門下の諸宗派も、この過程において近代日蓮教団として再編され、国民国家的な統合のもとに位置づけられていく。

日蓮門下の動向

では、日蓮門下の動向をみていこう。

芝増上寺における諸宗同徳会盟には、日蓮宗（当時の日蓮宗一致派）[6]の新居日薩（以下、日薩と略）をはじめとする日蓮門下の僧侶も参加していた。当時の一致派の「中心的存在」[7]が、日薩であった。日蓮門下も、神道国教化政策の過程で神仏分離・廃仏毀釈に直面したが、日薩は新政府の方針に抵触しない範囲で日蓮宗の教義を固守し、神道・儒教・仏教の三道鼎立論を強調して、仏法護国と僧弊一新の布教と教育活動をめざした[8]。

一八七二年（明治五）三月、神祇省が廃止され、教部省が設置される。さらに同年四月、教導職制度が制定され、一一月には大教院が設置された。日薩は仏教各宗派と提携しながら、大教院の神仏合同の教化活動にも参加することで、当時の状況に対応していった。一方、教導職の設置によって、同年六月には神道・仏教各教団に教導職管長制を設置する旨の布達が、さらに一〇月には日蓮門下を含む仏教七宗派に対する一宗一教導職管長制の布達がなされた。この布達に対し、日蓮門下は一致派と勝劣派が合同して日蓮宗と総称し、両派の交代制による管長制度を定めている。この時の初代管長は、勝劣派に属する本成寺派の顕日琳であった。ここに日蓮門下は、短い期間ではあったが、ひとつにまとまったのである[9]。

さらに同年（一八七二年）一一月、身延山久遠寺、池上本門寺、中山法華経寺、京都妙顕寺、京都本圀寺、京都妙満寺、越後本成寺の七本山が盟約を結び、七本山による一宗一管長制の計画が立ち上がった[10]。しかし、結局、ほかの本山の抵抗によって計画は頓挫する。翌年八月には教部省からも従来の各本山の独立制に戻る旨の布達がなされ、七本山による日蓮宗の統轄はなくなった。

そして一八七四年（明治七）三月、教部省によって各派ごとに管長を置くことが認可され、日蓮門下教団は日蓮宗一致派と日蓮宗勝劣派への分離が公的に認められた。一致派は日薩が初代管長に任命され、勝劣派（妙満寺派、本成寺派、本隆寺派、八品派、興門派）は交代制となり、八品派の釈日実が管長に就任した。翌年三月、日蓮宗一致派は単称・日蓮宗への派名変更を教部省に請願し、一八七六年（明治九）二月三日をもって承認された。こうして一致派は日蓮宗として統合され、日蓮門下最大勢力を誇る教団となった。一方、勝劣派は各宗派ごとに独立していくことになる。ちなみに日蓮宗に次ぐ勢力を確保したのが、（日生の属する）妙満寺派であった。こうして、日蓮門下教団の再編成がなされ、近代日蓮教団が成立したのである。

ここで一八八一年（明治一四）当時の仏教各宗派における日蓮門下教団の勢力（表1）と、（時代は下るが）一九一九年（大正八）当時の日蓮門下各教団の勢力（表2）を確認しておく。戦前の日蓮門下の寺院数は、五〇〇〇寺前後であった。

以上のような動向のなか、若き智学と日生がそれぞれ独自の活動を開始する。

	寺院数	住職数
天台宗	4,772	3,146
真言宗	12,893	8,167
浄土宗	8,333	6,771
臨済宗	6,178	4,671
曹洞宗	14,281	12,421
黄檗宗	553	401
浄土真宗	19,236	16,882
日蓮宗	4,986	4,000
時宗	522	370
融通念仏宗	363	237
法相宗	—	—
華厳宗	—	—
合　計	72,117	57,066

表1　仏教各派の寺院・住職数（1881年）
（内務省『大日本帝国内務省第壱回統計報告』1886年）

	寺院数	住職数
日蓮宗（もと一致派）	3,704	3,099
顕本法華宗（もと妙満寺派）	435	320
本門宗（もと興門派）	217	155
本門法華宗（もと八品派）	334	266
法華宗（もと本成寺派）	164	148
本妙法華宗（もと本隆寺派）	82	73
日蓮正宗（もと富士派）	70	51
不受不施派	3	1
不受不施講門派	1	1
合計	5,010	4,114

表2　日蓮門下各教団の寺院・住職数（1919年）
（文部省『日本帝国文部省第四十七年報』1922年）

二　立正安国会の結成―田中智学の在家仏教運動

まず、田中智学が立正安国会を結成するまでの前史を確認しておく。

智学は、明治維新の七年前、一八六一年（文久元）一一月一三日、江戸日本橋本石町で医師・多田玄龍と凜子の三男として生まれた（幼名秀丸、のちに巴之助）[11]。父親の玄龍は、当時の江戸で有名だった寿講（日蓮宗身延派の在家講）の駿河屋七兵衛の高弟であり、「非常に強烈な法華の信者」だった[12]。智学は、この父親の影響を受けて成長する。しかし、九歳から一〇歳にかけて（年齢は数え年、以下同じ）、あいついで両親を病気で失うことになる。そして一八七〇年（明治三）七月、一〇歳の時、東京の南葛飾郡一之江（現在の江戸川区一之江）の妙覚寺で智境院日進（河瀬日進）のもと、剃髪・得度し、日蓮宗一致派に入門する。その際、智学の法名を授かった。智学は宗門の教育機関である下総の飯高檀林、芝二本榎の日蓮宗大教院（現在の立正大学）でそれぞれ学び、とくに大教院では、優陀那日輝（近世日蓮教学の大成者、以下、日輝と略）の学風を受け継いだ一致派管長・新居日薩のもとで修学している。先輩には守本文静や中州燿妙、同級生には脇田尭惇、清水梁山、溝口太連、佐野前励、後輩には富田海音、野沢義真、武田宣明ら、のちに日蓮宗内外で活躍することになる僧侶たちがいた。しかし一八七六年（明治九）一二月、重い肺炎のため、一之江に戻り、以後、二年

図1　1890年（明治23）**6月、30歳の田中智学。**写真提供：宗教法人国柱会。

間にわたる「独学研鑽」に入る。[13]

智学は、大教院在籍当時から、大教院に影響力を誇っていた日輝の学風に疑問を覚えていた。そして独学研鑽を通して、日輝の「摂折《しょうしゃく》問題」[14]に対する決定的な疑問を抱き、「祖師に還ること」、「純正に、正しく古に還らなければならぬ」ことを決意する。[15] 一八七九年（明治一二）一月、病気再発の兆しがみえたため、横浜にいた医師の次兄・椙守普門家で療養した。病気は小康を得たが、同年二月、還俗の意志を兄に伝え、病気療養を理由として、一九歳で還俗する。

翌一八八〇年（明治一三）、智学は数名の仲間と日蓮仏教の研究会・蓮華会を結成し、在家仏教運動を開始する。宗報を兼ねた日蓮宗内の布教誌『妙法新誌』[16]三二号（明治一四年九月二四日発行）には、次のような記事が紹介されている。「横浜港の柴田富治椙守巳之助［筆者注―智学のこと］中村友二郎の三氏が本年五月以来蓮華会と云ふを発起し毎月八日十八日廿八日を会日と定め」、「祖書拝読宗義講習にて務めて信心を策進するの目的なるよしされバ会友も漸々に増加」している、と。蓮華会は、日蓮六〇〇遠忌を迎えたこの年の四月、会の設立を対外的に発表していたが、この記事から、当時の活動が日蓮遺文の拝読や教学の研鑽を中心としていたこと、またその活動が日蓮宗内でも知られていたことがわかる。柴田は智学の次兄を訪ね、熱心に日蓮仏教の信仰談を交わす人物で、写真に彩色をする写真画家を職業としていた。智学は柴田の紹介でドイツ人のペーンターの経営する写真館に就職し、写真技術を習得する。この写真技術をはじめとして、晩年のラジオ出演やレコード制作にいたるまで、智学は当時の最新テクノロジーにきわめて敏感だった。なお、智学は、氷屋、紙鳶屋、道具屋などのさまざまな職業を遍歴している。

蓮華会は、しだいに対外的な活動をはじめる。同年九月一二日、横浜の常清寺で初の公開演説会を開催し、智学は「龍口彼処にあり」を演説した。また、一一月には桐ケ谷みね（周子）と結婚している。[17] 翌年には横浜の日蓮宗興門派の本門講信徒と、文書を通じての法論（横浜問答）も経験した。しかし、横浜での活動が「天の時は地の利に如かず」ではかばかしくないため、「意を決して東京に出ることになッた」[18]。

そして一八八四年（明治一七）一月、二四歳の智学は東京の浅草山谷へ進出し、立正安国会を創立する。前年には護持正法会の会名を予定していたが、「それより寧ろ立正安国会がい、といふので」[19]、立正安国会と命名した。その由来は、いうまでもなく日蓮の『立正安国論』である。三月には「創業檄文」を執筆し、翌年一月には会の設立を対外的に公表し、仮事務所を神田千代町に設けた。以後、公開演説会や講演会を通じて、活発な宣伝・布教活動を行ない、しだいに教線を伸ばしていく。

立正安国会の活動

智学の日蓮主義運動は、在家仏教運動としてはじまり、以後も一貫して在家信者を主体とする運動を展開して、現在にいたる[20]。こうした性格をもつ日蓮主義運動が、明治仏教史研究において占める位置を確認しておこう。

智学の日蓮主義運動は、明治二〇年代（一八八〇年代後半）以降のさまざまな「仏教革新運動」[21]、「革新的な仏教運動」[22]の一運動として評価されている。池田英俊は、在俗仏教者や還俗仏教者が在家生活においても「仏の人」や在家菩薩になることができる「在家主義の仏教運動」の進展を、明治仏教の一特徴として指摘する[23]。そのうえで、「智学の思想運動の側面には、在家の人人を中心とする仏教の形成をめざした時代があったことを見逃してはならない」とのべる[24]。智学の運動は、その発生期において、「仏教革新運動」ならびに「在家主義」の「革新的な仏教運動」と評価されていることを確認したうえで、その具体的な活動を検討していこう。

一八八五年（明治一八）三月五日、智学は神田今川橋の山の恵という貸席を会場として公開演説会を開催する。「船来の念仏」と「一華開きて天下の春を知る」を講じた。この時にはまだ協力者が少なく（貸席を借りるお金にも困っていた）、智学自らが宣伝のためのポスター張りや会場での下足番をつとめている。

以降、六月四日に神田岩井町の岩井亭で「龍口断刀論」を演説し、七月五日に横浜の蔦座でも演説を行なう。さらに七月二三、二四日の両国井生村楼の演説会で「如来滅後仏教の沿革」（二三日）、「念仏無間の深義」と「不立不立文字文字」（「不立文字の文字を立てず」と読む）の演説（二四日）をそれぞれ行なっている。二九日には、自ら開催した「外道折伏四箇格言仏教大演説会」で「如来滅後仏教の沿革」と「仏教統一せざれば外敵を論駁すべからず」を演説し、二〇〇〇人の聴衆を集めた。この演説を、「祖師滅後六百年来の断絃をついだ四大格言の公開祖述」と智学は述懐し、「当時の立正安国会、今の国柱会のこれが先づ旗挙げ運動である」と自ら位置づけている。[25] 日蓮仏教における「四箇格言《しかかくげん》」[26]の重要性を、智学が強調していることに留意しておこう。

こうして精力的に活動する智学に対して、しだいに共鳴者が増え、入会者も現われはじめた。まず、三月五日の演説を聞いて、簞笥店を経営していた二七歳の鷲塚清次郎（智英）が即座に入会し、また六月四日の演説を聞いて、日蓮宗大教院に在学していた二〇歳の保坂麗山（智宙）が入会している。同年九月、智学は仮事務所を日本橋馬喰町の貸席・郡台楼に移し、「立正安国会創業大綱領」（以下、「大綱領」と略）を発表した。[27] この「大綱領」の講義をはじめ、一一月には日蓮の『観心本尊抄』の講義もはじまり、会員は着実に増加していった。

翌一八八六年（明治一九）一月、立正安国会は日本橋蛎殻町にあった三階建ての勧工場（現在の百貨店のような商品即売所）を買い取り、布教事務所を設置して立正閣と命名した。三階の三〇畳敷の部屋には本尊が奉安され、一階には一二〇畳の大広間、二階には八〇畳の広間とふたつの部屋が設けられた。講話はおもに三〇〇〜四〇〇人を収容する二階で行なわれ、一階では演説会などの大規模な行事が催された。

なお、馬喰町の頃は、竹元敏海（小島敏海）、加茂顗透、加藤文雅といった日蓮宗僧侶が智学の活動に参加し（加藤はのちに離れる）、後輩の富田海音、野沢義真、武田宣明などの日蓮宗僧侶も共鳴していたが、立正閣移転後、日蓮宗内で智学の折伏重視の言動に対する反発が起こり、守本文静や脇田堯惇を筆頭とする正法会という組織が結成され、「田中智学退治演説会」まで開かれている。日蓮宗内において、智学の言動がクローズアップされてきたことがうかがえる。

同年五月、映写機を用いた幻燈布教が行なわれ、六月には立正安国会初の機関誌『立正安国会報告』[28]が創刊されるなど、メディアを駆使した智学の宣伝・布教活動が積極的に進められた。また、智学最初の著作『十四誹法罪略解』が会員の追善供養のため執筆され、追善施本されている。

そして七月三、四日、智学の宗門改革の構想が発表される。この両日、馬喰町の郡台楼で開催された仏教演説臨時特別大会で、客員弁士の智学は「日蓮宗宗制寺法を読む」という日蓮宗の宗制寺法を批判する演説をした。

この演説の背景には、当時の日蓮宗の宗派行政上の問題があった。一八八四年（明治一七）八月の太政官布達第一九号によって、教導職が廃止される。この布達は、「国家・天皇が管長へ住職・教師の任免権を『委任』し、教規・宗制・寺法などの教団法によって成立する教団を国家が公認しようとするものであった」[29]。そして、この管長権と教団法によって、これまで本山制や本末関係・法類関係にもとづいて管理・運営されていた仏教各宗派は、近代的な教団制度への改革を行なっていくことになる。日蓮宗では、同年一〇月一三日に七代管長に就任した吉川日鑑のもと、宗制寺法の制定が進められ、翌年五月一一日の内務省による認可をへて、宗制が施行される。[30]この宗制は、近代日蓮宗の教団制度の改革・再編政策の一環であり、智学が批判の対象とした日蓮宗宗制寺法とは、こうした性格のものだった。

制定されたばかりの宗制を批判し、宗門改革の提言を行なったこの演説が、智学の日蓮宗門改革運動の起点となる。

在家仏教の理論

こうして宗門改革を説きはじめた智学であるが、この時期、在家仏教の理論的な基礎づけを行なっている。ここで、その内容を一瞥しておきたい(31)。

智学は、一八八六年(明治一九)一二月に立正閣で講演された「仏教夫婦論(32)」(以下、「夫婦論」と略)と、一八八九年(明治二二)に書き上げられた「仏教僧侶肉妻論(33)」(以下、「肉妻論」と略)を通じて、自らの在家仏教論を基礎づけた。

まず、前者では、世俗生活での夫婦関係を基本とする在家仏教が提唱された。仏教は「死人ヲ相手ニスルヲ止メテ活タ人ヲ相手ニスベシ。葬式教ヲ廃シテ婚礼教トスベシ(34)」とのべ、仏教が教化すべき世界の基本単位を「夫婦」に設定する。智学にとって、「夫婦ノ倫道」は「社会ノ根本」であり、この「夫婦ノ倫道」を左右する力を備えていない宗教は「社会必用的ノ宗教」ではない、という。智学は仏教が夫婦関係にみられる世俗生活に交渉してこなかったことを批判し、その積極的な交渉を強調するのである。智学にとって、「夫婦ハ仏教最上ノ教義」であり、ここに夫婦を単位とした在家本位で現世中心の在家仏教が主張された。智学は、死者ばかりを相手にする当時の仏教を批判し、「仏教ノ改革案」として、この講演を行なったのである。

一方、「肉妻論」も、仏教の「一大改革」の提案であった。智学は「夫婦論」の主張をさらに徹底して、仏教における肉食妻帯を肯定し、現在の僧侶は在家の菩薩であることを広く仏教一般の観点から力説している。こうした主張の時代背景には、一八七二年(明治五)の政府による「肉食妻帯勝手令」以降、僧侶の肉食妻帯が公然と行なわれるようになった状況があった。

もともと肉食妻帯は出家した僧侶の戒律の問題であったが、この問題について、智学は次のようにいう。部派仏教の戒律では僧侶の肉食妻帯は禁止されていたが、末法の時代においては戒律が効力を失うこと、末法無戒の現在においては、「信」こそが「末法ノ戒行」であること、また大乗の戒行は小乗戒を網羅すること、これらの点が論述されている。仏教における肉食妻帯の禁止は「方便」であり、けっして「仏法ノ本意」ではないと断言し、次のようにいう。

「又復タ応ニ知ルベシ、末法今時吾国ノ僧侶ハ、早ク已ニ其法籍ト資格ヲ在家ノ菩薩ニ編シ去ラレタルコトヲ。又復タ更ラニ応ニ知ルベシ、在家ノ菩薩家居シテ妻子ヲ畜フ、一己ノ私欲ニ在ラズシテ、護法護国ノ為ナルコトヲ。[35]」

ここにおいて、在家信者（「在家ノ菩薩」）こそが、現在の僧侶であることが明示された。世俗生活が大胆に肯定され、在家信者は在家仏教運動を担う運動主体として捉え直され、運動主体のアイデンティティが定立された。[36]智学においては、当時の「末法無戒ノ時勢」に対応した仏教のあり方こそが問題であり、そのための「一大改革」を主張した。それは、「現実の仏教」に対する「あるべき仏教」の対置であり、在家信者を運動主体とする在家仏教運動の提示であった。

この「夫婦論」と「肉妻論」を通じて、時代状況に応じた立正安国会の在家仏教運動の理論的根拠が示された。なお、戒律問題への対処や護法思想の展開、仏教の世俗的対応は、明治仏教の重要な特徴である。[37]智学の主張が、大内青巒、島尾得庵、大道長安、島地黙雷らの「在家主義の仏教[38]」の提唱に連なることを、あらためて確認しておこう。

教団組織ができるまで

在家仏教の基礎づけと並行して、一八八六年（明治一九）から翌年にかけて、教団組織の基礎が形成されていく。この時期、綱領や会則が制定され、独自の法要・儀礼が整備された。以下、それらの内容を確認していく。

「日蓮宗宗制寺法を読む」の講演の翌一八八七年（明治二〇）五月一六日、智学は会員の増加に対処するため、立正安国会の組織改正を行なった。さらに六月には「立正安国会創業大綱領」（以下、「大綱領」と略）を再制定している。[39] この「大綱領」に即して、立正安国会の基本的な性格をみておこう。

大綱領は「総要」「主義」「事業」の全三章からなり、「総要」全三条、「主義」全三条、「事業」全五条に分かれている。さらに「主義」の第一条は全五則に区分され、各則に細かい条項が規定されている。まず、第一章の「総要」で、「創業員［筆者注―智学のこと］が経験ニ拠リテ新タニ確定スル所ノ意見ヲ本会ノ主義トシ、此主義ヲ世ニ弘メ人ニイダカシムルヲ本会ノ事業」とすることが宣言され、第二章「主義」第一条の全五則において、その「主義」の内容が明示されている。

その内容は、以下の通りである。

（第一則）宗教ヲ以テ経国ノ根本事業トスベシ
（第二則）宗教ノ邪正権実ヲ検討シ、専ラ正実ナル宗教法理ヲ奉ズベシ
（第三則）宗教ノ組織ヲ改良スベシ
（第四則）宗教信仰上ノ誤解妄想ヲ矯正スベシ
（第五則）宗教上従来ノ儀式制度ニシテ弊害アル者ヲ破却シ、更ニ宗教ノ実義ト社会ノ実益トヲ比照シテ、完全ナル儀式制度ヲ確立スベシ

各則の内容を一瞥しておく。

第一則について、智学は「創業大綱領解釈」でこうのべる。この第一則が「教祖釈迦牟尼仏の本意にして。宗祖の自論なり。されバ本会まづ此主義を立て、宗教を取扱ひ。以て国家を治むる一大事となす。正を立て国を安んずるといふは此事なり」、と。[40] つまり、智学は立正安国会の結成当初から、「あるべき国家と宗教」の関係（立

正安国）を強調していたことがわかる。

また第二則（一）項において、「本会ハ世界諸宗教ノ中ニ於テ、特ニ釈迦牟尼仏ノ道法ヲ奉ジ、其所説ノ経典中ニ於テ釈迦出世ノ本懐タル妙法蓮華経ヲ宗旨トス」ることが明記され、宗教の価値基準を『法華経』に置くことを定めている。

つづく第三則では、宗教組織の「改良」の具体的な内容として、全四項が定められた。それは、（一）「教会ノ組織」の「完成」を期すこと、（二）「寺壇制度ノ旧習」の否定、（三）「葬祭ノ諸式及墓地ノ管理」を「宗教ノ専門事業」としないこと、（四）「宗教学会」を設立し、「教典宗義ノ異解」を判断することからなる。智学はわが国の仏教には寺院と経典のみがあり、信仰する者がいない根本原因を、教会組織の「不整備」に求め、その「改良」を強調する。[41]いわゆる葬式仏教を拒否して、寺壇制度に依拠しない在家仏教教団の完成をめざすことが宣言されている。そのため第五則で、教団独自の法要・儀礼の制定の必要性を訴えている。

さらに注目すべきは、第四則（五）項、「濫リニ疾病災禍ヲハラフヲ目的トシテ宗教ノ信仰ヲナスベカラズ」の規定である。この第四則は、いわゆる雑乱勧請を戒める全七項の規定からなるが、この（五）項では治病行為を目的とした「信仰」を禁じている。治病行為（いわゆる病気直し）による現世利益は、新宗教教団における信者獲得の重要な手段のひとつであるが、この規定にみられるように、立正安国会（国柱会）では基本的にそれを禁止している。この点は、本門佛立講や霊友会系諸教団などの法華系新宗教との差異を示す重要な特徴である。[42]

以上を踏まえて、第三章の「事業」全五条が定められている。とくに第三条では「創業ノ事務」として（一）教会組織、（二）言論、（三）編集、（四）興学、（五）資産が示された。以後、立正安国会の活動は、この「大綱領」にもとづいて展開されていく。

では、在家仏教教団として、「大綱領」にある教会組織の完成を期すため、どのように教団組織が形成されたのだろうか。

まず、会員（のちの教団幹部）の入会状況であるが、鷲塚清次郎（智英）と保坂麗山（智宙）につづき、一八八六年（明治一九）七月には高安太左衛門（智円）が入会し、弟子に対する法号（智〇）がはじめて授号されている（以後、弟子には法号が授号される）。一八八八年（明治二一）に長瀧泰昇（智大）、一八九〇年（明治二三）に伊東武彦（智霊）、一八九一年（明治二四）には小泉徳兵衛（智健）がそれぞれ入会している。また、野村与三吉（智生）や森弥次郎（智魂）は、一八九一年（明治二四）一〇月の大阪開教当時からの会員である。さらに一八九三年（明治二六）には山川伝之助（智応）、一八九六年（明治二九）には別枝長夫（智救）も入会している。

また、この時期、地方支局の設立によって、組織の分節化もはじまった。一八八六年（明治一九）七月一八日、神奈川県吉沢村（現在の平塚市）に立正安国会第一分局が設置された。智学は同月二六～二八日の三日間、開局式のため、初の地方布教に出発している。その後も智学自らすすんで地方布教を行ない、地方支局の開設がつづいた。同年、宮崎県に第二分局、翌年一〇月一一日に立正安国会土浦布教所が設置され、一八九一年（明治二四）一月には京都が開教される。そして（後述する）同年七月の宗門革命祖道復古義会の設立によって、全国各地で日蓮宗門改革のための布教・教化活動が展開されることになる。とくに智学の東海・京阪神地方への布教活動によって、一〇月には宗門革命復古義会の名古屋支部（翌年に立正安国会名古屋支部）、一二月には立正安国会大阪布教所が設置されていった。以後、各地に立正安国会の地方支部が設立された。また、教団幹部による地方布教や機関誌の読者サークルの設立などを通じて、立正安国会は全国的な展開をしていく。一八九二年（明治二五）一〇月には、長瀧智大による朝鮮布教が行なわれ、海外布教もはじまった。

生きた人を相手にする立正安国会独自の法要・儀礼も、この時期に整備されていった。一八八六年（明治一九）七月一二日、前年の三月に生まれた鷲塚の長男・潤一郎（のちの智晴）に対して、「頂経式」（新生児の帰敬式）が行なわれた。翌年には「本化正婚式」（仏前における仏教式結婚式）が挙げられている。一八九二年（明治二五）二月、智学は名古屋での布教の際に発病するが、その療養中に法要・儀礼の行軌を規定した『妙行正軌』を選定し、法要・儀礼の制定を行なった[43]。四月に大阪で開催された立正安国会の大会の際には、式服が着用されるようになった。なお、立正安国会（国柱会）では、（現在にいたるまで）これらの法要・儀礼は在家信者によって執り行なわれている。

このように一八八六年（明治一九）とその翌年を起点として、規約や法要・儀礼の制定、本部施設や地方支局の設立など、日蓮主義のシンボルや実践、組織の基礎が整備された。なお、教学体系の確立は、一九〇二年（明治三五）の「本化《ほんげ》妙宗《みょうしゅう》式目《しきもく》」の成立まで待たなければならない。

以上のような教団の内発的な発展を踏まえて、つづく一八九〇年代初頭のふたつの事件による外発的な契機を通じて、立正安国会の集合的アイデンティティは明確化し、具体的な運動目標とそれに伴う布教・教化戦略が提起されていく。

三　日蓮宗妙満寺派の宗派改革——革新派僧侶・本多日生

次に本多日生の活動を検討していこう。日生は、勝劣派に属する日蓮宗妙満寺派の革新派僧侶として歴史の舞台に登場するが、まずはその前史を確認しておく。

明治維新前年の一八六七年（慶応三）三月一三日、日生は、播磨国姫路（現在の兵庫県姫路市）に姫路藩士・国友堅二郎と勝子の次男として生まれている（幼名長二）[44]。幼くして姫路の日蓮宗妙満寺派の寺院・妙善寺（母方の

図2　若き日の本多日生（撮影年不明）。
写真提供：財団法人統一団。

檀那寺）の本多日境に仕え、姓を継いだ。小学校卒業後、同市妙立寺の池田日昌のもとで得度し、聖応と号した。日昌亡き後、岡山県津山本蓮寺の児玉日容[45]のもとで妙満寺派の教学（日什教学）を学び、原泉学舎で西毅一から漢籍を学んでいる。一八八一年（明治一四）の日蓮六〇〇遠忌の際には、児玉に随行して、伯州（現在の鳥取県東伯郡）松崎の本立寺の法要に参列している。一八歳で大阪府堺市の妙満寺住職に任命され、一八八六年（明治一九）に上京し、翌年、私立哲学館（のちの東洋大学。この年の九月に開校）の第一期生[46]として修学しつつ、僧職をつとめた。東京へ上京した際には「新しい学問」をするため、説教などはしないことにしていた、と後年述懐している[47]。しかし一八八八年（明治二一）九月、当時の妙満寺派管長・板垣日暎に白井日熙とともに随行して、北海道・東北地方へ巡教した際、「百数回の説教演説」を試みたこともあわせて振り返っている。ここから、生涯数千回におよぶといわれる日生の「説教演説」の活動がスタートする。

日生は若くして僧階を昇進し、宗派内の重職を歴任した。一八八八年（明治二一）一〇月、二二歳で妙満寺派小学統に任命されてからというもの、中学統（一八八九年四月）、大学統（同年八月）、権僧都（一八九〇年一二月）と着実に昇進し、また一八八九年（明治二二）一月に宗制原案起草委員に任命され、その後も公会議員（同年四月）、宗門要書取調委員長（一八九〇年八月）、教務部長（同年一一月）と宗派内の要職に任用されている。上京後の一八八九年（明治二二）三月に姫路の妙善寺住職へ転任したものの、同年七月には東京の浅草区永住町盛泰寺、九月には浅草区吉野町円常寺に転じ、さらに翌一八九一年（明治二四）四月には浅草区新谷町慶印寺住職を兼任して以後、東京を本拠地として活動した。

さらに一八九〇年（明治二三）二月五日、日生は、河野日台、小林日至（日生の叔父）、山内太久美（桜渓、日至の義弟で日生の叔父）、小川会庸（日豊）、金坂教隆、清瀬貞雄（日憲）、山根顕道（日東）、井村寛冉（日咸）ら宗派内の有志と、各宗教の「宗義」の研究を掲げた宗義講究会を結成する（日生は幹事を担当し、河野が会長）。同月七日には機関誌『宗義講究会誌』を創刊し、河野が発行兼編集人、日生が編輯人をつとめている。この会には、宗派の革新派が結集した。

なお、日生は生涯を通じて数多くの運動体を組織しているが、ここでおもな運動体を確認しておこう。宗義講究会以降、一八九六年（明治二九）一二月、三〇歳の日生は日蓮門下統合の実践母体として、僧侶や在家者を結集した統一団を組織し、以後、自らの活動の基盤とする。[48]一九〇九年（明治四二）一月には天晴会（日蓮仏教の研究会）、その秋には講妙会（仏教経典の研究会）、翌年二月には妙経婦人会（婦人教化団体）、翌年五月には地明会（天晴会の女性団体）をそれぞれ組織し、オルガナイザーとしての実力を発揮している。こうした諸団体を通じて、当時の名士や婦人、学生を組織し、日蓮主義の社会的な布教・教化活動を実践した。さらに一九一八年（大正七）三月に自慶会（労働者の「慰安と善導」を目的とした教化団体）、一九二二年（大正一一）一一月に立正結社（「立正大師」諡号宣下を記念して結成された教化団体）、一九二八年（昭和三）七月には知法思国会（国民の「思想善導」を掲げた教化団体）をそれぞれ結成して、精力的に国民教化運動を展開した。なお、社会教化活動に関しては、一九二四年（大正一三）に結成された教化団体連合会（のちの中央教化団体連合会）の理事（のちに参与）としても関与している。

のちに日生は妙満寺派の管長に就任し、宗派のトップとして宗派内行政の中心を担うことになるが、これらのさまざまな運動体を通じて、自宗派や日蓮門下にとどまらない幅広い領域で活躍した。

宗派改革の実現

さて、日生が宗派内の要職に就き、宗派内行政に挺身した時代に遡ろう。日生が宗派内行政に携わった背景には、前節で確認した当時の仏教界をめぐる状況があった。一八八四年（明治一七）八月の太政官布達第一九号によって、各仏教教団の宗権の独立が図られ、各教団は近代的な教団制度への改革を行なっていくことになるが、ここであらためて日蓮宗の対応をよりくわしく検討することで、妙満寺派の対応と比較しておく。

前述の通り、日蓮宗では一八八五年（明治一八）五月に宗制寺法が施行されたわけだが、教団の中央集権化をめぐって大紛争が惹起した。当時、日蓮宗（一致派）内でも――勝劣派と同じように――身延、池上、中山、六条、四条、浜などの各門流が分立していた。こうした宗派内の状況に対して、身延山久遠寺を総本山とし、各本山に属する全寺院（三〇〇〇寺以上）を久遠寺の末寺とする中央集権体制の確立が進められた。そして一八八八年（明治二一）、本間海解と佐野前励を中心とする日蓮宗革命党（のちに改革党、為宗会と改称）による「廃本合末論」の主張（八月）や、（吉川日鑑を継いだ）三村日修管長のもとで開かれた諮問総会（一〇～一一月）を通じて、中央集権化の動きは本格化する。しかしこうした動向に、京都の各本山や池上本門寺、中山法華経寺などは猛反対し、本山同盟を組織して対抗した[49]。この日蓮宗内の「革新・保守両派の抗争[50]」は、一八九二年（明治二五）までつづく大紛争となる。結果は革新派が敗北し、日蓮宗の中央集権体制の樹立は挫折している。

この時期、門下第二の勢力を誇る妙満寺派でも、近代教団制度の形成に向けた「革新・保守両派の抗争」が生起し、ここに革新派・本多日生が登場する。

一八八八年（明治二一）九月一三日、京都の妙満寺派学林長をつとめていた三九歳の河野日台を筆頭に、白井日熙、横溝日渠、本多日生、山本日康、成島隆康、井村寛冉（日咸）、小川玉秀（日園）、野口量印（日主）、松本日新、笹川日方の連名で、九項目二万七〇〇〇字におよぶ宗派改革の請願書が管長の板垣日暎に提出された[51]。これらの僧侶は、妙満寺派の改革を求めて結成された扶宗党の成員であった。河野は日生と協力し、浅草の慶印寺（河野の住職寺）を拠点として扶宗党を組織し、宗派改革を求める請願書を提出したのである。

顕本法華宗僧侶の河野時中によれば、妙満寺派における「宗門体制改革の気運」は、この年の八月以降に「熟成」された[52]。まず八月二日、千葉大網の蓮照寺で横溝日渠を代表とする護法同盟会が結成され、五三名の同志が宗派改革のための活動を開始する。同月五日には板垣管長に改革案八項目を提出したが、却下された。二七日には、千葉土気の善勝寺住職・小川玉秀が寮持・法類持の寺院相続による弊害の改正を訴願したが、これも却下されている[53]。こうした一連の動向のなかで、扶宗党が結成され、請願書が提出されたのである。

さて請願書の内容であるが、「学事制度に関する意見」「布教方法に関する意見」「宗務組織に関する意見」「財務整理に関する意見」「公会開設の意見」「資格確定に関する意見」「賞罰法度に関する意見」「教式制定の意見」「住職進退に関する意見」からなる[54]。その冒頭、「今ヤ本派ノ状態ヲ観察スルニ、実ニ悲憤ニ堪へサルモノアリ」と、妙満寺派の現状に対する批判が掲げられている。扶宗党に集った革新派の僧侶たちからみれば、「積年ノ流弊」は金剛よりもなお堅く、滄海よりもなお深いものであった。それは「法類高位ノ擅横」が行なわれ、住職の進退などのすべての処置がことごとく「陰謀機密」によって行なわれているような状況であった。河野や日生らは、こうした状況に対する抜本的な改革を求めて、学事、布教方法、宗務組織、財務整理、公会開設、資格確定（本山・末寺・教会・貫主・僧侶・信徒の資格）、賞罰法度、教式制定にわたる改革案を提出したのである。請願書の末尾では、「派内ノ実況ヲ比照シ、速ニ公会ノ開設ヲ布達」することを請願している。

結果、板垣管長は同年一二月一八日付で、「漸ク世ノ進化ニ随ヒ得失一準ナラス因テ宗規ヲ改良シ興学布教旺盛ナラシメンカ為明治二十二年五月ヲ期シ一派会議ヲ開ク」こと、つまり宗制改革のための公会開催を宗派内へ布達した。[55] 翌年一月には、河野や日生、白井、野口、井村らの扶宗党の成員が宗会原案起草委員会（以下、起草委員会と略）に任命され、原案（改革案）の作成に入り、四月には公会議員が選出され、扶宗党の成員は公会議員として公会に参加することになった（河野は宗会議長に選出）。

そして一八八九年（明治二二）五月二八日から七月八日まで、起草委員会によって起草された原案（改革案）にもとづき、浅草慶印寺で妙満寺派の公会が開催された。[56]

公会では――議事録をみる限り――日生の発言回数がもっとも多く、ほとんどの議論に日生が応答するといった形で進行していった。当日、たとえば、管長の「宗務上ノ責任」が議論されている。旧宗制では、管長は総本山住職が就任すると規定されていたが（「第二章　管長選定法」第三条）、新たな宗制（改革案）では管長は公選のうえで選定され（「第三章　管長」第一四条）、総本山の住職（貫主）をつとめること（同章第一五条）に改定された。

また、寺格を設けないことを規定した改革案（「第六章　寺法」第四二条）については、「該派屈指の本多十三番議員などが最も之に同意を表」したため、ほとんど反対者がでなかった。[57] この寺格こそが、（仏教各宗にとって）教団の中央集権化における躓きの石であり、寺格をめぐって、日蓮宗では「合末論」による紛争が起こっている。妙満寺派は日蓮宗にくらべて勢力が小さかったこともあり、総本山妙満寺を頂点とする一宗派一本山制を達成することができたのである。

こうして公会は無事に終わった。新たな宗制は「総則」と「宗憲」にわかれ、「宗憲」は「第一章　立教開宗」[58]から「第二章　僧侶」「第三章　管長」「第四章　宗会」「第五章　学林」「第六章　寺法」「第七章　宗務総監部長及評議員」「第八章　司律」「第九章　会計」「第一〇章　補則」までの全一〇章五九条からなり、管長選挙法と宗会、議員選挙法、評議員制に関する「付則」が付されていた。[59] 八月二七日の内務省の認可によって、新しい宗制が九月一日付で宗派内に布達された。

この宗制によって、河野や日生たちの革新派の主張が通り、中央集権体制が樹立されたのである。またこの時、千葉宮谷の大学林を東京の浅草区永住町盛泰寺へ移転すること、千葉の下総の宗務本庁を京都の妙満寺へ、支庁を浅草区妙経寺へ移すことも決定された。人事も異動し、管長には坂本日桓、宗務総監に板垣日暎、法務部長に河野日台がそれぞれ任命されている。しかし、こうした急進的な改革に対して、後日、反動が起こり、河野や日生が宗派内からパージされるという事態を迎える。

近代知と日蓮教学の接点

保守派の巻き返しを検討する前に、革新派の僧侶たちが集まって結成された宗義講究会の活動を確認しておく。宗会の翌年、教育勅語が発布される一八九〇年（明治二三）二月五日、河野と日生、小林、山内、小川、金坂、清瀬、山根、井村らの革新派僧侶は、「宗義安心ノ精要及各宗教義ノ蘊奥ヲ専攻シ宗教ノ実義ヲ顕揚スル」ことを目的とする宗義講究会を結成する。[60] この研究会は、宗派改革の請願書で提起されていた「布教方法に関する意見」を具体化したものである。[61] ちなみにこの日の発会式の演説で、幹事の日生（当時二四歳）は会の創立の目的を次のようにまとめている。「世人をして真正に仏法の必要を知らしむる事」「菩提心を以て宗義を明にする事」「僧侶の職務に於て本末を糾す事」「真正に宗義の信仰を興す事」「信仰上の事業を改む事」、と。[62]
会は浅草の慶印寺を拠点とし、毎週日曜日ごとに宗義講究のための会合を開いた。入会者は会員と会友にわかれ、会員は東京市内の妙満寺派の僧侶と信徒に限定され、会友は全国自他宗の緇素（僧俗）を対象としていた。機関誌は「本派ノ宗令会説講録演説々教法話討論及各宗教義ノ講説」の掲載を掲げており、坂本日桓や小林の講話録のほか、他宗（真言宗、天台宗、曹洞宗、臨済宗）の教義、日蓮門下（本隆寺派）の教義なども掲載され、仏教各宗の「宗義」の研究を目的とした内容だった。

この「宗義」の研究について、日生は「宗義講究」[63]と題した論説を執筆しており、その冒頭でこうのべている。

「凡ソ一事一物ノ真理ヲ発見セント欲セハ必ス詳密周到ナル講究ヲ要スルハ論ナシト雖モ之ヲ講究スルニ富《あたつ》テ先ツ講究ノ方則ヲ確定スルヲ以テ必要トス彼ノ泰西諸学ノ進歩シテ殆ト発達ノ極度ニ達シタル所以ハ種々ノ事情ニ由テ此ニ至リタルモノナリト雖モ多クハ講究方則ノ整定セルニ是レ由ルモノト謂フヲ得ヘシ」[64]。

日生は、哲学館の学生として「泰西諸学」という近代ヨーロッパの学知を受容していたことが推測できるが、[65]ここで近代知の「講究方則」(方法論)の重要性を主張している。ついで、「宗教」の「講究方則」に言及する。「宗教」は近代知としての「学問」とはまったく反対の性質をもっているが、「宗教」には「宗教」の「講究方則」(方法論)がある、と。しかし、現在の「仏教」(「宗教」)は方法論が散漫で、その拠り所がないと批判したうえで、「実ニ講究ノ方則ヲ評定スルハ宗義講究ノ一大問題ト謂フヘシ」と力説する。[66]日生は「学問」という近代知に対して——「宗教」(「仏教」)の方法論の独自性を確保しながらも——「仏教」の方法論の不備を示し、その方法論の整備を「宗義講究ノ一大問題」として提起するのである。

そして、近代知の方法論には帰納法と演繹法があることを指摘し、「学理」(「学問」)は「人智」を標準とするから「人智」の範囲で遂行される帰納的方法を採用するが、「宗義講究」は「人智」を越えた「真理」を明らかにするから演繹的であるとのべる。以上を踏まえて、次のように結論づけている。

「宇宙全般ノ真理則チ諸法ノ大原理ヲ断定スルニ到リテハ学理上ノ帰納法ヨリハ吾仏教ノ教義上ノ演繹法ハ一段確実ナルモノナリ愛理ノ士其レ之レ思ヘ」[67]。

日生は、「仏教ノ教義」は「学理」を「包容」し、「人智」を超出した「宇宙全般ノ真理」を開示するものであるとして、近代知に対する仏教の優越性を力説するわけだが、その「講究方則」(方法論)の欠如を指摘し、演繹的方法の整備を主張したのである。

ここでは、日生のいう「宗義講究」が近代知を媒介とした仏教教義の検討であること、また仏教（宗教）の方法論の検討であることを確認しておこう。以後、日生は近代知としての「宗教学」の方法論を援用しながら、日蓮教学を整備していくことになる。(68)

じつは、こうした「宗義講究」の態度は、当時の妙満寺派が抱えていたきわめて現実的な課題でもあった。そのことが、『宗義講究会誌』における当時二七歳の清瀬貞雄や一五歳の井村寛冉の言説から明らかとなる。

この年の六月一二日から七月五日にかけて、東京の築地本願寺別院で仏教各宗管長会議が開かれ、浄土真宗本願寺派の大谷光尊を会長とする仏教各宗協会（以下、各宗協会と略）が設立された。「貧民救助」「仏教慈善会開設」「教育普及ヲ謀ル事」「殖産興業衛生等ヲ奨励スル事」などの事業とならんで、「新タニ精密ナル各宗ノ綱要ヲ編成シ之ヲ欧文ニ翻訳スル事」が議決された。(69)数年後に統一団結成の契機となる『仏教各宗綱要』の編集が決定されたのである（次章二で詳述）。なお、桜井匡によれば、この時期の仏教界は協力・提携に向かう傾向が強く、各宗協会のほかにも同年一月には各宗の有志と学生の八〇〇余名が集まって仏教各宗懇話会が開かれ、四月には三〇〇余名を集めた仏教者大懇親会が開催されている。(70)

このような仏教界の動向のなかで創設された各宗協会であるが、その規約の「第一章　綱要」の第一条には、「本会ハ仏教各宗ヲ協同団結シテ共ニ興隆ノ進路ヲ取テ提携運動スルヲ目的トス」とある。(71)清瀬と井村が、これに嚙みついた。清瀬と井村の批判のポイントは明確で、両者にとって――つまり宗義講究会に集う革新的な妙満寺派の僧侶たちにとって――各宗の「興隆」の前提は、宗義の講究であった。

清瀬は、次のようにのべる。

「所謂る興隆と云へるものは。必す宗義の興隆なるへし。若し宗義の興隆にあらすと謂は、。各宗管長は何種の興隆を。謀んとするか。宗派の興隆は。宗義の明らかにして。且つ隆なるを謂ふものなれは。宗義の興隆を外にして。外に興隆を謀るへきものなし。(72)」

井村も同様の批判を行なっており、(73)これらの批判は、いわば『宗義講究会誌』の方針にもとづく主張であった。ここで興味深いのは、清瀬が「四箇格言」をもって(日蓮仏教と)他宗との宗義の違いを強調し、井村が他宗に対する「折伏主義《しゃくぶく》」を強調している点である。ふたりは、「四箇格言」や「折伏主義」といった折伏重視の宗教的立場を前面に押し出して、各宗協会を批判している。つまり、数年後、『仏教各宗綱要』における日生と小林の四箇格言についての記述をめぐって発生する四箇格言問題は、宗義講究会に集った妙満寺派の僧侶たちの言説に、すでに予想されていたのである。また、清瀬は(宗義の)「甲乙相較へ。其劣れるものを捨て、。其勝れるものを取り。雑多を簡《えら》んて。其一に帰する」を意味する「取勝帰一主義」を唱えているが、(74)「宗義講究」の最終目的が自宗派の「宗義」の顕揚であることは明らかである。つまり宗義講究会の「宗義講究」とは、各宗派の宗義(教義)の批判的な検討にもとづき、妙満寺派の立場を鮮明化する作業であったのである。

だが、宗義講究会の活動は途中で挫折する。河野や日生らの性急な宗派改革に対する反動が起きて、宗派内は紛糾し、革新派の僧侶は僧籍の剥奪という決定的な処分を受ける。

宗派を追われて

革新派は公会の開催を通じて宗制改革を実現し、大学林や宗務支庁などの宗派内の重要機関を千葉から東京へ集中させた。さらにこの年(一八九〇年)一一月の人事異動では河野が大学林長、白井が本山部長、日生は教務部長に就任し、革新派僧侶が宗務庁のポストを独占し、宗派内の権力を完全に掌握することになる。しかし、

「妙満寺派の寺院勢力は何としても千葉の七里法華である」[75]といわれるほどの強大な勢力をもつ千葉の保守派の長老たちの巻き返しがはじまる。

この年末、日生たちは前年の宗制改革にもとづき、雑乱勧請の廃止（民俗信仰の撤廃）と本尊の統一（大曼荼羅一体か三宝式）を宗派内に指示する。とりわけ千葉の諸寺院では、本尊とは別に薬師如来や鬼子母神を勧請し、これらの民俗信仰による御利益信仰で寺院経営を行なっていた。日生たちは、その「改革」を要求したのである。この政策は宗派内（とりわけ千葉の保守派僧侶たち）の猛反発を呼び、宗派内が紛糾する事態となった。翌一八九一年（明治二四）、責任をとって坂本管長が辞任し、五月には保守派の錦織日航が管長に就任する。ここから保守派の反攻による革新派のパージがはじまる。同月、日生は教務部長を解任され、宗務総監の板垣、法務部長の井村も罷免された。さらに日生は七月に浅草慶印寺住職の兼任を解任される。『日宗新報』三九七号（同年七月二八日発行）には、「妙満寺派の紛擾」と題された記事が掲載されており、「近来派内に紛擾を生し異論百出或ハ宗務庁職員の更迭を来し其外種々云ふに忍びざる事あり布教ハ既に廃止し興学の源泉たる大学林も将に有名無実に帰せんとす」という投書が紹介されている。

日生に対する処分はつづき、同年一二月には福島県二本松蓮華寺への左遷命令が下った。病気を理由に転任を断ると、翌年一月には剥牒処分が下され、僧籍が剥奪されてしまう。小林も一緒に僧籍を剥奪され、河野も千葉県片貝村小関妙覚寺に左遷されている[76]。こうして完全に革新派と保守派の形勢が逆転した。

宗派から追放された小林と日生は、小川、金坂、井村らとともに独自の布教・教化活動を開始する。さっそく一月に神田猿楽町に顕本法華宗義弘通所を設置した。この弘通所はのちに浅草の蔵前南元町、浅草新福井町へ移転し、顕本法華宗第一宗義布教所となる。

日生たちは弘通所開設の際、全一五章三四項からなる「顕本法華宗義要領」（以下、「要項」と略）を同年一月付で発表している。[77] その内容は宗号所由（第一章）から始まり、伝道相承（第二章）、所依経釈（第三章）、宗旨肝要（第四章）、本門本尊（第五章）、本門戒壇（第六章）、本門題目（第七章）、修法目的（第八章）、所期国土（第九章）、教相判釈（第一〇章）、本迹関係（第一一章）、正助合行（第一二章）、弘法綱格（第一三章）、処世志願（第一四章）、謗法厳戒（第一五章）からなる。

この「要領」には、日生たちの立場が明確に表現されている。まず、一章では「顕本法華」の宗号の由来を、「釈尊出世の本懐宗祖弘通の元意全く顕本法華の妙旨を宣揚するにあるが故なり」と規定している。また本尊として曼荼羅を指定し、「信仰の統一」のため、「本尊の外は凡て勧請」を認めていない（五章）。さらに「一国の君民皆本宗に帰依する時に至らば最勝の地を選んで大戒壇場を建立す」と、本門戒壇（事壇）を規定し（六章）、教化方法として「折伏の行法」によることが明言され（一三章）、「謗法厳戒」（一五章）を強調している。そして、「本宗は立正安国の主旨を守り国家の福祉を増進し衆生の善報を発達せしむる」ことを宣言しており（一四章）、日生においても「立正安国」という「あるべき国家と宗教」の関係が掲げられていることを確認しておこう。

さらに、この年の一〇月に――管見の限りでは――日生初の著作である『祖師のおしえ』第一篇が蔵前南元町の顕本法華宗義弘通所から刊行された。その内容は『開目抄』や『観心本尊抄』をはじめとする日蓮遺文を抜粋し、その略解を付すという構成になっている。

翌年二月、岡山市内の内山町に第二宗義布教所、一一月には第三宗義布教所を岡山市内の津山町に、さらに翌一八九四年（明治二七）一〇月、神戸市橘通二丁目に第四宗義布教所をそれぞれ開設している。師の児玉と同じく、日生はこれらの布教所を拠点として、「顕本法華」の布教・教化活動を繰り広げた。そして、翌年、日生は復権する。

注

（1）吉田久一『日本の近代社会と仏教』（評論社、一九七〇年）、四三頁。
（2）辻善之助『日本仏教史之研究　続編』（金港堂書籍、一九三一年）、七六四―七六五頁。
（3）池田英俊「近代的開明思潮と仏教」（池田編『論集日本仏教史8　明治時代』雄山閣出版、一九八七年、六頁）。
（4）同前、四頁。
（5）安丸良夫『近代天皇像の形成』（岩波書店、一九九二年）、一九七頁。
（6）日蓮宗の宗名が教部省に公許されたのは、一八七六年（明治九）二月三日である。それ以前の日蓮門下諸宗派は、一致派（『法華経』の本門と迹門との一致を主張する宗派）と勝劣派（迹門に対する本門の優越を主張する宗派）に分かれていた。身延山を総本山とし、池上本門寺、京都妙圀寺、京都妙顕寺、中山法華経寺を四大本山とする一致派は、単称・日蓮宗の公称が公許されたのに対し、勝劣派は日蓮宗妙満寺派（一八九八年に顕本法華宗に改称）、同興門派（一八九九年に本門宗）、同八品派（一八九八年に本門法華宗）、同本成寺派（一八九八年に法華宗）、同本隆寺派（一八九八年に本妙法華宗）として各宗派が独立した。一八七六年（明治九）には日蓮宗不受不施派が再興されている（一八八二年には不受不施講門派が分立）。また一九〇〇年（明治三三）には、本門宗から大石寺が独立し、日蓮正宗と改称）。日蓮宗富士派と称した（一九一二年には日蓮正宗と改称）。
（7）石川教張「明治維新期における日蓮宗の動向」（池田編前掲書『論集日本仏教史8　明治時代』、一二四頁）。
（8）同前、一三〇―一三一頁。
（9）安中尚史「明治初期における日蓮門下教団の動向」（日蓮宗現代宗教研究所編『日蓮宗の近現代―他教団対応のあゆみ』日蓮宗宗務院、一九九六年、一三〇頁）。
（10）この七本山盟約の成立には、次のような経緯があった。この年の七月、七本山が日蓮門下を統轄する旨を教部省に内申していた。ところが、同年九月、勝劣派の本成寺と妙満寺を除く一致派の五山が日蓮門下の教導職管長を独占する盟約を結んだ。この盟約に勝劣派の本成寺と妙満寺が異義を唱えたことで、一一月に七本山盟約が成立したのである（新井智清『近代日蓮宗の宗政―薩鑑修三師の時代を中心にして』国土安穏寺、一九八七年、四三―四六頁）。
（11）玄龍は凛子との間に四児をもうけたが、第一子は早くに失った。第二子（事実上の長男）の多田吉住、第三子（事実上の次男）の吉次（のちに椙守普門）は、いずれも医者であった。智学は三男として、玄龍五二歳の時に生誕した。なお、田中智学の略歴については、『田中智學自伝―わが経しあと』全一〇巻（師子王文庫、一九七七年）に詳しい（この自伝は、もともと『師子王全集』全三六巻に「談叢篇」として掲載されたものが、独立して刊行されたものである）。また、田中芳谷『田中智學先生略傳（改訂）』（師子王文庫、一九七四年、原著一九五三年）や同監修『田中智学先生影譜』（師子王文庫、一九六〇年）、里見岸雄『田中智学の国体開顕』（錦正社、一九四〇年）、同監修『日本の師表田中智学』（錦正社、一九六八年）、さらに田中香浦『田中智学』（真世界社、一九七七年）、同『日蓮主義の研究』（真世界社、一九八一年）、同「田中智学先生の国体開顕―日蓮主義の行門的発展として」（『日蓮主義研究』一三号、一九八八年）などが参考になる。なお、国柱会（立正安国会）の歴史については、国柱会教務部編『国柱会五十年の歩み』（真世界社、一九六四年）や田中香浦監修『国柱会百年史』（宗教法人国柱会、一九八四年）を参照のこと。

(12) 『田中智學自伝』第一巻、二九一頁。

(13) 同前、二八二頁。

(14) 日蓮仏教の布教・教化方法である摂受・折伏に関する問題。「摂受」とは「摂引容受」（または「摂取容受」）を意味し、相手の立場を認めて寛容に教え導く立場のこと。一方、「折伏」とは「破折調伏」を意味し、相手を論破して積極的に教え導く立場をいう。日輝は摂受を重視する「折退摂進」論を採ったのに対して、智学は「超悉檀の折伏」にもとづく「行門の折伏」（実行的折伏）を強調した。この摂折問題に対する智学の見解は、『本化摂折論』（真世界社、一九九八年、原著一九〇二年）に詳しい。なお、日輝と智学の摂折論については、室住一妙「摂折論の展開」（望月歓厚編『近代日本の法華仏教』平楽寺書店、一九六八年）が参考になる。

(15) 田中智学「予が見たる明治の日蓮教団」（『現代仏教』一〇五号、一九三三年、五五八頁）。

(16) この『妙教新誌』は一八八〇年（明治一三）四月二四日に創刊された。なお、一八八五年（明治一八）一二月には『日蓮宗教報』が『妙教新誌』を合併して創刊され、この『日蓮宗教報』は一八八九年（明治二二）一月に『日宗新報』と改称される。『日宗新報』は、一九一六年（大正五）一二月に日蓮宗宗務院が『宗報』を創刊するまで、日蓮宗の教誌かつ報道機関誌という役割を担った（日蓮宗宗務院『復刻版　日蓮宗事典』日蓮宗新聞社、一九九九年、原著一九八一年、八二二―八二三頁）。

(17) みねとの結婚の翌年、貞一が生まれたが幼くして逝去した。一八八四年（明治一七）に長男・顕一（のちの国柱会二代総裁・芳谷）、一八八七年（明治二〇）には次男・澤二（のちの立憲養正会総裁）がそれぞれ誕生している。一八九〇年（明治二三）、智学とみねは離婚し、一八九六年（明治二九）、小川泰堂（江戸末期の在家仏教者）の孫・泰子と結婚している。翌年には三男・（里見）岸雄（国体法の研究で法学博士の学位を取得した日本国体研究者）が生まれている。一八九八年（明治三一）には長女・望子、一九〇三年（明治三六）には次女・（大窪）梅子、一九〇六年（明治三九）には三女・（津田）雪子、一九〇七年（明治四〇）には四女・（岩永）蓮代がそれぞれ生まれている。

(18)『田中智學自伝』第一巻、四二一頁。

(19)同前、四二八頁。

(20)現在、宗教法人国柱会は東京江戸川区一之江に本部（申孝園）を構え、田中暉丘四代会長のもと、二万二〇四人を数える会員を擁し、活発な活動をつづけている（文部省編『宗教年鑑平成十一年版』ぎょうせい、二〇〇〇年、七五頁）。

(21)吉田久一『日本の近代社会と仏教』（評論社、一九七〇年）、一一七頁。

(22)池田英俊『明治の仏教』（評論社、一九七六年）、一四五頁。

(23)同前、八七頁。

(24)同前、一三八頁。

(25)『田中智學自伝』第一巻、四六一頁。

(26)「四箇格言」とは、「念仏無間、禅天魔、真言亡国、律国賊」からなる日蓮の他宗批判の言説である。日蓮は法華最勝の立場から、『法華経』以外の諸経ならびに他宗の諸行を否定した。この四箇格言をめぐる事件が、のちに日生のもとで発生することになる。詳しくは、第二章二で後述する。

(27)「大綱領」は「名称」「本尊」「修業」「目的」「会儀」の全五則からなり、「立正安国会創業檄文」とともに会の機関誌『立正安国会報告』一回（明治一九年六月一六日発行、一―二頁）に掲載された（「創業檄文」は二回にも掲載）。また「立正安国会本則」が同二回（同年七月一六日発行、一―二頁）と三回（同年八月一六日発行、一―二頁）に分載されている。

(28)立正安国会（国柱会）の機関誌の変遷は、以下の通りである。『立正安国会報告』（月刊、明治一九年六月～八月）、『立正安国会会報』（月刊、明治二〇年八月～明治二七年一二月）、『師子王』（月刊、明治二四年四月～明治二六年八月）、『妙宗』（月刊、途中旬刊、明治三〇年七月～明治四五年三月）、『日蓮主義』（月刊、明治四二年五月～明治四五年三月）、『国柱新聞』（旬刊、明治四五年三月～大正九年八月）、『国柱要誌』（月刊、大正八年二月～大正九年七月）、『毒鼓』（月刊、大正八年一〇月～大正九年六月）、『天業民報』（日刊、大正九年九月～昭和六年一二月）、『毒鼓　改廃号』（月刊、昭和六年三月～一二月）、『大日本』（日刊、昭和七年一月～昭和一九年二月）、『真興』（月刊、昭和二二年三月～昭和二四年一二月）、『真世界』（月刊、昭和二五年一月～昭和四八年一二月）、『日蓮主義』（月刊、昭和四九年一月～昭和五四年一二月）、『真世界』（月刊、昭和五二年一〇月～昭和五七年一二月）、『真世界』（月刊、昭五八年一月～現在）。

(29)羽賀祥二『明治維新と宗教』（筑摩書房、一九九四年）、二一二―二一三頁。

(30)注10の新井前掲書、一〇四―一〇五頁。

(31)智学の在家仏教論については、本門佛立講の長松日扇との比較で、智学の「在家主義的な僧俗観」をまとめた西山茂の「法華系新宗教に関する本」（『仏教』別冊3、法蔵館、一九九〇年）や、「知識人レベルの在家主義の代表」として、智学の「在家主義」を論じた西山の「在家仏教における伝統と革新」（『平成六年度東洋大学国内特別研究成果報告書』、一九九五年）がある。

(32) 「仏教夫婦論」（『日蓮主義研究』一七号、一九九四年、原著一八八七年、一五―六三頁）。

(33) 「仏教夫婦肉妻論」（『日蓮主義研究』一号、一九六八年、一四―五九頁）。本論は、当初、『師子王』一号（明治二四年四月二〇日発行）から同八号（同年一〇月八日発行）まで連載されたが、未定稿のまま打ち切りとなっている。

(34) 「仏教夫婦論」、二一頁。

(35) 「仏教夫婦肉妻論」、四九頁。

(36) この主張は、後年の『宗門之維新』（一九〇一年）における「今ノ所謂僧ハ古ノ所謂優婆塞ナリ」のテーゼにまで先鋭化する。仏教では僧侶・僧尼を意味する比丘・比丘尼に対し、優婆塞・優婆夷が在家の信者を意味する。

(37) 池田英俊『明治の仏教』（評論社、一九七六年）、二〇―二一頁、同『明治の新仏教運動』（吉川弘文館、一九七六年）、一一―六頁。

(38) 池田『明治の仏教』、九〇頁。

(39) 「大綱領」の全文は、注11の『国柱会百年史』の八四―八五頁に掲載されている。なお、智学による「創業大綱領解釈」が『立正安国会報』一号（明治二〇年八月二八日発行）以降、毎号にわたって掲載された。

(40) 「創業大綱領解釈」（『立正安国会報』二号、同年九月一五日発行、三頁）。

(41) 「創業大綱領解釈」（『立正安国会報』五号、同年一二月七日発行、二一―四頁）。

(42) 本門佛立講は「口唱専一」による「現証利益」、霊友会は先祖供養とシャーマニズムによる現世利益を掲げ、信者を獲得してきた。しかし国柱会においても、「昭和七年以降、法器としての会員が病悩に苦しむとき、申請によって罪障消滅して、速やかに『病悩即除・気力安楽』となって護法護国の信行にいそしめるよう、会員に限って『問《ママ》病祈願』を行なう道を開いた。」（『国柱会百年史』、八八頁）。

(43) その後、一八九六年（明治二九）八月に聖日の慶讃、祝祭日、追善供養など、回向文類が新たに付加されている。現在の国柱会でも、この『妙行正軌』にもとづいて、法要・儀礼が営まれている。

(44) 日生の略歴については、磯辺満事『本多日生上人』（統一発行所、一九三一年）が最も詳しい。ほかに長谷川義一「近代の教傑本多日生上人」（『統一』四〇〇号、昭和二〇年五月号）、同『什門教学伝統誌』（妙顕寺、一九五八年）「第五三章　近代の教傑本多日生上人」、星野純義『本多日生上人を偲ぶ』（本多日生上人追憶会事務局、一九六三年）、窪田哲城『日什と弟子達―顕本法華宗殉教史』（山喜房佛書林、一九七八年）「第十二章　本多日生師の生涯」、笹川義孝『日蓮聖人の事観論』（山喜房佛書林、一九七〇年）「第五編　日什門流の事観論」「（八）本多日生上人の事観」ならびに「本多日生上人の本尊論」、山口裕光「田中智学先生と本多日生上人の盟契」（『日蓮主義研究』一三号、一九八八年）などの教団関係者の著述が参考になる。

(45)　日生は、師の児玉から多大な影響を受けた。児玉は明治初期、宗派改革の提言をしており、それが受け入れられないと知るや、僧籍を返上し、岡山に岡山弘通所、津山に津山弘通所と名づけた顕本講を創立して布教に励んだ。こうした姿勢が、日生に継承されている。後年、日生らによる宗派改革の達成後、日生に請われて上京し、大学林長についている。なお、児玉については、鈴木日雄『児玉日容上人小伝』（研文館、一九三一年）や長谷川前掲書「第四九章　清僧児玉日容」を参照のこと。

(46)　日生が私立哲学館の第一期生として学んだという資料は、今回、発見できなかった。だが、哲学館出身者に対する称号である「講師号」が授与されていることから、日生が東洋大学出身であることはまちがいない。また、日生が第一期生だった事実は、日生と交流があり、東洋大学四代学長をつとめた境野黄洋の「思ひ出の何やかや」（『統一』四三五号、昭和六年六月号、聖応院日生上人追悼号）の発言からも明らかである。なお、『東洋大学百年史』（東洋大学創立一〇〇年史編纂委員会他編『資料編Ⅰ・下』学校法人東洋大学、一九八九年、東洋大学創立百年史編纂委員会・井上円了センター編『通史編Ⅰ』同、一九九三年）には、日生の名前がたびたび登場する。一九〇六年（明治三九）には評議員、一九二一年（大正一〇）には顧問、さらに一九二七年（昭和二）には昇格部の顧問に就任している。さらに明治末年には（後述する）日蓮仏教の研究会・橘香会の顧問をしている。

(47)　「弁論の修養について」（『統一』二六八号、大正六年六月号、一〇頁）。ちなみに智学が長大な自伝を残しているのに対して、日生が自らのことを語った資料はきわめて少ない。

(48)　現在、統一団は東京都北区滝野川に本部、文京区音羽に事務所を構え、「財団法人統一団」として活発な活動をつづけている（一九三二年六月に財団法人の認可を受けた）。なお、統一団と顕本法華宗の関係であるが、統一団は顕本法華宗の外郭団体であり、日生の活動の実働部隊とでもいうべき組織だった。しかし日生逝去後、統一団と顕本法華宗は決裂し、それぞれ独自の活動を行なった。

(49)　その経過は、注10の新井智清前掲書「第六章　諮問総会と宗門暗黒時代」に詳しいので、参照されたい。また、小野文珖「素描・近代日蓮宗の教学者④　百年の大計その夢のあと」（『福神』四号、二〇〇〇年）にも、日蓮宗革命党と諮問総会のことが言及されている。

(50)　影山堯雄「日蓮宗教団の展開」(望月編『近代日本の法華仏教』平楽寺書店、一九六八年、一〇七頁)。

(51)　河野時中「明治期における宗門改革の一考察」(『統一』七三一号、一九九八年、二一頁)。

(52)　同前。

(53)　なお、『日蓮宗教報』一八五号(明治二一年六月八日発行、四頁)によれば――横溝や小川らの行動に先立って――浅草妙経寺の白井日熙によって、「興学布教其他の義」に関する建議書が提出された。また、日生ら数名が「法制改良其他大学林教育論件等」について建議書を言上しようとしていたことも報じられている。さらに同一八七号(同年六月一八日発行、四―五頁)によれば、野口、日生、井村らが「建策」を板垣管長に提出し、七時間にわたって、「凛々満脳の熱血を注ぎて諄々扶宗の赤心」をのべた、という。つまり、九月一三日の請願書以前にもこうした行動がとられていたことがわかる。

(54)　河野時中氏より、この請願書のコピーを提供いただいた。ここに記して感謝したい。以下の引用は、この資料による。

(55)　「妙満寺派録事」甲第二三号(『日蓮宗教報』二二五号、明治二二年一月八日発行、一頁)。

(56)　公会の傍聴記が、『日宗新報』二五四号(明治二二年六月三日発行、一一―一四頁)に掲載されている。また、公会の議事録は『日宗新報』二五五号(同年六月八日発行)から同二六二号(七月一三日発行)まで八回にわたって掲載されている。なお、改革以前の妙満寺派の宗制は『日蓮宗教報』二〇号(明治一九年三月二三日発行)から同二五号(同年四月一八日発行)に掲載されている。

(57)　『日宗新報』二五六号(明治二二年六月一三日発行、三―四頁)。ちなみ旧宗制では、寺格が総本山から塔中房院までの一〇等に分かれていた(「第六章　寺法」第一九条)。

(58)　ここでは「化法ハ折伏ヲ正トシ摂受ヲ傍トス」ることが宣示されており、(後日、「四箇格言問題」で問題化する)折伏重視の態度が明文化されていることに留意しておこう。ちなみに旧宗制には、この件はない。

(59)　新たな日蓮宗妙満寺派宗制は、『日宗新報』二七三号(明治二二年九月八日発行)から同二八〇号(同年一〇月一三日発行)にわたって掲載されている。

(60)　会則が『宗義講究会誌』創刊号(明治二三年二月七日発行、表紙裏)に掲載されている。

(61)　河野前掲論文、二四頁。

(62)　『宗義講究会誌』三号(明治二三年三月七日発行、三〇頁)。

(63)　本多日生「宗義講究」(『宗義講究会誌』一二号、明治二三年八月一五日発行～同一三号、同年一〇月一五日発行)。なお、一三号末尾には「次続」とあるが、掲載されていない。

(64)　同前一二号、一六頁。

(65)　ちなみに創立当時に開設されていた講義は、心理学・

哲学論（井上円了が担当）、哲学史（三宅雄二郎）、心理学・哲学史（清沢満之）、倫理学（棚橋一郎）、社会学（辰巳小次郎）などである。さらに村上専精が仏教論、織田得能が仏教史を講義していた。

(66)「宗義講究」一二号、一七頁。

(67) 同前一三号、一八頁。

(68) 日生が参照した宗教学のテキストの一冊が、姉崎正治によって一八九八年（明治三一）五月に翻訳されたドイツの宗教哲学者、E・ハルトマンの『宗教哲学』であった（姉崎正治「日生上人の追憶と其将来に対する希望」『統一』四五七号、昭和八年四月号）。姉崎は、日生が自分の翻訳したハルトマンを熟読していたことを述懐している。

(69) 仏教各宗協会編『各宗管長会議々決録』（仏教各宗協会、一八九〇年）の「議目」を参照した。

(70) 桜井匡『明治宗教史研究』（春秋社、一九七一年、三九六頁）。なお、これ以降も仏教界の協力・提携の傾向はつづいた。一八九二年（明治二五）一月、東京と京都の学生を中心として大日本仏教青年会が結成され、一八九五年（明治二八）四月には京都で全国仏教大会、一八九〇年（明治二三）一月には全国仏教徒大会が開催されている。同年六月には各宗管長会議で決議された日本大菩提会が創立され、一九〇七年（明治四〇）四月には、浅草本願寺で大日本仏教徒大会が催されている（文化庁文化部宗務課『明治以降宗教制度百年史』文化庁、一九七〇年、一六三頁）。

(71) 前掲書『各宗管長会議々決録』、二九頁。

(72) 清瀬貞雄「宗派の合同を謀らんより寧ろ自家特性の拡張を謀れ（続）」（『宗義講究会誌』一二号、明治二三年八月一五日発行、一〇頁）。

(73) 井村寛冉「仏教各宗協会確執規約を読みて謹て各宗管長閣下に質す」（『宗義講究会誌』一二号、明治二三年八月一五日～同一三号、同年一〇月一五日発行）。

(74) 清瀬前掲論文、一二頁。

(75) 注44の磯部前掲書『本多日生上人』、四四頁。ちなみに（時代は下るが）一九一九年（大正八）当時の顕本法華宗四三五寺院のうち、千葉が二九二寺院を占めていた。ほかには東京二五寺院、京都一七寺院、愛知一一寺院、静岡一五寺院、福井一〇寺院と各地に点在している。

(76) 河野前掲論文、二五頁。

(77)『日宗新報』四一六号（明治二五年一月一五日発行、六―七頁）と同四一七号（同年一月二五日発行、八―九頁）に掲載されている。

第二章　日蓮門下教団改革運動の展開

一　宗門改革のプログラム

一八八〇年代後半、立正安国会を結成し、在家仏教運動を組織していった田中智学に対し、本多日生は妙満寺派の改革を進めていった。一八九〇年代に入ると、ふたりの活動は、それぞれある外発的な事件によって、新たな展開をみせ、両者とも日蓮門下全体の改革運動に取り組むようになる。以下、その事件をみていこう。

ふたつの事件の発生―龍口法難無根説と元寇予言否定説

まず、智学の動向であるが、一八八八年（明治二一）六月二一、二三日、立正閣で「護法意見臨時大演説会」を開き、智学は「日蓮宗の為に計る三大建議」という演説のなかで、寺院制度の改革と僧統改置（二一日）、信行取締法の制定（二三日）をそれぞれ提案した。この時、当時の日蓮宗管長・三村日修に招待状を発送したが、三村は欠席し、宗務役員数名が来聴している。この演説は、二年前の「日蓮宗宗制寺法を読む」以来の日蓮宗改革の主張の一環であり、同じ時期に立正安国会が断続的に開催していた「日本宗教改良演説会」の一環でもあった。こうした智学の主張が、教団の運動方針として教団全体で取り組まれることになる出来事が起こる。一八九〇年（明治二三）五月から六月にかけての「龍口法難無根説」をめぐる事件と、翌年六月の「元寇予言否定説」をめぐる事件である。

一八九〇年（明治二三）六月一五日、木挽町（現在の中央区銀座）の厚生館で三〇〇〇人の聴衆[1]を前に、三〇歳の智学は「日蓮上人龍口法難ニ関スル重野博士ノ考証ニ付テ」と題する演説を前後六時間かけて行なった。[2]満員の会場では、暑さをしのぐ人びとの扇子が白い蝶のように揺れていたという。聴衆のなかには、（剃髪処分前の）二四歳の本多日生の姿もみえた。教育勅語が公布され、第一回帝国議会が開催された年のことである。

なぜ、智学は六時間もの演説を行なわなければならなかったのか。

そのきっかけは、臨時編年史編纂掛[3]（もと内閣臨時修史局、現在の東京大学史料編纂所）の編纂委員長をつとめ、帝国大学文科大学（現在の東京大学）の教授も兼任していた重野安繹による歴史考証にあった。重野は、官撰の正史『大日本編年史』の編纂をつとめた明治初期の代表的な歴史家であり、近代日本史学の創始者のひとりである。その歴史論の特徴は、徹底した史料批判（テクスト・クリティーク）にもとづく考証主義にあった。[4]史実の確定を正確な古文書に求めて、少しでも疑わしい点があれば、その史実を否定した。実際に川中島合戦や武蔵坊弁慶、『太平記』の桜井駅の子別れや児島高徳などの存在が抹殺され、当時、重野は「抹殺博士」の異名をとった。

この重野が前年の一二月、日蓮の龍口法難[5]が事実無根であるとの考証を発表したのである。[6]重野は、各地の古文書を収集して掲載した『史徴墨宝』第二編に、京都本満寺に所蔵されている日蓮自筆の消息文『土木殿御返事』の写真を掲載し、『史徴墨宝考証』第二編で、次のようにのべた。室町時代の日蓮の伝記『日蓮聖人註画讃』には龍口法難のことがのべられているが、この消息文には法難について触れられていないため、龍口法難は弟子たちの「作為」である、と。さらに翌一八九〇年（明治二三）には、大日本史学会[7]や東京学士会院（現在の東京学士院）の講演でも自説を繰り返している。とくに五月一一日の東京学士会院での講演では、「上人自筆の手紙を証拠に其説［龍口法難の史実―筆者注］を破つたのであります」と断言している。(8) つまり重野は、『土木殿御返事』という断片的な消息文と『註画讃』という史料（のみ）にもとづいて、龍口法難という史実の抹殺を図ろうとしたわけである。

重野のこうした言動に対して、智学は、その考証への質問を記した書簡を五月二六日付で重野に送り、六月四日、来訪を待つという返事を受け取った。その二日後、智学は重野宅を訪問し、重野と面会している。智学は、六月一五日の厚生館での演説会に来聴することを求め、重野はそれを承諾し、その日は別れている。しかし、重野は一四日付の手紙で、所用により、演説会に出席できない旨を知らせてきた。重野不在のなか、智学は重野の考証を反駁し、龍口法難が史実であることを考証する演説を行なったのである。

智学にとって、「日本の国家を代表する所の、大政府の修史官」であり、「シカモ其長官」である重野の考証は「博士の議論にあらず、実に日本政府の議論」であり、「是れ国家の大事、亦日蓮宗の消長に関する、残忍無法なる一大処分」であった。(9) 演説では事細かに反駁と論証がなされた。まず、智学は重野の考証が不用意であることを指摘する。重野が抹殺の典拠とした消息文は、鎌倉政府の弾圧を受けた日蓮が檀越・富木常忍からの見舞に答えた短い「臨機省略の筆」であり、これのみをもって考証するのは「随分乱暴ナ話」である、と訴えた。また龍口法難は、日蓮自らが「一宗創業の大主義を発表したる、最要の著書」である『開目抄』『選時抄』『報恩抄』などで言及しており、これらを「一向に顧みないといふは、逆ではないか」と断ずる。さらに重野の解釈の誤りを逐一検討したうえで、先の著作をはじめ、『種種御振舞御書』などの日蓮遺文を縦横に引用しながら、龍口法難が史実であったことを強調している。そして演説の終盤、智学は「予は充分に信じて居る（中略）博士は潔然きツと予の説を容れて、考証を明かにし歴史を正しうせらる丶ことを！」と、重野に考証の訂正を求めている。(10)

智学は日蓮遺文の詳細なテクスト・クリティークにもとづいて、重野を反駁し、龍口法難が歴史的事実であったことを論証したのである。このやりとりは、戦後、辻善之助が「今日より之を見るに、博士の考証は粗漏であつた。（中略）遺文録をよく見なかった事、本満寺文書の誤読等が大きな弱点である」と評価しているが[11]、たしかに重野の言説を検討すると、そのテクスト・クリティークは不十分であったことがわかる。

では、この出来事に対する日蓮宗の反応はどうだったのだろうか。『日宗新報』では、重野に対する反論が「社説」（三一七号、明治二三年四月一八日発行）や「寄書」欄（三二四号、五月二三日発行）で提出されている[12]。また演説会の後、三三一号（六月二八日発行）の「社説」でも、智学の演説の様子に触れている。日蓮宗にとっても、この出来事が事件であったことがうかがえる[13]。ちなみに、妙満寺派による重野への反論は、山内太久美が『宗義講究会誌』四号（同年三月二〇日発行）に「重野博士の妄を匡し併せて博士に忠告す」を寄せている。

さらに翌年、同様の事件が起こる。この年の六月一三日、神田一橋外の帝国大学講義室で史学会の第一九回例会が開かれ、史学会会員の小倉秀貫は「日蓮は元寇の予言者と謂ふを得べき乎」という公開講演を行なった[14]。講演の開催は新聞でも告知され、会場には二三〇余名の聴衆が集まり、智学は溝口太連を伴って講演を聴講している。小倉の講演内容は、日蓮の『立正安国論』における元寇の「予言」は予言というべきものではなく、自分の「顕達」を求める「平凡迂腐の利己論」である、という痛烈な日蓮批判であった。

智学はその内容以上に日蓮宗関係者が来場せず、小倉の発言に宗門として対応しなかったことに疑問を覚え、小倉の発言と日蓮宗関係者の態度を問題視する。講演から二日後の六月一五日、立正安国会は号外を発行し、この出来事を「緊急問題」として取り上げるべきことを訴えた。また、機関誌『師子王』五号で、「緊急要告」を会員へ布告し、「枝葉ノ事業、運動ヲ中止シ根本到頭ノ本誓主願ニ基キ、専ラ宗法改革ノ一大実功ヲ揚ゲントスルノ時期ニ接シ得タリ」と宣言した[15]。

このふたつの事件を通じて、日蓮宗の改革という運動目標が掲げられ、全会員を通じて宗門改革のための具体的な活動が展開されていくことになる。

宗門革命祖道復古義会の設立

七月一八日に発行された『師子王』六号は、この事件に対する特集号の趣を呈している。その冒頭、「宗門革命、時正に至れり。／真実なる仏法これより隆《さか》んならん焉。」とのスローガンが大きく掲げられた。つづく「主論」には、智学による「小倉秀貫氏の妄論を駁するに先だつて日蓮宗の僧俗及び江湖に告ぐ＝日蓮宗の興廃存亡実に今日にあり」（以下、「日蓮宗の僧俗及び江湖に告ぐ」と略）が掲げられた。これは、七月四〜六日の三日間、東京日本橋の立正閣で開催された臨時演説会での日蓮宗批判の演説録である。なお、この演説会には、東京の在家団体の信者たちが聴衆として招かれている。

演説の冒頭、智学は次のように宣言する。

「今や宗門革命の時運到熟し、予が十有余年秘し来りたる、祖道復古の計策を実施せんとするの場合に接したり[16]」。

「宗門革命」と「祖道復古」。智学の宗門改革の主張は、このふたつのスローガンに集約される。そして、「予が今日当場に開きたる演説は、現日蓮宗に向つて、改革の実行を促す端緒を示したるものと知るべし」とのべ、宗門改革の必要性を聴衆である在家信者たちに力説している。智学は、「小倉秀貫の演説を聴に行かざりしは、宗祖［日蓮のこと—筆者注］に対し宗法に対して、申訳の立たざる大罪過なり」という。それはなぜか。智学は、日蓮の立教の本懐が折伏による「仏教統一」と「一天四海皆帰妙法」にあり、とくに今日においては妙法を謗る「謗法」の人びとを折伏することが必要であると考えた。当時の宗門では摂受重視の傾向があったわけだが、智学は日蓮の原点（祖道）が折伏の実践にあると復古的に捉え直し、重野や小倉といった「謗法」の「外道論者」に対して、宗門が折伏の精神をもって反論しなかったことを批判するのである。

とくに智学は、日蓮宗宗務院、日蓮宗大檀林、さらに日宗新報社や自鳴社といった宗門の報道機関の責任を追求し、これらの諸機関の態度を「大罪過」として断罪した。そして、『涅槃経』や日蓮の『松野殿御返事』にもとづき、「日蓮宗の坊主は、悉く是れ仏法の中の怨敵なり、悉く是れ畜生なり、悉く是れ盗賊なり」と断定した。つまり、大乗経典や日蓮遺文に依拠して、僧侶たちと自分たちとの関係を差異化し、宗門改革に着手する自分たちの立場を正当化したのである。そのうえで、在家信徒たちに「日蓮宗門の一大改革を実行すべし」とアジテートした。演説の最後には、「為法的運動の団体」を組織することを示唆している[17]。

数日後、宗門改革の実行のための臨時団体・宗門革命祖道復古義会（以下、復古義会と略）が設立される。その仮規約には、「現日蓮宗の乱雑を憂へ、爰に護法篤信の四衆相計りて、内は仏祖の御正意に基き、外は開進の時機を鑑み、宗門の改革を実行せん為め」、この祖道復古義会を設立すると宣示され、全国の「護法正信の人々」や「真正扶宗の諸教会各講社」へ加盟を呼びかけている[18]。

こうした智学の言動は、日蓮門下の講社や結社、教会といった在家檀信徒たちの間で反響を呼ぶことになる。『師子王』には智学の主張への共感と賛同が寄せられ、賛同者や同盟組織、義納金の納付者が誌上に紹介された。そして立正安国会のほか、日蓮宗唱導会、万代結社、正法結社、月参結社、教進結社、一心結社、千住結社など、東京や横浜の結社が続々と祖道復古義会に加盟している。機関誌では、これらの活動によって、七三〇〇余名の同盟者を獲得したことが報じられている[19]。つまり、智学たちの宗門改革運動は、在家信者たちに支持され、繰り広げられていったことがわかるであろう。

以降、八月一日から五日までの連日、祖道復古義会は神田や上野公園、浅草公園、芝公園といった東京各所で路上演説を行ない、智学をはじめ、溝口、伊東、保坂らの（立正安国会の）幹部たちが「宗門革命・祖道復古」を訴えた。七日以降も、東京市内や横浜で祖道復古義会の加盟団体主催による演説会が開催され、一三日には日蓮宗宗務院に宗門の改革を迫る第一回勧告書を提出している。また九月一二日（龍口法難会の日）以降は、智学たちは運動の全国展開を考え、藤沢をかわきりに名古屋や大阪へ智学自らが巡教し、各地で宣伝・布教活動を繰り広げ、復古義会の支部を結成している。こうして関東や東海、関西地方を中心とする各地で、復古義会による宗門改革の活動が展開されていった。

重野の「龍口法難無根説」と小倉の「元寇予言否定説」をめぐる事件を契機として、「宗門革命・祖道復古」に象徴される日蓮宗門改革の運動目標が教団全体で共有され、「あるべき日蓮教団」の実現を求める日蓮主義運動が実施されていった。こうした日蓮宗との関係を通じて、立正安国会の集合的アイデンティティは形成されていったのである。[20]

立正安国会における「天皇」

ふたつの事件から、ほぼ一〇年後、智学は、『宗門之維新』（一九〇一年）と『本化摂折論』（一九〇二年）を刊行する。前者は宗門改革の体系的かつ具体的なプログラムとして執筆された著作であり、後者は日蓮仏教における折伏の積極的な意義を教学的に明示した講演録である。宗門改革の方向性が具体的に提示され、また立正安国会の教学的立場が明確化され、さらなる日蓮宗門改革運動が実施されていくことになる。

この両者を検討する前に、この一〇年間の立正安国会の活動を確認しておこう。

一八九三年（明治二六）三月、「国運進展の上から見て地理及び其の他の関係上、関西に勢ひを延ばすといふことが益々必要になッて[21]」、智学は西下し、当初、京都で教学の研鑽に専念した。大阪東区博労町の布教所では、伊東、保坂、森（大阪布教所所長）と長瀧らの教職が中心になり、布教・教化活動に励んだ。当時の活動としては、演説会の開催のほか、毎晩会員宅で夜講（家庭集会）が開かれ、教職二名が出席して法話を行なった。[22]ちなみにこの年の五月、のちに『法華思想史上の日蓮上人』で博士号を取得する一五歳の山川伝之助（智応）が大阪で入会している。[23]その二年後、一八九五年（明治二八）五月の新会堂・立正閣の落成にともない、本部が東京から大阪へ移転され、活動拠点が大阪へ移った。立正閣は、一二〇余坪のスペースに三階建ての高閣、和洋折衷の意匠の施された建物であった。

なお、前年八月一日、日清戦争が勃発している。智学は大阪の天保山の海辺に九メートルの修法道場を築き、戦勝祈願の「国禱会」を修めている。智学自らが導師をつとめ、国禱員として参列した各支部の代表者とともに八月一六日から九月七日までの二一日間、一日三座の国禱会が修法された。また、大阪各地で「報国大義大演説会」を開催するなど、立正安国会は会を挙げて、戦勝祈願の報国運動を行なっている。

この国禱会の際の儀礼文「国禱発願疏」と「国禱満願疏」において、天皇に対する宗教的な意味づけが行なわれた。[24]前者では、天皇家が「未来ニ於ケル閻浮［世界―筆者注］統一本門戒壇ノ願主也」（傍点筆者）と位置づけられ、後者では、清国を「閻浮第一戒壇妙土」たる「大日本帝国転輪聖王」（傍点筆者）の「旗下」に服せしめることが祈願された。つまり、天皇が「本門戒壇ノ願主」であり、「転輪聖王」であるというように、日蓮仏教の立場から、天皇が意味づけされたのである。[25]

もともと立正安国会における天皇の位置づけは、「立正安国会本則」「第四章　会員」「第二十條」において、「入会の資格に協《かな》ふものといへども仏教上本典確例ある　天皇陛下　三后　皇太子の入会あらせられしハ会員と同視せるを得ず古例に拠りて大檀那とすべし」（傍点筆者）と規定されていた。[26]天皇の位置づけは、のちの「本化妙宗式目」の成立や「日本国体学」の創唱以降、さらに変容するが、ここでは日清戦争という出来事を通じて、天皇に対する独自の意味づけが行なわれたこと、そして立正安国会において、天皇の存在が日蓮仏教の重要な教義（本門戒壇論）と交渉しはじめたことを確認しておこう。

拡大する地方組織

一八九六年（明治二九）八月、智学は住居を関東に移すため、東上する。鎌倉扇ヶ谷に土地を選定し、要山と命名した。新居の建設と教学研究所・師子王文庫の建設が進められた。師子王文庫は翌年五月一二日に落成し、七月には教学研究の新たな機関誌『妙宗』が創刊されている。以後、智学は大阪と鎌倉を行き来することになる。なお、師子王文庫では庫主である智学のもと、教職は内護同人として、師子王文庫同人に列せられた。この師子王文庫は、「世俗の組織」である立正安国会に対する「超俗（聖）の組織」であるが、(27)ここに立正安国会の組織の分節化をみることができる。

また、この時期、『妙宗』や智学の著作による「施本布教」がはじまっている。一八九七年（明治三〇）一月の英照皇太后の崩御に際して、智学は『大喪法語』を述作する。この小冊子が、翌月の京都で挙行された大喪で政府高官や名士に施本された。二年後の四月には、全国の公私鉄道の駅九四三ヶ所の待合室に『妙宗』を配布する「鉄道布教」もはじまった。この『妙宗』の施本布教によって、全国各地に読者が増加し、地方組織が拡大することになる。立正安国会の布教所・事務所とならんで、読者組織の妙宗同衆事務所が各地に設立され、読者組織のネットワーク化が進んだ。一八九八年（明治三一）五月の時点で、布教所・事務所が大阪、名古屋、弘前、福井、藤崎、三国、岐阜、熱田、秋田、本荘、仙台、舟岡、名生、堺、金沢に、妙宗同衆事務所が秋田、土崎、大川、面潟、一日市、鶴川、能代、弘前、藤崎、仙台、舟岡、名生にそれぞれ設置されている。(28)

翌年三月、三九歳の智学は突如、立正安国会会頭の退職を公表する。四月八日には、大阪の立正閣で全会員に対する付嘱式が行なわれた。以後の会務は、会務総長一名と会務幹事二名によって行なわれることになり、会務総長に伊東智霊、会務幹事に保坂智宙と森智魂が就任している。

『宗門之維新』という改革プログラム

一九〇一年（明治三四）三月、智学は病気療養のため、伊豆の修善寺で静養した。この時、「桂国教話」と「聖伝千言詩」とともに書き上げられたのが、『宗門之維新』である。この著作において、「日蓮主義」そして「国立戒壇」という言葉がはじめて使用されている。そしてこの著作によって、智学の名前は日蓮門下を越えた影響力を誇ることになる。

では、その成立過程から少し詳しくみてみよう。

まず、機関誌『妙宗』四編五号（同年五月号）に「宗門の維新に就て」という短い序文が掲載され、この号の附録として、「宗門の維新［総論］」が発表された。序章で確認したように、このなかで「日蓮主義」という言葉が用いられている。つづく四編六号（同年六月号）の附録として、「宗門之維新［別論］」が公表された（この別論の末尾に脱稿日が明治三四年四月二四日夜と記されている）。これらが特志者の出資によって単行本化され、同年六月七日から一八日にかけて東京で開催された日蓮宗宗会に参加した五〇名の宗会議員に対して施本された。[29] さらに同年九月七日に『宗門之維新』として増訂再刊され、当時の有識者七〇〇名に施本された。[30] この際、「総論」「別論」に加え、「序論」と「附録」の「妙宗未来年表」が付されている。[31] 以降、この『宗門之維新』が、明治末から大正期にかけて、版を重ねていくことになる。

ちなみにこの著作は、文学者の高山樗牛を熱烈な読者として獲得した。樗牛は、施本を受けた知識人のひとりだったが、『宗門之維新』を「其の意気の猛烈なる、其抱負の高大なる、其理想の深遠なる、而して其の文章の雄偉なる、吾人は以て近時宗教界の一文字なりと賞賛するの決して溢美に非るを信ずる也」（傍点ママ）と激賞している。[32]

では、樗牛が影響を受けた『宗門之維新』とは、一体どのような内容だったのだろうか。

この著作は、智学による日蓮宗門改革のマニフェスト（宣言）であり、「あるべき日蓮教団」の実現のための体系的かつ具体的なプログラムという性格をもっていた。そのプログラムは、宗法（本尊・行軌）、教育（宗風教育・専門教育・普通教育）、布教（言説布教・文書布教・法験布教・看護布教）、制度（集団・財政）にわたって細かく規定されている。そして、これらの改革が「宗門革命・祖道復古」のスローガンにもとづいて実現されるべきことが強調されている。

まず、智学は「宗門之維新」を、次のように規定している。

「宗門ノ維新ハ祖道ノ復古ニシテ、制度ノ革新也。今ノ宗門ハ、信仰ニ於テモ、安心ニ於テモ、学問ニ於テモ、経営ニ於テモ、内ハ祖師ノ古ニ背キ、外ハ時ト倶ニ新ナル能ハズ、宗是定ラズ、宗風競ハズ、厥令拘急、幾《いく》ト死ニ隣ル。[33]」

智学のいう「宗門之維新」（宗門改革）とは、「祖道ノ復古」（祖道復古）と「制度ノ革新」（宗門革命）に集約されるが、その前提には「祖師ノ本旨」を失い、「時世ノ開明」に遅れた日蓮宗という現状認識があった。

なお、智学の改革案のポイントは、次の一節に明らかである。

「予ノ改革案ノ大綱ハ、『宗法』ニ於テ『復古的態度』ヲ採リ、『制度』ニ於テ『進歩的態度』ヲ採リ、而シテ全体ニ於テ退嬰主義ヲ破シテ、『侵略的態度』ヲ採ラントスルモノ也。[34]」

智学は、教学においては日蓮の根本精神への「復古」を説き、教団制度は時代に応じて「進歩的」に改められるべきである、と力説する。なお、「侵略的態度」とは「宗教及ビ世間ノ諸ノ邪思惟邪建立ヲ破シテ、本仏ノ妙道実智タル法華経能詮所詮ノ理教ヲ以テ、人類ノ思想ト目的トヲ統一スル『願業』」のことであり、折伏重視の姿勢にもとづき、『法華経』によって人類の思想と目的を統一することを強調している。[35]

ここで注意すべきことは、「夫レ本化ノ妙宗ハ、宗門ノ為メノ宗門ニ非ズシテ、天下国家ノ為メノ宗門也、即チ日本国家ノ応サニ護持スベキ宗旨ニシテ、亦未来ニ於ケル宇内人類ノ必然同帰スベキ、一大事因縁ノ至法也」[36]という一節にうかがえる問題意識である。智学にとって、「宗門之維新」は日蓮宗門に限定された問題ではなく、日本国家さらには世界人類の問題である。世界人類は『法華経』によって統一されなければならず、日本国民がその「天兵」であり、世界人類を霊的に統一すべき「天職」を有するのが日本であった。つまり、欧米列強の世界進出という当時の時代状況において、日蓮宗門の問題を、日本による世界統一というナショナリスティックな問題意識において把握するのである。そして、この世界人類の霊的統一の前提が、日蓮仏教（本化妙宗）の「日本国教奠定」（国教化＝政教一致）であった。

以上のような問題意識のもと、智学は「序論（序文）」と「総論（正宗分ノ上）」、「別論（正宗分ノ上）」を通じて、宗法、教育、布教、制度にわたって具体的な改革案を提示している。[37]

なお、智学は「別論」における本山に関する改革案のなかで、「閻浮第一本尊宝殿」と「本化大聖〔日蓮―筆者注〕聖影宝殿」の設置を提言している。そして、それぞれについて、「国立戒壇奠定ノ時／此本尊ヲ奉遷」「国立戒壇奠定ノ時／此尊影ヲ奉安ス」（傍点筆者）とのべている。[38] ここに「国立戒壇」という言葉がはじめて用いられた。これまでの研究では、「国立戒壇」は、翌年の「本化妙宗式目」においてはじめて用いられたとされていたが、それに先立って造語されていたのである。

さらに注目したいのは、重訂再刊の際にくわえられた「附録」の「妙宗未来年表（流通分）」である。「宗門之維新」の「実行」によって、「理想的宗門」成立後の「宗勢ノ概測」が、具体的な数字（信徒、基金、歳入、歳出、学徒、布教師、宗設義勇艦隊、戒壇基金）をあげて、じつに細かく予測されている。それによると、智学は、改革達成後の五〇年間のうちに日蓮仏教の国教化が実現する、としている。「日蓮主義」の普及によって、国内の諸宗教が解散することになり、帝国議会が「本化妙宗ノ経国主義」を奉じて、「畏レ多クモ　皇室亦疾クニ斯正教ト冥合シ玉フニ至」る。ここから天皇の大詔渙発と議会の協賛によって、「世界未曾有ノ『開迹顕本的国教』」が「憲定」される、と予測する。そして「本門事妙ノ『大戒壇』」の「建鼎」（本門戒壇の建立）によって、「世界ノ霊的統一」が実現する、と。この戒壇建立の教学的な根拠として、日蓮の『三大秘法稟承事』（『三大秘法抄』）が引用されていることに留意されたい。

日本による世界統一という広大なスケールのもと、智学の日蓮宗門改革のプログラムは提示された。一八八六年（明治一九）の「日蓮宗宗制寺法を読む」にはじまり、祖道復古義会の活動をへて、智学の宗門改革の主張は、ここに体系的にまとめられた。なお、智学は、それまでの日蓮仏教のあり方と自らの言説を区別するために「日蓮主義」という言葉を作ったが、その言説は、日蓮宗門の伝統的な教説を批判しつつ、当時の時代状況に即した日蓮仏教の再解釈・再編集を行なうものであった。また、智学の描いた見取図は、「あるべき近代日蓮仏教」のイメージや「あるべき近代社会」のイメージとしても提出されていたことを確認しておこう。

ちなみに、『宗門之維新』にみられる智学の言説に対しては、樗牛のような好意的な反応ばかりではなく、宗門内外からの批判もあった。たとえば、宗門では、摂受重視の立場に立つ小泉痩骨が、「知る、彼の極端なる折伏逆化こそ、即此迫害［日蓮宗史のさまざまな迫害のこと—筆者注］を招きし唯一原因なるを」と、論じている。[39]また、境野黄洋、田中治六、安藤弘、高島米峰らによって結成された仏教清徒同志会（のちに新仏教同志会）の機関誌では、次のように評されている。

「折伏派には田中智学氏あり、其の熱心と其の文章の雄健なると、其の宗学に深遠なるとは、共に人の推す所なれ共、偏見固陋にして、日蓮宗を以て世界を統一せんとするの空想を夢み、自ら遠大の規模と誇負して得々たるはまた聊か笑ふべきなり。[40]」

『本化摂折論』における折伏主義

「宗門革命・祖道復古」による宗門改革のプログラムを提示した『宗門之維新』に対して、日蓮教学の復古的な整備（祖道復古）に力を注いだのが、『本化摂折論』である。この著作は——本章三で確認するように——『宗門之維新』執筆の三ヶ月後の一九〇一年（明治三四）七月二一～三〇日に、神奈川の龍口寺で開催された本化門下第一回専門夏期講習会での講義録である。[41]

当時、智学にとって、何よりも日蓮宗門（とくに優陀那日輝門流）の摂折論に対する教学的な応答が求められていた。この摂折問題に対する智学の解答がこの著作であり、ここで論じた「折伏主義」という立場によって、智学は自分たちの教義的立場を明確にしていく。以下、この著作のポイントを確認していこう。

摂折問題は日蓮門下の「宗学の基本」であり、「宗門一切の法義に関する関門」であった。智学は、「祖判［日蓮遺文のこと—筆者注］の本領は、徹頭徹尾折伏主義の発揚である」（傍点ママ、以下同じ）と捉え、日蓮の根本的な立場は相手の立場や能力に応じて教え導く「悉檀的摂折」や「悉檀的折伏」ではなく、「超悉檀的折伏」（または「超悉檀の折伏」）である、という。

「本宗の教義に於て折伏を否定したり又は軽く見たりすれば、本宗全体の宗教から、聖祖の全部が無意味に帰して了はなければならぬのである。依ッて予は本宗の折伏を目して『超悉檀の折伏』だといふのだ[42]」。

智学は日蓮の根本的立場を「超悉檀的折伏」と捉え直し、宗徒の折伏もこの「超悉檀的折伏」でなくてはならず、これを「折伏主義」として弘持しなければならないという。智学は日蓮門下が折伏重視の態度を取り戻し、この「折伏主義」が実行されなければならない、と力説するのである。こうした日蓮仏教の復古的な捉え直しは、いわば日蓮ファンダメンタリズム（原理主義、根本主義）と考えることができるが、それは近代日本の「歴史への応答」であり、智学による日蓮仏教の再解釈・再解釈の結果であった。

この「歴史への応答」は、「末法三時代」にみられる智学の歴史解釈にも明らかである。智学は、仏教の歴史観である末法時代を「建立時代」（日蓮出現と在世の時代）、「広布時代」（日蓮滅後）、「統一時代」（一天四海皆帰妙法が達成された黄金時代）に分ける。この「統一時代」は「王法仏法の冥合」の「黄金時代」、つまり「事の戒壇成立の時節」（本門戒壇建立の時期）であり、その「事の戒壇成立の時節」に向けて、宗徒が折伏を「主義的」に実践すべきだという。つまり、智学は「黄金時代」という歴史の終わりを設定し、運動の究極的な目的を直線的な歴史上に設定することによって、摂折問題を歴史的な実践として把握し、折伏による運動のプログラムを提示したのである。

智学は折伏を「教門の折伏」と「行門の折伏」に分け、さらに「行門の折伏」を「個人的実行」と「国家的実行」に分ける。いずれも後者を重視したうえで、「行門の折伏は実行的である、即ち道徳的に操持すべく、国家的に発動すべきものである」と主張することで、教学上の摂折問題を、近代の国家と宗教の問題に敷衍していくのである。智学は、歴史の終わりに向けて、「王仏冥合」（政教一致）の実現をめざす運動の手段として、折伏（超悉檀的折伏）の実践を位置づけたのである。

そして結論でこうのべる。

「折伏主義は『個人の主義』たると共に、『宗門の主義』である、而してその施設行動は必ず宗門的事業でなければならぬ、即ち宗門が折伏主義の法人的状態に組織せられて、主義を体現して居るのでなければならぬ」。[43]

智学は、「折伏主義」を体現した宗門制度の確立を訴え、宗門改革によって、「祖師の思召通りの宗門にしてもらひたひのだ」と訴えた。智学にとって、摂折問題は「祖道復古」の教学的な問題であり、宗門改革の問題でもあったのである。

こうして、智学は一九〇〇年代初頭に宗門改革のプログラムを提出し、折伏主義という自分たちの教義的立場を明確にしたうえで、在家の立場からの日蓮宗門改革運動を実践していくことになる。

二　統一団の結成

日生の復権と『仏教各宗綱要』

一八九二年（明治二五）一月に剝牒処分を受けた小林日至と本多日生は、一八九五年（明治二八）四月に僧籍を回復される。その理由は、『仏教各宗綱要』（以下、『各宗綱要』と略）における妙満寺派の原稿執筆者として、宗派内で日生を待望する声が起こったことによる。[44] その復帰運動を進めたのが、日生と親しかった清瀬貞雄（日憲）と野口義禅（量印、日主）であった。[45] この『各宗綱要』の内容をめぐる四箇格言問題を契機として、日生たちは、伝統教団の立場からの日蓮門下改革運動を進めていくことになる。

そもそも『各宗綱要』は、一八九〇年（明治二三）に創設された仏教各宗協会（以下、各宗協会と略）の一事業として企画された（第一章三参照）。「日本現流ノ十三派ノ歴史並ニ宗意ヲ世間普通ノ文字ヲ以テ可成平易明暢《めいちょう》ニ叙述シ然ル後ニ欧語ニ翻訳セシムル事」を目的として、同年一〇月から編集作業がはじまった。[46] 編集メンバーとして、島地黙雷（浄土真宗本願寺派）が編集長、釈宗演（臨済宗）、進藤瑞堂（臨済宗）、芦津実全（天台宗）、土宜法龍（真言宗）が編集委員、南条文雄（浄土真宗大谷派）と藤島了遠（浄土真宗本願寺派）が欧文編集委員をつとめた（その後、釈と土宜は辞任）。

なお、日蓮門下からは、日蓮宗、本成寺派、本隆寺派、そして妙満寺派が参加し、八品派、興門派、不受不施派、不受不施講門派は参加しなかった。

妙満寺派の原稿作成は、次のような経緯をたどった。小林と日生の剥牒処分後、宗務総監の山岬日暲が中心となって原稿が作成され、一八九三年（明治二六）七月二七日に編集長に届けられた[47]。この原稿は、同年八月二八日に『本宗宗義綱要』として刊行されている。しかし、その内容は日蓮宗と大差なかったため[48]、妙満寺派独自の原稿作成を求め、日生復帰を望む声が宗派内に起き、一八九五年（明治二八）四月に小林と日生が復権することになる。ふたりが新たに執筆した原稿は、同年一二月一〇日、各宗協会に再提出された。ちなみにこの原稿は、翌年二月二八日、『本宗綱要』として日蓮宗妙満寺派宗務庁から刊行されている。

だが、じつは小林と日生らは、剥牒処分前の一八九〇年（明治二三）一〇月の時点で原稿を完成させていた。『宗義講究会誌』一一号（明治二三年八月一五日発行）の「時報」欄に、次のような記述がある。

「管長会議に於て議決せし各宗綱要編纂は九月下旬迄各宗とも悉皆取纏める都合のよし近頃同派に於てハ清瀬貞雄井上完全［井村寛冉か？―筆者注］本多日生氏の三氏編纂員に浦上純哲小林日至の両氏顧問に命せられ此炎暑をも厭はず日夜編纂に従事し居れり」。

さらに同一三号（同年一〇月一五日発行）の「雑報」欄には、「本派綱要編纂成る」の記事があり、「八月上旬の頃より本派綱要編纂委員かこれに打ち掛り居られしか是程漸く脱稿したる」とある。原稿は顧問と元老に回され、念には念を入れて確認されるため、まだ日数を要すると報じられている。しかしこの後、小林と日生は僧籍を剥奪されたため、この原稿は山岬の原稿に取って代わることになる。だが、最終的には、小林と日生によって原稿が執筆されたわけである（なお、最終原稿と最初の原稿との異同は不明）。

小林と日生の『本宗綱要』の構成は、以下の通りである（当然、『各宗綱要』の書式に依拠している）。「第一　史伝部」と「第二部　宗義部」に分かれ、後者は所依経釈、宗名解釈、教相判釈、総明宗義、開権顕遠、一念三千（其一・其二・其三）、三大秘法、行者安心、所期国土、修法方軌、宗教五綱、摂折二門、四箇格言、処世志願、謗法厳戒の全一七章からなる。この原稿は規定枚数を超過していたため、各宗協会から縮小を求められた。妙満寺派側はこれに応じ、構成は変えずに文章を短くし、一八九六年（明治二九）年二月二一日に再々提出した。このなかの「四箇格言」(49)の内容が大問題となり、いわゆる「四箇格言問題」(50)が発生する。(51)

四箇格言問題の発生

原稿の再提出から約五ヶ月後、八月一日付で妙満寺派に送られてきた『各宗綱要』見本版において、「所期国土」「四箇格言」「謗法厳誡」の三章が妙満寺派側に無断で削除されていた。(52)この『各宗綱要』は見本版通りに、「所期国土」「四箇格言」「謗法厳誡」の三章が削除されたまま、同年八月一二日に出版された。見本版の削除に気がついた妙満寺派側は、「四箇格言」と「謗法厳誡」の二章（正確には「所期国土」も）を削減した理由を問う質問書を各宗協会へ提出し、二章の編入を求めた。しかし島地と芦津は、八月二七日付の「貴宗綱要中四個格言の一題除去の義は」「編者綱要編纂の責任に当て該問題の如きは各宗協会の成立を妨害する者と認むるを以て之を除去致したる者に有之候」という通達(53)を、妙満寺派管長代理の本多日生へ送り、編入をことわった。この「四箇格言」は、各宗協会の規約第三条の「本会は各宗の宗義宗制を妨げざる限りに於て協同提携し相共に興隆の進路を取て運動するを目的とす」に抵触したとされる。なお、会長の大谷光尊も九月中旬にこの問題を編輯委員から聞いて、編入しないことを承認している。ここに「四箇格言」の削除をめぐる四箇格言問題が発生した。

一〇月一二日、妙満寺派側は削除部分の編入を求めて、板垣日暎管長（この年四月に管長に再任）を原告とし、会長の大谷光尊と編集メンバーの島地黙雷、芦津実全、進藤瑞堂に対する訴訟を起こした。訴状のなかで、妙満寺派は「抑《そもそも》四箇格言なるものは日蓮宗破立の教義にして謗法厳誡とは正法に異背せさることを訓戒したるものなれは原告の宗派に於ては最も緊急なる宗意にして之れを省略するに於ては宗意の大本を失するに至るへし」とのべている。(54)つまり妙満寺派は、「四箇格言」にみられる他宗批判において自らの宗派的アイデンティティを確保している以上、他宗との「宗義宗制を妨げざる限りに於て」の「協同提携」は最初から無理があった。この点は、すでに清瀬や井村によって『宗義講究会誌』で主張されていたわけである。

告訴の一ヶ月後、一一月一七日、京都で各宗協会の臨時大会が開かれ、この問題への対応が討議された。四箇格言の削除を認める議案と、『各宗綱要』は当分の間、妙満寺派の綱要自体を除いたものを発売する議案が提出され、圧倒的多数で可決された。(55)実際に妙満寺派の頁は、同年一二月二五日の訂正三版をもって、『各宗綱要』から削除されている。

この問題は、妙満寺派以外の日蓮門下教団にも波紋を呼んだ。たとえば『日宗新報』六一〇号（同年九月二八日号）の「社説」では、「妙満寺派と各宗綱要／（四箇公言は破立の公道なり志士夫れ奮起せよ）」と題して、妙満寺派を支持する見解を提示している。以降も断続的にこの問題についての記事が掲載されている（とりわけ『日宗新報』編集長の加藤文雅は、積極的に妙満寺派の活動を支持した）。

統一団の結成と門下統一

この事件に対する妙満寺派の中間報告書とでもいうべき『日蓮大聖人献身的之大問題　仏教界目下之大訴訟』が、この年（一八九六年）の一〇月二三日に刊行された。このなかで日生は「本問題の運動方略及ひ希望」として、日蓮宗と本成寺派、本隆寺派をはじめとする日蓮門下の僧侶たちと連携し、東京府下各地で演説会を開くこと、また一一月一〇日に東京地方裁判所で開催される口頭弁論に檀信徒を動員し、この問題を社会的にアピールすることを提起している。

そして、さらに次のように宣言する。

「妙宗統一団なるものを発表し同宗各派角上の争を去て日宗統一の大業を企図し諸宗の人法を折伏摧破して一天四海皆帰妙法の祖判を全ふし立正安国の実を明治の聖代に観んとす本問題の希望実に茲にあり」[56]。

ここにおいて、統一団の結成が宣言された。「日宗統一」という日蓮門下の（改革による）統一と「諸宗の人法」の「折伏摧破」による折伏の強調が、統一団の基本方針であった。

さらに本書には、「妙宗統一団設立の主意を陳《の》へて各派の志士に檄す」という檄文が掲載され、巻末には「妙宗統一団規則」（以下、規則と略）が掲げられている。この規則を通じて、妙宗統一団（以下、統一団と略）の基本的な性格を確認しておこう。

統一団は、「内妙宗各派の教義を比較的に講究し其旨帰を統一するを務め外権実起尽の旨義を発揮し各派の団結力を以て権門の淫祠教徒をして再ひ社会に立つ能はさらしむる」ことを目的として、「妙宗各派の道念堅固なる僧俗」から設立された。団員は妙満寺派僧侶が中心で、妙満寺派の檀信徒も参加していた。運動の方法として、比較講究会の開催、雑誌の発行、演説会の開催、各派共有の一大教堂の設立などが掲げられている。

各日蓮門下の教義の比較講究という文言にみられるように、統一団は宗義講究会の活動にはじまり、この四箇格言問題を契機として、明確な折伏重視の宗教的立場にもとづく日蓮門下教団の統合（と仏教の統一）を目的として結成された組織であった。宗派改革を実行した日生を中心とする妙満寺派の革新派僧侶たちは、宗義講究会に集まり、今また統一団に集結したのである。この統一団の結成を起点として、日生たちの日蓮門下統合運動がはじまる。

なお、統一団の正式な団結式は、一二月一三日、東京の江東井生村楼で行なわれた。日生、小林や清瀬を中心とする妙満寺派の有志が集まっている。機関誌『統一団報』も翌年一月に創刊され、当初は月二回刊行された（九月から月刊化。一九〇二年一〇月に『統一』に改称）。

さて、時計は一〇月に戻る。四箇格言問題をめぐって、日蓮門下の僧侶たちとの演説会が開催された。日生をはじめとする小林、山岡会俊、清瀬、斉藤顕一、今成乾随、小川玉秀、関田養叔ら妙満寺派の僧侶たちは、日蓮宗、本成寺派、本隆寺派、さらに興門派と八品派らの僧侶、そして立正安国会の会員たちと連携し、各宗協会に対する抗議行動を組織した。抗議行動は、一〇月一二日の池上本門寺での御会式の「日蓮宗四箇格言問題訴訟事件」の演説会からはじまった。以下、同二六日の浅草妙経寺での演説会、さらに品川本光寺、麻布霞町鬼子母神堂、深川浄心寺、神田錦輝館、日本橋小伝馬町祖師堂などでの巡回演説会の開催など、東京各地で抗議行動が行なわれた。また、全国でも各宗派で抗議行動が繰り広げられている。

ここで一〇月二六日に妙経寺で行なわれた演説会の様子をみてみよう(57)。

この日の昼、山門には「四箇格言擁護者」「四箇格言問題演説会」の旗が掲げられ、会場となる本堂には聴衆が続々と詰めかけ、二〇〇〇人が集まった。立錐の余地もないなか、演説会がはじまり、関田の「教法護持の血涙」、清瀬の「日蓮上人の涙魂」、加藤文雅の「交際と信仰」、小林の「宗祖格言使用の意」、そして日生の「格言問題に就て」が演説された。日蓮宗の加藤をゲストに迎えて、妙満寺派の僧侶たちが日蓮の四箇格言や今回の問題に関する演説をしたことがわかる。

その後、事態はどのように進展したのだろうか。まず裁判の経過であるが、一一月一〇日の口頭弁論をへて、一二月二四日に判決が下ったが、妙満寺派の訴えは却下された。妙満寺派側は翌年一月一九日に控訴するが、その訴えも三月二九日に棄却されている。さらに同年八月九日、妙満寺派は管長名で各宗協会に「宗義綱要ニ関スル照会状」を提出し、各宗協会の見解を求めた。各宗協会は事件への対応のため、翌一八九八年（明治三一）七月一～四日、京都の東本願寺で仏教各宗協会定期大会を開いた。妙満寺派からは管長代理の日生、清瀬と小高日唱らが参加し、日生が中心となって意見をのべている。[58] 三日は休会となり、翌四日、突然、各宗協会は解散してしまう。結局、事件の収拾はつかず、四箇格言問題は未解決のままで幕を閉じたのである。

以上、この四箇格言問題は、日蓮門下に対する摂折問題と統合問題を提起した。本事件では、「四箇格言」に関する議論を通じて摂折問題がクローズアップされ、また日蓮門下の連携が成立したことで、（門下改革による）統合問題も注目されることになった。摂折問題は、妙満寺派の宗派的アイデンティティに関わるとともに、日蓮門下全体の集合的アイデンティティに関わる問題でもあった。妙満寺派（とくに統一団）は、この問題を通じて、明確な折伏重視の宗教的立場を打ち出すことになり（この点で、立正安国会と共鳴している）、また具体的な運動目標として、日蓮門下教団の統合を掲げることになった。

なお、この後、折伏重視の姿勢による統一団（妙満寺派）の布教・教化活動は、各地で他宗派との論争を引き起こすことになる。たとえば、一八九七年（明治三〇）一〇月三一日の岡山での真言宗の上品密範と日生の討論、翌年四月の広島の浄土真宗僧侶・行友徹柱と日生との対論（結局は実現しなかった）、そして一九〇〇年（明治三三）から翌年にかけて、日蓮宗富士派（阿部慈照）と日生との法論などが行なわれている。[59]

積極的統一主義

すでにみたように、一八八〇年代後半から一八九〇年代初頭にかけて、日生をはじめとする妙満寺派の革新的な僧侶たちは、宗義講究会や統一団の活動によって折伏重視の宗教的立場を提示した。とくに四箇格言問題をへて、自分たちの宗教的立場を鮮明化し、妙満寺派（統一団）の集合的アイデンティティを形成していくことになるが、この根拠を、日生の言説のなかに確認しておこう。ちなみに、智学は、一九〇〇年代初頭に『宗門之維新』や『本化摂折論』の刊行を通じて、「日蓮主義」と称する自分たちの立場を明らかにしつつあった。では、日生は自分たちの立場をどのように規定していたのだろうか。

その詳細を検討する前に、僧籍回復後の日生の足跡を簡単に確認しておく。復帰後は僧都（一八九六年二月）、僧正（一八九九年一〇月）、大僧正（一九〇二年五月）と着実に僧階を昇進している。なお、一九〇〇年（明治三三）三月には、妙満寺二五九世貫主ならびに管長事務取扱となり、実質上、教団のトップに就いた。翌年六月、千葉七里法華の長老・藤乗日遊が管長に就任したが、翌一九〇二年（明治三五）八月、ふたたび管長事務取扱に就いている。(60) また要職にも復帰した。一八九五年（明治二八）一二月の大学林長の任命をはじめ、監督布教師（一八九六年四月）、財務部長（同年一〇月）、法務部長（同年一二月）に着任し、一八九八（明治三一）年には宗務総監に任命され、法務部長を兼任している。一八九七年（明治三〇）には、品川妙国寺の住職に着任し、以後、この妙国寺が活動の拠点となる。そして、一九〇五年（明治三八）八月、日生は三九歳の若さで顕本法華宗の管長（ならびに妙満寺二六一世貫主）に就任し、宗派内行政の中枢を担った。このように復権後は、宗派内での権威と権力を不動のものにしていった。

なお、この時期、日生は次のような宗派内の重要な仕事を手がけている。まず、一八九五年（明治二八）一一月一三日、宗名公称に関する事務を板垣管長から委嘱され、一八九八年（明治三一）一一月、宗派名を日蓮宗妙満寺派から顕本法華宗と改め、政府に認可されている。(61) また、管長取扱事務に再任された一九〇二年（明治三五）九月には、千葉県の布田薬王寺の薬師如来信仰をはじめとして、宗派内に雑乱勧請廃止の宗令を発令し、あらためて本尊に関する宗派改革を断行した。この本尊問題に対する改革や教学的な基礎づけを、日生は生涯を通じて行なっている。

さて、以上のような日生の立場を踏まえたうえで、一八九〇年代から一九〇〇年代初頭の日生の言説を検討していくことにしよう。

一八九二年（明治二五）一〇月三一日、剥牒処分中の日生は、『祖師のおしえ』第一篇を刊行する。この本の編集目的は、次の通りである。

「この書は当今日蓮大聖人の流を汲む者にして祖師のおしえに背くこと多く宗肯正義の信仰殆ど絶へんとするを慨き祖師の御遺書に基き其要文を抜粋して略解を附し汎く宗流の僧俗をして祖師の教を了知し以て完全の信仰を得さしめんと期する」(62)。

構成は全一〇章からなり、とくに「第九章　法華経を弘むるに二種の行法あり」と「第十章　折伏を厭ふ者は念仏者よりも久しく悪道に堕べし」では、折伏を強調する『開目抄』や『佐渡御書』といった日蓮遺文を抜粋して解説しており、日生の立場は明確である(63)。

こうした折伏重視の立場は、『本宗綱要』でも一貫しており、「本宗ハ折伏ヲ以テ主トス」と端的に宣言されている(64)。また、国家と宗教の関係については次のように論じている。小林と日生は日蓮の『立正安国論』を引用しながら、「立正安国ノ説ヲ持シテ国家ノ福祉ヲ増進シ人衆ノ善徳ヲ発達セシメント勉ムルモノ実ニ本宗ノ一大長所トス」とのべ、「本宗ガ政教ノ関係ニ就テ示ス処ノ妙義ハ未夕曾テ世界各教ノ謂ハサル所大悟一番愛国護法ノ大精神」である、と力説している(65)。「愛国護法」、これがこの時点での日生の法国相関論のエッセンスである。こうした作業を通じて、折伏重視の宗教的立場が整備されていったのである。

なお、日生の教学的立場が明示されるのは、（数年後の）『聖語録』（一九〇六年四月）の編集や『法華経講義』全二巻（一九〇六年四月）、『法華経大観』（一九〇六年九月）という『法華経』の講義録の刊行によってである。『法華経』要文と日蓮遺文のアンソロジーである『聖語録』は、「発心」「教相」「仏陀」「教法」「人身」「法界」

「本尊」「行法」「得益」「批判」「警策」「訓育」「祖伝」の全一三篇のもとに、要文と遺文が収録されている。冒頭の「題言」では、こう宣言されている。

「法華経は仏教全蔵を調整し融会して之を総合統一せんが為に起りたる聖教なり、日蓮上人は仏教諸宗を教誡し指導して積極的統一を主唱せられたる導師なり」[66]。

門下統一と仏教統一を主張する日生の教学的根拠が、仏教を「総合統一」する『法華経』と、『法華経』にもとづく日蓮の「積極的統一」の「主唱」にあったことがわかる。こうした主張は、『法華経講義』でよりはっきりと論じられている。

『法華経講義』は上巻九三九頁、下巻九七五頁からなる大冊であるが、冒頭で「妙法蓮華経の積極的統一主義」による仏教の教義、信仰の統一が強調されている。その前提には、「仏教の最大缺点は教義信仰の不統一なることと是なり仏教の振起を計らんとせば先づこの缺点を去つて統一の教義信仰を発揮するより急且要なるはあらじ」という認識があった。さらに「近来宗教学の進歩に伴ふて新考察を要するもの尠からず而して温故知新は宗教上尤も緊急の事に属す然るに未だ妙経の大教義に就てこの新考察を発表したるものなきを遺憾とす」とある[67]。日生は近代の学知としての宗教学を通じて『法華経』を把握し、宗教学的な観点から、『法華経』の解釈を行なった。そのうえで、『法華経』のエッセンスを、「積極的統一主義」（あるいは「開顕統一主義」）として析出する。日生にとって『法華経』は、近代の学知を通過した「最後の解決者」であった。この「最後の解決者」による「積極的統一主義」によって、門下統一と仏教統一を主張していくのである。

日生もまた――智学と同じく――日蓮門下や仏教各宗の分立という時代状況に対応するために、「あるべき日蓮仏教」の姿を求めて、日蓮仏教の再編集・再解釈を行ない、自らの教学的立場を「積極的統一主義」として規定した。ちなみに日生はこの三年前に「積極的統一主義」を「真正なる日蓮主義」と語っており[68]、一九〇〇年代

（明治末年）以降は、この「積極的統一主義」を「日蓮主義」と語るようになる。また、日生は日蓮の折伏の立場を「積極的統一主義の大折伏」と解釈していた。妙満寺派・統一団の折伏重視の宗教的立場は、こうした「積極的統一主義」によって基礎づけられていたのである。

さらに日生は、『法華経講義』のなかで、倫理と宗教の問題として、『法華経』による「俗諦開顕」（世俗問題への対応）にも言及する。国家主義と社会主義の「按排」や婦人の地位の向上、現在と未来の問題など、すべて「開顕統一主義」によって解決されると力説している。『法華経』の「開顕統一の妙法は人生の上に、国家の上に、学説の上に、宗教の上に、其他百般の事に対して生命を賦与する所の霊力を有する」のであった(69)。ちなみに、この『法華経』の「俗諦開会の法義」こそが、後年の社会進出の教義的根拠となる。

こうして折伏重視と「開顕統一主義」の宗教的立場が明示された。この宗教的立場が妙満寺派僧侶と統一団団員たちに共有され、門下統一と仏教統一のための活動が実践されていくことになる。

なお、当時の妙満寺派・統一団の成員による法国相関論の一例として、『統一団報』二一五号（明治三一年一月八日発行）に掲載された「国教定立に関する本団の主義主張」という文章がある（執筆者不明）。ここでは「仏教は本邦に特殊の因縁を有するか故に、特別保護若しくは国教として奉信すべきは、当然のことにして、其理由極めて明白なり」とあり、さらに次のようにのべられている。

「仏教の尊信すべき所以、国教として推戴すべき所以は、実に我国体の精華を発揮し帝国無限の霊威を顕揚するに於て、其究境の大目的を遂行するに於て、他の企及すへからさる真価を、占有するか故なり(70)」。

仏教が「我国体の精華を発揮し帝国無限の霊威を顕揚する」ことを、仏教の国教化の理由としてあげている。妙満寺派・統一団では、日清戦後の一八九〇年代末から、国家（国体）に対する日蓮仏教の交渉が表明されていたことを確認しておこう。

三　日蓮開宗六五〇年紀念大会と「本化妙宗式目」

それぞれ外発的な事件をきっかけとして、一八九〇年代に日蓮宗門改革運動を組織した田中智学と本多日生であるが、一九〇〇年代初頭、両者は協力しあい、さらに日蓮宗とも提携して、一九〇二年（明治三五）四月に日蓮開宗六五〇年紀念大会（以下、紀念大会と略）を共同開催する。そして、この紀念大会を契機として、立正安国会、顕本法華宗、日蓮宗の三者が門下統合運動（としての改革運動）に取り組むことになる。以下、その詳細を検討していこう。

紀念大会に先立つ一九〇一年（明治三四）七月二一日から三〇日にかけて、神奈川の龍口寺で橘香会の主催による「本化門下第一回専門夏期講習会」（以下、講習会と略）が開かれた。橘香会は、哲学館在学の日蓮門下（日蓮宗、顕本法華宗、本門宗、法華宗）の学生僧侶たちが前年の七月に東京の駒込で結成した日蓮仏教の研究会である。智学をはじめ、小林日董日蓮宗管長（当日は中村孝敬が代講）と脇田堯惇（日蓮宗）、そして顕本法華宗の日生と田辺善知、今成乾随らが講師をつとめた。参加者は日蓮宗と顕本法華宗の僧侶や立正安国会の会員のほか、弁護士、官吏、商人、職工など、一〇〇余名を数えた。会期中は各講師の講演のほか、幻燈講話、討論会、公開演説、探題演説、鎌倉旅行、海水浴そして記念撮影と懇親会など、もりだくさんの行事が行なわれている。[71]

智学は一〇日間にわたって、「後々に多大な影響を与えた起爆剤[72]」と評される「本化摂折論」を講演している。小林（中村が代講）は「本尊論」、脇田は「玉澤日暉上人逸話」、日生は「祖書研究の各方面」、田辺は「本化別頭の教観」、今成は「信仰と道徳の調和」をそれぞれ講じた。立正安国会からは保坂と山川が賛助員として講習会の開催に関わり、鷲塚と吉岡吉兵衛（智晴）、田中澤二が参加している。また顕本法華宗からは井口善叔と秋葉顕正が講習会役員、能仁事一が賛助員をつとめ、井村、中田量叔、木村義明、窪田純栄らの僧侶、品川の正法護持会の在家信者をはじめとする全国の檀信徒が参加している。なお、日生は二七日の夜に母親重病の電報を受け、講習会の途中で姫路へ向かった（その後、母親は命を取りとめた）。

会期中の七月二九日、智学と日生（の代理）、『日宗新報』主幹の加藤文雅との間で、『妙宗』『統一団報』『日宗新報』の三雑誌同盟（のちに雑誌同盟と改称。以下、同盟と略）が成立する。「聖祖唱道の正義を発揚し教理闡明の歩調を斉一にし同門の気脈を貫通すべき必要を認め」て結成され、規約全四項が締結された。その最初に「折伏主義を奉して正義の発揚に務む」ことが明示されている。以下、同盟雑誌間の一切の衝突を避けること、毎月二一日に同盟雑誌同人の会合を催すこと（のちに毎月一回に訂正）、同盟各社の同意によって新加盟を承認することが規定されている。(73) 智学と日生の立場が「折伏主義」であることはすでに確認したが、安中尚史は、日蓮宗（加藤文雅）の立場を次のようにのべている。「それまでの摂受主義、妥協的な態度をとってきた宗門のありかたを改めるための手段として、折伏主義に着目したと考えることが可能ではないか(74)」。この同盟における「折伏主義」宣揚の背景には、明らかに智学と日生の影響があった。

講習会は盛況のうちに終わり、八月二一日、池上南之院での同盟第一回会合において、今後の具体的な活動が討議され、翌年の紀念大会の実施などが決議されている。(75) さらに九月二一日の第二回会合の際、「宗義の高等研究」を掲げた本化宗友会が結成され、同盟の会合とあわせて会合を行なうことが決議された。日生、加藤、智学を発願人とし、田辺善知、山根顕道、井村恂也、鈴木暲学（顕本法華宗）、中村孝敬、小笠原日毅、風間淵静、沢口恵称（日蓮宗）、山川智応（立正安国会）を会員として発足している。規約全五項の冒頭には、「本化門下純信篤学の者、僧俗を論ぜず相会して、会員相互に宗義上の諸問題を提供し、之を審議討究するを目的とす」ることが明記された。(76) さっそく一〇月五日、その第一回例会が第三回三雑誌同盟例会とあわせて鎌倉の要山で開催され、

「祈禱論」をテーマとした議論が交わされている。翌月以降も「法体堕獄論」「特別勧請論」「信念成仏論」「壽量本仏論」などをテーマとして例会が開かれ、活発な討究が行なわれた。こうした各教団の協調行動のもとで、紀念大会の準備が進められた。

つまり、講習会をステップとして、紀念大会の開催が提起され、同盟会や本化宗友会の活動を通じて、三教団の交流が深められながら紀念大会が開催されたのである。

日蓮開宗六五〇年紀念大会

紀念大会は、一九〇二年(明治三五)一月二八日に両国の井生村楼で開催された「聖祖門下大懇親会」(以下、懇親会と略)からはじまった[77]。

この懇親会には、江上勝義や脇田堯惇らの日蓮宗僧侶、日生、智学が来賓に迎えられ、三〇〇名以上の僧俗が参加している。発起人総代の加藤文雅のあいさつにはじまり、脇田と日生の演説とつづき、ついで紀念大会に関する具体的な協定が討議された。紀念大会の役員も選ばれ、準備委員として立正安国会からは鷲塚と山川(のちに吉岡も加わる)、顕本法華宗からは山根、井口、井村、飛田(のちに関田、今成も加わる)が選ばれている。智学と日生は、脇田、江上とともに大会顧問に就任している。

後日、開宗紀念大会事務所が日本橋小伝馬町の祖師堂内に設置され、二月一日には第一回中央準備委員会が開かれた。懇親会での協定にもとづき、紀念大会の式次第や当日までの準備事項が話し合われている。以後も五回にわたる中央準備委員会がもたれ、入念な準備が進められた。四月二八日の立宗節(日蓮がはじめて「南無妙法蓮華経」の題目を唱えたとされる日)に行なわれる紀念正式を中心として、四月二一日午前の紀念序式にはじまり、二九、三〇日の全国宗徒大会で終わるというスケジュールが組まれた。二一日と二八日の大演説会の開催、二一

図3　1902年（明治35）**4月21日、日蓮開宗六五〇年紀念大会における道路布教の光景。東京日本橋の小伝馬町祖師堂に設置された紀念大会事務所前で布教開始を宣言する智学**（写真右から三人目の帽子姿）。写真提供：宗教法人国柱会。

日から七日間にわたる演説会の開催、道路演説と施本布教など、数々のイベントが企画された。

そして四月二一日午前一〇時、深川浄心寺で紀念序式が挙行され、紀念大会がはじまった。この日、道路布教も開始されている。午前九時、馬喰町の獅子王文庫臨時出張所から、立正安国会の布教隊が出発した。布教隊は、智学、伊東智霊、保坂麗山、長瀧智大らを先頭に三〇数名から編成された。「南無妙法蓮華経」と染め抜かれた玄題旗一三旗と「本化開宗六五〇年紀念大会道路布教」と大書された白旗を掲げ、大会事務所前で布教開始が宣言されたのち、一行は各所で道路布教を行ない、浄心寺へ向かった。途中で顕本法華宗の布教隊とすれちがった時は、お互いに万歳を唱えて、それぞれの布教に向かっている。布教隊は日蓮宗青年学生隊、妙宗布教隊、弘道会布教隊、そのほか有志の布教隊も組織され、東京市内や横浜で道路布教と施本伝道（日蓮の『如説修行抄』など数万部が施本された）を行なった。また道路布教のほかにも、立正安国会は毎晩、小伝馬町祖師堂で幻燈会を催している。演説会も各地で連日開催された。ちなみに、この日の午後一時半からは、浄心寺で日蓮宗の脇田や中川観秀、顕本法華宗の田辺、立正安国会の智学が演説をしている。智学は「紀念大会縁起」を論じ、日生は翌日に浄心寺の演説会で「聖祖当年の大理想」を弁じている。智学も日生も期間中、数回にわたる演説を精力的にこなした。二五日の神田の錦輝館には日生、智学、脇田が集結し、一四〇〇名の聴衆が集まった。午後一時、保坂の開会の辞にはじまり、日蓮宗の飯田完融の「吾祖の本領」、加藤文雅の「吾祖と法華経」につづいて日生が登壇し、「日蓮上人の聖断」を論じている。さらに智学が「汽車法難」を、脇田が「開目抄の一節」をそれぞれ演説した。また立正安国会の伊東、長瀧、保坂、山川、桑原智郁、顕本法華宗の今成と山根も各所で演説を行なっている。

こうして一週間にわたるさまざまな活動をへて、二八日の紀念正式を迎えることになる。前夜の雨も止んで晴れ渡った空のもと、上野竹の台（帝国博物館の前の広地）に式場が設置された。午前一〇時、小伝馬町の大会事務所前には「南無妙法蓮華経」と紫縮緬に染め抜かれた旗、紀念大会旗や各講の講旗が掲げられている。シルクハットにフロックコート姿の立正安国会の鷲塚清次郎の騎馬に先導され、楽隊、準備員、協賛員、天童稚児、雅楽隊が列をなした。「閻浮第一佐渡始顕御本尊」と金文字で記された本尊旗につづいて、会場に掲げる本尊を供奉した数十名の立正安国会会員が智学に先導されて進んだ。後ろには雅楽隊、天童稚児、準備員、世話人、そして馬車に乗った顧問の脇田と日生たちがつづき、洋楽隊と各講中の信徒たちが連なった。式場の内外では、信徒たちの打ち振る大小数十の旗が乱れ、団扇太鼓の音が鳴り響いた。

行列は二時間をかけて小伝馬町から上野へ到着し、午後二時すぎ、式典がはじまった。運営に関わった各氏の挨拶があり、日生は顧問として祝辞をのべ、智学は結願文を朗読している。ついで翌日の「宗徒大会議案奏上文」が飯田によって読み上げられ、さらに中川観秀常置委員が「異体同心誓文」を朗読して門下統合を参加者に訴えた。「君が代」の奏楽につづいて、最後に立正安国会の伊東の発声で「天皇陛下万歳　聖祖門下万歳　紀念大会万歳」の一唱があり、午後四時に散会となった。参加者は僧侶五〇〇余名、各講社の信徒三四八名以下、二万余名を数えた。その盛大さがうかがえるであろう。

翌二九日と三〇日、神田錦輝館で全国宗徒大会が開催された。議場の幹事席には幹事長役の智学や顕本法華宗の山根、日蓮宗の小笠原日毅、中川、飯田、小倉豊三郎、顧問の脇田と日生が控え、速記席には立正安国会の山川と長瀧、日蓮宗の増田聖道が着いた。この大会で、計一七の決議がなされている。[78]（一）皇室に対する宗教的敬礼の実施、（二）紀念大会顧問と常置委員への感謝状と記念品の贈呈、（三）各寺院での毎月の教莚の開催、（四）門下共有の大会堂と図書館の設置、（五）毎年の夏期講習会の開催、（六）日蓮門下各宗派の統一の実行を期すること、（七）日蓮宗と顕本法華宗合同の実行、（八）門下連合布教団体の組織、（九）年に一度の宗徒大会の開催、（一〇）日刊の布教新聞の発行、（一一）宗宝保管方法の確立、（一二）宗僧侶の教育方針の改革、（一三）門下共立大学林の設立、（一四）海外布教の奨励、（一五）高等宗教会議所の設置、（一六）脇田堯惇、本多日生、田中智学を決議の実行員とすること、そして（一七）宗徒大会決議実行期成同盟会の組織、である。とりわけ注目すべきは、（六）の日蓮門下統合を期すという決議である。その具体的な手順として、まずは、日蓮宗と顕本法華宗の合同の実行が提案されたわけである。なお、これらの決議案は宗徒大会の名をもって各宗派管長に通告し、その実行を図ることになった。決議実行の後見役として、脇田、日生、智学が推戴され、実行期成同盟会を組織することまで決められた。

翌日の懇親会をもって、紀念大会は全日程を終える。

では紀念大会後、これらの決議はどのように実行されたのだろうか。大会後の動向を確認しておきたい。

六月二六日、宗徒大会の決議にもとづき、脇田、日生、智学らによって日蓮門下の統合をうながす「宗門一大事勧告書」が起草され、各派教団管長と宗務院に渡された。八月一日には、伊東で宗徒大会決議実行期成同盟会

（以下、同盟会と略）が正式に組織されている。さらに『教友雑誌』『日宗新報』『日本之柱』『統一』『妙宗』『北友雑誌』の日蓮門下の各雑誌が同盟し、当番制で月例講演会をはじめている。一一月には同盟会創立委員が集まり、日刊新聞の発行が検討され、一二月には日生と脇田、日蓮宗の江上を同盟会の会監（代表者）とし、幹事や会計等の役職が決められた。

翌一九〇三年（明治三六）一月、同盟会は「日宗各派合同鼓吹仏教大演説会」を連続して開催している。まず二一日に品川妙国寺、二二日には牛込修行寺、二三日に神楽坂善国寺、二五日に江東井生村楼、二六日には浅草長遠寺、二月一日に芝円珠寺でそれぞれ演説会が催された。しかし、その後、門下統合の気運は停滞していく。この年の五月二三、二四日には、大阪の中之島公会堂で第二回宗徒大会が開催された。二三日に演説会が行なわれ、二四日には連合大学林設立の各派交渉委員の選定や夏期講習の件などが決議された。また、緊急動議として前年に決議された「皇室に対する宗教的敬礼」の実行を各派管長に勧告すること、門下合同について日蓮宗管長に催促状を出すこと、未回答の管長にも回答を求めることが提案され、満場の起立で同意されている。ちなみに顕本法華宗は、すでに前年の七月一〇日付で合同に協定している。

その後も門下合同（とくに日蓮宗と顕本法華宗との合同）は一向に進展せず、そのほかの決議もなかなか実行されなかった。この時期の『統一』には、「統一問題は愈々現実と遠ざかり先きに理想的に意識されたるものは遂に空想的に意識さる、に到るなからむや[79]」という発言がみられ、すでに統合問題が当事者の間でも後退していることがわかる。ふたたび統合問題が日蓮門下で浮上するのは、一九一〇年代（大正期）を待たなければならない。

紀念大会の意味

では、立正安国会と顕本法華宗そして日蓮宗は、この紀念大会を自分たちの運動にどのように位置づけていたのだろうか。

最初に日蓮宗の見解を『日宗新報』を通じてみてみよう。

「紀念大会は四月の立正会を奉祝する所以なり（中略）宗門は之によりて其沈滞を一掃し宗門は之によりて其光輝を中外に発揚すべきなり」（傍点ママ）。

これは『日宗新報』八〇三号（明治三五年二月八日発行）の冒頭、「紀念大会」と題された社説の一節である。また同八〇四号（二月一八日発行）の「紀念大会の果実」では、「記憶せよこの紀念大会の行動こそ内は宗門の統一を期し外は社会改善の指南たる責任を有するものなることを」と記されている。ここでも『日宗新報』が日蓮宗の公的見解をどれだけ反映しているのかは明らかではないが、少なくとも日蓮宗の一部では、紀念大会を通じての「宗門の統一」が主張されていたことを確認しておこう。

次に立正安国会の見解であるが、まず、紀念大会の年の二月に智学が発表した「紀念事業――開宗六百五十年に就て」に注目されたい。智学は、紀念大会を次のように位置づけている。

「この佳辰を好機として宗門の沈衰を起す也、それ宗門の沈衰は信仰の堕落に因す、信仰の堕落は、祖師を忘れたるに由る」。[80]

こうのべたうえで、「今日の宗門を作振せんには、何よりも宗徒の心に祖師を憶起すといふことを第一原機とすべし、此意味に於て、開宗六百五十年の紀念会は、正しく宗門作振の回生剤なり」と主張している。[81]智学は、年来の宗門改革の主張のもとに紀念大会を位置づけていたことがわかる。智学からみれば、「祖師を忘れた」こと、つまり日蓮宗における日蓮の根本精神の忘却こそが、今日の「宗門の沈衰」の原因であった。

また、山川智応は「吾人本化門下の教徒はこの機に臨んで宗義復興、祖道復古の実行を期して、聖祖大精神の喚発暢達を計らずべからず」《ママ》と力説している。[82]さらに長瀧智大も、「今の要する所は実に宗門に潜める折伏弘通の大勢を現実にし、宗風気節の折伏慈行にあることを世間国家に宣言するの宗門たるべく復古せしむるの一断に在り」とのべている。(83) ふたりとも智学の「祖道復古・宗門革命」の主張に即して、この紀念大会を把握していることがわかる。立正安国会では、この紀念大会が自分たちの宗門改革運動の一環として位置づけられていたのである。

最後に顕本法華宗の見解であるが、『統一』八一号（明治三五年一月号）に静谷の筆名による「開宗六百五十年の紀念祝典に対する希望」が掲載されている。静谷は開宗六五〇年を迎えるに際して、「一の先決問題」として「日宗各派の宗義統一問題」を提起する。本化宗友会は「此宗義統一を目的として」結成されたが、そこでの議論だけでは不充分であることを指摘したうえで、「宗義統一」のための「最良の方法」として、大学林の設立を主張する。これが「我等が開宗六百五十年に対する唯一の希望である」とまで極言している。こうした見解は必ずしも顕本法華宗・統一団全体に共有されていたわけではないが、宗義問題に対するこだわりは顕本法華宗僧侶の特徴であった。

では、日生はどのように考えていたのだろうか。この年の終わり、日生は「統一主義の生命」を『統一団報』九二号（同年一二月号）に発表している。

「吾人が多年主唱し来りたる統一の声は、本年開宗紀元六百五十年の大会に際会し、各教団を振撼せり、宗徒大会は、多数の決議事項中に於て、唯一の問題として之を議決せり、而して其議決に当りては、非常なる熱心を以て討議せらる(84)」。

宗徒大会の決議（静谷のいう門下共立大学林の設立も含まれていた）は、日生にとって、門下統合を決議した評価されるべき出来事であった。さらに、この機会と時を逸することなく、あらゆる関係者がその進捗を翼賛すべきことを力説している。とはいえ、なかなか進まない決議の実行に不満ものべているのだが、門下統合に向けて、

「統一主義の生命を賦する」ことがもっかの最大の課題であると主張している。日生にとっては、紀念大会の合同開催ならびに門下統合の決議は大きな成果として認識されており、以後も門下統合を精力的に牽引していくことになる。

以上、各教団の日蓮開宗六五〇年紀念大会をめぐる見解を検討した。立正安国会と顕本法華宗・統一団は、それぞれの日蓮主義運動にこの紀念大会を位置づけていたことが確認できた。智学と日生の運動にとって、この紀念大会は「あるべき日蓮教団」を実現するための活動であった。立正安国会と顕本法華宗・統一団は、日蓮宗とも協調的に交渉しながら、自らの運動を進めていったのである。

「本化妙宗式目」の成立

紀念大会を終えた智学は、この年（一九〇二年）の八月から九月にかけて、鎌倉要山の書斎にこもり、教団の組織的な教学体系「本化妙宗式目」（以下、「妙宗式目」と略）の大成に専念する。そして一一月、ついに完成させる。智学、四二歳のことである。「妙宗式目」の成立が教団の「創業を成満した意味になるのだ[85]」として、一〇月末から三週間にわたって、「立正安国会創業成満式」を大阪立正閣で挙行している。この創業成満式の法要で「妙宗式目」正文の細目が公表されるが、「妙宗式目」の成立は、智学の主張してきた「祖道復古」の集約を意味していた。さらに一二月には自らの半生を回顧する「予が半生」を発表して、立正安国会の運動と自らの前半生に区切りをつけ、翌年四月から一年間にわたって、完成したばかりの「本化妙宗式目」の発表と布教の実践を目的とする「本化宗学大会」を立正閣で開催することになる。大会の様子は、次章二で検討することにして、ここでは、「本化妙宗式目」のポイントを検討していこう。

「本化妙宗式目[86]」は、一年間をかけて講義されることになる。その講義録が山川智応によって整記され、『本化妙宗式目講義録』全五巻として、一九〇四年（明治三七）一一月から一九一三年（大正二）三月にかけて出版された（一九一五年に『日蓮主義教学大観』に改題[87]）。

この「妙宗式目」は、「第一章　総要」「第二章　式目」「第三章　信条」からなる。「総要」は「宗綱」を、「式目」は「学道」を、「信条」は「行道」をそれぞれ意味する。さらに「式目」は名義、大綱、宗要、信行、安心の五大門に分かれ、それぞれがさらに段、科、節、目に区分され、全部で一千条の細目からなる組織的・体系的な教学体系であった。この「妙宗式目」によって、立正安国会の教学的立場が確立する。「総要」と「信条」はそれぞれ短い文章であるが、前者は「本化妙宗宗綱」として、「本化妙宗」の内容を簡潔に提示している。

「本化妙宗ハ如来出世ノ本懐トシテ本仏釈尊金口ノ宣示スル所末法救護ノ憲教トシテ本化聖祖色読ノ唱導スル所已ニ出デ今出デ当ニ出デントスル宗見学見種々ノ妄想邪謂ヲ打破シテ法界唯一乗ノ妙義ヲ光揚シ人類ノ思想道徳ヲ統一シテ常寂光明ノ真世界ヲ現出センガ為ニ建立伝弘セラレタル閻浮統一ノ名教ナリ[88]」。

ここでは「本化妙宗」が「人類ノ思想道徳」を統一し、「常寂光明ノ真世界」を実現するための宗教であることが宣言されている。

また、「信條」は全五則一〇条からなり、立正安国会の新たな規約というべきものである。本化妙宗が「法華経ノ教理」に根拠すること（第一則）、宗旨を「末法ノ依止師《えしし》タル本化聖祖ノ知見指導」に依拠すること（第二則）、本化妙宗の信行が「聖祖」をよりどころとすること（第三則）、第四則では「本化聖祖の知見身行」を絶対の標準とする信心のありようが、それぞれ定められている。さらにその信心の具体的な「止作」が一〇ヶ条にまとめられている。

特徴的な規定としては、本尊の雑濫の厳禁（第五則第二条）、「折伏立行」にもとづく修行の規定（同第三条）、他宗の教義や祭祀の信仰や供養の厳禁（同第七条）などがある。また、第四条では「本化妙宗信行ノ目的」が「即身成仏娑婆即寂光ノ大安心ヲ決定シテ人類ト共ニ妙道ニ入リ国家ト共ニ成仏センコトヲ期スルニ在リ」として、個人の成仏（即身成仏）と国土成仏（娑婆即寂光）が国家の成仏とともに措定されている。さらに第一〇条では、「如法正当ノ宗儀教式ヲ完備セル本化真正ノ教会制度」の興立が掲げられている。智学は「若し一朝、宗門その正に復らば、何時でも［立正安国会を―筆者注］解散する」とのべており、「教会制度」も将来的には統一されるべきことを主張している。以上が「信条」の概略であるが、「立正安国会創業大綱領」を敷衍し、整理した内容であることがわかる。

「法国冥合」（政教一致）のプログラム

次に「式目」であるが、ここでは「法国冥合」（政教一致）の実現のプログラムに着目し、立正安国会の運動方針に関わる問題として、この「法国冥合」の問題を検討することにしたい。

智学においては、「法国冥合」の実現は本門戒壇の建立過程として定式化されている。[89] 智学は「本門戒壇」を、あらためて「国立戒壇」[90]、「勅命国立事壇」[91]、「勅命国立の戒壇」[92]と命名している。[93]

では、そのプログラムの内容を確認していこう。

『講義録』第四巻「宗要門第三」「第一段　宗教五綱」「第十科　末法三期」において、智学は『本化摂折論』での「末法三時代」の歴史解釈を次のように整理している。[94]

末法三期─┬建立時代…［聖祖の出現立教を中心とす］…即ち（宗主）立教時代
　　　　　├広布時代…［主義的宣伝を中心とす］………即ち主義（宣伝）時代
　　　　　└統一時代…［国土成仏の妙益を中心とす］…即ち妙益（顕揚）時代

最後の統一時代で、国土成仏を通じて、世界統一が実現されるわけである。なお、この国土成仏については、「天国や極楽浄土のやうな所詮吾人の眼前に事実として現るべからざるものでなく、必ず将来現るべき事実を予想し理想し目的とするものである」とのべており、この現世で実現されるべき理想であり運動目的であった。そして国土成仏を実現するための方法が、「法国冥合」のプログラムとして表明されている。それは、「二法冥合」「事壇成就」「閻浮統一」という過程にまとめられている。

とくに「事壇成就」にみられるように、「法国冥合」の実現は「本門の戒壇」の建立を重要な手段としていた。本章一で『宗門之維新』と『本化摂折論』を検討した際、すでに「事の戒壇成立」が、「法国冥合」のための重要な手段として位置づけられていることを確認した。では、そもそも「本門の戒壇」とは何なのか。簡単に確認しておく。

日蓮仏教のエッセンスは、五綱三秘、つまり教・機・時・国・教法流布の順序からなる「宗教五綱」（または「五綱」「五義」）と、「本門の本尊」「本門の題目」「本門の戒壇」からなる「宗旨三秘」（または「三大秘法」「三秘」）に集約される[95]。この三大秘法の解釈（とくに本門戒壇論）に、立正安国会（国柱会）教学の独自性がある。立正安国会では、本門の題目はほかの日蓮門下と同じく「南無妙法蓮華経」の妙法七字であるが、本門の本尊は文永一〇年（一二七三）七月八日に佐渡の一の谷で日蓮が開示した「佐渡始顕の曼荼羅」を標準とするとしている[96]。また「本門の戒壇」であるが、「戒壇」とはもともと出家者の授戒の場のことであった。日蓮においては「南無妙法蓮華経」の受持を授戒とするため、本尊を安置し題目を唱える場はどこでも「本門の戒壇」となる（これを「理の戒壇」、理壇という）。さらに日蓮は、日本をはじめとする全世界の人びとがこの妙法七字に帰依する時に建立されるべき戒壇を「事の戒壇」（事壇）とする。「一天四海皆帰妙法」による仏国土の実現が、この「戒壇の事成」（「事の戒壇」の達成）として定式化されている。しかし、日蓮自身が「本門の戒壇」に言及した遺文がきわめて少ないため多くの議論を招いているのだが、『三大秘法禀承事』[97]（『三大秘法抄』）は、その実現方法に関して具体的にのべている数少ない遺文である。とくに次の一節に注目されたい。

「戒壇とは王法仏法に冥し仏法王法に合して王臣一同に本門の三大秘密の法を持ちて、有徳王覚徳比丘の其乃往を末法濁悪の未来に移さん時、勅宣竝ひに御教書を申し下して、霊山浄土に似たらん最勝の地を尋て戒壇を建立すべき者歟。時を待つべき耳。事の戒法と申すは是也。三国竝に一閻浮提の人懺悔在罪の戒法のみならず、大梵天王・帝釈天等も来下して踏給ふべき戒壇也[98]。」

智学は、この一節に即して、（広義の）「法国冥合」（政教一致）の過程を「二法冥合」（狭義の「法国冥合」の過程）、「事壇成就」（本門戒壇の建立過程）、「閻浮統一」（世界統一の過程）に整理し、さらに以下のように細かく分節し、解釈している[99]。

（一）「二法冥合」（「王法冥仏」と「仏法契王」）
（二）「事壇成就」（「大詔渙発」と「一国同帰」）
（三）「閻浮統一」（「思想統一」「宗教統一」「道義統一」「社会統一」「政治統一」）

「二法冥合」は、「王法冥仏」と「仏法契王」に分節される。全世界の統一の前には、日本一国の統合を必要とするが、それが「王法と仏法の冥合」を通じて達成される、としている。「王法冥仏」は「国をして国体の自覚を深刻に発揮せしめ」ることであり、「仏法契王」は「仏法をして社会的に国家に普及せしめる」ことである。この「二法冥合」は「王法冥仏」が先行するため、「政権迎合」ではないことが強調されている。また、「王法冥仏」が「国体の自覚」を発揮することであると解釈されていることに留意されたい。この「国体の自覚」が後年の国体運動の教義的根拠となる。

次の「事壇成就」は、「大詔渙発」と「一国同帰」に分節される。「二法冥合」をへて、天皇が戒壇建立の大詔を渙発し、帝国議会で――「憲法第二十七条［第二八条のこと―筆者注］信教自由の制度」が「本化妙宗国教制度に改正」され[100]――戒壇建立が議決される（「大詔渙発」の過程）、とした。つまり、『三大秘法抄』中の「勅宣並ひに御教書を申し下して」の部分について、智学は「勅宣」を天皇による「大詔」、鎌倉時代の幕府の下文である「御教書」を「国会の議決」と解釈したのである。なお、国会の議決を得るためには日本の大勢が「日蓮主義」に帰依している必要があるため、「一国同帰」が前提となる。こうして「事壇成就」（による日蓮仏教の国教化）が実現し、『法華経』という「大真理一乗の妙理」が、「国家といふ大勢力」となって現出する「政教一致」が達成されるのである。智学にとって、日本と本化妙宗とは先天的な「契合」の約束があり、将来に必ず結合して世界を救済する天命を有しているのであった。

つづいて「閻浮統一」となる。この統一は、「妙法蓮華経」によって思想、宗教、道義、社会、政治の統一を通じて達成される、とされた。

なお、ここで注目すべきは、天皇に対する宗教的意味づけである。天皇は、「世界統一戒壇の願主であらせらるる、地上における、末法救主の御代官である」として位置づけられた[101]。天皇の存在が、立正安国会の日蓮主義運動にとって不可欠の存在としてあらためて位置づけられたのである。

以上を整理しておこう。「法国冥合」（政教一致）実現の過程は、（一）狭義の「法国冥合」（「二法冥合」）の実現→（二）「一国同帰」の実現→天皇の「大詔渙発」と帝国議会の議決→本門戒壇の建立による日本統合（「事壇成就」）の実現→（三）「世界の統一」（「閻浮統一」）の達成となる。

なお、『三大秘法抄』における「時を待つべき耳」のフレーズについては、「たゞ待つて居よとではない、已上の諸条件を充実する時を待てとは、その時を作れとの仰せである[102]」として、智学は「時を作る」運動の実践を強調している。

しかし、これでは本門戒壇の建立から世界統一までの過程が明らかではない。ここからさらに日蓮遺文を敷衍しながら、世界統一のヴィジョンが描かれている。

まず、本門の戒壇がすべての人類国家の帰依すべきものであると世界に宣言されると、「国慾主義の妄念」にとらわれた国が日本と日蓮主義に敵対するようになる、と智学はいう。そこで『如来滅後五五百歳始観心本尊抄』(『観心本尊抄』)における「当に知るべし此の四菩薩折伏を現ずる時は賢王と成て愚王を誡責し摂受を行ずる時は僧と成て正法を弘持す」(103)の摂折現行段の一節に依拠して、将来、「本化の教を公布せんとする賢王」と「本化を信ぜざらんとする多くの愚王」との諍い、すなわち「世界の大戦争」が起こる、とのべている。(104)この「大戦争」は『選時抄』の「前代未聞の大闘諍一閻浮提に起るべし」(105)の「大闘諍」とも規定されており、世界統一は「前代未聞の大闘諍」をへて達成される、というのである。そして、この「大闘諍」で重要な役割をはたすのが――『観心本尊抄』で示唆されている――「賢王」である。

この「賢王」が誰なのか、本門戒壇(国立戒壇)の願主として指定されている天皇と一致するのかどうかは、現在の国柱会関係者においても多くの議論をよんでいる争点である。『本化妙宗式目講義録』においては、天皇＝戒壇願主＝上行菩薩＝賢王として提示されている。しかし、この『観心本尊抄』摂折現行段の解釈は智学の見解ではなく、整記者の山川の見解である、と田中芳谷(国柱会二代総裁)ならびに田中香浦(国柱会三代会長)はいう。戦後、この論点をめぐって山川と芳谷との間で文書問答が交わされている。(106)この点は、本書を通じて検討していくことにしたい。

こうして智学は、戒壇建立のはじまりと世界統一の終わりを『三大秘法抄』に、戒壇建立後の世界戦争を『観心本尊抄』に拠り、そして世界戦争後に日本に敵対した国が「帰伏」して、「本門の三帰戒」を受けるまでの過程を『選時抄』に依拠して説明している[107]。以上のような日蓮遺文の解釈を通じて、「法国冥合」（政教一致）のプログラムが提示された。時代社会に対応した日蓮遺文の再解釈と再編集が、ここでも行なわれたのである。

智学の国家観

なお、ここで智学の法国相関論における「国」概念を検討しておきたい。智学の「法国冥合」の主張の前提には独自の「国」概念が措定されており、この「国」概念こそが、智学の日蓮主義理解の重要なポイントとなるからである。

『本化妙宗式目講義録』の次の一節に注目されたい。

「所謂［『法華経』の—筆者注］本門は国土成仏を以てその特色として居る、故に本化大士［日蓮のこと—筆者注］の誓願もまた閻浮統一である、全世界の成仏である、娑婆即寂光土である[108]」。

「国土成仏」、これがキーワードである。佐藤弘夫は初期日蓮の国家観を次のように説明する。

「日蓮は『国』という概念を具体的な政治体制から分離し、仏教で言う『国土世間』の意味に引き戻し、『安国』を『仏国土建設による世間の安穏』と解釈することにより、政治支配機構としての狭義の『国家』——王法——を相対化した[109]」。

「国土」（国土世間）は、あらゆる物質的なものを包括する現実の娑婆世界（現実世界）を意味するが、智学は娑婆世界（国土世間）を「常寂光土」の理想世界へと転化すること（娑婆即寂光土）を『講義録』のなかで強調する。この「娑婆即寂光土」の教学的根拠が、「本国土妙[110]」の法門であった。現実世界の実相を超越的な霊的・理想的世界である「本国土」として開示することで、現実世界を理想世界へと転化するための実践が提起された。じつはこの「本国土妙」の法門こそが、「本門戒壇の法門的基礎[111]」であった。本国土の現実化のために、本門戒壇の建立（による「法国冥合」）が要求されたのである。智学の日蓮主義における法国相関論は、この日蓮教学における「本国土妙」によって基礎づけられていたのである。

ここから智学は、「国」概念を具体的な政治体制の意味にあてはめて、近代の国民国家との交渉を主張する。ここで、信条五則四条の「本化妙宗信行ノ目的」を思い出してもらいたい。「即身成仏娑婆即寂光ノ大安心ヲ決定シテ人類ト共ニ妙道ニ入リ国家ト共ニ成仏センコトヲ期スルニ在リ」の規定である。

智学にとって、個人成仏と国土成仏は、国家成仏を通じてこそ達成される。その「国土成仏の標本」は日本であった。日本国を最初に成仏させることで、国土成仏の見本とし、この国の力をもって、世界統一と現実世界の理想世界化をなしとげることを、智学は強調する。こうして日本が教学的に特権化されたのである。さらには「本国土妙とは日本国である」[112]と断言され、「日本国」が「本国土妙」の法門によって基礎づけられた。つまり、超越的な霊的・理想的世界が現実の「日本国」に内在していると解釈されたのである。

ここにおいて、「日本」という国民国家に対する決定的な宗教的意味づけが行なわれた。

以上、智学の「国」概念は「国土」と「国家」に分節され、両者を基礎づけたのが「本国土妙」の法門であった。この「本国土妙」の法門を通じて、「日本国」に対する重要な宗教的意味づけがなされたことを確認されたい。[113]

こうして天皇や日本に教学的な意味づけや解釈を行なって、「法国冥合」のプログラムを整備することで、立正安国会の教義体系が確立された。「あるべき国家と宗教」の関係は、このように日蓮主義的に定置されたのである。

立正安国会創業成満式

ここで、立正安国会創業成満式の様子を確認しておこう。

すでにのべたように、一九〇二年（明治三五）一〇月二三日～一一月一四日、智学は大阪の立正閣で「立正安国会創業成満式」を挙行した。この式典は「本化妙宗式目の完成」を祝い、また日蓮門下における（妙宗式目の実行機関である）「模範教会の完成」を祝うための行事であった[114]。つまり、この式典は、立正安国会が在家仏教教団として独自の教義・実践・組織体系を確立したことを確認し、再スタートをきるために行なわれたわけである。

式典は一〇月二三日から一一月一二日までの予修祈願式にはじまり、一二日の創業結願式、一三日の成満式大法要と一四日の令法久住式をもって行なわれた。一一日には大阪開教一〇周年の紀念行列も行なわれ、五〇〇余名からなる行列が市内を練り歩き、会をあげての式典が華やかに執り行なわれた。

なお、智学はこの年の一二月に「予が半生」を発表し、自らの半生を回顧している。創業成満式を振り返りながら、立正安国会はますます事業を拡張することを力説している。また、ここでも日蓮宗批判が繰り広げられていることに注意しておこう。たとえば、「然るに日蓮宗が日蓮主義も日蓮的信仰も消失せて居るにも拘らず、平気で看板を掲げて営業をして居るのは、物の不思議である」というような辛辣な批判が投じられている[115]。日蓮開宗六五〇年紀念大会での協力を通じて、門下統合を推進した智学であるが、あくまでも日蓮宗門の現状に対しては批判的であり、宗門改革は重要なテーマであったことがわかる。

以上、「本化妙宗式目」の完成、創業成満式の挙行、「予が半生」の執筆を通じて、蓮華会創設以来の二十数年間におよぶ活動に一区切りをつけた智学であるが、翌年の本化宗学研究大会で「妙宗式目」を公表し、また「日本国体学」（の原型）も創唱することになる。時は、日本のナショナリズムが高揚する日露戦争前夜のことである。この時期を境にして、立正安国会の運動は新たな展開を図っていく。

注

（1）本書で用いる演説会や講演会の聴衆数などのデータは、教団（国柱会や統一団）の資料にもとづいており、一般新聞など、その他の媒体で確認できた場合は、それらの資料も参照しているが、基本的には教団資料に依拠していることをお断りしておく。

（2）この事件の経緯については、『田中智學自伝―我が経しあと』第二巻（師子王文庫、一九七七年）、一一六―一七五頁に詳しい。なお、この演説の筆記録は、『龍口法難論』として、この年九月一二日に金鱗堂から刊行されている（本書では、この原著を確認できなかったため、一九一五年に新潮社から復刊された版を参照する）。

（3）明治政府による国史編纂のための部局が、内閣臨時修史局であった。以後、修史局は一八八八年（明治二一）一〇月に東京帝国大学に移管され、帝国大学臨時編年史編纂掛が設けられた。

（4）重野の略歴については、西村時彦編「成齋先生行状史料」（薩藩史研究会編『重野博士史学論文集』上巻、雄山閣出版、一九三八年）が参考になる。また、その歴史学の特徴については、大久保利謙『大久保利謙著作集7　日本近代史学の成立』（吉川弘文館、一九八八年）「五　ゆがめられた歴史」「㈠近代史学の前夜―重野安繹の抹殺論」ならびに「七　重野博士の史学説について」と、宮地正人「幕末・明治前期における歴史認識の構造」（『日本近代思想大系13　歴史認識』岩波書店、一九九一年）を参照した。

（5）龍口法難とは、文永八年（一二七一）九月一二日に起きた日蓮に対する鎌倉幕府の弾圧事件のこと。佐渡流罪の名目のもと、日蓮は龍の口（現在の神奈川県藤沢市）で斬首されそうになったが、奇跡的に助かり、佐渡へと流された。日蓮門下では、この龍口法難を松葉谷法難、伊豆法難、小松原法難とならぶ四大法難として位置づけるほど、重要な出来事である。

（6）その考証は、「史徴墨宝考証抄」（薩藩史研究会編『重野博士史学論文集』下巻、雄山閣出版、一九三九年）でみることができる。

（7）一八八九年（明治二二）一一月一日、重野、久米邦武、星野恒らが中心になって創設された史学の学術団体。会長は重野。同年一二月に『史学会雑誌』を創刊している（一八九二年一二月に『史学雑誌』に改称）。

（8）「日蓮上人龍ノ口の法難」（薩藩史研究会編『重野博士史学論文集』中巻、雄山閣出版、一九三八年、五六八頁）。

（9）『龍口法難論』（新潮社、一九一五年、原著一八九〇年）、一二頁。

（10）同前、一一三頁。

（11）辻善之助『日本仏教史　中世篇之二』（岩波書店、一九四九年）、三二頁。

（12）すでに確認したように、『日宗新報』は日蓮宗の教誌かつ報道機関誌という役割を担ってはいたが、日蓮宗の公的な見解を表明したわけではなく、そこでの見解はあくまでも日蓮宗のなかの一見解である。

(13) 後日、日蓮宗宗務院は『龍口法難論』の購読をすすめるコメントを、宗務院録事の「番外」として布告している(『日宗新報』三五八号、同年一二月二三日発行、二頁)。

(14) 講演の内容は、『史学会雑誌』二〇号(明治二四年七月一五日発行)に掲載されている。また、講演の報告が、同誌中の「記事」欄に掲載されている。講演の聴衆数は、この「記事」による。

(15) 『師子王』五号(明治二四年六月一八日発行、一三頁)。

(16) 「小倉秀貫氏の妄論を駁するに先だつて日蓮宗の僧俗及び江湖に告ぐ＝日蓮宗の興廃存亡実に今日にあり」(『師子王』六号、同年七月一八日発行、二頁)。

(17) ちなみに、この問題に対して日蓮宗関係者がまったくの無反応だったわけではない。『日宗新報』では、編集長の加藤文雅が小倉への反論「元寇預言の一事何ぞ能く日蓮大士を軽重せん」を掲載している(三九三号、明治二四年七月八日発行～四〇〇号、同年八月一三日発行)。また「冥々子」の署名による「師子王第六号を読む」(三九八号、同年八月三日発行、七頁)では、小倉の議論が「我が日宗の興廃に関する程のものなるか」と、智学の非難を退けている。また、智学たちを「徒に誇大の言論を為し頻に浮華軽躁の徒を扇動し以て自家の顕達を計らんと欲するものに非るなき歟」と批判している。

(18) その仮規約が『師子王』六号(明治二四年七月一八日発行、三一頁)に記載されている。

(19) 「宗門革命祖道復古義会運動彙報」(『師子王』八号、同年一〇月八日発行、二八頁)。

(20) なお、この時期の日蓮宗門改革運動については、拙論「近代仏教運動の布教戦略―戦前期日本の日蓮主義運動の場合」(大谷栄一・川又俊則・菊池裕生編著『構築される信念―宗教社会学のアクチュアリティを求めて』ハーベスト社、二〇〇〇年)でより詳しく論じているので、あわせて参照されたい。

(21) 『田中智學自伝―わが経しあと』第三巻(師子王文庫、一九七七年)、一一七頁。

(22) 大阪の立正安国会(国柱会)の活動については、国柱会近畿地方連合局編『国柱会大阪開教百年の歩み』(国柱会近畿地方連合局、一九九一年)に詳しい。

(23) 山川の略歴については、山川智応『立願五十五年の春を迎へて―回顧と経過』(浄妙全集刊行会、一九七八年)が参考になる。

(24) それぞれ『師子王全集』第一輯第一二巻「儀文篇」(師子王全集刊行会、一九三二年)、一五―一七頁と二二―二六頁に所収。なお、この年の三月、天皇・皇后の銀婚式に際して、智学は「仏教夫婦論」を献上している。この献本のために起草した「奉賀　大婚五五之盛典献上仏教夫婦論疏」(同前、五―九頁所収)では、皇室に対して、日蓮の『三大秘法抄』を引用しながら、「日蓮乃ち以て［王仏―筆者注］冥合一体と為し」と、「王仏冥合」（政教一致）の必要性を訴えている（原文は漢文）。
(25)「本門戒壇」とは、「法国冥合」が実現した際に建立される（という）「事の戒壇」（事壇）のこと。智学は、この本門戒壇を「国立戒壇」と命名した（詳しくは本章三でのべる）。また、「転輪聖王」とは、古代インドの伝説による世界統一の王のこと。金輪大王、銀輪大王、銅輪大王、鉄輪大王に分かれる。
(26)『立正安国会報告』三回（明治一九年六月一六日発行、二頁）。この点は、宗教法人国柱会の師子王文庫資料室長の神野進氏にご教示いただいた。記して感謝したい。
(27) 森岡清美「宗教組織―現代日本における土着宗教組織形態」（『組織科学』一五巻一号、一九八一年）。森岡によれば、宗教組織は「超俗」と「世俗」の二面性をもち、後者は前者に基礎づけられ、前者は後者を通じて社会と関わりをもつというように相互依存的な関係にある。
(28)「立正安国会録事」（『妙宗』六号、同年七月一日発行、三二頁）ならびに「妙宗同衆録事」（同、三三頁）。
(29)「教界時報」（『妙宗』四編七号、明治三四年七月号、三〇頁）。
(30)「宗門之維新第三版の序」（『宗門之維新』師子王文庫、一九一六年、第八版を参照した）。
(31) この『宗門之維新』刊行の経緯についても、国柱会の神野進氏にご教示いただいた。
(32) 高山樗牛「田中智学氏の『宗門之維新』」（『太陽』七巻一三号、同年一一月五日発行、四八頁）。その後も樗牛は、「日蓮上人は如何なる人ぞ（日蓮上人と上行菩薩）」（同八巻四号、明治三五年四月五日発行）等を執筆し、その晩年（この年の一二月に逝去）を日蓮研究に費やした。なお、日蓮に関する樗牛の言説は、盟友・姉崎正治と山川智応がまとめた『高山樗牛と日蓮上人』（博文館、一九一三年）でみることができる。
(33)「『宗門之維新』ヲ贈呈スルニ就テノ敬白」（『宗門之維新』師子王文庫、一九〇一年九月一〇日発行、増訂再刊版）。以下、引用は『妙宗』附録からではなく、この『宗門之維新』増訂再刊版から行なう。なお、この「敬白」は、もともと『妙宗』四編五号（明治三四年五月号）に「宗門の維新に就て」として発表された。
(34) 同前、一五頁。
(35) 同前、一五―一六頁。
(36) 同前、二頁。
(37) そのなかには「折伏主義」の強調（二三頁）や「今ノ所謂僧ハ古ノ所謂優婆塞ナリ」による在家仏教の主張（五三頁）、「文永十年七月八日佐島始顕正式ノ御本尊」の本尊統一の主張（六〇頁）なども見られる。
(38)『宗門之維新』、八九頁。
(39)「『宗門之維新』を読めり（2）」（『日宗新報』七九六号、明治三四年一一月二八日発行、一七頁）。
(40)『新仏教』子「明治卅四年仏教小史」（『新仏教』三巻一号、明治三五年一月一日発行、四頁）。

(41) この講義録は、一九〇二年(明治三五)一月に刊行された講習会の講義録(中川観秀編『本化門下専門夏期講習会講義録』橘香会、一九〇二年)への掲載をへて、同年二月に師子王文庫から刊行された。

(42) 『本化摂折論』(真世界社、一九九八年、原著一九〇三年)、二三九―二四〇頁。

(43) 同前、二七五頁。

(44) 磯辺満事『本多日生上人』(統一発行所、一九三一年)、七六頁。

(45) 滄溟漁史「霊界の人物―本多日生(下)」(『太陽』二二巻一〇号、一九一六年、四〇頁)。

(46) 仏教各宗協会編『各宗管長会議々決録』(仏教各宗協会、一八九〇年)、二〇頁。その書式も決まっていた。「史伝」と「宗義」の二章に分かれ、「史伝」が「歴史」と「紀伝」の二部、「宗義」が「正依ノ経典」「宗名」「判釈」「宗意」の四段に細分され、さらに「宗意」も数節にわけて記述するという書式であった(同、二五―二六頁)。

(47) 妙満寺派の原稿提出の経過については、加藤熊一郎(咄堂)『仏教界大問題四箇格言』(東華堂、一八九六年)第一編第四章を参照した。

(48) ちなみに山岬の原稿の「宗義」における「宗意」の項目は、開顕妙法、事観法体、宗旨三秘、宗教五綱、摂受折伏、正助合行、所期国土、行者安心の八項目であった。これに対して、日蓮宗の「宗意」は宗教五綱、宗至三秘、本迹両門、摂折二門、五種妙行、三種利益の各項目からなる。

(49) 日生たちにとって、「此四箇ノ格言ハ聖日蓮カ本仏釈尊ヨリ委付セラレタル仏教統一ノ大任ヲ果ス為メニ大声疾呼セシ所ニシテ実ニ本宗ノ性格中万古一貫ノ妙義」であった(小林・本多『本宗綱要』日蓮宗妙満寺派宗務庁、一八九六年、一四二頁)。

(50) この事件に関する資料としては、客観的な立場から事件の顚末をまとめた加藤熊一郎の前掲書のほか、妙満寺派側の資料として、本多日生編『日蓮大聖人献身的之大問題　仏教界目下之大訴訟』(格言問題事務所、一八九六年)と統一団『格言事件時報』(統一団、一八九八年)がある。

(51) なお、この事件においては、「三個の争点」が発生している(加藤前掲書、二四頁)。まず、妙満寺派と編集長との間の「四個格言削除問題」、次に妙満寺派と本成寺派・本隆寺派両派との「妙満寺派綱要別掲問題」、そして妙満寺派と日蓮宗との間の「本勝迹劣問題」である。「四個格言削除問題」は本文で検討するが、「別掲問題」とは次のような問題である。本成寺派と本隆寺派は、各宗派の規定枚数の制約から日蓮宗と妥協して合同の原稿を提出した。ところが、見本版で妙満寺派が日蓮宗とは別に掲載されているのをみて、両派は各宗協会に抗議した(「四箇格言」の削除が発覚後、両派は妙満寺派を支持して別掲載を承認)。また「本勝迹劣問題」とは、勝劣派の妙満寺派が一致派の日蓮宗の本迹一致の立場を原稿中で批判した問題である（これはその部分を取り除くことで解決した）。

(52)　加藤の『仏教界大問題四箇格言』に紹介されている島地黙雷の発言によれば、「四個格言一題は、各宗の教義を甚敷暴言を以て詆斥譏弾せし者なる故、各宗協会の性質に反対し其成立に妨害ある者と認定したれば之を除去することに決定」したのであった（一六―一七頁）。さらに「所期国土」と「謗法厳戒」は、「各宗の教義に妨害する所なし」であったが、「紙数甚だ増加するが故に便宜に之れ除きしのみ、此例他宗綱要の下に甚だ多し」とある（一七頁）。つまり、他宗批判の言説である「四箇格言」のみが問題となったことがわかる。なお、見本版の送付に先立つ七月二二日、島地は三章を削除した原稿を妙満寺派へ回付し、「検閲」を乞うている。

(53)　本多編前掲書、九頁より重引。

(54)　同前、四頁より重引。

(55)　加藤前掲書、三四―三五頁。なお、日蓮宗と本成寺派、本隆寺派は妙満寺派を支持し、四箇格言は除くべきではない、との見解をのべている。

(56)　本多編前掲書、三二頁。

(57)　以下、「妙満寺派対各宗協会事件」（『日宗新報』六一四号、明治二九年一一月八日発行、三一頁）。

(58)　この定期大会については――妙満寺派側の記録であるが――前掲書『格言事件時報』、六―一六頁に詳しい。

(59)　『統一』一〇〇号（明治三六年八月号、一―二頁）には、これ以外にも多くの「法戦」が紹介されている。

(60)　その背景には、宗務総監・田辺善知（のちに日蓮宗）による雑乱勧請廃止の徹底をめぐる千葉七里法華の諸寺院との抗争があった（滄溟前掲論文、四三―四六頁）。

(61)　日生は剝牒処分中に開設した弘通所を顕本法華宗義弘通所と命名していたが、顕本法華宗の宗名は、師の児玉日容の顕本講に由来する（長谷川義一『什門教学伝統誌』妙顕寺、一九五八年、一六八頁）。

(62)　『祖師のおしえ』第一篇（顕本法華宗義弘通所、一八九二年）、頁数は表記なし。なお、二篇以降が刊行されたのかは不明である。

(63)　ちなみにほかの八章は、以下の通りである。「第一章　真実の徳行は法華経を信ずるに若くはなし」「第二章　近き現証を以て遠き信心を取るべし」「第三章　諸経は当今無益の諸経なり」「第四章　一代経を大別して三段となす」「第五章　諸宗は釈尊の本意に契はず」「第六章　宗旨の肝要は三大秘法にあり」「第七章　諸願を成就せること法華経に限る」「第八章　仏教には謗法を第一の重罪と定む」。

(64)　小林・本多『本宗綱要』（日蓮宗妙満寺派宗務庁、一八九六年）、一四一頁。

(65)　同前、一六〇頁。

(66)　『聖語録』（財団法人統一団、一九九二年、原著一九〇六年）、題言一頁。

(67) 『法華経講義』一之巻（統一団、一九〇六年）、凡例二頁。

(68) 「『統一』第一百号の祝筵に臨みて本団の旨趣及前途の施設を述ぶ」（『統一』一〇〇号、明治三六年八月号、三頁）。

(69) 前掲書『法華経講義』一之巻、一八頁、

(70) 「国教定立に関する本団の主義主張」（『統一団報』二五号、明治三一年一月八日発行、五頁）。なお、筆者は『統一』（もと『統一団報』）のバックナンバーを、統一団の和賀義進氏と西條義昌氏のご厚意により閲覧させていただいた。しかし、創刊号（明治三〇年一月一日発行）から六四号（明治三二年一二月号）までの三年間分は、統一団でも欠号が多く、筆者も未見である。そのため、この期間の『統一』誌上での日生や団員たちの言説は確認できなかった。

(71) 講習会の模様は、中川観秀編『本化門下専門夏期講習会講義録』（橘香会、一九〇二年）に詳しい。

(72) 安中尚史「近代日蓮教団の立教開宗記念活動―田中智学・本多日生・加藤文雅を中心に」（『日蓮教学研究所紀要』二〇号、一九九三年、五四一頁）。なお、この安中論文は、後述する紀念大会や三雑誌同盟、本化宗友会を検討しており、本節の執筆に際して参考にした。

(73) 『日宗新報』七八五号（明治三四年八月八日発行、一頁）。

(74) 安中前掲論文、五三七頁。

(75) 「三雑誌同盟会第一回記事」（『日宗新報』七八七号、明治三四年八月二八日発行、一七―一八頁）。

(76) 「三雑誌同盟会第二会合記事」（同七九〇号、同年九月二八日発行、二七―二八頁）。

(77) 紀念大会については、加藤文雅編『日宗新報臨時増刊号　日蓮聖人開宗第六百五十年記念大会顛末録』（日宗新報社、一九〇二年）や、『風俗画報臨時増刊二五一号　日蓮開宗六百五十年紀念大会図絵』（東陽堂、一九〇二年）、また『日宗新報』『統一団報』『妙宗』の各関係記事を参照した。

(78) 以下、「偉哉宗徒大会の決議」（『日宗新報』八一一号、明治三五年五月五日発行、一一―一二頁）による。

(79) 「統一問題と其人物」（『統一』九七号、明治三六年五月号、四頁）。

(80) 「紀念事業―開宗六百五十年に就て」（『妙宗』五編二号、明治三五年二月号、二七頁）。

(81) 同前、二八頁。

(82) 「虔んで開宗第六百五十年の春光を迎ふ」（『妙宗』五編一号、明治三五年一月号、二九頁）。

(83) 「法華宗徒に諗ぐ」（『妙宗』五編二号、同年二月号、三六頁）。

(84) 「統一主義の生命」（『統一団報』九二号、明治三五年一二月号、二二頁）。

(85) 『田中智學自伝』第四巻、三七四頁。

(86) 「本化妙宗」とは「本化上行菩薩日蓮聖人の建てられ

た妙法蓮華経の宗旨」を意味する（国柱会本部編『国柱会会員必携』真世界社、一九八七年、四八頁、傍点ママ）。立正安国会の宗旨は「妙法蓮華経」であるが、あくまでも本化上行菩薩たる日蓮を通じての「妙法蓮華経」でなければならないのである。

(87)　この講義録は、長瀧・保坂・山川をはじめとする十数名の「聴講録」を、山川が「総合して之を整束し、引証典拠の文を具へて、印刷に付した」。「この筆録最後の責任」が自分にあることを、『本化妙宗式目講義録』冒頭に記された「『妙宗式目』講義凡例」で、山川はのべている。この講義録の内容の一部をめぐって、それが智学の見解なのか、それとも山川の見解なのかが戦後になって問題化する。なお、以下の「本化妙宗式目」の検討は、この講義録にもとづく。

(88)　『本化妙宗式目講義録』第一巻（師子王文庫、一九〇四年）、八七頁。なお、ここでは一九一七年（大正六）の第三版を使用する。

(89)　智学の本門戒壇論は、『本化妙宗式目講義録』以降、一九一一年（明治四四）の三保最勝閣での「第二回本化仏教夏期講習会」での講義録「本門戒壇論」（田中智学『三保講演集』師子王文庫、一九一二年所収）、一九一九年（大正八）の講演「本化宗学より見たる日本国体と現代思想」（『師子王全集』第一輯第二巻「教義篇」、師子王全集刊行会、一九三二年）や『日本国体の研究』（真世界社、一九八一年、原著一九二二年）、「日蓮主義概論」（『日蓮主義新講座』全一二巻、師子王文庫、一九三四年所収）などを通じて精緻化されていく。なお、智学の本門戒壇論（国立戒壇論）については、拙論「日蓮主義を問い直す―近代日本の仏教と国体神話」（『季刊仏教』四九号、法蔵館、二〇〇〇年、一二〇―一三三頁）で整理しているので、あわせて参照されたい。

(90)　前掲書『本化妙宗式目講義録』第四巻、二五六九頁。

(91)　同前、二六三七頁。

(92)　同前、二六三九頁。

(93)　智学の本門戒壇論（国立戒壇論）の主張は、戦後の創価学会の本門戒壇論（国立戒壇論）に先駆けるものであった。創価学会の本門戒壇論（国立戒壇論）については、西山茂「日蓮正宗創価学会における〈本門戒壇論〉の変遷―政治的宗教運動と社会統制」（中尾堯編『日蓮宗の諸問題』雄山閣出版、一九七五年）に詳しい。

(94)　前掲書『本化妙宗式目講義録』第四巻、二二五〇頁。

(95)　同前、一九三三―一九三四頁。なお、三秘の関係であるが、「三大秘法は即ち一大秘法である」（二四六九頁）。「無始已来常住の十界互具、事の一念三千の大真理、本有の諸法実相」である「妙法蓮華経」の一大秘法が開くと三大秘法になり（同）、本尊は世界、戒壇は国家、題目は個人の開顕となる（二四七八頁）。「戒壇は国家を対象とする国家問題である」（二五七八頁）という智学の発言に注目されたい。

(96)　なお、智学の本尊論については、『本尊造立私議』（展転社、一九八七年）も参照のこと。

(97) この『三大秘法抄』は日蓮の真筆が存在せず、写本として伝承されてきたため、その真偽をめぐっては、日蓮滅後から今日にいたるまで日蓮門下でさまざまな議論を招いてきた。真作を主張する国柱会の見解は、山川智応の「三大秘法抄の真偽問題」（山川編『真宗教と真国家―日蓮主義に於ける宗教と国家』天業民報社、一九二六年）にまとめられている。また、山川智応の『日蓮聖人の実現の宗教―目標教義としての本門戒壇』（浄妙全集刊行会、一九六七年、原著一九二九年）や『三大秘法概説』（浄妙全集刊行会、一九八〇年）にも詳しい。なお、近年、クラスター分析という統計的手法（コンピュータ―による日蓮の文体の統計的分析）によって、真作と断定した研究として、伊藤瑞叡編著『なぜいま三大秘法抄か―計量文献学入門』（隆文館、一九九七年）と同『三大秘法抄なぜ真作か―計量文献学序説』（隆文館、一九九七年）がある。前者には、伊藤らの分析に対する日蓮教学研究所と冠賢一の批判もあわせて掲載されている。これらのやりとりにみられるように、『三大秘法抄』の真偽問題は、現在においても決着のついていない問題である。

(98) 立正大学日蓮教学研究所編『昭和定本日蓮遺文』第二巻（日蓮宗総本山身延山久遠寺、一九五二年、一八六四頁、ここでは一九九二年の改訂増補第二刷版を使用）。

(99) 前掲書『本化妙宗式目講義録』第四巻、二二六八―二二八〇頁。

(100) 同前、二二七五頁。

(101) 同前、二六四四頁。

(102) 同前、二六四三頁。

(103) 前掲書『昭和定本日蓮遺文』第一巻、七―九頁。

(104) 『本化妙宗式目講義録』第四巻、二六四八頁。

(105) 『昭和定本日蓮遺文』第二巻、一〇〇八頁。

(106) 詳しくは、両者のやりとりをまとめた山川智応『高問答釋竝再釋―附大曼荼羅本尊御圖式要義』（浄妙全集刊行会、一九八九年）を参照のこと。なお、こうした「賢王信仰の系譜」が「田中芳谷から田中香浦へと続く国柱会の主流とは別の、山川智應や里見岸雄」「石原莞爾らの人脈によって引き継がれた」ことを、西山は指摘する（「近代の日蓮主義―『賢王』信仰の軌跡」『日本の仏教』四号、法蔵館、一九九五年、二三七頁）。また「賢王」の出現を「上行菩薩の再臨を待望するアドヴェンティズム」（西山茂「上行のアドヴェンティスト・石原莞爾」『石原莞爾選集8』たまいらぼ、一九八六年、三二一頁）と把握し、独自の日蓮主義的な千年王国主義信仰を主張し実践したのが、石原莞爾である。この「賢王」をめぐる問題については、西山前掲論文ならびに西山「日蓮主義的天皇神話の形成と変容―田中智學から石原莞爾へ」（第六回日韓宗教研究者交流シンポジウム「（近代）東アジアにおける『民族』と宗教―使命観をめぐって」資料、一九九八年）を参照のこと。

(107)『本化妙宗式目講義録』第四巻、二六三九頁。
(108) 同前、二三二四頁。
(109) 佐藤弘夫「初期日蓮の国家観─鎌倉旧仏教との比較において」(『日本思想史研究』一〇号、一九七八年、二二頁)。また、同氏の「『立正安国論』考」(『日本史研究』三〇四号、一九八七年)も参照した。
(110) 本国土妙とは、『法華経』本門における本門十妙(因・果・国土・感応・神通・説法・眷属・涅槃・寿命・利益)のひとつで、本因妙・本果妙とあわせて根本三妙とよばれる。現実世界(娑婆世界)の実相が、『法華経』本門の壽量品と神力品で顕された本仏常住の霊的・理想的世界である「本国土」として保証されていることをいう。
(111)『本化妙宗式目講義録』第四巻、二六七九頁。
(112) 同前、二六八二頁。
(113) 戸頃重基は、注109の佐藤の論文に先駆けて、「日蓮のいわゆる国家は、おもに生活環境としての国土のことだった」とのべている(『日蓮教学の思想史的研究』冨山房、一九七六年、五三四頁)。こうした見解にもとづき、「田中智学、本多日生らの国主法従説のおかした共通の誤りは、日蓮遺文にあらわれた『国』の語を、すべて『国家』の概念にすりかえ、しかも天皇制国家として説明したことである」(五三三─五三四頁)と論じている。しかし、以上の考察から、智学の「国」概念が必ずしも「国家」にとどまらないことが明らかであろう。
(114)「予が半生」(『妙宗』五編一二号、明治三五年一二月号、四─五頁)。
(115) 同前、一七頁。

第三章　日露戦争の影響——それぞれの「国体」

一　日清・日露戦争とナショナリズム

日露戦争（一九〇四〜五年）前後の時期を境として、田中智学と本多日生の日蓮主義運動はナショナリスティックに転回していくことになる。その時代背景には、日清・日露戦争におけるナショナリズムの創出・形成と国体神話の普及があった。ここでは、国体神話普及の重要な回路となった学校儀式をとりあげ、国体神話の信憑性が普及していく過程をみることにする。そのうえで、日露戦争に対する立正安国会と顕本法華宗・統一団の関わり方を検討し、日蓮主義運動の転轍を検討していこう。

国民国家・日本は、大日本帝国憲法の発布（一八八九年）と帝国議会の開設（一八九〇年）によって基礎が築かれ、一九〇〇〜一〇年代にかけて確立されていく。(1)また、一八九〇年代から一九一〇年代の二〇年間に日清・日露戦争という対外戦争の勝利によって、帝国主義列強の一角を占めるようになる。幕末期の攘夷主義によるナショナリズムは、日清戦争（一八九四〜九五年）をへて、大国主義的なナショナリズムへと転化していきながら、国民国家の形成が進められた。とくに一八九〇年代以降、国民国家の編成と並行して、国体神話も形成されていくことになる。

日清戦争の勝利は――鈴木正幸が指摘するように――日本の国威発揚だけではなく、天皇の権威を大いに高めることになり、「天皇はナショナル・シンボルとしての地位と権威を不動のものにし」た。[2] こうした天皇のイメージは、家族国家観にもとづく国体論によって基礎づけられていく。鈴木は、日清戦後に穂積八束、高山樗牛、加藤弘之、井上哲次郎らの主張を通じて、「皇室と国民の関係を総本家と分家末家の関係としてとらえる」「日本独自の国家論」である「国体論」が隆盛になったという。[3] つまり、近代日本の国民関係は、擬制家族関係のもとに説明されていくことになった。[4] さらに鈴木はいう。日清戦後の国体論の力点は、「天皇統治の正当性を論証することよりもむしろ万世一系の天皇が統治する日本の国柄、日本民族の優秀性を説くことにあ」り、「国体論は近代日本のナショナリズムと見事な結合を遂げた」のである、[5] と。

こうして、近代日本のナショナル・アイデンティティは国体論（国体神話）によって基礎づけられ、近代日本の天皇制はネーション（国民・民族）と近代国家の編成原理としての役割を担いながら、国民国家・日本を形成していったのである。そしてまた、この過程で天皇の権威や国体観念を強調する国体神話が整備され、普及されていくことになった。

「明治の民衆をはじめて『国』に〝同化〟せしめた」とされる日露戦争は、挙国一致の国民戦争という性格の対外戦争であり、日本ナショナリズムの画期点であった。[6] 新聞や雑誌などのマス・メディアは人びとの危機意識を扇動し、政府は地方行政機関を通じて人びとを動員した。増税、国債募集、軍人援護、農業改良などの施策が推進され、各地にそのための地域組織が作られている。[7] そして、宗教教団も戦勝祈願の法要などを通じて、戦争への積極的な協力体制を敷いていくことになる。

一九〇四年（明治三七）二月一〇日、日本は天皇の名において、ロシアに正式に宣戦を布告する。以後、旅順や遼陽、奉天会戦に勝利し、翌年八月のポーツマス講和会議を迎えたものの、その代償は大きかった。日清戦争の約四・五倍の一一〇万人近い兵力を動員した地上戦では、日清戦争時の約六・一倍の八万一五〇〇人弱の戦死者を数えた。[8] また、戦費も日清戦争の約二億円余に対し、日露戦争はその八・五倍以上の約一七億一六四四万円（日露戦争直前の一九〇三年の歳入総額の六倍半）に達した。[9] 戦費は増税や国債募集によって賄われたが、増税は物価の高騰をよび、人びとの生活を脅かした。この代償が日露戦争後の構造的な社会危機をもたらしていく。

学校儀式にみる国体神話

では、近代日本のナショナリズムと結合した国体神話は、どのようにして当時の人びとに普及し、受容されていったのだろうか。

国体神話は国家儀礼や教育、軍隊、メディアなどのさまざまな回路を通じて普及され、その信憑性を形成していった。その重要な回路のひとつが学校の教育現場であり、学校教育は国体神話の重要な信憑構造の場となった。ここで、学校教育における学校儀式の例をみてみよう。

近代日本の義務教育（小学校教育）の就学率は、一八九〇年代はじめは約五〇％だったが、日清戦争期に約六〇％、日露戦争後には九六％を数えた。[10] また、教科書の国定化（一九〇四年）や義務教育の四ヶ年から六ヶ年への延長（一九〇七年）など、教育環境も整備されていった。こうした「学校制度の確立過程で、教育上、大きな意味を持ったのは、教育勅語と『御真影』の下賜である」。[11]

帝国憲法発布の翌年一八九〇年（明治二三）一〇月三〇日に公布された「教育ニ関スル勅語」（以下、教育勅語と略）は、「ナショナリズムの創出につよい影響力をおよぼした政治文書」であった。[12] それはまた国体神話の聖典でもあった。全国の公立小中学校に下付された勅語謄本は、学校儀式において奉読され、修身の授業で暗唱・

暗写された。また、天皇／皇后の肖像写真である「御真影」は、一八八六年（明治一九）九月の沖縄県の師範学校に対する下賜にはじまり、翌年以降、全国の官立学校や公立学校をはじめとする教育機関へと下賜されていく。この両者は各学校において奉安され、国家祝祭日の学校儀式で奉読され、礼拝されていった。

一八九一年（明治二四）、「小学校祝日大祭日儀式規程」（以下、儀式規程と略）が制定された。以降、この儀式規程にもとづき、学校儀式が制度化され、定着していくことになる。たとえば御真影の下賜を契機に、国家祝祭日における礼拝儀礼が成立し、教育勅語の下付を契機として、国家祝祭日における学校儀式が成立した。儀式は御真影の拝礼、教育勅語の奉読、校長訓話、祝祭日唱歌斉唱を基本型とし、三大節（新年・紀元節・天長節）をはじめとする国家祝祭日に挙行された。それまで休日だった国家祝祭日は、教員・児童生徒参加の学校儀式日となった。

この一八九〇年代に本格的にはじまる学校儀式は、それ以前の学校儀式にくらべて大きく変化している。それまでは、「『学制布告』や教科書の一節の朗読、首座訓導の訓話などはあったものの、天皇に関わる式次第はほとんどなかった、仮にあったとしても極めて稀であった」、と佐藤秀夫は指摘する。[13] しかし、儀式規程制定後に制度化されていった学校儀式は、日清・日露戦争をへて、「国民的行事」として定着していく。[14] 山本信良と今野敏彦が指摘するように、学校儀式は「儀式参与者に対し、天皇を統合のシンボルとする国民共同の感情と慣行とを伝承維持させようとする具体的な行事」という性格をもっていた。[15] つまり、天皇を中心とする国民を形成する儀式として、学校儀式が位置づけられていった。こうした学校儀式を通じて、天皇崇拝や国体観念が身体化され、国民の形成とならんで国体神話の信憑性が普及していったわけである。

また、これらの儀式は、学校教育のほかに青年団や在郷軍人会などの半官半民団体による通俗教育（社会教育）という回路を通じても一般化していくことになる。有泉貞夫によれば、「明治国家の祝祭日は、明治20年代なかば以降小学校式日儀礼によって子供たちをとらえ、30年代なかば以降とくに日露戦争後に寄生地主化した豪農層の生活意識をとらえ、明治40年代に官僚が指導し地主層を媒介とする〝地方改良運動〟によってはじめて底辺に浸透し、学校教育から社会教育へとリンクされ再生産されることになった[16]」。つまり、ここでは日露戦後に学校を越えた一般社会でも、国家祝祭日をめぐる国家儀礼が人びとに受容されていったことが指摘されている。

こうして国体神話は、一八九〇年代以降、さまざまな回路を通じて普及していき、国民の形成を行なうとともに、その信憑構造を形成していったのである。

智学と日生の日蓮主義運動は、こうした日本国民としての国民意識が創出・形成され、国民国家の編成が進む時代状況のなかで、国体神話との交渉を図っていくことになる。その重要なきっかけとなったのが、日露戦争であった。

以下、日蓮主義運動と日露戦争との関わりをみていくことにしよう。

二　立正安国会の国諫運動

一九〇三年（明治三六）一一月一一日、日露開戦の三ヶ月前、智学は奈良にいた。この年の四月に開講された本化宗学研究大会の修学旅行として、一一月六日から法隆寺や唐招提寺などの奈良の寺院を約二〇〇名におよぶ研究大会のスタッフや学生たちと一緒に回っていた。一一日の午後、神武天皇陵近くのホテルで、学生ならびに一般聴衆に対して、「皇宗の建国と本化の大教」と題する講演を行なったが、この講演こそ、智学の「日本国体学」の第一声であった。天皇や日本を日蓮主義的に解釈した日蓮主義的国体論が形成されていくことになる。

皇室の位置づけ

この講演の内容を検討する前に、立正安国会における皇室（天皇／皇后）の位置づけをあらためて確認しておきたい。

前章一でみたように、立正安国会における皇室の位置づけは、一八八六年（明治一九）の「立正安国会本則」における「大檀那」からはじまったわけだが、日清戦争時の国禱会において「本門戒壇ノ願主」と「転輪聖王」とされ、『本化妙宗式目講義録』では天皇＝戒壇願主＝上行菩薩＝賢王である、と意味づけられた。さらに皇室に対する立正安国会の姿勢は、「皇室敬礼論」に表明されている。

ここで、日蓮開宗六五〇年紀念大会の全国宗徒大会で決議された内容をふりかえってみよう。一七におよぶ議案の一番最初が、「皇室に対する宗教的敬礼の実施」であった。この議案は立正安国会の鷲塚清次郎（智英）によって提出され、満場総起立で可決されている。そもそも、この皇室に対する宗教的敬礼は智学によって提唱されたものであり、のちに『皇室敬礼論』としてまとめられている[17]。

皇室に対する宗教的敬礼とは何か。智学は紀念大会での道路布教で、この宗教的敬礼を会員に指示した。これは皇居正門前において「合掌粛拝法味献祝」の「浄儀」を行なうことで、「寳祚ノ隆昌ヲ祈リ　玉体ノ御安康ヲ禱リ私《ひそ》カニ王法仏法ノ冥合ヲ祝念シ奉リテ、以テ宗教ノ主義ト国家道徳トノ体達具現ヲ表彰シテ自行化他ノ洪範ト為ス」[18]ものであった。立正安国会はこうした宗教的実践を、日蓮門下全体で行なうことを全国宗徒大会で提起したのである。

この宗教的敬礼が制定されたのは、日清戦争時の一八九四年（明治二七）九月一四日にさかのぼる。この日、明治天皇が東京から広島に設営された大本営に向かうため、大阪を通過する予定になっていた。立正安国会はこの日を戦勝祈願の国禱会の結願式と定め、その式場を梅田駅近郊に設置していた。明治天皇の鳳輦が、見送りに来ていた智学たちの前を通過しようとした時、智学をはじめとする会員たちは合掌讃仏の礼を行ない、「今此三界」にはじまる『法華経』譬喩品の三徳偈を誦し、「大元帥陛下万歳」を三唱した。これが宗教的敬礼のはじまりである。

この宗教的敬礼は、宮城や皇室の陵墓などを通過する際や天皇／皇后の「御聖影」を拝する時に行なうよう定められ、立正安国会の実践体系に組み入れられた。皇室に対する姿勢は、このように身体化されていったのである。なお、立正安国会では釈尊や日蓮に関する聖日会のほか、新年拝賀会や天長節、紀元節をはじめとする国家祝祭日も式日として法要を挙行しているように、国家儀礼を積極的に自教団の法要・儀礼に取り入れていた。たとえば、立正閣で行なわれる新年拝賀式では、本尊の左右に天皇／皇后の肖像を掛け、「王仏冥合」（法国冥合）の密意を祝して法要を執行しているほどである。皇室に対する「王仏冥合」の祈念を込めて、こうした実践が行なわれたのである。

このように立正安国会では、日清・日露戦争期、教学や儀礼に皇室が積極的に位置づけられていった。すなわち、立正安国会の教義・実践体系への皇室の組み入れは、国体神話の信憑構造の形成過程と平行して行なわれたのである。それをさらに飛躍させたのが、智学の日蓮主義的な国体論の提唱である。

本化宗学研究大会

では、ここで本化宗学研究大会がどのように開催されたのかをみていこう。

一九〇三年（明治三六）四月八日から翌年四月二日までの一年間、立正安国会は大阪の立正閣で「本化宗学研究大会」（以下、研究大会と略）を開催した。これは、前年に成立した「本化妙宗式目」の講義と布教の実践を目的とする長期の講習会であった。(19) 全国から一九五名（男性一七三名、女性二二名）の参加申し込みがあり、結局、一七四名が泊まり込みで参加した。参加者の八割を僧侶が占め、顕本法華宗と日蓮正宗をのぞく日蓮門下各宗派の僧侶たちが集まった。ほかにも会員をはじめ、教員、新聞記者、会社員、銀行員、説教師、修験者、商人などが参加した。スタッフは智学を講主とし、伊東智霊が学務総監、保坂智宙、長瀧智大、山川智応、桑原智郁が学監として学務を担当している。

研究大会は、四月八日の開講式をもってはじまり、式には日蓮宗の守本文静、加藤文雅、加藤日掌が来賓として参列している。智学は開講早々、角膜潰瘍の眼疾を患ったが、入院と手術によって治療し、講義にのぞんだ。期間中は「本化妙宗式目」をはじめ、講師による日蓮遺文や仏教史、西洋哲学概論、近世文学、看護学（女性のみ）などの講義のほか、筆作述成（いわゆる作文）や布教の実践、討論会、講演会、運動会、遠足、修学旅行などのさまざまな行事が催された。なお、前年の一二月に逝去した高山樗牛一周忌の法要もこの年の一二月に営まれている。また、一年間の間には四月二八日の立正会や二月一五日の釈尊涅槃会法要、二月一六日の聖祖降誕会法要といった（日蓮）仏教関係の法要・儀式のほか、一月一日の新年拝賀式や二月一一日の紀元節法要、四月八日の神武天皇祭法要などの法要・儀式が挙行された。日露戦争の勃発（一九〇四年二月一〇日）に際しては国禱会が営まれ、提灯行列や戦没者の追悼法要も行なわれている。

期間中、「結縁運動」と称する布教活動が毎日の日課として履行された。これは二五人前後を単位とする五グループが、各所を三〇分ほどかけて一列縦隊で行進し、警句や日蓮遺文の一節が記された警告箋を道行く人びとに手渡しながら、道路布教を行なうというものであった。学生たちは、日蓮遺文の一節を智学が揮毫した警世旗と呼ばれる幟を一本ずつもち、また行列の前後中央には「南無妙法蓮華経」と染め抜かれた玄題旗や大会旗が掲げられた。

修学旅行は研究大会のなかで規模の大きい行事であったが、会期を通じて二度行なわれている。まず、七月二〇日から二九日まで、智学をはじめとするスタッフと学生たちは、京都の日蓮門下教団の一六本山を五日間で回った。二七日には比叡山に登攀し、日蓮の学問所跡である定光院や伝教大師の廟を訪れ、二八日の大津での布教と二九日の自由見学をへて、大阪に戻っている。二回目は八月中の夏期休暇をはさんで、一一月六日から一二日にかけて二百余人が奈良を訪れた。学生たちは道路布教をしながら、法隆寺や薬師寺、唐招提寺、法華寺、興福寺、東大寺などの南都仏教寺院、また垂仁天皇の菅原東伏見陵や帝国博物館、丹波市の天理教本部などをみて回った。九日と一〇日、智学は、油坂蓮長寺で「南都仏教の古跡に対する吾人の観察」と題する講演を行なっている。

なお、この修学旅行の主たる目的は神武天皇陵の参拝であった。「日本臣民として日本の開祖たる御先祖の神武天皇の御陵に参詣をさせて、そして目のあたり神恩国恩を報謝すると同時に、神武天皇の内容にお持ちになッた大精神大抱負を、思想的に信仰的に領解しなければならない」というねらいが、智学にあった。[20]そして一一日、一行は畝傍の神武天皇陵を訪れる。午前中に神武天皇陵を参拝し、午後には陵畔のホテルに移り、智学は「皇宗の建国と本化の大教」と題する講演を四時間半にわたって行なうことになる。なお、この講演には、学生のほかに一般聴衆も参加している。

智学にとっての「国体」

智学は、一体、何を講演したのだろうか。

伊東学務総監の開会の辞につづいて登壇した智学は、天皇陵に粛拝して、「すめみたま雲のあなたにきこしめせ／あまつ日つぎのもとのみのりを」と高らかに二唱して、講演をはじめた。この講演は『世界統一の天業』としてまとめられ、翌年四月、日露戦争の出征兵士に数千部が寄贈されている。ちなみに、この『世界統一の天業』は講演の一部であり、講演の冒頭部分（「序説」）は機関誌『妙宗』七編二号（明治三七年二月号）と同七編三号（同年三月号）に掲載されている。つまり、講演の全貌は明らかでないのである。ここでは最初に「序説」を確認してから、『世界統一の天業』の内容を検討していくことにする。

この講演のポイントは、「本化の大教を以て（能釈）、日本の建国主義（所釈）を証明する」こと、すなわち、日蓮主義による日本国体の解釈にあった。智学は「日本建国主義の内容は、本化の依経たる法華経の大理想と一致せり（主張に於て、将又実行に於て）」との見解を示したうえで、次のようにいう。

「日蓮主義は即ち日本主義なり、日蓮上人は日本の霊的国体を教理的に解決して、末法万年宇内人類の最終帰依所を与へんが為に出現せり、本化の大教は即ち日本国教にして、日本国教は即ち世界教なり」[21]。

智学にとって、日蓮仏教（本化の大教）と国体（皇宗の建国）の関係は「二法一体」であるが、あくまでも日本国体は日蓮主義によって解釈される客体（所釈）であり、日蓮仏教の主体性（能釈）が確保されていた。ここに智学の国体論の基本的な立場が表明されている。

つづいて『世界統一の天業』であるが、本文（つまり講演の本論）の冒頭、智学は「暫し日本人たるの資格を離れ、世界人類の一員として、世界人類の最終希望を代表して、人類究極の幸福の為に、一の大福音を宣伝しようとおもふ」、とのべる。この「一の大福音」とは、世界に永久の平和を成立させるために世界を統一することであった。ただし、その世界統一は利害を離れた「道義的統一」でなければならなかった。智学は、帝国主義列強の植民地支配という時代状況を踏まえて、「道義的統一」と「侵略劫伐の盗賊的統一」、「侵略的統一」を区別する。とくにロシアの領土拡張を「国欲主義的統一論」と批判し、「道義的統一」を対置するのである。

こうした智学の発言には、『宗門之維新』や『本化摂折論』にみられた歴史認識――日本による世界統一――が日露戦争前夜という時代状況において、現実的な問題として主張されていることがわかる。智学は、日本のナショナリズムを正当化して根拠づけるため、日蓮主義的な国体論を提示したのである。当然、智学の主張の背景には、天皇を中心とする国体神話を主体的に受容していた立正安国会の基本的な姿勢があった。

こうして「国欲主義的統一」のロシアと「道義的統一」の日本を対置した智学は、その「道義的統一」の実行者が（もともとは）日本国に王統を垂れた神武天皇であった、と措定している。そして「世界統一」の道義性の根拠を説明すべく、日本国体の由来を『日本書紀』巻之三（神武天皇紀）に拠って説明する。智学は『日本書紀』のなかの「重暉」と「養正」という語句をもって、「神武天皇の建国主義」を説く。[22] この「過去に遡ッて久しく積み来りたる徳を仰ぎ見ての理想」たる「重暉」と「未来に亘りて永遠に徳を実行するの意匠である」「養正」によって、日本国体の道義性を保証することで、日本による道義的な「世界統一の天業」の遂行が強調されたのである。

なお、智学は神武天皇の道義的な事跡のひとつとして、「天に答へ正を養ひ、然る後ち六合を兼て都を開き、八紘を掩うて宇を為さん」という『日本書紀』神武紀の一節を引いて、これを「実行率先主義」と名づけている。[23] この「八紘を掩うて宇を為さん」を、のちに智学は「八紘一宇」と成語することになる。[24]

また、世界統一の実行者・指導者は日本国の王統（天皇）であるが、天皇は「太古から世界統一の王家」のインドの伝説の王であり、「王中の王」である「転輪聖王」の垂統である、とされた。こうして、天皇に対する世界統一の使命が日本の神話とインドの神話によって付与され、天皇が「道義的統一者」である、と位置づけられたのである。

ここで注目すべきは、日蓮主義のはたす役割である。智学は世界統一における宗教の役割を重視し、「耶蘇教や普通仏教などの不徹底な教では、世界統一は決して出来ない」とのべ、世界統一の根本的な意義を備え、統一の実行者と一体になって「人類最終の光明」を与える日蓮主義の特権的な役割を力説している。智学にとっては、あくまでも「日蓮主義の世界統一的指導」こそが前提であった[25]。

こうして智学は、仏教（日蓮主義）によって天皇ならびに日本国体を根拠づけることで、当時の緊迫した国際状況における日本の立場の道義性を説明しようとした。智学は、日清戦争を「正義公道」のための戦いとして正当化し、また「正義を護持する為めには大に干伐を要するのである、これ即ち神武である」と、武力を肯定している。これらの言説は、いわば近代日本のナショナリズムの道義性を保証する作業であり、インターナショナルな対抗性をもった宗教的ナショナリズムの主張でもあった。ここに智学は、国体神話を積極的に取り込みながら、当時の日本の立場を正当化する日蓮主義的な国体論を創唱することになった。

そして翌年二月、日露戦争がはじまる。

日露戦争の影響

日露戦争宣戦の詔書が渙発された翌日、一九〇四年（明治三七）二月一一日午前九時、智学は大会参加者全員を講堂に集めて詔書を奉読し、この日から三週間にわたって国禱会を厳修すると宣言した。この日、紀元節の法要とともに国禱祈願の法要を開始している。夜には旅順攻略を祝う町内の提灯行列があり、学生たちも参加した。学生たちは翌日以降の道路布教で報国大義を力説するようになる。一五日の涅槃会では、昼間の法要につづき、夜には演説会が開かれたが、智学は「二個の世界統一主義」という演題で日露開戦の不可避性を論じている。

その後も戦没者の追悼法会や報国演説会などを通じて、立正安国会は報国運動を実施している。四月には『世界統一の天業』を出征兵士に寄贈し、伊東智霊は出征派遣軍慰問使を志願して、六月中旬、朝鮮へむけて出発した。このように立正安国会は、日露戦争に対して積極的に関わろうとした。

なお、研究大会はこの年の四月二八日をもって終了するが、六月以降、立正安国会の教職一同は全国各地への巡教を開始する。また、大会参加者の有志によって自活布教隊が組織され、山川智応が主幹として先頭に立ち、荷車をひいて行商をしながらの布教活動が行なわれた。

研究大会終了後の立正安国会の重要な報国活動として、「国諌運動」がある。

この年の一二月、智学は『勅語玄義』(のちに『勅教玄義』と改題)と題する教育勅語の解説書を刊行した。その内容は、日蓮主義的国体論の観点から教育勅語を解釈したものであった。この『勅語玄義』を、国内の公共機関や上層階層に発送する文書伝道をもって、立正安国会は銃後の報国運動を展開していく。

「茲に一挙して国家を動かすべき、未曾有の大挙伝道を以て、王法仏法冥合契同の深旨を宣揚し国家の正気を作振せん為め」に、新たに国諌同志義会を組織することが宣言された[26]。

翌一九〇五年(明治三八)一月、『妙宗』臨時増刊号「国家諌暁」(『妙宗』七篇一一号、同年一月三日発行)を刊行し、国諌同志義会を正式に結成し、事務所を鎌倉の師子王文庫内に設置した。そして『勅語玄義』の文書伝道による「国家諌暁[27]」の運動、すなわち「国諌運動」を開始していく。この運動の基本的な意図は、この号に掲載された智学の「国家諌暁を再興すべし」、「教光発揚の時機到来せり——日露戦争は日本国民をして国家の天職を自覚せしむべき天啓なり」、そして「国諌論」に明らかである。

まず智学は、「国家諌暁を再興すべし」で、自分たちの運動が日蓮の国家諌暁以来、三〇〇年にわたり「中絶」した国家諌暁の再興であるとのべ、「教光発揚の時機到来せり」で、日蓮主義運動の教化・布教戦略の転換を宣言することになる。

「研究大会以後の予は、宗徒として為すべきことよりは、国民として為すべきことの方面に転じて行かねばならぬ、乃ち『対宗家的』でなくして、『対国家的』でなければならぬ[28]。」

こうして智学は、これまでの日蓮宗門改革を掲げた運動方針に対して、「国家に対する日蓮主義の突貫的鼓吹！」を掲げ、国諫運動を「対世間の正式開教」と位置づけた。とりわけ今日においては、信教の自由の制度とともに、宗教選択の権利は国民に移り、国民が宗教選択の主権者であるとして、「国家を諫暁するといふのも、国民を対告とせねばならぬ」ことを強調している。ただし、当時の国民五〇〇〇万人を一挙に教化することは不可能であるから、まずは国民の「首脳」であり「耳目」たる「上流社会」から感化すべきである、と訴えている。

国民を対象とする「対国家的な」布教・教化戦略の提起。その背景には、智学の時代認識があった。日露戦時中の国民意識の昂揚のなかで、人びとにとっての最重要問題は「国家」であり、また、日蓮主義の目的は「国家の成仏」であることから、両者が一致し、ここに日蓮主義が教光を発揚する時機が到来した、と考えたのである。つまり、当時の国際状況において国家の問題がクローズアップされるなかで、智学は日本人の国民意識の昂揚を背景として、国民に対する布教・教化を提起したのである。

なお、智学は「世間で言ふ国家と、本宗で言ふ国家と、同じ国家でも、その意味する義理が違う」と両者を区別し、「国家」は「本化三大秘法の妙義」にもとづく「妙国土」（本国土）でなければならないことを強調している。智学にとっての「国家」とは、あくまでも日蓮主義的に意味づけされた国家であった。

智学たちにとって、国諫運動は「立正安国論の明治式意匠」[29]であった。運動は、七月一六日の宣正会（日蓮が幕府に「立正安国論」を提出した日）を期して実行されることになった。国諫同志義会は、『統計年鑑』や『紳士録』でわりだした二〇万人以上の上層階層（大臣や華族、帝国議会議員をはじめとし、知識人、軍人、地方の名士、マスコミ、神社、寺院、銀行や企業など）を対象として、『勅語玄義』を一部づつ贈呈し、一気に「国家の正義」を普及することをめざした。広く加盟者が募集され、加盟者はひとり一〇部以上の発送を担当することになっていた。

四月二八日、加盟者募集が締め切られ、二〇八八名が応募した。そして、合計八万四〇〇〇部が発送され、第一回国家諫暁が遂行された(30)。その反響の一端として、青森三戸の貝守尋常小学校長の感謝の手紙や出征兵士の歩兵の手紙が『妙宗』に掲載されている。また、国諫運動と平行して、立正安国会は智学の書写した扁額用の教育勅語を無料で希望者に配布している。この配布をめぐるエピソードとして、事務員某生の「『勅語』奉掲に就て」という手記が『妙宗』八篇一二号（同年一二月号）に紹介されている。この事務員は『勅語玄義』が相当数発行されているのに対して、勅語扁額の希望者がきわめて少ないことを歎いており、さらに「両陛下の御尊影は、間々奉掲してある家がないではないが、教育勅語の奉掲してある家は甚だ稀だ」、とこぼしている。立正安国会と国民との間の意識の落差を垣間みることができるであろう。

以上、この国諫運動は、立正安国会が状況適合的な「世界悉檀」の布教・教化戦略を前面に押し出す契機となった活動であった。ナショナリズムの昂揚という時代状況のなか、智学は日蓮主義的国体論を創唱し、「対世間の正式開教」にもとづく「対国家的な」布教・教化活動を組織した。国体神話を日蓮主義的に意味づけし、その宗教的に意味づけた国体論的言説を——日蓮仏教関係者だけにとどまらず——広く国民に対して布教していくことで、「対国家的な」日蓮主義運動の展開を図ろうとしたのである。

三　顕本法華宗の報国運動

次に日露戦争に対する顕本法華宗と統一団の対応を検討していくが、その前に日清・日露戦争に対する伝統仏教教団の対応をみておこう。

伝統仏教教団による戦争協力

まず、日清戦争への対応であるが、伝統仏教教団は――吉田久一が指摘するように――「日清戦争を全体的には護国即護法の論理でとらえ[31]」、戦争の開始とともに各教団とも戦争協力体制を敷いた。従軍僧の派遣、捕虜撫恤、戦病者や出征家族の慰問・撫恤などが行なわれ、戦後には日本の植民政策を背景とした海外布教も行なわれている。

たとえば、日蓮宗の対応はすばやかった。一八九四年（明治二七）七月二五日、日本艦隊が豊島沖で清国の軍艦を撃沈し、日清戦争が事実上勃発すると、二八日には宗務院と日蓮宗大檀林は戦勝祈願の祈禱会を修めている。翌日には、宗務院と東京近辺寺院の有志六〇余名が小伝馬町の祖師堂に集まり、日蓮宗臨時報国義会（以下、報国義会と略）を結成し義捐金を募った。報国義会は池上本門寺の鶏渓日瞬を会長とし、在韓軍隊慰問、遺族扶助、物品送遣、国威発燿、武運増輝を目的として結成された[32]。また、開戦布告の詔勅が公布された二日後の八月三日付で、小林日董日蓮宗管長は「番外諭達」を発令する。「聖旨ヲ遵奉シ」、「皇国臣民ノ義務」を尽くすべきことを各地方寺院に指示している[33]。以降、各地の日蓮宗寺院で戦勝祈願の祈禱が営まれ、報国義会の地方支部も結成されていった。『日宗新報』には「報国義会記事」として、戦勝祈願の演説会や祈禱会開催の記事が毎号にわたって掲載されている。八月三〇日には、守本文静と脇田堯惇を報国義会の代表として朝鮮半島に派遣しており、日蓮宗は積極的に報国運動を実施したことがわかる。

日清戦争に対する日蓮宗の見解は、たとえば次のような言説に明らかである。『日宗新報』五三七号（同年八月八日発行）の社説「本宗報国義会起れり」に注目されたい。「本宗徒の運動上一歩の敏速は国民報国の思想に於て数歩の増進なり」として、「嗚呼報国義会ハ日本人民として本宗徒たるの自然的結果なり、報国義会ハ日本人民特有の気象を涵養感化する立正安国主義の表発なり」と論じている。ここには「日本人」という立場から、立正安国の「護国即護法の論理」で日清戦争を把握している姿勢をうかがうことができる。

さらに日露戦争でも、「教団はこぞって戦争に協力した」[34]。内務省は宗教教団の協力を要請し、戦意昂揚ならびに国債の応募、恤兵、遺族救護などを求め、宗教界もそれに応えた。開戦の三ヶ月後、一九〇四年(明治三七)五月一六日、芝公園の忠魂祠堂会館で「大日本宗教家大会」が開催された。南条文雄、村上専精、前田慧雲らの仏教(学)者、キリスト者の本多庸一、東京帝国大学の井上哲次郎や姉崎正治らが発起人に名前を連ねた。神道、仏教、キリスト教の三教代表者、外国人、婦人、新聞記者など、約一五〇〇名が出席し[35]、戦争への協力と各宗教の提携が協議されている[36]。

ここでも日蓮宗の言説と活動を確認しておこう。

日蓮宗宗務院は、宣戦の詔勅が渙発された二月一〇日付で報国義会を宗務院内に設置する内訓を発している。久保田日亀管長を会長とする報国義会は、その翌日から戦勝祈禱、義勇鼓舞の演説、恤兵部へ献納する金品の取り扱いを開始している。また二月一四日から一週間、深川浄心寺で外寇調伏の旗曼荼羅を宝前に掲げ、皇運長久・国威顕揚の中央大国禱会を盛大に行なっている。各寺院では「身換守」(お守り)を出征軍人やその家族に施与したり、国禱会や演説会を開催し、道路布教なども行なっている。報国義会の支部も全国に設置されていった。五月一三日には日蓮門下教団の有志が神田錦輝館に集まり、「日蓮門下有志大会」を開催し、日露戦争に対する日蓮門下の取り組みを協議している(後述)。

なお、『日宗新報』では開戦当初から毎号にわたって、全国各地の報国活動が「奉公彙報」として報告されており、日蓮宗門では、日清戦争を大きく上回る戦争協力体制が敷かれたことがわかる。二〇数名の従軍布教師を戦地に派遣し、守本文静、脇田堯惇や松森霊運らが戦地に赴いている。

ここで、日露戦争に対する日蓮宗僧侶の見解を、『日宗新報』に掲載された記事から確認しておこう。

『日宗新報』八七六号（同年二月一日発行）には、「たま」の記名のある「戦争は聖業也／（今ノ所謂戦争ニ非ズ）」と題された短い記事が載っている。そこでは奪うために戦う「今の所謂戦争」に対して——日蓮の『立正安国論』を引用しながら——正法を護るための「本化の戦争」「正義の戦争」が対置されている。この「本化の戦争」は「是即天下国家を救ふ所以なり、是れ大慈悲の発動なり、故に称して聖業と云ふ」と主張されている。正法を護るという理由で、日本側の道義性が保証されており、「立正安国」にもとづく「護国即護法の論理」をうかがうことができるであろう。

つまり、日蓮宗も立正安国会も、ともに戦争に対する日本の立場の道義性を宗教的に根拠づけることで、戦争協力の活動を組織したのである。ついで、日露戦争における顕本法華宗・統一団の報国運動の内容を検討していこう。(37)

顕本法華宗の対応

顕本法華宗・統一団の活動も、基本的には伝統仏教教団の戦争協力体制の一環として位置づけることができる。一九〇四年（明治三七）二月一三日、管長事務取扱の本多日生は日露開戦の詔勅をふまえて、顕本法華宗内に「訓諭」を発令する。(38)日生は「一切ノ大事ノ中ニ国ノ亡フルハ第一ノ大事也」（『蒙古使御書』）など、国に言及した日蓮遺文を引用しながら、日露開戦を「聖祖在世ノ時元寇来襲セシヨリ已来会テアラザル国家存亡ノ一大事」と位置づける。そのうえで、「我宗徒タル者進ンテ軍資ノ応募恤兵ノ義挙ニ出べキハ勿論各自無畏ノ信地ニ住シ勧業ヲ励ミ沈着事ヲ処シ」「須ラク大局ノ勝利ヲ期スベシ」と、戦争への協力を指示する。そして、「閻浮統一ノ大本尊ニ頼リ至誠ヲ捧ゲテ皇軍ノ勝利平和ノ克復ヲ祈願シ待絶［相待妙と絶待妙のこと—筆者注］両善接合ノ実ヲ挙ゲ以テ立正安国ノ宗格ヲ辱ムルコト勿レ」と結んでいる。同日、宗務庁は「従軍布教条規」を布達し、後日、野口義禅（日主）、今成乾随、久我黙宗を近衛師団に従軍させた。

以降、各地の顕本法華宗寺院で戦勝祈願の国禱会や演説会が開催されていくことになる。[39] たとえば三月五～九日にかけて、品川界隈の顕本法華宗寺院が連合して、「皇軍勝利平和克復」のための大祈禱会が妙国寺や本光寺を会場として催された。日生や（従軍前の）今成、山根顕道などが出席している。また、一五～一七日には浅草の慶印寺をはじめとする東京市内の寺院二〇ヶ寺が共同で戦勝大祈禱会を開催している。顕本法華宗の寺院が多い千葉や総本山・妙満寺のある京都でも祈禱会や国禱会が次々に催され、その活動報告が『統一』に掲載された。[40]

そして五月一三日、神田錦輝館で前述の日蓮門下有志大会が開催され、時局に対する日蓮門下の方針が協議された。大会には、日蓮宗と顕本法華宗の僧侶が数十名、一般聴衆四〇〇名余が参加している。大会の幹事として、日蓮宗からは遠藤日治、影山佳雄、加藤文雅、清水梁山、小笠原日毅、増田聖道、顕本法華宗からは小林日至、日生、今成、山根らが選ばれ、幹事席に座った。この日、次の五つの議案が提出された。「日本宗教家大会」に対する門下の態度の件（第一号案）、日蓮宗の守本文静が外務大臣に提出した通告書[41]の承認の件（第二号案）、捕虜に対する布教の件（第三号案）、全国宗徒出征軍籍取調の件（第四号案）、日蓮門下の教義を海外に布教する応急処置の件（第五号案）である。

まず、三日後の日本宗教家大会に対する日蓮門下の対応（第一号案）が協議された。盛大な拍手に迎えられ、日生が登壇し、意見をのべている。そもそもこの議案は、日蓮門下の他宗派（宗教）に対する非協調性——四箇格言問題を想起されたい——に起因し、提起されたものであった。日生は「斯る問題は畢竟時事問題であつて世界悉檀的の行動であるから、其悉檀的の意見に於て私は賛同して宜しひと考えます」とのべ、拍手喝采を受けている。[42] この点は日生の態度の軟化というよりは、戦争という非常事態に対する状況適合的な活動の提起と考えることができるであろう。日生の見解は脇田によって補足され、結局、門下関係者の参加は任意となった。第二号

図4　1903年（明治36）**3月、東京品川妙国寺における顕本法華宗高等宗学院の記念撮影。前列左から四人目が日生。**写真提供：財団法人統一団。

案は承認され、さらに各宗派の管長から当局者へ建議することも承認された。その起草委員として、日生、脇田、清水、今成、小笠原の五名が指名されている。第三号案は棄却され、第四号案は可決、第五号案も可決されている。ただし第五号案については、布教すべき教義内容を起草するメンバーをどうするかで議論が紛糾した。ここでも日蓮宗と顕本法華宗の教義の違いが問題となり、結局、その人選は決定されなかった。さらに弁護士の松本群太郎から緊急動議として、韓国布教の件が提起され、大会の名をもって各宗派当局者にその実施を通告することが決議された。

以上の審議内容から、顕本法華宗と日蓮宗が提携して戦争協力体制を整えようとしていたことがわかる。この大会の開催は、日蓮門下共同の報国運動の提起という意義があったのである。ちなみに三日後に開かれた日本宗教家大会には、日生と脇田の姿があった(43)。

六月一五日、浅草の顕本法華宗弘通所の企画によって、日本橋倶楽部で「戦時特別仏教大演説会」が催され、信徒六人のほか、田辺善知、日生、小林がそれぞれ演説をしている。また七月には、千葉の顕本法華宗寺院が「征露軍戦死者追悼大会」を経胤寺で営んでいる。静岡や愛知、岡山などの各地の顕本法華宗寺院でも、報国運動が展開された。

翌年五月一七日、日露戦争の只中、管長事務取扱だった日生は顕本法華宗管長に就任する。そして六月から七月に二府六県を巡教し、野口日主や能仁事一、梶木日種らが随行した。日生たちは戦時布教ならびに軍隊慰問、演説会や国禱会、戦死者追悼会を開催しながら、京都、広島、岡山、姫路、大阪、鳥取などの各地を回っている。ここで、六月七日から九日にかけて広島県の松川町妙詠寺（七、八日）と東寺町本照寺（九日）で行なわれた戦時親教の様子を通じて、報国運動の具体的な内容を確認しておこう。(44)

一行は七日に妙詠寺に到着し、ただちに「戦時布教大演説会」を開いている。当寺の大橋住職の開会の辞につづき、梶木が「興国的宗教」、野口本山部長は「戦後経営」を演説した。ついで管長の日生が登壇し、生死の真理に関する講話を行なっている。翌日、妙詠寺近くの営舎の軍人五一七名を聴衆として、午前と午後の二回にわけて講話をした。九日の午前中には師団予備病院などを巡訪し、午後からは東寺町本照寺で戦死者追悼大法会を執り行なっている。戦死者の遺族のほか、県事務官や愛国婦人会支部役員、新聞記者など数百名が参列した。日生を導師として法要が営まれ、法要後、野口の講話と日生の説教がそれぞれなされている。このように管長の日生自らが先頭に立って報国運動が実施されたのである。

日生にとっての「国体」

ここで日露戦争に対する日生の言説を確認しておこう。

一九〇五年（明治三八）二月一日、浅草慶印寺で顕本法華宗東京府寺院共催による戦死者追悼会が営まれ、日生は「日本国と法華経」を講演した。この講演では「日本国と法華経」の法国相関論が語られ、日露戦争の道義性が説示されている。

日生は、日本国体について次のように語る。

「元来日本といふ国は世界中に於きまして一番特性を持つた国であります、其特性とは何であるか即ち国体の精華であります、皇統の連綿として続き万世一系の皇室を戴いて居る事であります」[45]。

日生においても、「国体の精華」や「万世一系の皇室」といった国体神話が内在化していることがわかる。国体神話の受容を前提としたまなざしのもとに発言しているが[46]、日蓮主義者としての独自性も表白する。「此の尊無過上の国体を解釈歎美するに、亦尊無過上の宗教を以て解釈し歎美しなければなりません」として、「法華経の経理《きょうり》を以て解釈しなければ、到底日本の大特点が円満に解釈出来ません」と語っている。日生においても、その国体理解は――智学と同様に――『法華経』の主体性が確保されているのである。

「日本の日本たる所以は日本の精神的解釈国体的解釈に大宗教の見地を以てし、そして日本の精華を永遠無窮に渙発するにあるのである、即ち王法と仏法とは冥合すべきものである」[47]。

日生にとって「日本の日本たる所以」、つまりナショナル・アイデンティティは『法華経』による国体の解釈によってこそ保証されるべきものだった。ここから、「王法と仏法とは冥合すべきものである」という法国相関論が論じられていくことになる。

さらに皇室についてこうのべる。「日本皇統の万世一系といふことは、壽量品の教主の過去現在未来を通して利益を垂れるといふ理想と酷似して居ります」と、皇室と本仏釈尊との類似性をのべたうえで、「日本皇帝の万世無窮の御壽命は亦吾教主釈尊の久遠の壽命と同じことである、我皇室は法華的である」と説き、日生は皇室を宗教的に意味づける。このように皇室と国体は、日蓮主義的な観点から了解されていくことになる。日生も国体神話を日蓮主義的に解釈し、自らの法国相関論を組み立てていた。

こうした観点に立ち、日生はこの戦争の道義性を次のように説明する。

「今や戦争は何の為に起きて居るか、日本の存在の為に戦争は起こつて居る、東洋の平和の為に戦争が起こつて居る、人道の光栄を保維する為に戦争が起こつて居る、かゝる理想は是とりも直さず法華経の理想である」[48]。

ここでいう「法華経の理想」とは、絶対平和であり、「如来の御境界の平和」であった。日生は日露戦争の道義性を「法華経の理想」に即して語る。日露戦争に対して、「日本国と法華経」の関係を明示し、「法華経の理想」にもとづく宗教的なナショナリズムを強調したのである。こうして戦争を正当化したうえで、日生は宗派内の報国運動を組織していく[49]。

以上、この講演は日露戦争における日本の立場の道義性を明示したものであり、日生の法国相関論が表明された講演でもあった。当時、日露戦争に際して、「日本国と法華経」との関係を説明することが、智学と日生にとっての重要な課題であった。両者とも「国体の宗教的解釈[50]」によって、日蓮仏教（『法華経』）の主体性を確保しながら、それぞれの法国相関論を形成していったことがわかる。この時期、両者の日蓮主義は、国体神話を媒介として日本国家に対する言説を組み立てていった。また教団としても、報国運動という活動を通じて国民や国家との交渉を図ろうとしたのである。

このように日露戦争は、両者の日蓮主義運動が現実の国家と交渉をもつ契機となった重要な出来事であった。

注

（1）中村政則・鈴木正幸「近代天皇制国家の確立」（原秀三郎他編『大系・日本国家史5巻　近代Ⅱ』東京大学出版会、一九七六年、一一―八七頁）。

（2）　鈴木正幸『皇室制度—明治から戦後まで』（岩波書店、一九九三年）、一〇〇—一〇一頁。
（3）　同前、九八—九九頁。なお、「国体論の起源は、江戸時代にも求められる。だが、その近代における隆盛は、一八九〇年の教育勅語の発布に始まる一八九〇年代であろう」という、小熊英二の指摘も確認しておこう（小熊英二『単一民族神話の起源—〈日本人〉の自画像の系譜』新曜社、一九九五年、五〇頁）。
（4）　牟田和恵の次の指摘に注目されたい。「家族国家観は、『特殊日本的』であると同時に、近代国家に普遍的な家族を媒介とした政治手段の一変種ととらえることも可能なのではないだろうか」（『戦略としての家族—近代日本の国民国家形成と女性』新曜社、一九九六年、一〇九頁）。つまり家族国家観という国体論は、あくまでも近代日本の国民国家形成に関わる問題なのである
（5）　鈴木前掲書、一〇一—一〇二頁。
（6）　色川大吉『明治の文化』（岩波書店、一九七〇年）、三一六頁。
（7）　今井清一『日本近代史II』（岩波書店、一九七七年）、五頁。
（8）　井口和起「日露戦争」（井口編『近代日本の軌跡3　日清・日露戦争』吉川弘文館、一九九四年、八一頁）。
（9）　同前、八三頁。
（10）　籠谷次郎「国民教育の展開」（井口編前掲書『近代日本の軌跡3　日清・日露戦争』、一七二頁）。
（11）　同前、一七七—一七八頁。
（12）　副田義也『教育勅語の社会史—ナショナリズムの創出と挫折』（有信堂、一九九七年）、i頁。
（13）　佐藤秀夫「解説」（佐藤編『続・現代史資料8　教育—御真影と教育勅語I』みすず書房、一九九四年、三三頁）。
（14）　山本信良・今野敏彦『近代教育の天皇制イデオロギー—明治期学校行事の考察（新装版）』（新泉社、一九八七年、原著一九七三年）、一〇七頁。
（15）　同前、四九頁。
（16）　有泉貞夫「明治国家と祝祭日」（『歴史学研究』三四一号、一九六八年、七〇頁）。
（17）　本論は一九〇二年（明治三五）二月一一日に執筆され、『妙宗』五篇三号（明治三五年三月号）に掲載されたのち、小冊子として刊行された。ここでは、小冊子から引用する。
（18）　同前、一—二頁。
（19）　その概要は、山川智応「本化宗学研究大会通記」（『妙宗』七編五号、明治三七年五月号、一八—二六頁）、長瀧智大「本化宗学研究大会概勢紀要」（同、三〇—三八頁）保坂智宙「本化宗学研究大会日誌」（同、四〇—四六頁）に詳しい。また、『田中智學自伝—わが経しあと』第五巻（師子王文庫、一九七七年）にも、講習会の様子がまとめられている。
（20）　『田中智學自伝』第五巻、二二九—二三〇頁。

(21)「皇宗の建国と本化の大教」(『妙宗』七篇二号、明治三七年二月号、五頁)。

(22) さらに「積慶」が加わり(本書では、少し離れて五六頁以降に出てくる)、この「積慶」「重暉」「養正」の三語をもって、「日本建国の三大綱」(三綱)とのちに定めている。「日本国体学」をまとめた『日本国体の研究』(真世界社、一九八一年、原著一九二二年)や『日本とは如何なる国ぞ』(天業民報社、一九二八年)などによれば、「積慶」とは「道義仁愛を以て人を憐み恵むこと」(道徳)、「重暉」とは「智慧の光を崇び世を照らすこと」(文化)、「養正」とは「正義を養い護り実行すること」(正義)をそれぞれ意味するようになる。この「積慶」(道徳)と「重暉」(文化)を世界中に普及していく「養正」(正義)こそが日本建国の目的であり、この「三綱」によって世界を統一していくことが「道の国」日本の使命である、とされた。つまり、「日本」は「三綱」による世界統一の使命を担って道義建国された国家である、と主張するのである。

(23)『世界統一の天業』(師子王文庫、一九〇四年)、五七頁。

(24)「神武天皇の建国」(『国柱新聞』三一号、大正二年三月一一日発行、二頁)。その経緯については、里見岸雄『田中智学の国体開顕』(錦正社、一九四〇年)、六九—七一頁に詳しい。

(25) 日蓮主義と日本国体との対応関係は、これ以降の「日本国体学」の組織化・体系化の過程で明示されていく。「本門の題目」「本門の戒壇」が、それぞれ「養正」「重暉」「積慶」の「三綱」に対応し、さらに「三秘」は「剣」「鏡」「玉」の「三種の神器」に対応すると説明されていく。本書でも「三秘」と「三種の神器」の対応が説かれている(四四頁)。

(26)「国諫同志義会の興起」(『妙宗』七篇一〇号、明治三七年一二月六日発行、六〇—六一頁)。なお、「国諫同志義会規定」が『妙宗』七篇一一号(明治三八年一月三日発行、一一—一二頁)に掲載されている。

(27) もともと「諫暁」とは、いさめさとすことを意味する。釈尊が『法華経』を信奉するよう、菩薩や天をいさめさとしたとする『法華経』のエピソードにもとづき、日蓮は鎌倉幕府などの当時の権力者に対して、『立正安国論』の提出をはじめとする三度の国家諫暁を行なった。この日蓮の言動にもとづいて、立正安国会は明治時代の「国家諫暁」を実践したのである。

(28)「教光発揚の時機到来せり—日露戦争は日本国民をして国家の天職を自覚せしむべき天啓なり」(『妙宗』七篇一一号、明治三八年一月三日発行、五頁)。

(29) 同前、九頁。

(30) その詳細は、「国諫同志議会報告—祖道復古の啓運来たれり国家覚醒の契機成れり」(『妙宗』八篇七号、明治三八年七月号、二—四頁)や「大挙国諫—第一回めでたく成功」(同八篇八号、同年八月号、九―一〇頁)に詳しい。

(31) 吉田久一『吉田久一著作集5　改訂増補版日本近代仏教社会史研究(上)』(川島書店、一九九一年、原著一九六四年)、三六一頁。

(32) 会の規約が『日宗新報』五三八号(明治二七年八月一八日発行、二一―二三頁)に掲載されている。第一条の趣旨には「本会ハ今ヤ大日本帝国ガ韓清両国ニ対スル国家重要ノ大事件アルニ由リ我宗ノ教義ニ遵據シ立正安国ノ祖教ニ法リ特ニ報国ノ義気ヲ奮ヒ国民ノ本分ヲ竭サンガ為メ宗内有志緇素ノ団結スルモノナリ」とある。

(33) 『日宗新報』五三七号附録(同年八月八日発行)。

(34) 吉田久一『吉田久一著作集6　改訂増補版日本近代仏教社会史研究(下)』(川島書店、一九九一年、原著一九六四年)、一二〇頁。

(35) 土屋詮教『日本宗教史』(自修社、一九二五年)、五三七―五四二頁。

(36) なお、日露戦争に対する各仏教教団の具体的な活動は、前掲書『吉田久一著作集6　改訂増補版日本近代仏教社会史研究(下)』に紹介されている。

(37) 本来ならば日清戦争との関わりから検討すべきであるが、当時、日生は剥牒処分中だったため、日生の具体的な活動内容を知ることはできない。また、妙満寺派の動向も不明のため、その詳細の検討は今後の課題である。

(38) 『統一』一〇七号附録(明治三七年二月号)。

(39) 以下、顕本法華宗の動向については、『統一』一〇七号(同年二月号)以降の各号を参照した。

(40) 大会の議事録は『日宗新報』八八七号(明治三七年五月二一日発行)~同八九七号(同年九月一日発行)をみよ。『統一』一一〇号(明治三七年五月号)にも大会の概要が報告されている。

(41) ロシア正教を国教とするロシアにおいて、将来、信教の自由が保証されることを要望する内容の意見書。『日宗新報』八八四号(明治三七年四月二一日発行、一九―二一頁)に全文が掲載されている。

(42) 『日宗新報』八九一号(明治三七年七月一日発行、一八頁)。

(43) 『統一』一一一号(明治三七年六月号、三二頁)。

(44) 以下の記述は、「本多日生猊下戦時御親教日記(一)」(『統一』一二四号、明治三八年七月号、二七―三二頁)を参照した。

(45) 本多日生「日本国と法華経」(『統一』一一九号、明治三八年二月号、二三頁)。

(46) 次の発言にも注目されたい。「日本に於ては国家と人民といふ関係よりは皇室と臣民といふ関係があるのです」。「皇室と臣民とが君臣の関係があるといふよりも父子の関係があるといふてよいのであります」(同前、二四頁)。つまり、日本の国民関係を擬制家族関係で把握する日生のまなざしを確認することができる。

(47) 同前、二五頁。

(48) 同前、二六頁。
(49) 日生の戦時講話として、ほかに「戦時講話」(『統一』一二四号、明治三八年七月号)、「淳善の信仰」(同一二五号、同年八月号)がある。
(50) 「日本国と法華経」、二七頁。

第二部　日蓮主義と日本国体の交渉（一九一〇年代）

第四章　国体神話との交渉

一　社会危機と国体神話

日露戦争をへて、国体神話を取り込みはじめた田中智学と本多日生の日蓮主義運動は、一九一〇年代を通じて、さらに対国家的な布教・教化活動を進めていく。また、両者の運動が、当時の危機的な社会状況に積極的にコミットしていくのも、この時期であった。

国家体制の危機

まず、日露戦後の社会状況から確認していこう。

一九〇五年（明治三八）九月、日本とロシアはポーツマス講和会議で講和条約に調印した。この時、日本はロシアから賠償金を得ることはできず、日露戦争による巨額の負債は国民が負担することになった。戦後も増税と物価の上昇はつづき、人びとの生活はいっそう苦しさを増した。また、日本の列強化は「国家的ヴィジョンの喪失」[1]をもたらし、国家的ヴィジョンに支えられた人びとの価値・規範意識を低下させた。結果、日本社会に急速な社会的アノミー（規範解体）が到来し、社会危機が表面化する。個人主義や自由主義などの思想が大都市に住む知識人や若者をとらえ、社会主義運動が台頭するようになる。

さらには、都市と農村で危機的な状況が発生する。都市では、日比谷焼き打ち事件（一九〇五年九月）などの都市民衆暴動が発生し、一九〇六年（明治三九）から翌年にかけては労働争議が頻発し、社会秩序が混乱した。また、急激な資本主義化や産業革命の進展は、労働者の増大、職人層の分解、農村から都市への人口流入、スラムの拡大など、さまざまな社会問題を引き起こした。一方、農村の疲弊と動揺も顕著となる。戦争の遂行による租税の収奪や徴兵、商品経済の進展による自作農の没落、地主・小作関係の進展、農村から都市への人口流出（離村向都）によって、近代天皇制国家の社会基盤である農村は弱体化し、国家体制は構造的な危機を迎える。

こうした社会的アノミーや社会秩序の動揺による国家体制の危機が、日露戦後の社会状況を特徴づけた。政府は国内の危機的な状況を解消し、帝国主義的な国際体制に対応していくため、国家体制の再編（農村社会の再編）を図った。それは――宮地正人が指摘するように――「村落共同体を破壊しつつ、また地域社会の形成原理を喪失させつつ、それにかわって、その組織基準・価値基準をすべて国家に淵源させたところの行政町村を『国家のための共同体』としてつくりだ」すことであった(2)。一八八八年（明治二一）の町村制の施行によって誕生した行政町村は、日清・日露戦争をへて、日露戦後に整備されていくが、この行政町村を「国家のための共同体」に転化させる体制再編が進められた。そのための具体的な政策が、地方改良運動であった。

政府によるイデオロギー政策

地方改良運動は第一次西園寺内閣（一九〇六年一月～八年七月）のもとではじまり、第二次桂内閣（一九〇八年七月～一一年八月）の時に体系的に行なわれた。具体的には町村自治の強化、農事改良や納税奨励、町村財政の改善、神社整理・合祀政策（六年から一二年にかけて六万三〇〇〇社余）、義務教育の徹底、青年会・在郷軍人会・報徳会・産業組合などの諸団体の結成と育成、風俗改良や勤倹貯蓄の生活改善といった諸政策が実施された。とりわけ、村落共同体のシンボルである神社の統合によって町村と神社の関係を密接化すること、三大節の国家祝祭日を休日とすること、さらに村落共同体の若連中・若衆組・若者組等を行政村単位の青年会へ編成することを通じて――今井清一が指摘するように――「伝統的な生活秩序にかわる国家的な生活秩序」(3)が創り出されていった。その際、国家と町村を媒介したのが町村長、小学校長、教員、神職、僧侶などの中間支配層であり、桂内閣ではこれらの人びとを集めて地方改良事業講習会を開き、諸政策の系統的な講習を行なっている。

また、桂内閣は思想対策も強化し、「社会主義に係る出版集会」を厳重に取り締まることで社会主義運動の昂揚を阻止しつつ、イデオロギー的な国民統合を行なった。

その具体的な政策のひとつが、一九〇八年（明治四一）一〇月一三日の戊申詔書の渙発であった。これは天皇の権威によって国民統合を図ろうとした教化政策の一環であり、その内容は、「日露戦後の社会的・経済的・思想的『混乱』を是正し、『一等国民』としての心構えを説こうとしたもの」である。(4)この戊申詔書も学校や公共機関で奉読式が挙行され、全国町村への普及が徹底されていったが、なかなか浸透せず、政府当局者の間ではそのことが度々問題とされた。(5)

また、教育現場では国体神話が体系的に教育されていった。一九一〇年（明治四三）の第二期国定教科書では、『家』や『祖先』などの家族主義的な要素と、『天皇』などの国家主義的な要素が著しく強調され(6)」、とくに修身教科書では「国民道徳が強化され、家族的国家倫理が重視されるに至っている(7)」。このように家族国家観を強調することで、社会秩序の安定化を図ろうとしたわけである。

なお、国体神話の普及は地方改良運動を通じても徹底された。たとえば、有泉貞夫は富山県中新川郡早月加積村の例を通じて、ムラの祭典が町村の公的な行事に変化していく様子を紹介している。有泉によれば、伝統的なハレの日（町村の祭日）が国家祝祭日（紀元節、天長節、神嘗祭、新嘗祭）にかわったほか、町村社祭典に村役場や小学校が関与することが一般化し、教員の引率による神社の参拝、戊申詔書の奉読、神前での村治概況報告、国政村治功労者の表彰などが行なわれたという。(8) こうして「国家的な生活秩序」が創出されていくなかで、天皇崇拝や国体観念を基軸とした国体神話の信憑構造も形成されていった。

つまり、政府のイデオロギー政策の中心には国体神話の信憑性の徹底があり、そのためのさまざまな施策が実行されたのである。

以上、国家体制の構造的危機という状況のなか、「国家のための共同体」を作りあげるための社会再編が地方改良運動を通じて実行され、その過程で国体神話の信憑性の普及が図られたことを確認しておこう。

二　立正安国会の対応

日露戦後の社会状況において、立正安国会はどのような活動を繰り広げたのだろうか。ここで、教団本部の動向を確認するとともに、幹部のひとりである志村智鑑の活動をとりあげ、この時期の教団の日常的な活動をみておきたい。

一九〇六年（明治三九）、立正安国会の活動拠点が移転された。当時、本部は大阪の立正閣にあったが、機関誌『妙宗』の編集や印刷は、東京芝区の烏森に設けられた印刷所・広布館で行なわれていた。会頭を引退した智学は師子王文庫のあった鎌倉の要山に住み、ここで原稿を執筆し、会員へ活動を指示していた。しかし、『妙宗』の編集の際、鎌倉と烏森との連絡が不便なため、同年三月、東京京橋の新富町にあった劇場・新富座前の空家に

図5　1908年（明治41）**4月、鎌倉の要山での師子王文庫同人の姿。椅子に座っているのが智学。後列左から三人目が志村智鑑。**写真提供：宗教法人国柱会。

師子王文庫出張所が設置された。六月には本部事務所が大阪からこの出張所へ移されたが、事務所の家屋の所有者が変わって明け渡しを要求されたため、翌年一月、鎌倉へ引き揚げている。

この時期、鎌倉要山敷地内の施設が拡充され、正境宝殿（本尊の安置所）や小講堂が新たに造成された。正境宝殿の内陣には遺骨納鎮の傍座も設けられ、会員の納鎮請願の受付がはじまっている(9)。なお、本部と師子王文庫は、一九〇九年（明治四二）一月に静岡の三保への移転が公表され、翌年七月に移転された。

一方、地方での布教も活発に行なわれ、地方支部の組織化が着々と進んだ。本化宗学研究大会終了（一九〇四年四月）後、教職一同は全国各地への布教を智学から命じられている。保坂智宙は九州方面、長瀧智大が北陸、奥羽、北海道方面、吉利智宏が信州、東北、北海道方面、別枝智救が四国、九州方面、野村智生が山陽、山陰、中国方面へそれぞれ派遣された。また、山川智応に率いられた自活布教隊は、行商をしながらの布教に励んだ。さらに伊東智霊の朝鮮布教をはじめとして、朝鮮半島や中国大陸への布教も進み、一九〇六年（明治三九）には中川旭泉が満州の宗教視察に派遣され、一九〇八年（明治四一）には長瀧が樺太、真岡を開教している。さらに一九一一年（明治四四）一〇月には、伊東が朝鮮京城に京城本化仏教研究同志会を結成した。

では、当時、会員たちはどのように布教・教化活動を行なっていたのだろうか。演説会・講演会や講習会、会員宅での例会や講話会、智学の著作や『妙宗』の施本による施本布教、道路や公園に演壇を設けて公開演説をする道路布教や公園布教などが行なわれた。なかでも施本布教は、一九〇〇年代頃から活発になり、各地に『妙宗』の誌友会（読者組織）が組織された。一九〇四年（明治三七）一〇月には京都二条城北堀川畔で京都誌友会、翌年六月には上野公園三宜亭で東京誌友会がそれぞれ開かれている。東京では毎月にわたって誌友会が催され、一九〇七年（明治四〇）には両国館に会場を移し、多くの誌友を集めて演説会を開いた。このような誌友会の存在は、機関誌を介しての地方会員のネットワーク化を意図していた。教団の設立当初は、演説会や講演会を通じての対面的な勧誘が中心であったが、一九〇〇年代以降は、施本布教を通じての会員の組織化が進んでいた。[10]

また、のちに「国性芸術」[11]と名づけられた芸術教化もさかんで、智学は新体詩や謡曲、歌曲の作詞、狂言、能、演劇などの劇作を自ら行なっている。立正安国会の儀式・法要では、雅楽と「宗曲」[12]が必ず演奏された。

ちなみに当時（一九〇五～六年）の会員数が、山川智応の回顧からわかる。[13]研究大会終了後、山川は自活布教隊の隊員を連れて上京し、隊員たちと雑貨行商や牛乳配達をして自活しながら、「本化妙宗式目」講義の整記・出版に取り組んでいた。しかし、一九〇五年（明治三八）の夏、山川は会員が関わった無尽講（奮迅講）の破産問題に対処するため、大阪へと向かう。山川は翌年七月まで大阪にとどまることになるが、この大阪滞在中、立正閣に来訪していた内務省社寺局第二課長の宇佐見勝夫と面談している。その会話のなかで、次のようなやりとりがあった。

「『会員はどれほどありますか』と問はれたから『千五百ほどです』と答へると喫驚され、『少なくとも一万以上の会員はあると考えてゐました』とて、種々に応問談論した[14]」。

活発な活動の様子とは対照的に一五〇〇名という会員数はたしかに少なく、山川の発言を裏づける資料もないが、この会員数については後述する。

ある教団幹部の一週間

ここで、ある教団幹部の日常活動をとりあげてみたい。「弁才筆致、一種の天分ありて斯道の標識と仰がる[15]」と智学に評された志村智鑑という幹部がいる。一八七八年（明治一一）に東京に生まれた志村智鑑（本名・伊三郎、同人号・瞻郷）は、もともと日蓮宗で得度したが、北海道巡教中に『妙宗』の読者となり、本化宗学研究大会に参加する。そして一九〇六年（明治三九）、立正安国会に入会し、のちに師子王文庫同人に列せられている。能弁家として知られ、日本各地や樺太、朝鮮、満州、台湾に転教した。機関誌への原稿執筆も多く、教職（のちに講師）として、布教・教化に大活躍した髭面の偉丈夫である。この志村の布教記録が残されており、「訪問布教録」（以下、「布教録」と略）として、『妙宗』一一篇一二号（明治四一年一二月号）から同一二篇一一号（明治四二年一一月号）まで、全一九回にわたって掲載された（内容は明治四一年九月から翌年九月までの一年間の活動）。この「布教録」に即して、当時の志村の活動をみてみよう。

一九〇八年（明治四一）九月初旬、智学から布教の特命を受けた三一歳の志村は、鎌倉から東京へ向かった。同月一一日に新橋に到着してからは、鎌倉要山との間を往復しつつ、芝、下谷、京橋、浅草、本所、神田、日本橋などの東京市内を中心に、横浜や埼玉にまで足を延ばして布教している。一一月一一日、長瀧を式長とし、智学、田中顕一、小西熊吉、そして志村の列席のもと、日本橋吉村商店で妙宗会の結成式が挙行された。この妙宗会は、『妙宗』読者を中心とする東京の信者組織であった。事務所が芝区桜田備前町に設置され、志村はこの事務所を拠点として、妙宗会の会員（つまり立正安国会の会員）をおもな対象とする活動に従事した。

その活動は――翌年六月に志村が手にした「妙宗会行事日程表」によると――例月会（一日と一五日）、両国館公開演説会（第二日曜）、「法華経講話会」（男子部が二、一〇、二五日の午後八時開始、女子部が四、一一、二一日の午後八時開始、小児会が第二、第三、第四土曜日の午後二時から四時まで）、夜間講話会（いわゆる夜講とよばれる家庭集会、午後八時開始）、教職応接日（一、二、四、一〇、一一、一五、二〇、二一日の午後）となっている。志村の活動は、会員宅での講話会（夜講）への出席、例月会や定期演説会の開催が中心であった。毎晩のように会員宅で開かれている講話会に出席し、昼間は会員宅への訪問、各種の研究会や演説会への参加、さまざまな法要・儀式[16]などの諸活動に取り組み、教職として多忙な日々を過ごしていた。

ここでは、一九〇九年（明治四二）二月七日（日曜日）から一三日（土曜日）までの一週間の活動を確認してみよう。

七日の午後、志村は、下谷御徒士町の吉原利平方の本尊開眼式に林智梵とともに参加した。翌日の昼間には神田方面へ布教し、猿楽町の加藤勘蔵、甲賀町の三原安之介、小川町の千葉勝太郎をそれぞれ訪問し、ついで錦町の金子宅を訪れるが不在だった。そのため伊勢丹呉服店を訪れ、主人の小菅丹治（現在の伊勢丹の創立者）らに夕方まで法義を語っている。その夜、日本橋蛎殻町の松本利兵衛宅の講話会に出席し、修業の後、長久定吉と吉澤さく両氏へ本尊授与式を行なっている。三四名の聴衆が集まり、林が「帰善」、志村が「仏法如体世間如影」をそれぞれ講話した。

翌九日、昼間は故夏目梅子の追善供養に出席し、式後の講話会で「堤婆品の一節」を講じている。夜には神田松富町の深沢福太郎宅の講話会に出席し、林の「懈怠謗法」につづいて、志村はふたたび「堤婆品の一節」を話している。聴衆は三〇名だった。一〇日は雑務整理をし、また谷中の母親と林智梵を訪ねるなどして過ごしている。夜には横浜の本化真教会（立正安国会の地方組織）の小西熊吉から、翌日の演説依頼の電報を受け取る。翌一一日（紀元節）、まず、事務所で紀元節慶賛の法要を高安智円とともに修め、日比谷で上がっている奉祝の花火の音を聞きながら、午後二時に新橋駅を出発し、横浜へと向かった。演説会の会場・甲子館に到着すると、一二〇余名が集まっていた。紀元節の法要と開会の辞のあと、小西の「初心成仏鈔を読む」と志村の「資生業等皆順正法」が演説された。翌日、横浜から帰京し、一三日には関口水道町の岡田三治宅で夜講があり、一四名が参加し、志村は「情存妙法故身心無懈倦」の日蓮遺文を講じている。

以上のように、志村の一週間は、そのほとんどが布教活動に費やされていたことがわかる。ちなみにこの二月の志村のスケジュールは、次の通りである。公開演説会三回（聴衆三五五名）、巡回夜講（京橋区三回、日本橋区二回、横浜一回、浅草区三回、神田区三回、牛込区一回、下谷区一回、小石川区一回、計一五回で聴衆四六二名）、臨時昼講一回（聴衆三四名）、事務所例月会二回（聴衆八八名）。ほかに早稲田で例月講演会もあった。これらの活動の聴衆総数が、九六四名と報告されている。(17)

では、どのような社会層の人びとが参加していたのだろうか。「訪問布教録［十二］」には、この年五月一〇日に開かれた法華経講話会男子部の参加者二四名の職業が記されている。(18)それによると、官吏、早稲田大学学生、毛布商、荒物商、製薬商、学校教員、呉服商、左官職、僧侶、画工、袋物商、染物業、浜綱商、櫛商、履物商、歯科医、貸座敷楼主などが参加しており、職人や商人が多いことがわかる。東京ではこうした人びとを組織していたのである。

以上のような、きわめて精力的な志村の活動から、この時期の立正安国会の日常的な布教活動の一端が垣間みえるであろう。

三保最勝閣の建立をめぐって

一九〇九年（明治四二）一月六日から三日間、大阪立正閣で臨時講演会が開かれ、その席上、立正閣を静岡三保へ移転することが智学から発表された。前述の無尽講問題の処理のため、立正閣の土地を手放さなくてはならなくなったのである。この年の三月、智学は『妙宗』一二篇三号（同年三月号）に「本化大学創立発起の疏」を著し、「本化大学」の創立を発表する。東京の立正閣時代にも「師子王学院」という学校建設を構想していたが、今回、日蓮門下教団の僧侶に限定せず、日本国民を対象とした国民教育を目的とする大学を三保に設立することを発表した（結局、実現はしなかった）。

七月八日（顕正会）、三保で地鎮式があげられ、工事がはじまった。立正閣の建物は三保へ移転され、最勝閣として生まれ変わった。翌年七月には師子王文庫も三保へ移されている。[19] 一九一六年（大正五）に東京の上野桜木町（鶯谷）に国柱会館が建設されるまで、この最勝閣が立正安国会（国柱会）の活動拠点となる。

最勝閣は、外観三階建て（内部は五階）で、高さ約一八メートル、正面玄関には「国体擁護の処」の大扁額が飾られ、五階には「待勅殿」という四方ガラス張りの展望室が設けられた。それにしても、なぜ、智学は交通の不便な三保の土地を選んだのだろうか。それには教義上の重要な理由があった。次の日蓮遺文に注目されたい。

「戒壇とは王法仏法に冥し仏法王法に合して王臣一同に本門の三大秘密の法を持ちて、有徳王覚徳比丘の其乃往を末法濁悪の未来に移さん時、勅宣竝ひに御教書を申し下して、霊山浄土に似たらん最勝の地を尋て戒壇を建立すべき者歟。時を待つべき耳。事の戒法と申すは是也。三国竝に一閻浮提の人懺悔在罪の戒法のみならず、大梵天王・帝釈天等も来下して踏給ふべき戒壇也[20]」

これは、すでにみた日蓮の『三大秘法抄』の一節であり、本門戒壇の建立による「法国冥合」（政教一致）の

図6　1910年（明治43）**7月30日、静岡三保の最勝閣における本化仏教夏期講習会の記念撮影。前列中央に立っているのが智学、その左四人目が姉崎正治。**写真提供：宗教法人国柱会。

プログラムの典拠となった日蓮遺文である。この戒壇建立をめぐって、三保最勝閣は建立されたのである。

『本化妙宗式目講義録』では、「法国冥合」のプログラムが（一）「一法冥合」→（二）「事壇成就」→（三）「閻浮統一」と定式化されていた。（二）の段階で戒壇が建立される（と想定された）わけだが、それは「霊山浄土に似たらん最勝の地」に建てられなければならなかった。この「霊山浄土」が富士山であり、「最勝の地」こそが静岡の三保だった（もちろん最勝閣の命名はここに由来する）。最上階の「待勅殿」は、天皇の「勅宣」を待つ部屋として準備された。つまり三保が選ばれ、最勝閣が建てられたのは、「法国冥合」のプログラムにもとづいていたのである。[21]

ちなみに、この最勝閣には、詩人の田辺松坡や北原白秋、政治家の近衛文麿、軍人の林太一郎や大迫尚道、学者のポール・リシャール、姉崎正治や高島平三郎など、数多くの著名人が来訪している[22]。本多日生も林と一緒に最勝閣を訪れている。智学はふたりに「法門的戦争談」（日蓮主義的な戦争観）を話し、将来、「一閻浮提の大闘諍――世界の大戦争がある、それは何処にあるかといふと、日本を中心にして起るといふ、それが［日蓮―筆者注］大聖人の予言だ」と語っている[23]。

『日蓮主義』の創刊

この年の五月一二日（伊豆法難の聖日）――『妙宗』の発行とならんで――新しい機関誌『日蓮主義』（タブロイド版、月刊新聞）が創刊された[24]。創刊号一面の最上段中央には、「日蓮主義」のロゴ（伝教大師・最澄の自筆より抜粋）が浮かび、その右隣には「必ず為せ」として、「凡そ日本国民たるものは、皇城及び、皇陵前を通過する時必ず最敬礼を行へ！」とあり、左隣には「必ず行へ」として、「葬儀に遭ひたる時は」「敬礼を行へ」とある。また、上段には「宥させ給へ大聖の御名を冒す是れ病める児に父を知らしめんが為なり」とある。欄外（左右や下）には、「我れ国体擁護の為に言はん我れ国体擁護の為に起たん我れ国体擁護の為に壽りて此に畢生の心血を注がん」や「世界の人は須く万事を措て先づ日本国を研究せよ光明此より発せん」、「国祖を日神といひ国号を日本といふ釈尊の姓は日種氏なり聖祖の名は日蓮なり日は万有を統照し且つ統率す」といった、日本国体や日蓮仏教についての標語が毎号にわたって掲載された。

では、その創刊宣言「『日蓮主義』を発刊するに就て」をみてみよう[25]。

まず、創刊の理由が次の三点に集約されている。（一）日蓮主義はこれまで「教理宗義」のみを宣伝してきたが、これからは「時世の必要に応じて」、日蓮主義を「社会的に普及せん」こと、（二）これまでの『妙宗』は記事が「やゝ専門的門内的の傾き」があったので、それを「時代的若しくは青年的にする」必要があること、（三）学術雑誌ではなく新聞紙条例のもとに新聞として発行することで、「社会百般の出来事に対し、大に日蓮主義的評論」を行うこと、である。とくに最後の「日蓮主義的評論」の根拠として、「聖祖日蓮大士の本意が、法華経主義（日蓮主義）を以て、世間の一切を活かさんとする」ことにある、とのべられていることに注意しておこう。つまり、日蓮主義による社会的な対応が強調されているわけである。

さらに「日蓮主義」の「日蓮」が「真理の活現、正義の標識」や「活ける法華経」を、「主義」は「思想的標準」をそれぞれ意味するとして、次のように宣言されている。

「吾人は日蓮的標準を地上に打建つることの国家に取りて、何事よりも最必要なるを認めたるを以て、国民的自覚の警鐘と為すべく、社会的目じるしの根本標木たるべく、先づこれを以て吾日本国民の第一に守るべき主義とせんと欲し、夙に日蓮主義の複称を建立す、本紙はこの目的の為に全用せらる、故に称して『日蓮主義』といふ。」

立正安国会の会員たちにとっては、日蓮仏教を時代社会に適用し、日蓮主義を社会的に普及することが重要な課題であった。それは国諫運動の「対世間の正式開教」という方針を継承するものであり、対国家的な布教・教化活動の一環でもあった[26]。

つづいて『日蓮主義』の内容を確認しておく。

『日蓮主義』は、日蓮仏教や日本国体に関する智学や会員たちの記事が中心であったが、当時の社会状況に対する智学や山川の発言も目立ち、とくに日露戦後の思想の悪化について、「国体観念の自覚」や日蓮主義研究の必要性を強調している。智学は「国民的伝道を盛にすべし」（一二号、明治四三年四月号）、「この国」（一三号、同年五月号）、「履霜」（一四号、同年六月号）、「吾徒の大覚悟を忘るな」（二一号、明治四四年年一月号）などを執筆して、国体擁護の重要性を力説し、「日本国体の解決者としての日蓮聖人」[27]の研究を訴えた。

また、山川による「時言」では、より直接的に思想問題が言及されている。社会主義や自由主義、「お座なり主義の忠君愛国や浅薄なる国体主義」への批判[28]、個人主義と家族主義への批判[29]、西洋から流入した「思想の流毒」への批判[30]を通じて、山川は当時の時代風潮を裁断する。日蓮主義こそが個人、国家、世界を統合すること、国体擁護は日蓮主義によらなければならないことを力説している。

山川の言説に明らかなように、日露戦後の社会危機の根本的な原因は、個人主義や自由主義、社会主義などの「思想の流毒」に求められた。とりわけ社会主義や無政府主義は――智学たちにとって――一大脅威であり、智学の「履霜」や「吾徒の大覚悟を忘るな」には、社会主義への嫌悪がはっきりと表明されている。智学は、「社会主義者無政府党者某々」を「悉く是れ魔民なり」と断定し、社会主義思想を「国体破壊の毒想」と断言している[31]。また、「人類は平等なるものといふことを謬想して生じた魔見」である無政府主義に、「日本仏教の価値と日本国の君民関係」を対置したうえで、「世界最後の文明は日本によりて解決せらるべし、而して日本国それ自身は、その国聖日蓮によりて解決せられたり」と結論づけている[32]。

しかし、この時期、智学たちが恐れていた事態が現実のものとなり、智学が「天の一大警告」と称した大事件が発生する。それを検討する前に、ひとまず、日露戦後の顕本法華宗の動向に目を転じよう。

三　顕本法華宗の対応

一九〇六年（明治三九）一月、統一団は東北飢饉義捐金を募集し、本多管長は宗派内に義捐金募集の諭達を二月一日付で発した。同じ時期、仏教各宗派や仏教系の新聞社もこの東北大凶作の救済活動に取り組んでおり、日露戦後の顕本法華宗・統一団の活動はここからはじまった。

春になり、四月一一日から五日間、京都妙満寺で日生を大導師として、錦織日航前管長や野口日主本山部長以下、三〇余名の僧侶たちによって大法要が営まれた。一三日には四〇〇名の遺族と三〇〇名の参拝者のみまもるなか、日露戦役戦病死者大追弔会が修法されている。法要を終えると、日生は野口らをしたがえてすぐに姫路、岡山地方の巡回布教に出発した。日生は自ら先頭に立って全国を巡教をしているが、このスタイルは生涯を通じて貫かれた。なお、この時期の『統一』の活動報告欄には、東京や千葉のほか、京都と岡山の報告が多くみられるが、これらの地域が顕本法華宗・統一団の活動拠点であった。

この時期の教団の経営と布教・教化活動を簡単にまとめておこう。(33) この年の七月一七日、僧侶の育成と寺院経営のための資金確保を目的とした教学財団が設立され、妙満寺内に事務所が設置された。(34) また八月二日から七日間、千葉の茂原で修養団体・修養会主催の夏期講習会が、一〇月一日から七日間、千葉の東金西福寺で第一回東部講習会（東日本教区所属の布教師と僧侶の講習会）がそれぞれ開かれている。後者には各教区の布教師と住職五〇余名が参加し、坂本日桓の「十法界抄」、錦織日航の「法華経講義（大僧正本多日生著）に対する批評」、小林日至の「吾祖立宗之基礎」、日生の「本尊に関する重要教義」が講義された。

翌年二月には顕本法華宗布教伝道団が組織され、道路布教が行なわれた。四月には京都の妙満寺で第一回西部講習会（四〜一〇日）と大法会（一一〜一三日）が催され、さらに前年と同様、千葉の茂原で夏期講習会（八月二〜八日）が、大網町の蓮照寺で第二回東部講習会（一〇月一〜七日）がそれぞれ開かれている。一〇月二四〜二六日には千葉浜野の本行寺で千葉県大法会も営まれ、ほかにも雑司ケ谷の大学林の刷新や千葉の蓮照寺への支学林の設置など、宗派内の僧侶育成の環境も整備され、一二月には統一団の本部が浅草の慶印寺から南品川の妙国寺（日生の住職寺）へ移転されている。

なお、日生は、この年の四月以降、早稲田大学日蓮主義研究会や茗谷学園宗義研究会(35)など、学生を対象とした講演にも取り組んでおり、宗派内外での布教・教化活動に精力的に励んでいた。

日生以外の僧侶の活動も活発であった。たとえば岡山の能仁事一、神戸の上田智量や東京の小林日至らの布教活動をはじめ、各地の僧侶と檀信徒による活動が毎月の『統一』誌上に報告されている。

以上のように日生は着々と教団運営の充実を図り、教団全体の布教・教化活動を活性化させていた。

ここで、この時期の日生を支えていた顕本法華宗と統一団の主要ポストと中心メンバーを確認しておこう。妙満寺貫主であり管長の日生を頂点として、『統一』編集局には山根顕道、井村恂也、鈴木暲学、今成乾随、笹川真応、梶木日種（いずれも顕本法華宗僧侶）らがおり、宗務庁に宗務総監の山根、本山部長の野口日主、教務部長の藤崎通明、鈴木、梶木、評議員には中田日違、今成、山岡会俊、井村、竹内無着、大学林に大学林長の小林日至、秋葉日虔、山名木信らがいた。[36] また、この時期の宗派内僧侶の著作として、当時、立正安国会の山川智応と並び称された「本多門下の俊秀」、古定賢正[37]の『日蓮上人の研究』（須原屋書店、一九〇五年）や清瀬貞雄の『興国の宗教』（統一団、一九〇九年）などがある。以上のようなスタッフに囲まれ、日生は顕本法華宗・統一団を率いていた。

感化救済事業講習会への参加

一九〇八年（明治四一）一〇月五日から一一日までの一週間、千葉大網町の蓮照寺で第三回東部講習会が開かれた。その公開演説会で、日生は「実社会への交渉」[38]を演説するが、この演説が、これ以降の顕本法華宗と統一団の運動を方向づけることになる。この演説にいたるこの年の日生の足取りを少し丁寧にたどってみよう。[39]

一月七日、日生は顕本法華宗の篤信家である杉野伊兵衛[40]の葬儀に参列し、歎徳文を奉じている。以下、演説や講演、巡教（親教）がつづく。一二日には品川妙国寺での公開演説会[41]で「法悦とは何ぞや」、一九日の小石川の茗谷学園宗義研究会で「本尊論の余論」、二月一九日の早稲田大学日蓮主義研究会で「仏陀観に就て」をそれぞれ講演した（茗谷学園宗義研究会には以後もほぼ毎月出講）。日蓮仏教信奉者で弁護士の松本郡太郎が主催する妙典研究会（この年二月一六日に結成）の例会にも断続的に招かれ、講演している。ちなみにこの会は、「大聖日蓮ノ教義ヲ信奉シ法華経及ビ祖書ノ研究講述」のために結成された在家者からなる日蓮仏教の研究会である。松本のほかにも弁護士や法曹界関係者が多く、神田八講や十講の在家信徒も数多く参加していた[42]。この会に集まった知識人たちが、翌年に結成される天晴会へ結集し、一大勢力を築いていくことになる（詳しくは後述）。

三月三〇日から約一ヶ月間、日生は梶木日種をしたがえて、静岡から京都、岡山、姫路を回る巡教に出かけている。なお、この年は管長の任期満了にあたり、四月一六日に改選され、再任された。続任式が五月一七日に東京妙経寺の宗務庁で行なわれ、六月七日には京都妙満寺でも続任披露式が開かれた。二一日、千葉県下の第二教区寺院と同連合布教師会による千葉町公開大演説会が催され、日生、今成、関田らが出講している。夏に入ると、夏期講習会への参加がつづいた。まず、七月一～六日の茗谷学園宗義研究会の夏期講習会で、毎日三時間ずつ『開目抄』を講義した。一二、一三日には大日本仏教青年会主催の第一六回夏期講習会へ出講し、両日、「妙法蓮華経如来壽量品」を前後五時間にわたって講義し、さらに二七日から一〇日間、浅草区北清島常林寺での夏期講習会で、日蓮門下の僧侶たちに茗谷学園での講義の続講を行なっている。

日生の活動は休むことなく、さらにつづいた。会津の妙法寺（顕本法華宗の開祖・日什ゆかりの寺院[43]）の本堂再建を呼び掛ける訓諭を八月一日付で発した日生は、二五日から三日間、千葉茂原の修養会主催の夏期講習会に参加する。「法華経の神髄」と題された講義に、会員と賛成員のほか、教員四〇名、学生三〇余名、実業家六〇名、僧侶三〇数名、そのほか一般信徒など、総数二〇〇余名が集まった。二八日には県内の本納町尋常高等小学校で開催された臨時講話会（主催は本納学校同窓修養会）に招かれ、四〇〇名の聴衆を前に、「人格の完成に就て」を約三時間かけて講じている。

以上、ここまでの日生たちの活動は——演説や講演の内容をみても——宗教活動が中心であることがわかるであろう。

さて、秋に入り、九月一日から一〇月七日まで、内務省主催の感化救済事業講習会（以下、講習会と略）が國學院大學で開かれた。この講習会は講習日が三六日、講習科目二五科目、臨時講演一四回、出席人員三四〇名、毎日の出席人数が平均二九二人を数えた大規模なものであった。また、仏教感化救済事業の組織化に「直接に刺激を与え」、「日本社会事業教育にとってもモニュメンタルなできごとであった(44)」。この時期、政府は「社会主義や自然主義防止の役割の一端を仏教教化や、仏教の感化救済に求め(45)」、仏教界側でも「仏教独自の反省や立場で社会事業に従事すべし(46)」という立場から、感化救済事業（社会事業）に主体的に取り組むようになっていた。内務省から各宗教教団に講習員の派遣が通知され、顕本法華宗からは井村日咸大学林教授が参加し、日生も特別参加した。ちなみに宗教家は仏教僧侶九八名、神道教師一〇名、牧師一名、救世軍士官一名が参加している(47)。この講習会への参加をきっかけとして、顕本法華宗・統一団の「実社会への交渉」がはじまっていく(48)。

会期中の一〇月五日から一週間、千葉蓮照寺で第三回東部講習会が開かれ、日生の「法華経大意」、錦織の「立正観抄講義」、野口の「諸宗批判論」、関田の「自我偈講義」が講義された。七～九日には三夜連続で公開演説会が催され、日生はここで「実社会への交渉」を論じることになる。なお、七日に感化救済事業講習会は閉会されたが、日生は閉会式に招聘され、その席上、「仏教史上に於ける感化救済事業」を臨時講演している。ちなみにこの講習会に参加した仏教徒の間で連合団体を結成しようということになり、一〇月に浅草の本願寺で懇話会がもたれた。そして翌年一〇月三一日、東京神田の和強会堂で仏教同志会が結成され、大内青巒が会頭、片山国嘉と日生が副会頭に選出されている。

「実社会への交渉」と「社会改善に関する予の所見」

ここで、日生の「実社会への交渉」の演説に耳を傾けてみよう。日生は冒頭で次のようにのべている。

「仏教が純宗教としての卓越せる価値を有するは、今更喋々を俟たぬことでありますが、広く世人をして仏教の有難味を感じて尊信を払ふやうに教導の効果を挙げるには、彼等が平常の考と餘まり隔絶しない点から接合を取つて感化を施すが、尤も大切なる着眼であると思ふ、彼等が感動を惹き易きは実社会を救済する事業であります[49]」。

日生は、一般人に対する仏教の「教導の効果」を挙げるため、仏教が感化救済事業に着手すべきであると提起した。現在の仏教徒の「多くは実社会と没交渉の思想や、迂遠なる主義に立て篭りて、敏活なる運動を缺いて居る」と批判し、仏教徒が社会に積極的に交渉していくことを訴えた。日生にとっては、「政治、経済、其他社会百般の事物は、道徳宗教を根底とせずば、真正なる光ある文明は来るものでな」く、その「道徳宗教」の中心が仏教であった。また、「国民の結合、即ち国民が国家を尊重する自尊の精神、億兆心を一にして皇室を奉戴せねばならぬといふ日本の民族精神」も宗教が基準であると力説し、「あるべき仏教と国体神話」の関係を説いた。

さらに日生は――智学や山川と同じく――社会主義や個人主義、自然主義を批判する。「現代物質文明の弊害」として、「厭うべき社会主義」や「自己さえ宜しければ可いといふ」「個人主義」が勃興しているとのべ、「自然主義といふ卑しい欲望に耽る」「詰らない思想」を指弾している。そして、「真正に完全なる人格を作り国家の缺陥を救ふには、宗教の感化を与へなければならぬ」として、仏教が「人生に交渉を取り政治経済教育衛生産業等すべてに渉つて感化教導の任を尽くすべきである」と断言する。つまり、日生も当時の社会危機の原因をこれらの思想の隆盛に求め、その解決策として、仏教（日蓮主義）による「感化教導」を掲げたのである。

なお、仏教が「感化教導の任」をもちうるのは、「法華経の主義」が「俗諦開顕の妙旨」として、「世間の俗諦を導くと共に絶対の信仰を教へて現世安穏後生善処を得せしむる」からであった。さまざまな社会問題が表面化するなかで、『法華経』の「俗諦開顕の妙旨」が現実社会に適用されることになった。

以上を整理しておこう。一九〇六年（明治三九）から八年（明治四一）の顕本法華宗・統一団の活動は、宗教的な布教・教化が中心であった。そして一九〇八年（明治四一）九～一〇月の感化救済事業講習会をへて――「実社会への交渉」の主張を起点とする――対社会的で状況適合的な布教・教化戦略が提起されることになった。それは立正安国会と同じように、日蓮主義による社会危機への対応であり、そうした活動は、当時の伝統仏教教団の「社会改良思想を中核とする社会的運動や感化救済事業」[50]の一活動でもあった。

これ以降の『統一』には、内務省の作成した資料「我国に於ける慈恵救済事業」（一六四、一六六号、明治四一年一〇月号、一二月号）や、中川望内務書記官（感化救済事業講習会の講師でもあった）の「矯風奨善の概要」（一六八号、明治四二年二月号）、一木喜徳郎内務次官の「現代仏教者に望む」（一六九号、同年三月号）など、感化救済事業に関する記事が掲載されるようになる。政府と協力しながら、活動を進めていこうとする日生たちの姿勢が表明されている。

この年（一九〇八年）の一〇月一三日、戊申詔書が渙発される。日生はこの詔書を踏まえて、一二月八日（世尊成道の日）付で宗派内に「社会の向上改善を期図するの事業」を推奨する訓諭を発令している。[51]

「宗祖開祖の遺訓に顧み世道人心の稗益を念とし社会の向上改善を期図するの事業に対しては　率先事に当り死身弘法の熱誠を世善開会の上に将《すなわ》ち来りて世人と異教徒の前に我特色ある光彩を発揚すべし是れ則ち仏恩に報答する所以の道にして亦是れ皇運を扶翼する国民の本分なり」

日生にとって、感化救済事業は仏恩への報答であり、「皇運を扶翼する国民の本分」であった。こうした見解は、「社会改善に関する予の所見」（『統一』一六七号、明治四二年一月号）や「人道の本源」（一七三号、同年七月号）によってさらに補強される。前者で、日生は「現代文明の缺陥を匡救し、旧来の社会組織の不備を補塡する」ための「社会改善」を主張するようになる。次の一節に注目されたい。

「仏教徒は、我皇国に大なる歴史的夤演《しんえん》を存する上よりして、特に国体国政を翼賛すべき本分を有す、（中略）是れ則ち日本仏教の特色中の特色にあらずや、仏法王法に冥し王法仏法に合して、こゝに宝土を現出せんとするは、是れ実に我等仏教徒の一貫せる大希望にあらずや(52)」。

「法国冥合」という「あるべき国家と宗教」の関係に即して、日生は感化救済事業を把握するのである。こうして感化救済事業が、日蓮主義運動の具体的な運動方針として位置づけられた。以後、品川に良風会を再興し、また千葉の山武郡東金町に尚風会という修養団体を組織して、感化救済事業や地方改良運動へ積極的にコミットしていく(53)。なお、こうした傾向は各地の顕本法華宗寺院にも共通しており、『統一』の活動報告欄をみると、世俗的な問題に対する講演や演説が増加しており、教団全体で現実への対応を図っていったことがわかる。

「日蓮主義」が普及するまで

この頃から「日蓮主義」という言葉が社会的に普及していくことになるが、その過程をみておこう。

一九〇一年（明治三四）に智学によって創唱された「日蓮主義」は、一九〇九年（明治四二）の本多日生による天晴会の結成（一月）と立正安国会の機関誌『日蓮主義』の創刊（五月）を契機として、一九一〇年代（明治末年）以降に普及していくことになる。

山川智応は『日蓮主義』創刊号に「日蓮上人に対する世間思想界の進歩（一）」と「日蓮主義研究の現況一班（一）」を掲載し、日蓮（主義）研究の現状をまとめている。山川は前者で「日蓮観の変遷」を「鎌倉室町織豊時代」（第一期）、「徳川三百年の泰平時代」（第二期）、そして「今日の明治の聖代」（第三期）に分ける。第三期の著名な論者として、智学と日生、内村鑑三、曽我量深、川崎紫由、鈴木天眼、高山樗牛を挙げている。また後者では、村上浪六の小説『日蓮』（一九〇八年）や大橋敏郎の『日蓮主義』（同年）、大屋徳城の『日蓮上人言行録』（同年）といった著作、京都府立医学専門学校内日蓮上人研究会、京都府立商業高校内日蓮上人研究会、岡山高等学校内日蓮上人研究会、早稲田大学内日蓮主義研究会、松山養正会、天晴会などの諸団体が紹介されている。とくに大橋敏郎の『日蓮主義』（清水弘道館）は、「日蓮主義」をはじめて書名とした著作であり、これ以降、「日蓮主義」を題名に入れた著作や論文が増加していく(54)。

「日蓮主義」は、智学をはじめとする立正安国会の会員たちによって宣揚されていくが、その普及には日生も寄与した。次章で詳しくのべるが、日生は知識人を中心とする社会上層の人びとを集めて天晴会を組織する。ここに集った知識人たちが積極的に「日蓮主義」を使うようになる。

また、日生と顕本法華宗僧侶が「日蓮主義」を『統一』誌上で使用しはじめるのが、この時期であった。すでに序章二で紹介したように、日生自身は、一九〇三年（明治三六）八月九日に用いている。この日、品川の妙国寺で『統一』一〇〇号（明治三六年八月号）を記念する「中央統一団友会」が開催され、「『統一』第一百号の祝筵に臨みて本団の旨趣及前途の施設を述ぶ」という演説を行なった。このなかで「積極的統一主義」を「真正なる日蓮主義」と語り、「積極的統一主義」の方針を誤解した者を「似而非日蓮主義の者」といっている。その後、秋葉顕正（日虔）が『統一』一四七号（明治四〇年五月号）に「日蓮主義の発展」を執筆し、こうのべている。「日蓮主義は折伏主義である、大義明分主義である、統一主義である、其間に於ては寸毫も曖昧なる混同寛容なる教導は許されない」、と。

「日蓮主義」が『統一』誌全体で用いられるようになるのは、一九一〇年（明治四三）以降である。たとえば、「篁堂」（笹川真応）による「我徒の抱負」と題された小文が、一七九号（明治四三年一月号）に掲載されている。

その冒頭、「日蓮主義は統一主義なり統一主義は即ち日蓮主義なり」と語っている。このほか、天晴会会員の講演録が掲載され、「日蓮主義」が誌面を大々的に飾るようになる。

なお、ここで注目すべきは、秋葉も笹川も「統一主義」を「日蓮主義」と語っていることである。つまり顕本法華宗僧侶の間では、日生のいう「積極的統一主義」を「日蓮主義」と言い換えているのである。日生自身は、一八〇号（同年二月号）の「統一主義の将来」という講演録[55]で、「日蓮主義」を「法華経の統一主義」と同じ意味で用いており、自らがそれまで主張してきた「統一主義」を「日蓮主義」と語っていることがわかる。日生たちの「日蓮主義」の用法には、自分たちのそれまでの立場が表明されているのである。

このように「日蓮主義」という言葉がしだいに普及しつつあった。それを受容したのは、知識人や学生、各地の僧俗からなる研究会であった。以降、一九一〇年代（明治末年から大正期）にかけて「日蓮主義」の社会的な普及が進み、「日蓮主義の黄金時代[56]」をもたらすことになる。智学や日生たちの言説や活動が、社会的な影響力をおよぼしていくのである。

注

（1）隅谷三喜男「国家的ヴィジョンの統合と分解」（久野収・隅谷三喜男編『近代日本思想史講座Ⅴ　指導者と大衆』有斐閣、一九六〇年、一八頁）。
（2）宮地正人『日露戦後政治史の研究』（東京大学出版会、一九七三年）、一一六頁。
（3）今井清一『日本近代史Ⅱ』（岩波書店、一九七七年）、六二頁。
（4）見城悌治「近代詔勅の中の戊申詔書」（馬原鉄男・岩井忠熊編『天皇制国家の統合と支配』文理閣、一九九二年、二八七頁）。
（5）同前、二九四頁。
（6）唐沢富太郎『唐沢富太郎著作集第6巻　教科書の歴史―教科書と日本人の形成（上）』（ぎょうせい、一九八九年、原著一九五六年）、一九頁。
（7）同前、三三六頁。
（8）有泉貞夫「明治国家と民衆統合」（『岩波講座日本歴史17　近代4』岩波書店、一九七六年、二三八頁）。

（9）現在、国柱会では「妙宗大霊廟」という一塔合安式の墓地システムをとっている。東京の立正閣時代には、染井墓地の一角を会員が共同で使用していた。（後述する）三保最勝閣時代には、敷地の一角に霊廟建設を予定し地鎮式も挙行されたが、結局、建設されなかった。そして一九二六年（大正一五）夏、東京の一之江で霊廟建設が着手され、一九二八年（昭和三）三月に完成した。なお、妙宗大霊廟については、田中香浦監修『国柱会百年史』（宗教法人国柱会、一九八四年）「第九章　妙宗大霊廟」や田中暉丘監修『妙宗大霊廟』（国柱会、一九九八年）が参考になる。

（10）立正安国会の支部組織は、一九一四年（大正三）一一月の国柱会の創設によって本部の系統下に一元化されることになる。

（11）『法華経』によって開示された日本国体の美を表現した教団独自の芸術のことで、智学によって命名された。この「国性芸術」については、前掲書『国柱会百年史』「第八章　特色ある芸術教化」を参照のこと。

（12）日蓮の生涯を題材として、智学が作詞した歌曲のこと。常磐津の「首途」「船守」、長唄の「身延名所」「池上八景」、筑前琵琶の「小松原」、長唄舞踊の「百代獅子」などがある。

（13）山川智応『立願五十五年の春を迎へて―回顧と経過』（浄妙全集刊行会、一九七八年）。

（14）同前、六四―六五頁。さらに山川は、「各宗の管長又は宗務総監で、私の室に来て談論の出来る人は本多日生師だけですよ」という宇佐見の興味深い発言も紹介している（六五頁）。

（15）『田中智學自伝―我が経しあと』第一〇巻（師子王文庫、一九七七年）、四四四頁。

（16）葬儀、お会式、頂経式、御本尊開眼式、御本尊授与式、本尊遷座、立正会などの法要・儀礼が修められている。ほかにも天長節、新嘗祭、新年拝賀式、孝明天皇祭、紀元節などの国家祝祭日に際して、志村は大祭祝日回向文を誦しながら朝の勤行をつとめ、新年拝賀式や紀元節の法要を事務所で執り行なっている。なお、志村は一九〇九年（明治四二）九月一〇日、水天閣で山川を式長、別枝を式監長として本化式の結婚式を挙げ、結婚している。

（17）「訪問布教録［九］」（『妙宗』一二篇五号、明治四二年五月号、五五頁）。

（18）『妙宗』一二篇七号（同年七月号、六九頁）。

（19）最勝閣の建設には、伊勢丹創始者の小菅丹治が多額の浄財を献じている。なお、師子王文庫移転後、要山の庭園は香風園と命名され、広く一般公開された。この庭園に、一九一一年（明治四四）三月一二日、葉山御用邸に滞在していた皇太子（のちの大正天皇）が訪れている。その時、智学は上京しており、留守であった。

（20）立正大学日蓮教学研究所編『昭和定本日蓮遺文』第二巻（日蓮宗総本山身延山久遠寺、一九九二年、原著一九五二年）、一八六四頁。

(21) なお、最勝閣一階の各部屋は『立正安国論』にもとづき、二階から五階までは『三大秘法抄』に依拠して命名されている。
(22) 「最勝閣来訪者の数々」(『田中智學自伝』第六巻、三一九―三七一頁)。
(23) 同前、三四九頁。
(24) 両者は、一九一二年(明治四五)三月に『国柱新聞』として合併されるまで一緒に発行された。
(25) 『日蓮主義』一号(明治四二年五月一二日発行、一頁)。なお、執筆者は明記されていないが、智学と思われる。
(26) ちなみにこの年の二月から六月にかけて、智学は近畿、中国、九州の地方支部を回っている。九州別府での「文明の消化液」の講演(二月一四日)にはじまり、四国松山で「養正論」(一七日)、京都で「醇要主義」(二一日)、岡山で「現実主義の宗教」(五月三〇日)、庭瀬で「本尊要談」(六月一～三日)、金山で「起つべき時なり」(四日)、津島で「唯一事実」(五日)をそれぞれ講演しているが、これらの講演の多くは、国体擁護や日蓮仏教の社会的対応についての内容であった。
(27) 「この国」(『日蓮主義』一三号、明治四三年五月号、一頁)。
(28) 『日蓮主義』一二号(明治四三年四月号、二頁)。
(29) 同一四号(同年六月号、二頁)。
(30) 同二〇号(同年一二月号、一頁)。
(31) 「履霜」(『日蓮主義』一四号、同年六月号、一頁)。
(32) 「吾徒の大覚悟を忘るな」(『日蓮主義』二一号、明治四四年一月号、二頁)。
(33) 以下、『統一』一三〇号(明治三九年一月号)～同一五四号(明治四〇年一二月号)を参照した。なお、一四七号(明治四〇年五月号)からは宗務庁録事が掲載されており、『統一』が顕本法華宗の機関誌の役割をはたしていたことがわかる。
(34) その寄付行為が、『統一』一三六号(明治三九年八月号、二六―二七頁)に掲載されている。
(35) 茗谷学園とは、堀之内妙法寺第二九世武見日恕が一九〇三年(明治三六)九月に小石川茗荷谷に開園した宗門人養成の学寮である。都下の大学や高等専門学校に通う日蓮門下の学生たちがここから通学した。のちに総理大臣をつとめた石橋湛山もこの学園の出身者である(日蓮宗宗務院『復刻版　日蓮宗事典』日蓮宗新聞社、一九九九年、原著一九八一年、八三七頁)。
(36) これ以外の有力メンバーとして、野老乾為、能仁事一、増田聖道、窪田純栄、木村義明、松尾忍水(英四郎、鼓城)などがいた。小林はこの年の五月二五日付で大学林長を今成乾随にゆずっている。なお、この時期、日生を支えてきた以下の人びとが逝去している。河野日台が一九〇四年(明治三七)九月に五五歳で、白井日熙が同年一二月に(年齢は不明)、清瀬日憲が一九〇八年(明治四一)一〇月に四五歳で、小林日至が一九一二年(明治四五)一月に七〇歳でそれぞれ亡くなった。

(37)『日宗新報』八九五号（明治三七年八月一一日発行、七頁）に「たけくらべ」と題された記事があり、「顕本宗に古定君あるは、猶安国会に山川君あるが如し、一は本多門下の俊秀にして他は田中門下の上足たり、文章雄渾才華煥発以て双璧と称すべし」とある。
(38) その演説録が、『統一』一六四号（明治四一年一〇月号、一―八頁）に掲載されている。
(39) 以下の記述は、『統一』一五五号（明治四一年一月号）〜同一六六号（同年一二月号）の活動報告欄を参照した。
(40) 杉野は、総本山妙満寺の信徒檀家総代、教学財団評議員、東京正法護持会の主幹、さらに駒込顕本寺の檀頭をつとめ、顕本法華宗の信徒として信仰篤かった（『統一』一五五号、明治四一年一月号、三六―三八頁）。
(41) 品川界隈の顕本法華宗寺院の門中は、毎月一二、二七日に妙国寺、本行寺、妙蓮寺の輪番で公開演説会を開催している。妙国寺では婦人会も開かれ、さらには檀信徒からなる正法護持会や僧俗同信会も品川を拠点に活発に活動していた。
(42) 会則が『統一』一五九号（明治四一年五月一五日発行、二四頁）に掲載されている。
(43) 顕本法華宗では、京都の妙満寺、見附の玄妙寺、会津の妙法寺が三本山と称されてきた。
(44) 吉田久一『吉田久一著作集6　改訂増補版日本近代仏教社会史研究（下）』（川島書店、一九九一年、原著一九六四年）、八六頁。
(45) 同前、七八頁。
(46) 同前、八一頁。
(47) 同前、八七頁。
(48) 翌年以降の講習会にも顕本法華宗の僧侶は参加しており、翌年は朝倉俊達、川崎英照、紀野俊輝、中村乾信、三上義徹、成島泰行らが参加した。
(49)「実社会への交渉」（『統一』一六四号、明治四一年一〇月号、一頁）。
(50) 吉田久一『日本近代仏教社会史研究』（吉川弘文館、一九六四年）、三八八頁。
(51)「訓論」（『統一』一六七号、明治四二年一月号、巻頭）。
(52)「社会改善に関する予の所見」（一二頁）。
(53) 尚風会については『統一』一六七号（明治四二年一月号、三三―三六頁）を、良風会については同一六八号（同年二月号、二六―二七頁）をそれぞれ参照のこと。
(54) その詳細は、明治以後に刊行された「日蓮主義著述」をまとめた守屋貫教編『明治以後日蓮主義者著述目録』（立正大学出版部、一九三三年）をみよ。ここには智学や日生の日蓮主義にとどまらず、日蓮門下内外の日蓮仏教に関する著作や論文が網羅されている。
(55) これは、この年の一月七日に雑司ケ谷本教寺の大教林で開かれた新年会での講演録である。
(56) 戸頃重基『近代社会と日蓮主義』（評論社、一九七二年）、一一三頁。

第五章　日蓮主義ネットワークと日蓮門下統合運動

一　天晴会による社会的ネットワーク

一九〇九年（明治四二）一月一五日午後四時、晴れ渡った冬空の下、神田一ツ橋の学士会館第二号室に社会的な名士三〇数名と『国民新聞』記者の坂本辰之介が集まり、天晴会の発会式が行なわれた。[1] 式は発起人総代の本多日生による会設立の趣旨と経過の説明、列席者の紹介にはじまった。ついで会規が議決され、東京帝国大学教授の姉崎正治による「法華経及日蓮上人に対する予の態度」の講演が行なわれた。そして衆議院議員の板倉中の信仰談をきっかけとして、三々五々の懇話会となった。一同食堂へ移動し、会食しながらのにぎやかな談話がつづき、清水梁山[2]による伊勢神宮についての神秘談、妙典研究会の松本郡太郎弁護士による天晴会結成の苦心談などが語られ、散会となった。

この日決議された会規をみてみよう。[3] 会規は七項目からなり、最初に（一）会名を「天晴会」と称し、『観心本尊抄』の「天晴ぬれば地明なり。法華を識る者は世法を得べきか」[4]の一節に由来することが明記されている。ついで、（二）「本会ノ目的ハ各自修養ノ為メ敬虔ナル態度ヲ以テ日蓮上人ノ人格及主義ヲ鑽仰シ進デ上人敬慕者ノ善友タランコトヲ期ス」として、日蓮の「人格及主義」を研究する団体と規定されている。[5]さらに(三)入会には会員の紹介と幹事会の承諾を要すること、(四)毎月第二土曜日に例会が開かれ、幹事会の決定によって臨時会も開催すること、(五)毎月の会費の徴集、(六)幹事を若干名設けること、(七)事務所を東京浅草区新谷町の慶印寺内に設置することが定められた。

こうして天晴会は日生によって立ち上げられた。幹事は日生のほか、高島平三郎(女子大学講師)、山根日東(顕本法華宗宗務総監)、山田一英(日蓮宗僧侶、茗谷学園主幹)、松本郡太郎(弁護士、妙典研究会代表)、姉崎正治、清水龍山(日蓮宗大学教授)、柴田一能(日蓮宗大学教授)、関田養叔(顕本法華宗大学林教授)がつとめた。当初の会員は四九名だった。[6]会員としては、顕本法華宗の今成乾随、井村日咸、野口日主、国友日斌、藤崎通明、里見日潮、笹川真応、鈴木日雄、日蓮宗の稲田海素、富田海音、脇田堯惇、加藤文雅、風間随学、風間淵静、中村孝敬、小泉日慈、釈覚円、守屋貫教、立正安国会の田中智学や唯一仏教団長の清水梁山といった宗教関係者をはじめ、三宅雄二郎(文学博士)、境野哲(東洋大学教授)、小林一郎(東京帝大講師)らの学者、政治家の板倉中や鈴木力(天眼)、吉田珍雄、牧野賎男、赤尾藤吉郎、柴崎守雄、鈴木充美らの弁護士、加藤八太郎(海軍主計大監)、吉田孟子(海軍中佐)、松岡静雄(海軍少佐)らの軍人、さらに会社員や妙典研究会の会員たちが名前を連ねた。

この年の一一月には会員数が一〇〇名を越え、翌年二月には一二〇名、その翌年(一九一一年)二月には一八〇余名を数えている。立正安国会の山川智応、日生に影響を受けた軍人の小笠原長生(海軍大佐、子爵)や佐藤鉄太郎(海軍大佐)、のちに小林一郎と法華会(天晴会から派生した知識人を中心とする日蓮主義研究会)を結成する矢野茂(大審院検事)らも入会している。

会員には僧侶、学者、政治家、軍人(海軍・陸軍)、弁護士、会社員のほか、国家官僚、官吏、検事、教育者、医師、ジャーナリスト、実業家、美術家、さらに村上浪六や幸田露伴などの小説家もいた。日生は、これらの社会上層の人びとからなるネットワークを組織して、日蓮主義の社会的な普及を図っていった。以降、社会的な影響力をもった天晴会の会員によって、日蓮主義が積極的に唱導され、日蓮主義という言葉とその主張が社会に流布していくことになる。

そもそも天晴会結成のきっかけは、日生による一般人（修養会、良風会、尚風会）や学生（茗谷学園宗義研究会、早稲田大学日蓮主義研究会）、知識人（妙典研究会）を対象とした講演活動にある。日生は社会的な名士を関係づけ、日蓮主義の社会的ネットワークを編成し、(7) この日蓮主義ネットワーク（とよぶべき社会関係）を通じて、上からの布教を推進していくことになる。このネットワークは、のちの門下統合運動や国民教化運動の有力な人的資源となった。

さて、発会式以降の活動であるが、二月一三日に学士会館で第二回例会を行ない、三月一四日には「天晴会発表大演説会」と第三回例会を神田一ツ橋の帝国教育会で開催している。演説会には場内満員の六〇〇余名の聴衆を集めた。清水梁山の「大日本」、三宅雄二郎の「無題」、高島平三郎の「情の日蓮上人」、境野黄洋の「日蓮上人の人格と其教義」、飛び入り参加の鈴木充美弁護士による「予の日蓮観」、『斯民』主幹・国府犀東の「予の見たる日蓮上人」、鈴木天眼衆議院議員の「日蓮主義より見たる加藤清正」がそれぞれ演説されている。以後も毎月例会が開催され、毎回、三〇名前後の会員が集まった。

また、この年の七月二一日から三〇日までの一〇日間、鎌倉片瀬の龍口寺で開かれた「天晴会夏期講習会」(8)では、従来の日蓮仏教の講習会とは異なり、各講師の講演内容は教学中心ではなく、バラエティに富んだ内容となっている。参加者は一四二名を数え、会員のほか、僧侶、教員、学生、農民、商業者などが参加している。参加者は在家者が多く、社会層的には中間層の人びとが多かった。

こうして天晴会は、毎月の例会を中心に夏期講習会や臨時会などを開催し、会員の紹介を介して社会の名士が

図７　1910年（明治43）**4月、京都での「三大家合同」。左から清水梁山、田中智学、本多日生。**写真提供：宗教法人国柱会。

数多く参加するようになる。なお、会員による講演の要旨が『統一』や『日宗新報』に掲載され、「日蓮主義」という言葉が両誌の誌面を大々的に飾るようになった。

さらに京都や大阪をはじめ、全国各地で支部も結成され、講演会や講習会が催された。たとえばこの年の五月三〇日、京都の円山公園近くのホテルで発会式が挙行され、京都天晴会が発足する。顕本法華宗からは野口日主や田上寛静、銀井乾升、鈴木孝硯、川崎英照が参加し、ほかに小説家の幸田露伴や立正安国会会員で医師の原志免太郎（智錬）も加わり、野口と原が評議員に選ばれた。翌一九一〇年（明治四三）四月三日から五日間、「京都天晴会春季大講習会」を妙満寺講堂で開いている。講師として京都帝国大学教授の上田敏、河上肇、内藤湖南、そして智学、清水梁山、日生が登壇し、毎夜三五〇余名の聴衆を集めた。この時、智学、梁山、日生の三人の日蓮主義者は、門下統合を協議している（いわゆる「三大家合同」）[9]。

四月二八日には数名の有志によって大阪天晴会が組織され、大阪市東区北浜の池田商店内に事務所が設置された。五月一日に中之島公園の銀水楼で発会式を挙げ、二一名の参加者が集まったが、実業家が多かった。そのうち実業家の池田為三郎、渡辺益夫、顕本法華宗僧侶の梶木日種、関西英学校校長のデビスン、顕本法華宗僧侶の松尾英四郎（もと新聞記者）の五人が幹事に選ばれた。翌年四月一六日には、中之島公園内の大阪ホテルの大広間で「大阪天晴会創立満一周年紀念大会講演会」を開いている。大会に先立ち、『大阪朝日新聞』や『大阪毎日新聞』に広告を出し、市内の著名人や新聞記者に案内状を発送した結果、五〇〇余名の参加者を集めた。当日は「仏教正閏論」（野口）、「宗教と道徳」（上田敏）、「現代と宗教」（松本郡太郎）、日生の「日蓮主義」が講演された。また六月一五日の大阪ホテルでの第一二回例会では、日生と智学を招き、智学は「法の尊重すべき所以」を、日生は「思想界刻下の話題」を講演した。ちなみに三日後の六月一八日、京都市会議事堂で立正安国会主催の国体擁護の演説会が開催されるが、日生がゲスト出演して、「時弊の匡救を論ず」を論じることになる（後述）。

ナショナリズムとしての「日蓮主義」

ここで、『天晴会講演録』全三輯におさめられた天晴会会員（非会員を含む）の特徴的な講演のタイトルを一瞥しておこう。

まず、第一輯には「我帝国と日蓮主義」（小笠原長生）、「日蓮上人の文学」（高島平三郎）、「日蓮上人の女性観」（松森霊運）、「国民的性格と日蓮主義」（細野辰雄陸軍中佐）、「日蓮主義より見たる自殺」（柴田一能）などが収められており、日生の講演として「阿含法華に対する日蓮上人の意見」、「日蓮上人に対する誤解に就て」、「日蓮上人の特長」、智学の講演として「国力護持」と「宗史小話」が収録されている。つづく第二輯には「日蓮主義と細民救済」（法学士で子爵の五島盛光）、「高山樗牛と日蓮上人」（姉崎正治）、「世界統一は誇大妄想なる乎」（高島）、「織田信長と日蓮主義」（辻善之助、非会員）、「日蓮主義と日本君臣の大義」（関田養叔）、「将来の宗教としての日蓮主義の各方面」(山川智応)、「軍隊教育と日蓮主義」(林太一郎陸軍少将)などが収められており、日生の講演は「天地晴明」、「日蓮主義と実生活」、「日蓮上人の信仰」、「身延記を拝して」、智学の講演は「佐渡前佐渡後」が収められている。さらに第三輯では「日蓮主義と感化事業」(松森)、「近代思潮と日蓮主義」(小林一郎)、「奮闘主義」(石橋甫海軍中将)、「法国冥合」(佐藤鉄太郎)、「宗教上の所感」(浮田和民、非会員)などが収録され、日生の講演として「日蓮主義の使命」と「予願副力」が掲載されている。多くの会員が、「日蓮主義」を講演のタイトルとしていることがわかるであろう。

なお、陸軍の細野辰雄は「国民的性格と日蓮主義」の講演のなかで、「私が国民生活の上から日蓮主義を観察しますと、根底深くして而も熱烈なる国家主義――忠君愛国主義――之を日蓮主義と称します」とのべ、「日蓮上人の主義は国家本位の上に血が迸しつて居ります」と断言している。[10] ほかにも小笠原長生、林太一郎、石橋甫、佐藤鉄太郎らの軍人の講演録をみると、彼らの日蓮主義は国体神話と接合されたうえで受容されていたことがわかる。世間に流布していくナショナリズムとしての「日蓮主義」というイメージは、こうした言説を通じて広まっていったのである。

拡大する日蓮主義ネットワーク

この時期、日生と顕本法華宗僧侶は天晴会以外にも数多くの団体を組織し、日蓮主義ネットワークをさらに広げていった。[11]

一九〇九年(明治四二)四月二八日、東京の顕本法華宗寺院が集まり、書籍出版・巡回演説・文書伝道による「教義宣揚」を掲げた東京顕本協会を結成し、浅草の妙経寺で発会式を挙げた。以後、品川の信徒団体・正法護持会と連携しながら活発に活動した。五月一五日には、関田養叔が徳教青年会という修養団体を結成し、毎月一五日の夜、浅草南松山町の法成寺（関田の自房）で、「実業青年精神修養講演」を行なっている。この年の秋、より専門的な教学を学ぶため、小笠原長生と吉田珍雄を発起人とする講妙会が設立された。日生の『法華経』講義が行なわれ、小笠原や林太一郎などの軍人、吉田や松本郡太郎、矢野茂といった法曹界関係者、外務省翻訳官・鄭永邦などの官吏、関田や井村などの顕本法華宗関係者が参加した。参加者は限定され、「真摯敬虔な士」に限って入会が認められた⑿。

翌年二月一六日、「日蓮上人の教に従ひ法華経の妙旨を信奉し、以て婦人の品徳を高め婦人の本領を発揮する」ことを目的とした妙教婦人会が結成される。本部が設置された浅草北清島町の常林寺で発会式が行なわれ、七〇名ほどの女性が集まり、日生が講演をしている。さらに三月六日、常林寺で第一義会が結成され、約一三〇名が集まった。「日蓮上人の教義を通俗平易に宣布し、純善の信仰を得さしめ、併せて人道の大旨をも教うる」ことを目的とした組織で、松本や吉田、関田らの天晴会会員によって運営され、毎月第一日曜日に例会が開かれた。

この時期、学生の間でも日蓮主義研究が流行する。東京では東洋大学の橘香会⒀や早稲田大学の日蓮主義研究会、東京帝大と一高の学生による樹洽会などが活発に活動し、京都や岡山でも学生団体が活躍している。五月一五日には、東京市内の学生団体を指導する日蓮主義青年会が野口、山根、関田らによって結成されている。

翌年以降も、さまざまな団体が東京近郊で組織された。一九一一年（明治四四）三月二五日、金坂義昌と三上義徹が「日蓮主義の大徳教に依りて国体の精華を闡明開発する」ため、国明会を浅草吉野町常福寺で組織し、五月一四日には、日生と小笠原丁（長生の弟）の発起による地明会（天晴会の女性団体）が衆議院構内の議員集会所で結成された。また、五月二五日には鈴木日雄が精神修養と宗教と信仰の啓発を掲げた親善会を結成し、七月八日には笹川真応が品川の妙蓮寺で養徳児童会をつくり、一一月一〇日には山根日東が浅草の慶印寺で地見会を創設している。さらに翌年一月一一日、浅草の妙経寺で野口が国家・君主・国民・父母に対する「四恩」を掲げた四恩教林を創立し、二月二七日には品川の本光寺で経王会が結成された。東京以外でも天晴会の支部（京都、大阪、姫路、豊橋、新潟、萩）や地明会の支部（盛岡、青森、姫路）が続々と結成され、ほかにも神戸の顕本協会と日蓮鑽仰会、見附の日蓮主義研究会と顕本法華宗婦人会、九州の日蓮主義研究会など、各地で日蓮主義団体の設立があいついだ。

このように日生をはじめとする顕本法華宗僧侶は、知識人、婦人、学生らを組織して、日蓮主義ネットワークを拡大していった。この時期の『統一』の活動報告欄では、全国の顕本法華宗寺院の報告のほか、これらの団体の活動が毎月にわたって報じられている。これらの日蓮主義ネットワークが、「日蓮主義の黄金時代」を支える社会的基盤となる。

二　大逆事件の発生

「あゝ大逆事件！、吾人は吾国開闢以来未だ曾て聞かざる所の此驚くべき大変事を目前に見るに至ッたのは、国民としていかにも悲痛恐懼の極みである」(14)。智学に「悲痛恐懼の極み」と嘆かせた大逆事件の発生（一九一〇年）は、智学と日生の運動に大きな波紋を投げかけた。ふたりはこの出来事を日蓮主義の立場から解釈し、対応策を図っていくことになる。

すでにのべたように、この時期、政府は国家体制の危機に直面し、天皇の権威を軸とした国体神話の普及による国家統合を図ろうとした。その天皇の権威に徹底的に反抗しようとしたのが、当時の社会主義・無政府主義運動のリーダーのひとりである幸徳秋水の周辺にいた管野スガ、新村忠夫、宮下太吉らの小数の「主義者」であった。そもそも日本の社会主義運動は、日清戦争をきっかけとする産業資本の確立期に立ち上がった。日露戦後の一九〇六年（明治三九）二月には、社会主義者が結集して日本社会党が結成され、大規模な市電値上げ反対運動を組織した。しかし、前年の一一月に渡米し、この年六月に帰国した幸徳秋水によって、普通選挙や議会施策によらない労働者の直接行動（ゼネスト）による社会革命が主張されはじめると、翌一九〇七年（明治四〇）二月の日本社会党第二回大会をきっかけに、社会主義運動は直接行動派と議会政策派に分かれた。結果、都市における社会主義者の指導力は後退し、第二次桂内閣のもと、秋水らの直接行動派は急進化していくことになる。

管野ら少数の活動家たちは、国体神話の信憑性が普及していくなか、爆裂弾による天皇暗殺を計画した。しかし、一九一〇年（明治四三）五月下旬から六月にかけて、秋水をはじめとする「主義者」たちは逮捕され、計画は未遂に終わった。検挙は全国の社会主義者・無政府主義者におよび、ここに大逆事件が発生する。そのうち、二六名が大逆罪として起訴され（秋水をはじめ、その多くが冤罪であった）、翌年一月、秋水ら一二名の死刑が執行された。

智学の反応――「大逆事件に於ける国民的反省」

智学は、この出来事にたいへんなショックを受け、「大逆事件に於ける国民的反省」（以下、「国民的反省」と略）を『日蓮主義』二三号（明治四四年三月一日発行）に発表した。そして、この「国民的反省」を各地の人びとに施本し、「深刻なる一大反省」を訴える国体擁護のキャンペーンを繰り広げることになる。(15)

智学は、この出来事を「国民の頭上に下されたる、天の一大警告」とみなし、その意味を次の三点に要約する。

「（1）此大事変は『人心悪』及び『時代悪』が産みたる反真理的反道徳的邪見の結晶なる事。

（2）此大事変は　今上陛下聖明の大威徳に因て人弊及び時弊の潜罪悪を叩発せるものなる事。

（3）此大事変は国霊の妙作として、一般国民に国体観念の自覚を促せる天の警告なる事。(16)」

智学は、秋水たちの思想を「君主を無用なりとする一種の邪見」であり、「無君主主義」の「反国体思想」と断定する。それが「人心悪」や「時代悪」の結晶であり、天皇の「大威徳」によって顕在化したと解釈し、この出来事を「国体観念の自覚を促せる天の警告」と捉え直すことで、国体擁護を強調したのである。

「今回の事件を堺《ママ》として、今日以降の日本は、生れかはりたる様に国民一般に反省を新たにして、国体観念の自覚を獲たいのである。[17]」

「国体観念の自覚」を繰り返し訴えたうえで、最後に日蓮の『蒙古使御書』の一節、「一切の大事の中に国の亡ぶるは第一の大事に候」を引用して、「日蓮大聖の訓言に警起して、猛然として茲に一大反省を起さねばならぬ」と結んでいる。

なお、巻末では総理大臣、文部大臣、司法大臣、宮内大臣、両院議員、官私大小学校に対して、「国体観念の自覚」のための具体的な施策が建言されており、御真影の奉安や教科書での国体観念の付与といった政府の政策と共通する提言が行なわれている。[18]

国体擁護のキャンペーン

まず、キャンペーンは「国民的反省」を施本する「国体擁護大挙施本発送式大布教」からはじまった。全国各地への発送作業（施本申し込みは四万部を数えた）は、東京の妙宗会が担当した。

その発送式が三月一八日に上野公園で行なわれ、あわせて野外演説会が催された。[19]田中顕一、鈴木智靖、山川智応、林智梵らは東京芝公園の妙宗会事務所に集まり、正午すぎに上野公園へ出発した。「国体擁護大挙施本伝道　妙宗会」の旗、「南無妙法蓮華経」と大書された玄題旗が掲げられ、一行は宗章旗（立正安国会の旗）を手にして皇城へ向かった。二重橋正門がみえると一同脱帽、正門前で合掌し、「今此三界是我有／其中衆生悉是吾子／而今此処多諸患難／唯我一人能為救護」（今此の三界は皆是我が有なり／其の中の衆生は悉く是れ吾が子なり／而も今此の処は諸の患難多し／唯我れ一人のみ能為救護を為す）の三徳偈を誦して玄題三唱している。宗教的敬礼を終えた一行は、会場へ向かった。宗章の幕が引かれ、大玄題旗がたなびく上野公園竹の台の会場には、すでに十数名の施本係の女性会員が待ち構えており、二〇〇〜三〇〇名の聴衆が演壇を囲んでいた。まず、顕一が日蓮仏教について一時間半にわたって演説し、ついで山川が国家と宗教の関係を語っている最中、智学が到着した。休憩後、智学が「国民的反省」の大意を約五〇分間かけて演説した。この日、会場では『日蓮主義』六〇〇〇部が施本され、さらに小学校教員にも三五〇〇部が施本されている。

翌日以降、第二回国諫運動として、四万部の『日蓮主義』が大々的に施本された。そして六月から七月にかけて、智学を先頭とする教団幹部たちが各地を巡教し、「国体擁護大演説」を行なった。[20]

まず、六月一〇日、大阪の中之島公会堂で演説会が開かれた。演説会に先立ち、大阪の会員たちは、多数の案内状を軍隊、官公庁、学校、銀行、会社、新聞社、大阪市内の実業家や名望家に発送している。また案内のビラを配布し、市内二〇ヶ所に立て看板を設置し、宣伝につとめた。その結果、当日は雨にもかかわらず、三〇〇〇人が会場に詰めかけた。

舞台正面には大書された天照大神の神勅が掲げられ、紫白の幔幕と金屏風一双で飾られた舞台には教団の青年部の伶人たちが着座している。別枝智救の開会の辞につづいて、宗歌が讃詠されたのち、桑原智郁が「神武建国の聖業」の演題で前講をつとめた。立正歌の合唱と舞楽「迦陵頻」の演奏の後、智学が登場し、「国体擁護の法」を演説した。国体の根本と反国体思想の悪弊を論じたところで休憩となり、舞楽「胡蝶」をはさんで、ふたたび智学が登壇し、国体観念の充実によって時代悪・人心悪を退治し、世界を覆いつくす日本国体の精果を発揮すべき方法を詳しく説いている。前後四時間におよんだ演説が終わると、国歌が斉唱され、「天皇陛下万歳」の三唱をもって演説会は終わった。

八日後の六月一八日、京都の市会議事堂で昼夜二回にわたる演説会が開催された。『京都日出新聞』(明治四十四年六月十九日号)二面には、政友会演説会や京都府教育会研究部主催の研究部懇談会の記事とならんで、「国体擁護演説会」の記事が掲載されている。皇族出身の日蓮宗僧尼・村雲日栄の臨席のもと、昼と夜にわたってそれぞれ五〇〇余名の聴衆を集めたことが報じられている。ちなみに記事によれば、三条の基督教青年会館で開かれた政友会の演説会には竹越与三郎や尾崎行夫ら五名が登壇し、二〇〇〇人以上の聴衆を集めている。『日蓮主義』の記事によると、演説会は京都の会員が発案し、京都の公職者や実業家、市会議長ら二〇余名を発起人として準備が進められ、開会の挨拶は愛宕郡長が行なっている。「国体要論」の演題を掲げた智学は、国体闡明によって現代の「毒想」を根絶することや、日本国の天職と東西文明の整合は皇国の「大徳用」に待つことなどを力説しながら、現状の救済を説いた。ちなみにこの日は——大阪天晴会の例会出席のために来阪した——日生と野老乾為がゲストとして招かれ、それぞれ「時弊の匡救を論ず」、「国民の自覚」を演説している。

立正安国会の教団幹部は、この日の演説会を「実に国体擁護の日蓮主義的唱導は漸く天与の時を得」たと評しているが、この「国体擁護の日蓮主義的唱導」こそが、このキャンペーンのねらいであった。智学たちは「国体観念の自覚」を通じて、(日本国体と不可分の)日蓮主義の信仰へ人びとを導こうとしたのである。

二一日、智学一行は兵庫室津の漁村にある立正安国会の布教所を訪ね、二四日には和歌山市の県会議事堂で開かれた演説会に参加している(主催は紀伊教育会和歌山支会)。知事以下、市長、官公吏、教育者、実業家のほか、市内の中学校生徒など二〇〇〇余名が集まり、智学は「須ラク国美ヲ済スベシ」を論じている。以下、二七日の岡山の庭瀬会堂では、保坂智宙が「昔ノ角釘ハ有リヤ」、智学が「仏口所生子」を論じ、七月一日の三重県四日市の新地座では、別枝が「盍ゾ天ノ警告ニ聞カザル」、長瀧が「日本建国の第一義」、智学が「須ラク国体観念ノ

図8　1911年（明治44）**6月18日、京都市会議事堂での国体擁護大演説会の光景。**写真提供：宗教法人国柱会。

充実ヲ図ルベシ」を演説した。さらに翌日、名古屋市会議事堂の演説会には一〇〇〇余名が来場し、別枝が「未曾有の感慨」、長瀧が「国と徳」、智学が「大親大義」をそれぞれ論じている。

以上のように、智学一行は、立正安国会の支部がある地方都市を二〇数日かけて回った。いずれの会場でも地方の名士や官吏、教育者や実業家をはじめとする数百人から数千人単位の聴衆を動員し、総計三万人の聴衆を集めている。しかし、これだけ大量の聴衆の動員には成功しながらも、ほとんど入会者を獲得することができなかった。

たしかにこの時期、大逆事件や南北正閏問題[21]によって、天皇や国体が社会問題化した。また、政府によって国体神話の普及も図られたわけだが、一方で、国体神話は、当時の人びとにとってそれほどリアリティをもつものでなかったことが、次の智学の嘆きからも明らかである。

「此頃は『国体』とさへ言へば、いわゆる現代的なる人たちはフフンと鼻であしらう様子だが、なぜ日本人はこうものが解らなくなッたのであらう[22]」。

国体が問題化した社会状況のなか、国体擁護を訴えることで演説会に数多くの聴衆を動員できても、智学たちの国体擁護や日蓮主義の主張に共感して、入会する人びとは少なかったのである。[23]

ただし、こうした「国体観念の自覚」を求める精神教化活動は、一九一〇年代以降の立正安国会（国柱会）の基本的な布教・教化戦略となる。

日生の反応―「日蓮主義と国士」

日生は、秋水たちの公判をかかさず傍聴し、二六名の事件関係者に教誨を申し出ている。そして死刑執行後、引受人のない刑死者を自房の妙国寺に埋葬したいと伝えたところ、堺利彦らに殺気立って追い返されたという。[24]「日蓮主義と国士」[25]という講演のなかで、日生は大逆事件について言及している。この講演は、幸徳秋水や管野スガ、内山愚童ら一二名の死刑が執行された一九一一年（明治四四）一月二四日（菅野のみ翌日に執行）の二日前、東京九段の陸軍偕行社における東京天晴会新年会で行なわれた（参加者は六〇余名）。当日は姉崎正治による「威話」、佐藤鉄太郎の「御国体に就て」、三宅雄二郎の「人格本位と教義本位」、そして日生の「日蓮主義と国士」が講演された。日生と佐藤の講演は完結しなかったため、翌月の例会で、姉崎の「生死」とともに続講が講じられている。

日生はこの講演で、無政府主義者や社会主義者たちに対して、国士という（日生の考える）あるべき人間像を対置し、日蓮主義との関係を論じている。その前提には、日蓮が「宗教界の偉人聖者」であると同時に、「我国国士の好典型」という日蓮理解があった。

まず、日蓮主義と国士は密接な関係にあり、「現代及び将来の国士としては。天晴地明の大見地に立たねばならぬ」とのべる。ついで国士の資格が「尊皇の大義」「愛民の施設」「名教の確立」「政治の皇張」にあり、これらが相互に関係することで、「健全に国家を擁護し得る」と強調している。講演の後半（つまり二月例会）で、現代の国士と日蓮主義との「甚深なる関係」を語るなかで、当時の「病弊」（社会危機）にふれ、その「病弊の最大なるもの」を「懐疑思想の蔓延」に集約し、「人生問題、社会問題、政治問題、経済問題、道徳問題、宗教問題等」の発生が原因であると指摘する。そして、その解決を国士の一要件である「名教の確立」、つまり日蓮主義の宣揚に求めた。

では、社会危機の解決は具体的にどのようにもたらされるのか。日生は、「救済の方法」として、「四悉檀の方式」を提起している。まず、「第一義悉檀」（宗教的真理の直接的な布教・教化活動）として「包容的統一的の名教の確立」を掲げ、次に「世界悉檀」（状況適合的な布教・教化活動）として「政治機関の信用の回復」「社会施策の実行」「学者の名教の自覚」「芸術家の覚醒」「新聞記者の責任」「教育家の識量」「宗教家の本領の自覚」「一般人民の戒慎」などをあげる。さらに「為人悉檀」（個人の能力に応じた布教・教化活動）として「精神的啓発」と「生活上の慰安」、「対治悉檀」（煩悩や偏見を除去しながらの布教・教化活動）として「政治上よりの取締」「毒思想の真相を国民に領解せしむべき事」「社会的制裁」を挙げた。すでにのべたように、「世界」「為人」「対治」の各悉檀は、「第一義悉檀」にいたるための手段である。

日露戦後の顕本法華宗・統一団は――感化救済事業や地方改良運動へのコミットメント、日蓮主義ネットワークの編成など――「世界」「為人」「対治」の各悉檀による布教・教化活動を実践していた。しかし、それらはあくまでも「包容的統一的の名教の確立」という「第一義悉檀」にいたる過程であった。日生は社会状況や人びとの立場・能力に応じた布教・教化を通じて、最終的には日蓮主義という「名教の確立」によって、大逆事件当時の社会危機を解決しようとしたのである。

法国相関論の整備

ここで、この時期、日生が自らの法国相関論をどのように整備していたのかをみておきたい。「日蓮主義と国士」の講演の前提には、当時の時代状況における日生の法国相関論があったからである。

日露戦後、日生は「国民生活と日蓮主義」(『東洋哲学』一六編一一号、明治四二年一二月一日発行)、「知法思国」(『統一』一七八号、同年一二月号)、「日蓮上人の理想」(同一九一号、明治四四年一月号)、「天地晴明」(『天晴会講義録』第二輯所収)、「日蓮主義と実生活」(同)、「我国将来の宗教と日蓮主義」(『統一』一九六号、明治四四年六月号)、「現代思潮と日蓮主義」(同二〇三号、明治四五年一月号)といった講演を通じて、日蓮主義による世俗問題への対応を熱心に主張し、「法国冥合」(政教一致)をさかんに力説している。

たとえば、「天地晴明」の内容をみてみよう。日蓮主義は「国家を救済するが中心であつて、即ち救済の目的の中央本隊は国家で右翼は個人左翼は世界人類である」。日生の日蓮主義も――智学と同じく――あくまで「国家」が中心であった。また、『三大秘法抄』を引用しながら、「二者相依り相扶けて国家の目的と仏法の目的とを達せんとする」ことが、日蓮の理想であると語っている。『三大秘法抄』を根拠として「法国冥合」を主張するスタイルは、日生においても一貫している。

また、「我国将来の宗教と日蓮主義」[26]にも、この時期の日生の法国相関論が表明されている。ここで日生は、宗教家の責任がますます重くなってくるとのべたうえで、「現代及び将来の宗教は国民道徳の涵養とか、国家思想の啓発とか云ふ新しい必要によつて発達をなす」と強調した。こうした宗教のありかたを満たす「将来の宗教」の五つの条件として、(一)理想と現実が根本的に融合せられて居る宗教、(二)最も善く我国体を擁護する宗教、(三)最も善く我国民性を発揮する宗教、(四)知徳を兼備して国家の進歩を翼賛する宗教、(五)世界の各宗教に比較して優に卓越する宗教という要件を挙げ、とくに二番目について、日生は次のようにいう。

「宗教は個人の救済に尽し平等の慈愛がなくてはならぬが、その当面の目的を国家の興隆に置き、我御国体を教そのもの、根本意義よりして擁護し上《たてまつ》るものが即ち日蓮主義の特色である。(27)」

さらに、大逆事件に連座した真宗大谷派の高木顕明や曹洞宗の内山愚童を批判しながら、「日蓮主義は主義其ものに於て我大日本帝国を最も善く擁護するものである」とのべ、日蓮主義存立の前提が国家の興隆と国体の擁護にあることを指摘する。とはいえ、「王法の上でこそ、［教育―筆者注］勅語も天照大神も絶対のものであるが、宗教の上からは絶対無限のものではない、宗教の上より言えば和光同塵で、天照大神、正八幡等は其本体たる本仏の現はれである」と、本仏釈尊重視の立場から、宗教の優越性を担保していることにも注意しておこう。

以上、日生の法国相関論は、大逆事件をへて、国家や国体の位置づけが一層重視されながら組み立てられていった。王法（国家・国体）と仏法（宗教）の密接な関係を、日蓮の「立正安国」「知法思国(28)」「天晴地明」のテーゼを用いながら、日生は繰り返しさまざまな場で説いている。ただし、日生の「国家」概念はほぼ現実の国家機構が措定されており、この点は智学との違いである。

三　政府の政策との連携

次に大逆事件後の両者の活動をみていくことにする。

立正安国会は、国体擁護のキャンペーンを終えた一ヶ月後、一九一一年（明治四四）八月三日から二三日までの三週間、三保最勝閣で「第二回本化仏教夏期講習会」を開いた。前年の講習会では、小笠原日毅（日蓮宗）、信隆日秀（本門法華宗）、本多日生（顕本法華宗）、富谷宣誠（本門宗）、嶼村日正（本妙法華宗）らの日蓮門下僧侶、姉崎正治や高島平三郎らの学者、小笠原長生らの軍人といった多彩なメンバーが講師を担当した。しかしこの時は外来講師は姉崎のみで、ほかは智学と教団幹部（山川、長瀧、中村智蔵）が講義を受けもち、参加者は寄宿者二五四名、通学者二三三名の計四八七名を数えた。各講師の講義を中心として、朝の礼拝のほか、茶話会、海水浴、納涼談話会、運動会、修学旅行などの行事も行なわれた。八月一九日には、参加者一同、高山樗牛の眠る龍華寺へ墓参している。

会期中、智学は午前中に「本門戒壇論」を二時間、午後に「日本国体学」を二時間、三週間連続して講義した。ここではじめて「日本国体学」という言葉が用いられた。智学は自らの日蓮主義的な国体論を「日本国体学」と命名したのである。ちなみに、この講義は「御製講義（日本国体学）」と題され、明治天皇の御製一三〇首を智学が解説するという形式で進められた。

ここで、『日蓮主義』一一九号（同年九月一日発行）一頁に発表された智学の「日本国体学の創建」に注目したい。智学が「日本国体学」を創唱した動機をうかがうことができる。

「『日本国体学』は、日本人よりも世界の人に要用なる大学問なり、世界将来の文明に於て解決すべき問題は唯一つなり、即ち世界の見地よりして日本を研究すべきの一事是也」。

智学は日本国体を「世界の見地」から研究すべきだという。そのための学問が、「日本国体学」であった。この「世界の見地」というインターナショナルなまなざしは、「皇宗の建国と本化の大教」からつづく問題意識だが、さらに「人類一般の世界的自覚の来らん時、必ず一たびこの関門を経由せざるべからざる究極の運命を有す」とのべ、「国体観念の自覚」の必要性を「人類一般の世界的自覚」にまで敷衍する。そして、「今や、聖訓をかゝげて国体の大学問を組織講明するに至る、正しく是時なり」と、近日、「日本国体学」が体系化されることを示唆している。それは一九一〇年代を通じて実行されていくが、その起点がこの講義にあったことを確認しておこう。それが「本門戒壇論」の講義と一対であったことも。

立正安国会の第三回国諫運動

翌一九一二年（明治四五）三月九日、『妙宗』と『日蓮主義』が合併され、『国柱新聞』が新たに創刊された。『日蓮主義』と同じタブロイド版で月三回の発行だった。一面の最上段中央の「国柱新聞」のロゴ（背景は赤）の右には日本建国の要義、左には釈迦世尊と国聖日蓮の聖訓が掲げられ、欄外を『日蓮主義』と同じように標語（警世訓）が飾った。

『国柱新聞』の創刊は、『日蓮主義』の編集方針――日蓮主義の社会的普及――をさらに推し進めたものだった。「国柱新聞創刊の辞」(29)によれば、『妙宗』から『国柱新聞』への移行は「時機の当然推移すべき歴程」であり、「日蓮主義の自然開展の三段落」であった。『妙宗』以前の機関誌は『妙宗』によって「整頓」されたが、『妙宗』は会員がおもな対告衆（読者）であり、その時期は「純宗教的時代」であった。次の『日蓮主義』では「社会的評論」が試みられ、その主張を「国民的に普及せん」ことをめざしたが、まだ「半宗教的半国民的」であった。この『国柱新聞』で、ようやく「純国民的思想としての日蓮主義」を主張するまでに達した、と智学はいう。「国柱」とは日蓮の『開目抄』の一節、「我日本の柱とならむ」(30)からの命名だが、「『日本の柱』といへば、直ちに世界の柱である人類の柱である」と、あくまでも日本を中心化している。

こうして『妙宗』『日蓮主義』『国柱新聞』は、それぞれ純宗教的、半宗教的、純国民的（機関誌）と位置づけられた。

なお、智学にとって日蓮とは「日蓮宗の祖師日蓮上人」ではなく、「日本の国聖たる日蓮聖人」であった。この「国聖日蓮」は「寺院堂龕《どうがん》の中に封じ込」められるべきではなく、「国民的に奉ずることを理想として居る」のであり、その教えは「活世間の原動力」であった。智学は、よりはっきりと「国民的思想」というナショナリスティックなまなざしから日蓮主義をとらえ、それを国民一般に普及するためのメディアとして、『国柱新聞』を立ち上げたのである。

四月三日、『国柱新聞』二号が発行される。「日本国体の内容は　神武天皇の大思想なり」という副題をもつ「神武天皇の建国」の目次とあわせて、「太廟太陵参拝新議――全国尋常六年の児童を率ゐて毎年国民的参拝を行はしむべし」と「鎮守論――一自治区一社と為し必ず　皇祖を奉祀すべし」が掲載された。ちなみに「神武天皇の建国」は三一号（大正二年三月一一日発行）まで全二三回にわたって連載されたが、このなかで「八紘一宇」という言葉が造語された[31]。

智学は「太廟太陵参拝新議」と「鎮守論」の主張を社会的にアピールするため、第三回国諫運動を組織する。前者では国民の国体観念を啓発するため、毎年、全国の尋常小学校六年生の児童を伊勢神宮と畝傍太廟に参拝させることを義務づけることを提案している。後者では「敬神思想の整生充実を計て、其中心を確立する」ため、全国の鎮守（神社）の祭祀方法についての改革を提起した。すべての神社を天照大神と神武天皇、代表的郷土神を祀る形式に統一し、社殿には教育勅語（智学は「勅教」とよぶ）を奉安して、一自治区につき一神社とすることを提案した。こうした神宮参拝と神社統合を通じての国家統合の主張は、政府の政策と重なりあっていた。

同月一一日、「大挙国諫号」と名づけられた『国柱新聞』二号が親展書をつけて、智学の提案に対する賛否を求め、一二〇〇名の「上流人士」に発送された[32]。その対象は、元老、大臣、元帥、枢密顧問官、宮中顧問官、各省の次官と局長、貴族院と衆議院の両議員、貴族、学者、教育家、実業家、文芸家、少将以上の現役の海陸軍人、連隊長、軍艦長、各地方長官などであった。

その後、全国の市長村長、官吏、市町村会議員、小学校教員、計一万二〇〇〇名に対して、贈呈書が添えられた全二万四〇〇〇通の発送が準備された。五月二六日の発送をめざして、宛名書きは三保最勝閣で、封入や切手の添付は東京の中央仮事務所でなされた。その間、先に発送した「上流人士」からの返事が届いている。枢密顧問官士爵の金子堅太郎、貴族院議員で男爵の阪井重季らの政治家、上田万年、福来友吉、姉崎正治らの学者、井上円了や実践女学校長の下田歌子らの教育者、陸軍中将の大迫尚道や海軍中将の服部彪らの軍人、三井物産社長で第一銀行取締役の三井八郎次郎や安田銀行顧問の安田善次郎らの実業家などから、智学の提案に対する賛成意見が寄せられている（下田は「太廟太陵参拝新議」への賛成のみ）。

五月二〇日、上野公園竹の台で妙宗会の会員が中心となって、「国諫開始報告大伝道」が行なわれた。宗歌の演奏、志村と長瀧の演説が行なわれ、『日蓮主義』一三〇〇部、『国民的反省』五〇部がその場で施本され、「国家諫暁各所講演日割表」と「国柱新聞の広告箋」数千枚が聴衆に手渡された。翌日以降、東京各所と横浜で連日にわたる講演会が催されている。日程と場所は以下の通りである。

五月二一日（昼）日本橋の常磐木倶楽部　（夜）芝烏森の新橋倶楽部
二二日（昼）本郷真砂町の本郷倶楽部　（夜）九段坂下の九段倶楽部
二三日（昼）赤坂溜池の三会堂　（夜）神田の福田屋
二四日（昼）両国の両国倶楽部　（夜）神田小川町の南明倶楽部
二五日（昼）横浜の賑町賑座　（夜）同

三保から二一日に上京した智学をはじめ、保坂、長瀧、山川、中村、別枝、志村といった幹部が日蓮主義や日本国体をテーマとした演説をしている。智学は毎回、「国家諫暁」の演題で熱弁を振るった。

二五日昼のプログラムを一瞥しておこう。この日、「大挙国諫演説会」の立看板が掲げられた会場の賑町賑座には、二〇〇〇人の聴衆が集まった。本化真教会の小西熊吉の開会宣言につづいて、志村智鑑が「立正安国」、保坂智宙が「點鉄為金」を演説し、智学が「国家諫暁」を語っている。演説終了後、智学の発声で、「天皇陛下万歳」を三唱し、閉会となった。

なお、翌二六日には、『国柱新聞』二号の発送式と演説会が一七〇〇名の参加者を集めて神田の女子職業学校講堂で行なわれた。この日をもって、第三回国諌運動は終わった。

三教会同とは何か

大逆事件後、日生はさらに上からの布教・教化をめざして、政府と密接に交渉していく。いわゆる三教会同への参加である。

大逆事件後の桂内閣は、社会主義や無政府主義などの危険思想に対する思想対策（思想善導）を強化していく。一九一一年（明治四四）、地方長官会議で教育勅語の趣旨を宣伝し、敬神崇祖の観念を徹底することが指示され、また通俗教育調査委員会の設置によって、社会教化の振興が計画された。桂内閣は「一方では社会主義運動を弾圧しつつ、一方では宗教や報徳思想等を通じての教化運動や、恩賜財団済生会等の設立という救済事業を通じて国民に臨んだ」[33]。この思想善導の社会教化の重要な一環として、三教会同が実施された。

一九一二年（明治四五）二月二五日、原敬内務大臣主催の三教会同が華族会館で開かれた[34]。当日は政府側から原敬内務大臣、床次竹二郎内務次官、松田正久司法大臣、林薫逓信大臣、斉藤実海軍大臣をはじめとする各省の次官・局長二〇名あまりが、宗教界からは七三名が参加した。うち五三名が仏教者、一〇名が神道家、七名がキリスト教徒であった[35]。もともとこの懇親会は、内務次官の床次の立案によるものであった。床次は原敬をはじめ、山県有朋、松方正義、大隈重信らの元勲に意見を仰ぎ、さらに姉崎正治や佐藤鉄太郎、小笠原長生、そして本多日生にも意見を求めて賛意を得ている[36]。床次は三教会同の趣旨を次のように説明する。「今回の計画の目的は（一）宗教と国家との結合を図り宗教をして更に権威あらしめ国民一般に宗教を重んずるの気風を興さしめんことを要す、(二)各宗教家の接近を益密ならしめ以て時代の進運を扶翊すべき一勢力たらしむるを要す[37]」、と。この見解が世間で波紋をよんだ。『万朝報』や『二六新報』、『東京朝日』などの各新聞は批判を寄せ[38]、衆議院でも質疑がかわされた。その結果、内務省は宗教を利用しないこと、国民に宗教を振興することに関しては運動してもよいこと、政教を混同せず、床次の意見は内務省の見解ではないことが、原内相によって答弁された[39]。宗教家の間では「会同」が「合同」と誤解され、村上専精や高島米峰などが反対を表明している[40]。こうしたなかで、三教会同が開催された。

当日のセレモニーは何ら具体的な決議や意見の交換のないまま、あっけなく終わった。翌日、今度は宗教者側が政府関係者を華族会館に招待し、次のような決議を行なっている。それは、「吾等ハ各々其教義ヲ発揮シ 皇運ヲ扶シ益々国民道徳ノ振興ヲ図ランコトヲ期ス」ことと、「吾等ハ当局者カ宗教ヲ尊重シ政治宗教及教育ノ間ヲ融和シ国運ノ伸張ニ資セラレンコトヲ望ム」ことであった[41]。宗教団体と当局者の間の「あるべき国家と宗教」の関係が宣揚されていることに留意しておこう。なお、この決議には、日蓮門下教団からは本門宗総務の井上正山、日蓮宗不受不施派の花房日秀、本妙法華宗管長の長谷川日感、顕本法華宗管長の本多日生、日蓮宗富士派管長の阿部日正、日蓮宗管長の旭日苗、日蓮宗総監の佐野前励、本門法華宗執事の森智孝らが署名している。

日蓮宗、顕本法華宗、立正安国会の見解

ここで、三教会同に対する日蓮宗、顕本法華宗と立正安国会の見解を確認しておく。

日蓮宗の見解は、加藤文雄(日蓮宗僧侶、加藤文雅の子息で『日宗新報』主幹)の「内務省と三教会同」(『日宗新報』一一七〇号、明治四五年一月二八日発行)、「教法の権威と国家の権威」(同一一七二号、同年二月一一日発行)や佐野前励宗務総監の「三教会同に就て」(同一一九三号、同年七月一四日発行)などに表明されている。加藤の

「内務省と三教者会同」では、三教会同を「国政上の一進歩として歓迎す」ることが言明されている。政府の宗教利用である、宗教の国家迎合であるといった批判に対して、「教法の権威と国家の権威」で「日蓮主義者は、国と法との冥合を理想として終始一貫決して節を曲げぬであらう」とのべ、「教法に捧ぐる信念と、国家に致す至心とは、日蓮主義者の根本精神に於ては一である」と力説している。加藤にとって、三教会同は「法国冥合」（政教一致）実現のための一手段であり、そのための「国政上の一進歩」であった。[42] 一方、佐野前励の意見は、確信犯的でさえある。

「皇室扶翼と国体擁護とは、専ら在来の仏教に拠つて其の実を挙げんと欲するは、政府の密かに希望する処なり、元来、宗教を度外視して顧みざりし政府者が、今や斯くの如き穏健着実なる態度雅量を示す、これ実に宗教家の乗ずべき好機にあらずや。[43]」

佐野は「宗教家の乗ずべき好機」として、この機会を利用することを宗務総監の立場から主張している。加藤も佐野も、三教会同を肯定的にとらえていたことがわかるであろう。

では、顕本法華宗の見解はどうだったのだろうか。

三教会同に対する日生の見解は、『統一』にはみあたらない。[44] そのため、当時の『統一』の編集主任・三上白碧（義徹）の「神仏耶三教会同に就て」（『統一』二〇四号、明治四五年二月号）と「国家経綸に関する会同」（『統一』二〇五号、同年三月号）をみておこう。

三上は、前者で三教会同が「国家として益する所あると共に宗教家として亦快事であらうと思ふ」とのべ、後者で「宗教が個々の精神に向上と満足を与ふると共に国運の興隆を企図するは本来の特色にして、之が為に為政者と協力和衷の挙に出づるは至然の措置なり」と断言している。三上にとって、宗教が政府と「協力和衷」し、国家と宗教が提携するのは「至然の措置」であった。

このように日蓮宗と顕本法華宗にとっては、三教会同は政府が（公に）宗教の提携を表明した重要な出来事であった。以後、両教団は政府の政策と協調して国民への教化活動を進めていく。とりわけ日生においては、（後述する）自慶会（一九一八年）や知法思国会（一九二八年）などの設立を通じて、政府の教化政策とリンクしながら自分たちの運動を展開していった。

では最後に、立正安国会の見解をみておこう。

「注意すべき二つの事項」という智学の見解が、『日蓮主義』三四号（明治四五年二月号）に掲載されている。智学はこうのべる。「今日までの政治者流《りゅう》は、あまりにも宗教を度外しすぎた」ので、「政府の今回の挙は、正しく経国の一進歩」である。しかし、それは「宗教の主的性質に関係せざる、その属性的任務だけの聯合提携」でしかなかった。智学にとって三教会同は、不充分な政教関係でしかなかった。さらに『国柱新聞』二一号（同年四月三日発行）の欄外には、「三教会同は流産に終わらずして死産なりき」との言葉もみられた。

明治天皇の崩御

第三回国諫運動が実施された二ヶ月後、一九一二年（明治四五）七月三〇日、智学にとって「生れて始めての悲しみ[45]」が到来する。——明治天皇の崩御である。

「明治人にとって、天皇は近代の発展を象徴する人物であった[46]」。典型的な明治人である智学にとって、明治天皇の崩御は大きな悲しみであり、「天皇」が教学的に重要な存在として位置づけられている立正安国会にとって、大きな痛手であった。

明治天皇という権威の死は——鈴木正幸が指摘するように——国内に「天皇観・国家観の流動化[47]」をもたらし、日露戦後の社会的アノミーを増幅した。明治天皇の後を継承した大正天皇の即位は権威の回復をもたらさず、国体神話の信憑性が低下し、権威不在の機関説的な状況を生じさせた。また、大正政変や第一次護憲運動などを通じて、権力中枢の不安定化も進行することになる。

では、智学と日生は、明治天皇の死をどのように受け止めたのだろうか。

まず、立正安国会からみていこう。[48] 一九一二年(明治四五)七月二〇日、場所は三保最勝閣。会員たちは第三回国諫運動を終えて、八月三日からの夏期講習会の準備を進めていた。そこへ今上天皇重患の知らせが届いた。智学をはじめとする全会員は斎戒沐浴して身体を清め、大宝殿に集合し、平癒祈願の修法を修めた。この時、心理学者の高島平三郎が滞閣中で、高島も修法に参列している。祈願は連日連夜つづけられたが、三〇日午前〇時四三分、ついに天皇は崩御する。里見岸雄の述懐によれば、天皇崩御の「一大悲報に全員は皆すすり泣いた」。[49] この時、当時一六歳の里見は「侵すべからざる威厳の持主と思ってゐた智学が落涙嗚咽したのでびっくりした」ことを、後年、自伝に記している。[50] 智学にとってこの出来事は、「生れて始めての悲しみ」であった。

大行天皇の奉弔大法会が九月一六日から二四日まで修められた。この法要は、一六日の大行天皇追弔大法会にはじまり、翌日の今上天皇御祈願法会、そして一八日から二四日までの「本化教判法華八講」という特別の儀式によって挙行された。法華八講とはもともと平安時代の天台宗僧侶によって行なわれた儀式であるが、古代の儀相(式次や式服)を用いて、本化仏教(日蓮仏教)の立場から再構成して執り行なわれた。この法会には、樺太から大分までの全国各地の会員数百名が参列している。

儀式後の二五日には京都と大阪の会員がくわわって、智学を先頭とする一五〇余名が桃山御陵を参拝した。参拝を終えた志村智鑑は次のようにのべている。「吾等の、猛烈なる国体擁護の思想はいよ〳〵向上し、明治天皇大聖尊霊に対する、永遠の御報恩は、唯だ正しく深き意味に於ける国体擁護の活動の為に努力するにあるを心に強く刻されたのである」[51]、と。会員たちにとっても、明治天皇の死は「大なる悲しみ」であり、その追悼の法要もきわめて篤く行なわれた。

「国体の権化」としての明治天皇

これ以降、「日本国体学」のなかで明治天皇が重要な位置を占めるようになる。智学の明治天皇論としては、『国体の権化明治天皇』（師子王文庫、一九一三年、以下、『国体の権化』と略）、『明治大帝論』（天業民報社、一九二七年）、『明治天皇の哲学』（天業民報社、一九二九年）などがある。『国体の権化』は、この年の一〇月二七日、栃木の本化行学会（立正安国会の地方組織）主催によって行なわれた「国民教育仏教実義講演会」の講演録である。当初、『国柱新聞』に速記録が掲載されたが、翌年の七月に小冊子として刊行された。また、奉弔大法会の直前に発行された『国柱新聞』一五号（大正元年九月一日発行）掲載の「大行天皇の御大喪に就て」は、これらの明治天皇論の原点というべきテクストである。ここでは、この「大行天皇の御大喪に就て」と『国体の権化』を取り上げて、確認しておく。

前者は「（一）悲哀大悲哀」と「（二）本化教徒としての哀悼」からなるが、注目すべきは（二）である。智学は、明治天皇の崩御を「本化教徒の立脚地から」、次のようにのべる。

（明治天皇は）「実はこの日本国が世界の中心であッて世界の盟主として、全世界の思想道徳を統一するところの本門の大戒壇世界第一の本尊の立つべき大霊国たる、本仏本化の預言の通り、其準備の為に出現された大菩薩であると信ずる、『此菩薩折伏を現ずる時は、賢王となッて愚王を誡責す』とある所の本化大菩薩の御出現である」[52]。

ここには、天皇＝戒壇願主＝上行菩薩＝賢王という『本化妙宗式目講義録』の見解が表明されている。とりわけ『観心本尊抄』摂折現行段の一節が引用されて、天皇が賢王であると断定されていることに注目されたい。

一方、『国体の権化』では、明治天皇が「釈迦基督等の大聖人と匹敵して世界に指を折るべき所の偉大なる聖人」と位置づけられて、その事蹟を教育勅語の宣示、大日本帝国憲法の発布、「国体の御自覚体現」にまとめている。[53] 智学にとって、明治天皇は「国体の自覚」を体現した「国体の権化」であった。この「国体の自覚」を失っているのが、今の日本であり、智学は国民が明治天皇を通じて日本国体を自覚することを要求するのである。

智学の明治天皇論は、『明治大帝論』と『明治天皇の哲学』によってさらに精緻化されていくが（第九章一で後述）、ここでは智学にとって明治天皇と日本国体が一体であること、智学の日蓮主義（的国体論）には明治天皇の存在が不可欠となったことを確認しておきたい。智学にとっては、明治天皇ならびに明治という時代がその後の行動の基準となっていく。[54]

では、日生はどのように対応したのだろうか。その時、日生は浅草にいた。七月二三日から二九日までの一週間、天晴会主催の第三回夏期講習会が浅草の統一閣で開催されていた（後述）。講習会最終日の夜、日生や姉崎正治は明治天皇危篤の号外を手にする。天皇崩御をへて、八月三日、統一閣主催の大喪大法要が営まれ、日生を導師として東京府下の顕本法華宗全寺院の僧侶が参加した。[55] 日生は全国の僧侶に対して、大喪中の心得を訓示している。五日には大行天皇奉薦会を挙行し、天晴会会員が参列した。矢野茂大審院検事が天晴会を代表して奉薦文を奉読し、八代海軍中将と姉崎、日生がそれぞれ講話をのべた。九月一四日には明治天皇遙拝追悼式が営まれ、[56] この時期、各地の顕本法華宗寺院でも追悼の法要が行なわれている。

なお、『統一』二一〇号（大正元年八月号、八月一五日発行）は、今上天皇による皇位継承の勅語を掲げ、追悼の辞と姉崎による「御製拝読の感」を掲載している。しかし、明治天皇崩御に対する日生の見解は、『統一』にはみることができない。崩御についての記事もほとんどなく、『国柱新聞』や『日宗新報』と対照的である。以後も、日生は――智学にくらべて――「天皇」への言及は多くない。

四　教団組織の再編成

一九一〇年代初頭、統一団と立正安国会は教団組織を再編成して、新たな体制のもとで運動を繰り広げていく。最初に統一団の再組織化からみていこう。

一九一〇年（明治四三）前後から、宗派内外の活動が活発化したことにより、日生は新たな宗教施設を建立することになり、一九一二年（明治四五）四月二七日（立正会）、東京の浅草北清島町に統一閣を開堂した。それまで統一団をはじめとする各団体の活動は、同地の常林寺内の会堂を使用していたが、常林寺と盛泰寺、安盛寺の三寺を合併し、村上貞蔵、中村祐七、安川繁種などの篤志家の浄財によって、一〇〇〇余人を収容できる新会堂が建立された(57)。以後、日生が亡くなるまで、統一閣は統一団と顕本法華宗、各団体の活動拠点となる。さまざまな演説会や講演会、天晴会や地明会などの会合、労働者の慰安会、毎週日曜日の日曜講演などが行なわれ、その活動報告が『統一』に掲載されている。統一閣は当時の人びとに広く開かれており、上野と浅草の間という交通の便利さもあり、檀信徒以外の一般人も集めて、数多くの催しが実施されている。開堂当初は、第一義会が毎月第一日曜日、妙教婦人会が毎月一六日、日蓮主義青年会が毎月第三日曜日に公開演説会を開いている（いずれも午後一時三〇分開始）。さらに毎月、日生を先頭に顕本法華宗僧侶、統一団団員、天晴会会員等が登壇し、演説を行なった。

なお、稲垣真美は次のような日生の逸話を紹介している。「私の父の話では、明治末年から大正初年にかけて本多の講演は他宗派の学生も多くききに行き、工場などの巡回講演もして、専門の宗教学生には田中智学よりも

図9 1912年（明治45）**4月に開設された統一閣**（撮影年不明）。写真提供：財団法人統一団。

評判が高かったそうである」[58]。日生の講演録を読めばわかるように、その内容は非常にわかりやすく、当時、学生に限定されない人気を誇っていたことがうなずける。事実、日生の講演めあてにたくさんの人びとが統一閣を訪れている[59]。

さて、四月二七日の開堂式には、顕本法華宗宗務庁員、大学林教職、監督布教師、評議員、宗会議員、東京府下の寺院住職をはじめ、京都の妙満寺婦人会会員、盛泰寺・安盛寺・常林寺の各檀信徒、第一義会、妙教婦人会、東京天晴会および各地の天晴会、東京地明会および各地の地明会、講妙会、正法護持会、樹治会、橘香会などの会員たちが結集した[60]。日生は、大導師として五〇余名の僧侶を率いて音楽大法会を修めた。慶讃文のなかで、日蓮の聖訓「時を知るを大法師となす」や日什の遺戒「帝都の弘通を励むべし」を紹介しながら、日生は次のように宣示した。統一閣は「内に此の聖訓と遺戒とを奉じ、外に時代の要求に応ぜんと欲するの微衷に出たり」。つまり、時代の要求に応じるための「帝都布教道場」として、統一閣は建立されたのである。

法会の後、講演会が開かれた。野老乾為、野口日主、日生、朝倉俊達、国友日斌、能仁事一、萩原啓門らの顕本法華宗僧侶によって、八時間におよぶ講演が行なわれ、一三〇〇名の聴衆を集めている。翌日には「純正日蓮主義講演会」が催され、日生以下、矢野茂、佐藤鉄太郎、五島盛光、姉崎正治の天晴会会員による講演があり、一一〇〇余名の聴衆が来場した。講談、琴、三味線、尺八の演奏などの余興も行なわれ、宮岡直記海軍中将の発声による「天皇陛下万歳」の三唱で閉会している。翌二九日には、演芸会が催され、琴、謡曲、筑前琵琶や洋楽が演奏され、中川望内務書記官が「日本と西洋の異点」を講演している。堂内には一三〇〇名の人びとがあふれ、その盛況ぶりに入場を制限するほどであった。こうして式典は、三日間で計二五時間の講演と余興を行ない、計三七〇〇名の参加者を集めて盛大に執り行なわれた。

この後、統一閣では定期的な公開演説会のほか、七月二〇日には大日本聖祖門下在京雑誌記者会主催の「日蓮主義大講演会」が開かれている。この会は、この六月に結成されたばかりの在京日蓮門下の雑誌記者の集まりで、『日宗新報』『法の響』『統一』『活宗教』『大獅子吼』『村雲婦人』『布教』『めぐみ』『妙教』『師子吼』の各記者が集まった。[61] 二三日から二九日までは、天晴会主催の第三回夏期講習会が開催された。この夏期講習会の最終日に、明治天皇が崩御したのである。

統一団の独立

『統一』二一一号（大正元年九月号）で、日生は「統一団翼賛員勧募の辞」（以下、「勧募の辞」と略）を発表し、「統一団規則」を再規定した。統一閣の建立によって統一団を再組織化し、組織の財政を支える援助者（翼賛員）を募集している。これまで統一団と顕本法華宗は未分離の関係であったが、この施策は統一団が財政的に独立することで顕本法華宗からの相対的な自立を図るための施策だったのではなかろうか。[62]

「勧募の辞」では、今後の統一団の運動方針が語られている。その冒頭、次のようにのべている。

「我国民は不幸にして維新以来宗教に対する適当の考慮を缺き冷眼に看過したりしが今や具眼の士女はその謬見より醒めて宗教の人生国家に有する切実なる効用を認むるに至り熱誠なる求道者頓かに多きを加ふ」。[63]

一八九六年（明治二九）の統一団結成当時と異なり、日蓮門下関係者にではなく、国民に対して、「宗教と人生国家」の関係を語っている日生のまなざしに注目されたい。つづけて、「日蓮主義の充全なる発揮は人生の上にも国家の上にも最善の効果を与ふる」と力説したうえで、「主義主張」(思想)において、「不健全なる思潮を匡救するに努め所謂国民の健全なる思想の涵養に資し社会状態の善良なる発達に貢献する」ことをうたい、「運用活動」(実践)において、日蓮主義の講演、学生への指導や啓発、一般人への演説や説教、雑誌の発刊、文書の布教の実行を宣示している。さらには「現実社会を指導匡救する」ため、労働問題や社会政策の研究、社会教育の講演会、労働者の慰安会開催、人生相談や法律相談、夜学会や監督寄宿舎の開設など、人びとの現実的な生活に密着した方針を提起し、これらの活動への支援を訴えている。つまり、ここでは日露戦後の運動の方向性が再定式化されているのである。

次に「統一団規則」(以下、「規則」と略)を確認しておく。「規則」は「目的」「名称」「事務所」「翼賛員」「資産」「会計」「役員」「評議員会」「補足」の全九章からなる。[64] まず、「第一章　目的」が「本団は日蓮上人の主義を宣揚し其運用活動を全ふする為布教社会法要の三部を設け左の事業を行ふを以て目的とす」ると規定され、「布教部」「社会部」「法要部」の各セクションが設けられた。なかでも社会部の事業として、社会状態の研究、通俗教育の講演、労働者の慰安、人事顧問、夜学会や監督寄宿舎の開設を掲げている点は、その後の統一団の活動を示唆しており、興味深い。なお、翼賛員は名誉会員を筆頭に、寄付金の額によって甲種特別会員、乙種特別会員、甲種通常会員、乙種通常会員、賛助会員に分けられた。また役員として総裁一名、総務一名、部長若干名、庶務員若干名が設けられ、日生が総裁に就任している。

『統一』二一五号(大正二年一月号)から同二二一号(同年七月号)にわたって、「統一団翼賛員芳名録」が掲載された。約二八〇名の翼賛員が紹介されているが、梶木、国友、井村、川崎、三上、関田、今成、笹川、山根、金坂らの僧侶のほか、小林一郎、松本郡太郎、小笠原長生と小笠原丁などの名前も散見できる。東京以外に千葉、愛知、山梨、栃木、静岡、大阪、京都、青森、鳥取、金沢、広島、岡山など、全国各地の僧俗が入会手続きをしている。

こうして統一団は再スタートした。

「国民思想の統一」のために

当時の統一団の活動をもう少しみておこう。

統一閣では定期的な講演会のほかに、一九一三年（大正二）一月からは労働者慰安会（一月一六日）や通俗教育講演会（一月二六日）もはじまった。労働者慰安会では一三〇〇名が集まり、福田旭世の筑前琵琶の演奏、柳家小さんの落語、五島盛光子爵の訓育講談「如何にして世を渡るべきか」が披露された。最後には、当時の浪花節界の大スター・桃中軒雲右衛門（顕本法華宗の檀信徒）が会場割れんばかりの拍手に迎えられ、義士伝の「不破数右衛門疎忽」の一節を披露している。以降も慰安会はつづけられ、毎回、琵琶演奏、落語、浪花節、義太夫、手品などの余興が行なわれた。また、通俗教育講演会は――慰安会と同じく――社会部の一事業として実施された。日生の講演につづき、典獄（刑務所長）の藤沢正啓による「犯罪の経路」、床次竹二郎の「統一団の事業に就て」が講じられた。ちなみにこの通俗講演会のスタイルは、当時、東京市教育会主催による「通俗講談会」という通俗教育のスタイルに習っていた[65]。労働者慰安会での余興の数々も、当時盛んだった庶民娯楽であった[66]。つまり、統一団の通俗教育講演会や労働者慰安会は、当時の社会教化活動（通俗教育）の一環として考えることができる。このように同時代の教化方法や手段を取り入れて、教化活動を行なっていくスタイルは、これ以降の統一団の活動を一貫している。

さらに、二月一一日から二四日までの二週間、統一閣で「国民思想大講演会」が開催された。「国民の健全思想を養成し国運の発展に資する」ことを目的とし、日生をはじめ、井上哲次郎、姉崎正治、幸田露伴、三上参次、佐藤鉄太郎、筧克彦、五島盛光、小竹慈次郎、床次竹二郎らの著名人が講演している。その内容は「儒教と日本の国民思想」（井上）、「近代文明と国民の態度」（姉崎）、「御国体観」（佐藤）、「古神道観」（筧）、「近世の救済事業」（小竹）、「社会政策に就て」（床次）などであり、日生は「仏教の概要及其日本化」を講演した(67)。二週間で三六〇〇余名の聴講者を集めているが、その半分が小学校教員であり、ほかには宗教者や実業家などが参加した。この講演会も――日生と面識や交友のあった――当時の著名な政治家、軍人、学者を集めて行なわれた教化活動の一環であったことがわかる。

以上のように、日生は統一閣を拠点として、社会教化（国民教化）という手段によって、「思想の調整統一(68)」による「国民思想の統一」のための運動を組織していった。そうした活動を担ったのが、再組織化された統一団であった。

立正安国会から国柱会へ

一九一四年（大正三）一一月二～四日の三日間、三保で「最勝閣正境宝殿遷座式」が盛大に挙行された。智学は、「一閻浮提唯一の模範的なる本尊殿」として、本尊壇式（「御宝壇」または「御宝殿」という。いわゆる仏壇のこと）を制定し、それにもとづいて最勝閣の正境宝殿が整備され、正境本尊が遷座された。宝殿は総桧造りで、内部中央には本尊（佐渡始顕の曼荼羅）が安置された。本尊の左には天壌無窮牌（皇室の霊を祀る位牌）、右には異体同心牌（日蓮の高弟たる六老僧をはじめとする同信の霊と先祖の霊を祀る位牌）が飾られ、法国冥合・人法一如が形示された。この本尊壇式の制定にともなって、立正安国会の地方支部が一元化された。それは、「吾同志の統一的結合を固めん為。従来各種の団結を融合すべく。一大正義の下に。代表的権威ある一大団結を形成」するための教団組織の中央集権化であった(69)。この年の一一月三日をもって、立正安国会は国柱会へと編成され、本部―

地方支部の中央集権体制が樹立された。

ここで、「国柱会創始の宣言」[70]と「規約」を確認しておこう。

智学は国柱会の創立を宣言し、活動方針を次のように規定している。

「国柱会とは、専ら国聖日蓮大士の解決唱導に基きて、日本建国の元意たる道義的世界統一の洪猷を発揮して、一大正義の下に四海の帰一を早め、用《もっ》て世界の最終光明、人類の究竟救済を実現するに努むるを以て主義と為し、之を研究し、之を体現し、之を遂行するを以て事業と為す。」

「皇宗の建国と本化の大教」以来、ずっと主張してきた日蓮主義による「道義的世界統一」があらためて宣示されている。また、「本会が日蓮主義を以て、単に狭き宗教的意義に限らしめずして、広く国民的思想と為し、世界文明の唯一指針と為し、特に国聖の名を以て之を称する」との規定は、「国民思想としての日蓮主義」という『国柱新聞』創刊の際の基本的な姿勢を継承している。

図10 1914年（大正3）**11月3日、正境宝殿遷座式における大式長正装姿の智学。**
写真提供：宗教法人国柱会。

「国柱会規約」は、「主義」「会員」「処務」の全三章からなる[71]。第一章の「主義」は次のように明文化されている。

「本会ハ国聖日蓮大士ノ指導ニ根拠シ日本国体ノ精要ヲ発揮シ道義ヲ以テ宇内ヲ統一スベキ吾ガ建国ノ大主張ヲ遵奉シテ之ヲ国民的思想ト為シ信念ト為シ事業ト為サントスル同志ノ結合ニ依リテ成ル」。

これは創立宣言の内容を反復していることがわかる。第二章の「会員」では、国柱会の会員が「協賛員」「研究員」「信行員」に分けられた。「協賛員」は会の賛助者、「研究員」は「本会ノ趣意ヲ賛成シ往テ完全ノ信解ヲ得ンタメ敬意ヲ以テ日蓮主義ノ研究ヲ為サントスル」者であり、「信行員」は「本会ノ趣意ヲ絶対ニ遵守シ本化妙宗ノ宗綱及ビ信條ニ準拠シテ宗教的ニ日蓮主義ヲ信行スル」者と規定されている。入会希望者は、まず研究員として入会し、日蓮主義を研究して信仰・修行が確立されたことが承認されると、信行員として認められた。信行員には曼荼羅本尊と『妙行正軌』、宗章が授与され、機関誌が送られてきた（協賛員と研究員にも機関誌は送付されている）。

翌一九一五年（大正四）四月二八日付で、本部役員が次のように決定された。当時五五歳の智学が総裁に就き、統務（いわゆる理事長）に四五歳の長瀧智大と三七歳の山川智応、理事に三二歳の田中顕一と三三歳の高知尾誠吉、講師に伊東智霊（六四歳）、志村智鑑（三八歳）、鈴木智靖、田中澤二（二九歳）、中村智藏、保坂麗山（五〇歳）がそれぞれ就任し、山川、芳谷、長瀧は講師を兼任した。

また、地方支部（国柱会支局）の整備であるが、前年の創立宣言発布から二〇日後の一一月二三日、国柱会清見局（元清水本化正信会）の発局式にはじまり、以後、続々と支局加盟の申し出があった。その結果、一九一五年（大正四）末までに設置された支局は以下の通りである。小樽、毛馬内、函館、青森、弘前、藤崎、花輪、鵜川、不老倉、半田、小坂、磐城、栃木、川口、太田、与野、千葉、東京、横浜、茅ケ崎、宮前、清見、静岡、富士、浜松、四日市、浜名、名古屋、高浜、三国、富山、高田、金沢、飯田、妻籠、京都、与謝、大阪、今井、神港、室津、尼ヶ崎、美嚢、倉吉、庭瀬、呉、竹荘、久世、余子、米子、簸川、松江、愛媛、福岡、長崎、佐世保、唐津、伊万里、大分、関門、熊本、京城、大連の六三局であった。これらの支局では、局長、副長、理事（庶務・会計・記録）、評定員などの役職が選ばれ、局によっては婦人部、青年部、少年部なども設けられた。大陸布教は伊東智霊の活動によって京城局や大連局のほか、一九一六年（大正五）五月には上海局、九月には旅順局、一一月には遼陽局、さらに翌年二月には奉天局、七月には瓦房店局が新設されている。(72)

国柱会の会員数と社会層

この時期に限らず、戦前の国柱会（立正安国会）の会員数は、資料が戦災によって焼失したため、不明である。国柱会では、「智学在世中の会員数は三千をこしたことはなかったと思われる」といわれている。(73) また小林英夫は、一九二〇年代前半の信行員数は「五百をこえることはなかったと思われる」とのべる。(74) すでに第四章二で、山川智応の述懐から、一九〇五年（明治三八）～六年（明治三九）当時の会員数が一五〇〇名ほどであったことを確認した。はたして戦前の国柱会の会員数は、五〇〇人から三〇〇〇人の間なのか、それともそれ以上だったのだろうか。

ここに、一九二四年（大正一三）頃に執筆されたと推測される『国柱会ノ事業経営及沿革概要——明治十三年開創当時ヨリ大正八年六月マデノ沿革概要』という資料がある。(75) 内容は「調査表」と「国柱会ノ事業経営及沿革概要」からなり、いずれも手書きで記されている。調査表は「名称」「所在地」「創設年月日」「代表者住所氏名」（この時は保坂が統務会々長となっている）「会員数」「目的及事業種類」「創立ノ動機」「創立当時ノ実情」「資産（種目別）」「経費並ニ維持方法」「最近主力ヲ注キ活動シ居ル事業状況」「事業経営沿革ノ概要」「会員分布状況」「備考」の各項目が列挙されている。このなかの「会員数」の項目に、「現在数七千余名」（傍点筆者）と記載されている（研究員と信行員の区別は不明）。だが、一体、この資料はどのような性格のものなのだろうか。

じつはこの資料は、内務省社会局および東京府の教化事業調査に対して提出された書類である。『天業民報』報道号第二一一報の三頁（『天業民報』一三八〇号附録、大正一四年五月一九日発行）には、「内務省社会局及東京府の教化事業調査に対し本会より指定事項記入表、事業経営及沿革概要、参考書教書誌籍を提出す」という記事があり、この資料がここでいわれている提出書類であることがわかる。ただし残念ながら、この資料が掲載された調査報告書は発見できていない。しかし、一部分が訂正されたうえで、一九二九年（昭和四）八月に刊行された『全国教化団体名鑑』に掲載されていることがわかった。[76] これは財団法人中央教化団体連合会（以下、連合会と略）が編纂した全国各地の教化団体名鑑である。この名鑑のなかに、連合会の一加盟団体として、前述の国柱会の資料が掲載されている。[77]「名称」「事務所々在地」「創設年月日」「経営主体又ハ代表」「沿革概要」「目的及事業種類」「会員数及分布状況」「主ナル役職名並其氏名」「資産」「維持方法」がそれぞれ報告されている。このうち、資産や維持方法に最新（つまり昭和三年一二月末現在）のデータが記入されているものの、ほかはほぼ同じ内容である。この「会員数及分布状況」にも、「会員ハ本部直属及地方局所属ノ別アリテ其ノ分布ハ海内外ニ及ヒ其数七千余名地方局ハ現在八十四局ニシテ東西両部教鎮之ヲ督ス」とある[78]（傍点筆者）。

以上から、少なくとも一九一九年（大正八）頃から一九二九年（昭和四）頃には、国柱会は七〇〇〇余名前後の会員数を数えていたことがわかる。戦前期における国柱会の活動の最盛期が、一九一〇～二〇年代であることを考えると、戦前の会員数はこの前後であることが推測できよう。

また、会員の社会層であるが――これも資料がないのだが――たとえば『日蓮主義』九号（明治四三年一月一日発行）の新年挨拶の広告には、智学をはじめ、保坂、桑原、田中顕一、志村、長瀧、山川などの教職や各地の組織、会員個人の広告が掲載されている。よくみると、東京、京都、大阪を中心とする商人や商店の広告が多いことに気づく。東京の簞笥店・鷲塚清次郎（智英）や東京の伊勢丹呉服店、大阪の増本呉服店や中原簞笥店をはじめ、菓子製造販売業、洋服商、美術看板商、理髪業、肥料商、古着商、鶏卵問屋、筆商、材木商、傘提灯商、印刷業、下駄商、道具商、建築業、表具商、畳商のほか、京都の原志免太郎（智錬）による師子王医館など、病院の広告もある。

とりわけ大阪には、商工業者が多かった。ここに、一九二二年（大正一一）当時の「大阪局所属会員名簿」がある。[79] 一六六名の会員名と職業、住所、電話番号が記載されており、箪笥商の中原元助や貝細工商の野村与三吉（智生）、衣服商の増本熊次郎（謙霊）、石炭商の中平清次郎（謙珖）、技師の武田甲子太郎（智密）をはじめとする会員名が列挙されている。その職業をみると、圧倒的に商工業者が多い。具体的には、製造業、金物商、張物商、油商、砂糖商、洋服商、畳商、洗張商、建築樋請負業、塗物商、菓実商、機械商、地金商、彫刻師、文具商、呉服商、小間物商、写真業、問屋、印刷業、細工商、薬屋、肥料商、鉄工職、金釦商、機械商、看板屋、菓子商、表具師、仏壇商、材木商、廻送業、理髪業、貿易商、指物師、製綿業、太物商、豆腐商、傘提灯商、三輪車商、自転車商などの職種がならんでいる。ほかには医師や教師、官吏や船員、会社員、鍼灸術師や産婆、郵便局長や消防手なども、少数ではあるがみられる。こうした傾向は、大阪という地域性を反映していたことが推測できるが、国柱会全体の社会層については、結論であらためて言及する。ここでは、一部の地域で、会員の社会層として商工業者が占める割合が多かったことを確認しておこう。

五　「あるべき日蓮教団」をめざして―七教団の統合

一九一四年（大正三）一一月八日、池上本門寺で本妙法華宗、日蓮宗、本門法華宗、本門宗、法華宗、顕本法華宗、日蓮正宗の日蓮門下七教団の統合帰一が決議された。[80] 一九〇二年（明治三五）の日蓮開宗六五〇年紀念大会での決議以来停滞していた門下統合の動きが、ここにふたたび活性化する。

この決議にいたる経過と決議後の経過にも注目し、「あるべき日蓮教団」をめざした日生と智学の門下統合運動の取り組みを検討していこう。[81]

統合会議が開催される約二週間前、日蓮宗管長の小泉日慈、日蓮正宗管長の阿部日正、顕本法華宗管長の本多日生の連名により、日蓮門下教団の統合帰一を求める「照会状」が一〇月二三日付で各派管長宛てに発送された。[82]照会状には「日蓮主義勃興の機は今正に是れ其時なり」として、「日蓮門下各教団に瀰漫せる積年の惰気を一掃し（中略）清新の意気をならしめんと欲せは先以て分立割拠の夢を破り各派の統合帰一を断固すへきのみ」とある。[83]そして、「今日に於て統合帰一の方針を是認し各教団より公式に代表者を選出して慎重に其方法及程度を議定せしむる」ことが提起された。その際、「大に法運の発展を策し速に思想界の混濁を救ひ由て以て知法思国の聖旨を活現せさる可らす」というように、「思想界の混濁」という時代状況のなかで、「知法思国」の理想を達成すべきであると主張されている。[84]

この照会状に対して、本妙法華宗（一〇月二三日）、本門法華宗（二八日）、本門宗（三一日）、日蓮宗不受不施講門派（一一月一日）、法華宗（翌年一月三一日）がそれぞれ賛意を示した（日蓮宗不受不施派は当初から不参加）。そして一一月一日、打ち合わせための会合が芝二本榎の日蓮宗宗務院で開かれ、この席上で、八日に池上本門寺で（日蓮宗不受不施講門派をのぞく）門下七教団の「管長並に代表者会議」（統合会議）を開催することが決まった。六日の再度の打ち合わせ会をへて、一一月八日を迎える。

なお、この年の四月二八日、「法華経の教義と日蓮上人の主義主張を現代に宣伝すべき急務を認め」「文筆と言論との二途によりて斯の大事に当らんとす」ることを掲げて、[85]在家仏教教団・法華会が創設された。天晴会から分かれた日蓮主義の研究会であり、小林一郎（日蓮宗大学講師）、矢野茂（元大審院検事）、山田三良（東京帝国大学法学部教授）らが中心メンバーである。[86]この法華会や天晴会、国柱会の在家者たちによって、門下統合の後援活動が行なわれた。

また、法華会結成から三ヶ月後の七月二八日、第一次世界大戦が勃発し、日本も八月二三日にドイツに宣戦布告し、参戦している。一一月七日には日本軍が青島を占領した。第一次大戦と日蓮主義運動との関わりについては次章で詳述するが、日蓮宗や顕本法華宗、天晴会、国柱会は全国で戦勝祈願の祈禱会を営み、戦時講演会を開催している。つまり、前述の「思想界の混濁」からの救出という主張は、こうした大戦下の時代状況が背景にあったのである。

では、一一月八日の統合会議の様子をみてみよう。

「宗門未曾有の快挙／各教団合同の時正に至れり!!／各派管長池上に会議を開く!!」。『日宗新報』一三〇八号（大正三年一一月一五日発行）にこう報道された統合会議の概要は、次の通りであった。午前一一時、会場の紀念館には長谷川日感（本妙法華宗管長代理）、小泉日慈（日蓮宗管長）、森智孝（本門法華宗管長代理）、瀬島日濟（本門宗管長）、藤平日学（法華宗管長代理）、本多日生（顕本法華宗管長）、阿部日正（日蓮正宗管長）が集まった。小泉の挨拶につづいて協議がもたれ、宣言書の採択と門下統合に向けての決議がなされた。宣言書では「須く直に各教団の融合帰一を断行し異体同心の聖訓を体読し以て速かに王仏二法の冥合を成就し閻浮統一の大願を満足せしむへし」と宣示された(87)。これこそ、まさに智学と日生が主張してきたことであった。この時期、両者の門下統合に対する取り組みは日露戦争前にくらべて積極的ではなかったが、日蓮門下による宗教的真理の直接的な布教・教化活動（「第一義悉檀」）はあくまでも両者の運動の基本であり、その意味で「あるべき日蓮教団」の実現が推進されなければならなかった。

さらに会議では、日蓮門下の統合帰一の実現を期すこと、対外的な布教活動における相互協力、教育機関の設立、各教団からの交渉委員の選出が決議された。またこれらの決議を実現するため、交渉事務所を日蓮宗宗務院内に設置し、交渉委員を各教団から二名づつ選出すること、交渉委員の会議には管長が臨席することなども申しあわされた。

午後からは客殿で各宗派の僧侶と在家者（国柱会や天晴会、法華会の会員）が集まり、懇親会が催された。二〇余名の青年僧侶による宗歌の奉唱につづいて、発起人総代の山田三良の挨拶、宮岡直記海軍中将、田中智学（山川が代読）、佐藤鉄太郎（小林一郎が代読）、矢野茂らの祝辞が披露された。そして各派管長代表の阿部日正の答辞があり、記念撮影、宴会とつづいた。懇親会は、日生による「天皇陛下」と「聖祖門下」の万歳三唱で終わった。

会議後、各宗派で準備委員が選ばれ（顕本法華宗は野口、今成、国友）、一二四日には小泉と日生の臨席のもと、七教団統合第一回準備委員会が開かれ、統合事務調査方針が決議されている。統合事務は教義、制度、布教、学事、経済、雑事の六部にわけられ、詳細な方針が決められた。とりわけ教義の統合帰一については、「最も慎重なる方法に由て進むにあらされは却て相互の確執を高むる」として、次のような方針が提起された。

「先つ以て対外的布教を振興して連絡一致の気風を養ひ相互の感情を融和し又統合大学の創立に由て教育上より漸次に接近を図り各教団相互に教義上の理解を交換し適当なる時機に於て意見の疎通したるものより帰一を計り而して全部の主義信念を統一し了るは之を歴史的の成果に待つを以て穏健確実なる方法なりと信す[88]」。

このように、きわめて現実的な方針がたてられ、後日、共同の対外的布教と統合学校の設立が実現することになる。つづいて第二回準備委員会が二七日に開かれ（日生が臨席）、さらに一二月一四日の第三回準備委員会、翌年一月二二日の第四回準備委員会（日生と藤平が臨席）、二月一日の第五回準備委員会、二月一五日の第六回準備委員会、二月二三日の第七回準備委員会（小泉、阿部、日生が臨席）をへて、「統合交渉委員会規定」や「統合規約」「附則」等の原案が作成された。

また、統合を後援するための活動も活発化した。前年（一九一四年）の一二月六日には、法華会の小林、矢野、山田、小原、宮岡らが中心になって、「日蓮門下各教団統合事業の完成を期する」ことを目的とした日蓮門下統合後援会（以下、後援会と略）が結成された[89]。一九日には本化記者団が統一閣に集まり、後援会と提携して統合の実現に努力することを決議している。さらに一月以降、各地でさまざまな団体による活動が実施された。たとえば、京都天晴会の幹事会による統合問題促進のための協議（一月八日）、日蓮宗東京寺院による「統合問題有志大会」の開催（九日）、統合問題についての本門法華宗の宗会の開催（二六〜二八日）、三月五日には京都天晴会が中心になって、日蓮門下統合期成同盟会が設立されている[90]。二七日には、各宗派の僧侶が発起人となって「統合翼賛会」が結成された[91]。

かくして三月七、八日、交渉事務所で聖祖門下七教団統合交渉委員会が開催され、準備委員会の原案が決議された。同月一七日、二七日には統合評議会も開かれている。交渉委員会で決議された内容は各教団に持ち帰られ、討議された。その後、統合規約について、五月二三日の段階で日蓮宗、日蓮正宗、本門宗、顕本法華宗、本妙法華宗は管長の承認を得、法華宗は宗会で討議中であり、本門法華宗は近日中に承認されることになっていた。こうして統合規約の合意による門下各教団の統合が現実化し、ついに六月二〇日の統合発表会を迎える。

統合に対する各教団の見解

統合発表会の様子をみる前に、日蓮宗（加藤文雄）、国柱会（田中智学）、顕本法華宗（本多日生）の見解を確認しておこう。

まず、加藤の見解は「今正に是れ時なり――法運嘉会の一大好機を逸出せしむる勿れ」（『日宗新報』一三〇九号、大正三年一一月二二日発行）、「誤解か曲解か——七教団管長並代表者会の決議に就て」（同一三一〇号、同年一一月二九日発行）、「統合問題に対する吾人の態度に就て憂宗熱誠の志士に訴ふ」（同一三四二号、大正四年七月一八日発行）などに表明されている。

加藤は、日蓮門下の統合会議が実現したことを「千載一遇の好機、仏天の冥応正に徴あり」と、「今正に是れ時なり」のなかでのべる。そして、門下統合が新居日薩以来の日蓮宗の取り組みであると位置づけたうえで、今回の統合会議を（門下統合の）「解決に近づけり」と評価する。さらに統合の意義が「復古の二字」にあり、「聖祖の古に復る」ことが「統合帰一の第一義」であることを強調している。また、（後述の）統合規約の合意直後に発表された「統合問題に対する吾人の態度に就て憂宗熱誠の志士に訴ふ」では、統合の推進方法について次のようにのべている。統合規約第一一条の「統合ニ関スル一切ノ経費ハ各教団ノ寺数ニ応ジテ」を引用して、「此の点に於ては、日蓮宗は能統一の立場にあり。勢力の中心は論を待たずして日蓮宗に帰す」、と。つまり、門下最大の勢力を誇る日蓮宗が統合推進のヘゲモニーを掌握すべきだというのである。

次に在家の立場から関わった国柱会の立場を、智学の見解から確認しておこう。

智学は、一九〇九年（明治四二）に「教団の融合」（『妙宗』一二編一号、同年一月号）を発表している。このなかで、門下各派の「争ひがなくなッた今日、別立対峙して居るのが却て間違なのである」と、門下の融合を力説している。立正安国会を「正義普及のためならば、何時でも解散するつもりである」智学にとって、門下の合同（または智学の日蓮宗入宗）は「祖道復古を現実にしたい」ということが目的であった（傍点ママ）。

智学は統合会議の時期、三保最勝閣の正境宝殿遷座式や国柱会の創始など、多忙をきわめていた。このように「事業上の事情が許さなかッたから、陰からこれを助ける」という立場をとった。[92] この時期の見解は「合同より融帰へ」（『法華』二巻一号、大正四年一月号）、「日蓮門下各派合同に就て」（『国柱新聞』九四号、同年一月一一日発行)、「教団融合論」[93]に表明されている。

智学の意見はここでも一貫しており、「日蓮聖人の本に反れといふのが、この問題の一番の眼目である」というように、「宗風復古」(祖道復古)を訴えている。[94] 智学にとって門下統合とは、あくまでも祖道復古に集約されるものであった。

この門下統合を中心的に牽引してきた日生は、門下統合を自らの運動に積極的に位置づけている。その見解は「日蓮門下の統合私見」[95](『統一』二三八号、大正四年二月号)と、統合大講習会(後述)での講演録「統合に関する意見」[96]に表明されているが、ここではより詳細な意見をのべている前者を検討しておく。

「厳格に日蓮主義を奉ずる以上は、上人の法流は必らず統合せねばならない、統合は日蓮主義其のものより教へらる、所の必然の結果であります、(中略)元々日蓮主義が分裂を否定する已上、分裂割拠は真先に破らねばならない事は多言を要せぬ事と思ふ」[97]。

「開顕統一」を強調する日生の日蓮主義的なまなざしから、門下統合が訴えられている。ついで統合の外的な理由として、「国民思想の混沌たる状況」のなか、「日蓮主義の勃興によりて之[当時の思想界のこと―筆者注]を救済せねばならない」こと、内的な理由として、門下の協力による教育と布教の必要性、門下の「惰眠を覚す必要」を指摘している。そして、「日々迫り来る社会の要求」に応じるため、「先づ以て各教団の統合を促がし、以て外部の要求に添ふやうにせねばならぬ」と力説する。つまり、門下統合を当時の顕本法華宗・統一団の対社会的な布教・教化戦略のなかに位置づけるわけである。なお、「統合を実行するには最先に教義の問題を解決して、正義の在る所に帰一せねばならぬ」と、教義問題を最優先課題としている(これは日生の持論である)が、その一方で対外的な布教の面では協力し、教育機関の統合によって教義を理解しあうことで、「漸次融合を実現する方法に由るを可なりと思ふ」と、統合方針に即した意見をのべていることから、門下統合を優先していたことがわかる。

以上のように、それぞれの立場から門下統合が位置づけられ、統合規約の調印日を迎えることになる。

統合規約の調印

一九一五年（大正四）六月二〇日、東京浜町の日本橋倶楽部で統合規約成立発表会（以下、発表会と略）が開かれた。ここに日蓮門下七教団の統合規約の合意が調印された[98]。

午前一〇時、発表会は全国から集った一一〇〇余名の参加者を前にして、二階大広間ではじまった。国柱会の若い信者からなる伶人を先頭に、統合承認教団管長代表の小泉日慈、本多日生、嶋村日正をはじめ、脇田堯惇、清水梁山、酒井日慎らの僧侶、柴田宗務局長（一木喜徳郎文部大臣代理）、上村彦之丞海軍大将、松本、宮岡両海軍中将、佐藤、小原両海軍少将、上村水路部長（小笠原海軍少将代理）、木内重四郎、池上幸操らの貴賓が入場し、世話係の田中智学、山田三良、柴田一能、矢野茂らも着席し、会はおごそかに幕を開けた。小泉の祖書奉読（日蓮の『異体同心抄』の一節）、嶋村による宣誓文の朗読、日生の祈願文の拝読と進んだ。

つづいて各宗派の教団選出交渉委員会を代表して、顕本法華宗宗務総監の野口日主が統合規約を朗読した。「聖祖門下七教団ハ教判ノ本旨ニ従ヒ統合帰一ヲ実現センコトヲ期ス」という第一条にはじまり、教義の統合（第二条）、教義統合委員会の設置（第三条）、制度調査委員会の設置（第四条）、対外的布教（第五条）、大講習会や講演会などの「連絡的布教」（第六条）、七教団の統合大学の設立（第七条）、統合大学創立委員会（第八条）、統合事務所の設置（第九条）、統合事務所の職員や評議会、臨時顧問の規定（第十条）、統合に関する経費（第十一条）、経費予算（第十二条）、会計（第十三条）、規約の変更（第十四条）、規約の修正（第十五条）についての全一五条におよぶ規約が公表された[99]。祝電・祝辞の披露、柴田宗務局長の祝辞演説、上村海軍大将の祝辞、奏楽とつづき、山田の演説、最後に上村の発声による「天皇陛下」「日本帝国」「聖祖門下」の万歳をもって発表会は終わった。

午後一時からは、法華会・国柱会・天晴会主催の「日蓮聖人門下有志大会」が同じ会場で催された。一九二一年（大正一〇）の日蓮生誕七〇〇年に門下統合を完成し、統合成就の式典を挙行すること（智学の提案）や、日蓮門下統合後援会を統合期成会へと改組すること（加藤の提案）が議決されている。[100]また、午後六時からは会場を両国福井楼に移して、大懇親会が行なわれた。三〇〇余名が参加し、智学の解説により、宗歌をはじめとする謡曲、琵琶、舞踊、常磐津の国性芸術が披露された。参加者には、智学のデザインによる「統合正宗」（清酒）や「統合サイダー」、「統合団子」「七教団子」（「日蓮主義の一串」）が配られている。

こうして統合規約成立発表会は無事に終わった。つづく六月二一日から七月四日まで、統一閣を会場として「統合大講習会」が開催されている。各宗派からの選抜生一五〇名に普通聴講生をくわえた三〇〇余名が参加した。清水梁山や脇田堯惇、松森霊運、柴田一能の日蓮宗関係者、本妙法華宗の嶼村日正や日蓮正宗の阿部日正の両管長、日生と井村日咸、関田日城、野口日主の顕本法華宗関係者、ほかに智学と山川智応の国柱会関係者、小林一郎と山田三良の法華会関係者、さらには高島平三郎や井上哲次郎、境野哲（黄洋）、筧克彦、佐藤鉄太郎らが講師として登壇している。六月二六日には講師と講習生一同三〇〇余名が中山の法華経寺に小旅行した。ちなみに智学は二八日に「教団融合論」を、日生は二九日、三〇日に「統合に関する意見」を講演している。[101]

さて、こうして成立した統合規約であるが、その後はどのように進展したのだろうか。翌一九一六年（大正五）、日蓮宗が離脱したことにより、教団統合はふたたび挫折してしまう。その原因として、影山堯雄は「まず教育から統合を図るべしとして各門流の子弟の教育を日蓮宗大学へ委ねたいと申し入れたが、日蓮宗側で受け入れなかったので、門流の統合は一頓挫を来たした」と指摘する。[102]真相はわからないが、勝劣派（日蓮宗以外）と一致派（日蓮宗）の間の教学的な齟齬が原因だったのだろうか。しかし統合大学の建設は進み、同年六月一一日、日蓮正宗、顕本法華宗、本門宗、法華宗、本門法華宗、本妙法華宗の勝劣派六教団の統合大学林地鎮式が神奈川県の三沢豊顕寺境内で挙行された[103]。翌年四月には三沢の統合宗学林中等部が開校し、九月には日蓮正宗、顕本法華宗、法華宗、本門法華宗の四宗派による統合宗学林大学部（阿部日正学長）が東京白山に開校されている。以後、日蓮門下が再々度連携するのは、一九二二年（大正一一）の立正大師諡号宣下を待たなければならなかった。

注

（1）天晴会についての資料として、日蓮鑽仰天晴会編『天晴会講演録』第一輯（天晴会事務所、一九一〇年）、同第二輯（一九一一年）、同第三輯（一九一五年）がある。月例会や夏期講習会での講師の講演録が収録され、会の活動記録などが掲載されている。また活動記録は、『統一』や『日宗新報』でそのつど報道されている。ここでは、以上の資料を適宜参照する。

（2）「王仏一乗論」にもとづく「天皇本尊論」を唱えた異端の宗学者（一八六五～一九二八）。新居日薩のもとで学んだが、智学と同じく、当時の宗門教学を批判し、一八八四年（明治一五）に還俗する（のちに復帰）。一八八七年（明治二〇）、名古屋で唯一仏教団を組織した。日蓮宗大学や曹洞宗大学（駒沢大学）の講師もつとめ、智学や日生と交流が深かった。『日本の国体と日蓮聖人―一名、王仏一乗論』（慈龍窟、一九一一年）や『日蓮宗綱要』（丙午出版社、一九二八年）、『日蓮聖人世界統一の本尊』（慈龍閣、一九三〇年、のちに『日蓮聖人の本尊』隆文館、一九九三年として再刊）などの著作があり、法華神道的な国体論に特徴がある。その生涯については、山脇正隆「清水梁山師のことども」（前掲書『日蓮聖人の本尊』に所収）に詳しい。また、その国体論については、西山茂「日本の近・現代における国体論的日蓮主義の展開」（『東洋大学社会学部紀要』二二巻二号、一九八五年、一七三―一七五頁）が参考になる。

（3）「天晴会記録」（前掲書『天晴会講演録』第一輯、一頁）。

（4）立正大学日蓮教学研究所編『昭和定本日蓮遺文』第一巻（日蓮宗総本山身延山久遠寺、一九九二年、原著一九五二年）、七二〇頁。

（5）「日蓮上人ノ人格及主義」の「鑽仰」による「修養」を掲げた背景には、明治三〇～四〇年代の「修養主義」の成立という背景があった（筒井清忠『日本型「教養」の運命―歴史社会学的考察』岩波書店、一九九五年、四頁）。筒井は、「アノミー状況への対応として『修養』を直接・間接に目的とする思想・運動がこの時期に多様な形で登場してきた」と指摘し（一三頁）、清沢満之の精神主義運動、綱島梁山の「見神の実験」、西田天香の一燈園、蓮沼門三の修養団、田沢義輔の青年団運動などを挙げている。

（6）「天晴会の発会式概況」（『統一』一六七号、明治四二年一月号、三八—四〇頁）。

（7）山川智応の次の発言は興味深い。「明治大正の日蓮主義運動において、深く日蓮主義についての開拓をした人を田中智学先生としたならば、広く社会的知名の人士を関係せしめた人は本多日生上人であつたのである」（「独立独行剛健の教傑」『統一』四三五号、昭和六年六月号、聖応院日生上人追悼号、一一—一二頁）。

（8）その詳細は「天晴会記録」（前掲書『天晴会講演録』第一輯、九—二四頁）のほか、青村（山根日東）の「片瀬たより」（『統一』一七四号、明治四二年八月号、二四—三七頁）、「天晴会夏期講習会」（『日宗新報』一〇七四号、明治四二年八月一日発行、一六—一七頁）や「夏期講習会」（同一〇七五号、同年八月一一日発行、一三—一八頁）に詳しい。

（9）三人は例会の後に会合し、「宗門の現状、国家の現勢に対して深く憂へた結果、何とかして一ぺんに宗風を興して日蓮門下の気概を引き立てる方法はないものかと相談した」と、後年、智学は日生を追悼する文章で述懐している（「追憶の二三」『毒鼓』昭和六年三月号、一四三頁）。そして、智学は「教義の異論については三人で合議し、梁山師は主として宗学に励み、本多師は専ら宣伝に従事し、自分は両師の兵糧方に任ずる」と提議して、二人が智学の案を快諾したという（山川智応「本多日生師を哀惜す」同、一四五—一四六頁）。

（10）前掲書『天晴会講演録』第一輯、六六三頁。

（11）以下の記述は、『統一』一七一号（明治四二年五月号）〜同二〇五号（明治四五年三月号）による。

（12）一九一四年（大正三）六月一四日に「会則」が改正され、誰でも入会できるようになった（『法華』一巻三号、大正三年七月一日発行、一二六—一二七頁）。

（13）一九〇〇年（明治三三）七月の結成以来、会員の減少によって一時活動がとだえていたが、この時期に日生を迎えて再興された（のちに日生は顧問に就任）。一九〇九年（明治四二）一一月二四日には、神田の帝国教育会で第一回秋季大会が開催された。日生は「国民生活と日蓮主義」（『東洋哲学』一六編一一号、明治四二年一二月一日発行、一—一七頁）を講演している。

（14）田中智学『大逆事件に於ける国民的反省』（師子王文庫、一九一一年）、一頁。

（15）後日、「国民的反省」は四六版の小冊子として刊行され、各地で施本された。以下、引用はこの小冊子（一九一二年四月一一日発行の第四版）から行なう。

（16）同前、四頁。

(17) 同前、六三頁。

(18) ただし、自覚されるべき日本国体とは、あくまでも日蓮主義によって基礎づけられたものであった。それは、「日本国の精神たる法華経と、法華経の身体たる日本国」（同前、四〇頁）という一節にも明らかである

(19) 以下の記述は、「上野公園の施本大布教」（『日蓮主義』二四号、明治四四年四月一日発行、九頁）の記事による。

(20) 以下の記述は、「国体擁護大演説会　其一」（『日蓮主義』二七号、明治四四年七月一日発行、五頁）と「国体擁護大演説会　其二」（同二八号、同年八月一日発行、二―三頁）、「国体擁護大演説会　其三」（同前、四―五頁）を参照した。

(21) この年の二月、小学校日本史の国定教科書における南北朝並立の記述が議会で問題化した出来事。文部省は教科書を執筆した編修官の喜田貞吉を処分し、南朝正統論に統一することで事態を乗りきった。

(22) 「肺肝の声」（『日蓮主義』二八号、明治四四年八月一日発行、一一頁）。

(23) なお、この国体擁護のキャンペーンにおける布教・教化戦略については、拙論「近代仏教運動の布教戦略―戦前期日本の日蓮主義運動の場合」（大谷栄一・川又俊則・菊池裕生編著『構築される信念―宗教社会学のアクチュアリティを求めて』ハーベスト社、二〇〇〇年）で論じているので、あわせて参照されたい。

(24) 吉田久一『吉田久一著作集4　日本近代仏教史研究』（川島書店、一九九二年、原著一九五九年）「第六章　幸徳事件と仏教」、五〇〇頁。ちなみに、この二六名のなかには、内山愚童（曹洞宗）、高木顕明（浄土真宗大谷派）、峯尾節堂（臨済宗）らの僧侶が含まれていた。

(25) その講演録が『統一』一九三号（明治四四年三月号、六―三三頁）に掲載されている。以下の引用は、ここから行なう。

(26) この講演は、一九一一年（明治四四）五月二五日、日蓮宗大学（のちの立正大学）で行なわれた。

(27) 『統一』一九六号（明治四四年六月号、一〇頁）。

(28) これは「一昨日御書」のなかの「法を知り国を思ふ」（前掲書『昭和定本日蓮遺文』第一巻、五〇二頁）の一節である

(29) 『国柱新聞』一号（明治四五年三月九日発行、一―三頁）。

(30) 前掲書『昭和定本日蓮遺文』第一巻、六〇一頁。

(31) 『国柱新聞』三二号（大正二年三月一一日、二頁）。第三章で確認したように、一九〇四年（明治三七）の『世界統一の天業』で用いられて以来、ここで成語化された。なお、この連載は、のちに『神武天皇の建国』（天業民報社、一九四一年）として公刊されている。

(32) 以下の記述は、「第三回大挙国家諫暁通紀」（『国柱新聞』七号、明治四五年六月一一日発行、四―一〇頁）を参照した。

(33) 前掲書『吉田久一著作集4　日本近代仏教史研究』、

四八六頁。

(34)　三教会同については、桜井匡『明治宗教運動史』(森山書店、一九三二年)、一七七―一八〇頁、同『明治宗教史研究』(春秋社、一九七一年)、四四四―四四九頁、前掲書『吉田久一著作集4　日本近代仏教史研究』、三五三―三五五頁、同『吉田久一著作集6　改訂増補版日本近代仏教社会史研究(下)』(川島書店、一九六四年、原著一九九一年)、七頁、藤井健志「戦前の日本における宗教教団の協力―三教会同の分析」(中央学術研究所編『宗教間の協調と葛藤』佼正出版社、一九八九年)、李元範「日露戦争後の宗教政策と天理教―『三教会同』政策をめぐって」(『宗教研究』二九四号、一九九二年)などを参照した。

(35)　桜井『明治宗教運動史』、一七九頁。

(36)　桜井『明治宗教史研究』、四四六頁。なお、藤井健志は、当時、日生が床次の黒幕的人物ではないかという噂があったことを紹介している(「戦前の日本における宗教教団の協力」、二五八頁)。ちなみに床次と日生の交友は日生の晩年までつづいたことが、高島米峰の述懐からわかる(『高島米峰自叙伝／米峰回顧談―続高島米峰自叙伝』、大空社、一九九三年)。大正中期、床次内務大臣のもとで民力涵養運動が実施されたが、この運動に関与した加藤咄堂、松村介石、留岡幸助、今泉定助、高島平三郎、日生と高島たちは、床次をまじえて大晦日の夜に会食する「大晦日会」をはじめた。最初は床次がホストで、翌年は床次がゲストというように交互にホストをつとめ、毎年つづけられたという。

(37)　『都新聞』(明治四五年一月一八日号)。山本恒夫『近代日本都市社会教化史』(黎明書房、一九七二年、五一頁)より重引。

(38)　前掲書『吉田久一著作集4　日本近代仏教史研究』、三五三―三五四頁。

(39)　桜井『明治宗教史研究』、四四七頁。

(40)　同前、四四七―四四八頁。

(41)　「三教代表者と政治家との第一回会同顚末」(『日宗新報』一一七五号、明治四五年三月三日発行、一三頁)。

(42)　これらの見解には、明らかに智学や日生の日蓮主義の影響がみられる。もともと加藤文雅・文雄親子には、智学の日蓮主義からの影響が強い(ちなみに文雄は『日宗新報』で「日蓮主義」を使いはじめたひとりである)。

(43)　『日宗新報』一一九三号(明治四五年七月一四日発行、二頁)。ちなみに佐野のこの見解は、この年六月一八日の日蓮宗宗会甲部第四日での質疑応答のなかで表明された公的な見解である。

(44)　ただし、この年の四月九日、大阪の蓮成寺で行なわれた大阪天晴会第一七例会で、「三教会同と日蓮主義」を講演している。その内容は不明。

(45)　『田中智學自伝―我が経しあと』第七巻(師子王文庫、一九七七年)、一頁。

(46)　飛鳥井雅道『明治大帝』(筑摩書房、一九八九年)、二

八三頁。なお、「天皇の権威・権力は、機構的・制度的なものと、権威的・宗教的なものの、二正面作戦によって国民の間に浸透させられてきた」と、飛鳥井はいう（二〇一頁）。明治天皇の存在は、天皇機関説（立憲君主制）／天皇親政説（絶対君主制）という近代天皇制の二重性にもとづく政治的権力／精神文化的権威という二重性を表象していたわけだが（赤松俊輔・稲葉暁・西島健男『天皇論を読む』朝日新聞社、一九八九年、一七一頁）、智学や日生は後者を日蓮主義的に補強していくことをめざしたことはいうまでもない。

(47) 鈴木正幸『皇室制度―明治から戦後まで』（岩波書店、一九九三年）、一三五頁。

(48) 立正安国会の明治天皇追悼法要（奉弔大法会）の記録として、一九一三年、一九一三年（大正二）七月に刊行された『叫雲録』（師子王文庫、一九一三年）がある。これは、ほかの記事を加えて『田中智學自伝』第七巻に再録された。以下の記述は、『国柱新聞』と自伝第七巻による。

(49) 里見岸雄『闘魂風雪七十年―明治・大正・昭和三代体験史』（錦正社、一九六五年）、八〇頁。

(50) 同前。

(51)「桃山御陵参拝」（『田中智學自伝』第七巻、二四〇頁）。

(52)『国柱新聞』一五号（大正元年九月一日発行、三頁）。

(53)『国体の権化明治天皇』（師子王文庫、一九一三年）、三六頁。

(54)『国柱新聞』二八号（大正二年二月一一日発行、一頁）の「師子王瑣言」（智学の標語集）の「治功正徳」で、智学は「明治之心ヲ以テ大正之事ヲ行フ」という標語を発表している。

(55)「教報」（『統一』二二〇号、大正元年八月号、四七頁）。

(56)「活動史」（『統一』二二二号、大正元年一〇月号、三三頁）。

(57) この統一閣は関東大震災（一九二三年九月）の際に焼失するが、翌年三月に再建され、一九二七年（昭和二年）一月には改築されている。第二次世界大戦時には戦災をまぬがれ、戦後は日蓮宗の宗務院として転用された。その後、日蓮宗宗務院の大田区池上への移転により、土地は売却されてしまう。なお、統一団が財団法人となった一九三二年（昭和七）の翌年二月、統一団幹部の磯辺満事によって、文京区音羽に統一会館が開館された。会館は戦災で焼失したが、一九九二年（平成四）一〇月、会館（TIDビル）が再建され、現在、統一団の事務所となっている。

(58) 稲垣真美『仏陀を背負いて街頭へ―妹尾義郎と新興仏教青年同盟』（岩波書店、一九七四年）、五九頁。稲垣の父親は浄土宗の僧籍をもち、仏教系の専門学校で教鞭を取っていた。

(59) 統一閣を訪れた中には、のちに新興仏教青年同盟を結成する妹尾義郎、血盟団の井上日召、日蓮会殉教青年党（いわゆる「死なう団」）の江川桜堂などがいた。ちなみに、「死なう団」については保阪正康『死なう団事件―軍国主義下のカルト教団』（角川書店、二〇〇〇年、原著一九七二年）が参考になる。

(60)「統一閣式辞」（『統一』二〇七号、明治四五年五月号、三五―四四頁）。以下、同じ。

(61)この記者会は「闍浮統一の大法螺を吹きあぐる事」を掲げて結成され、毎月第三土曜日、統一閣で定期的な会合がもたれた（聖祖門下在京雑誌記者会「吹大法螺」『統一』二〇八号、明治四五年六月号、二九―三〇頁）。のちに会名は「本化記者団」（一九一三年一一月）、「本化主義記者団」（一九一五年五月）と変更された。

(62)とはいえ、これ以降も顕本法華宗と統一団の関係は不可分であり、両者が決定的に分離するのは、一九三一年（昭和六）三月の日生逝去以降のことである。

(63)『統一』二一一号（大正元年九月号、一頁）。

(64)同前、三―四頁。

(65)この点については、山本恒夫『近代日本都市社会教化史』（黎明書房、一九七二年）第一部第二章「第一節　東京市教育会主催『通俗講談会』の成立事情」が詳しい。

(66)前掲書『近代日本都市社会教化史』第一部「第三章　明治末＝大正初期の東京における庶民娯楽」を参照した。

(67)「国民教育事業概況」（『統一』二一七号、大正二年三月号、二七頁）。その内容については短い報告しか掲載されておらず、詳細は不明である。

(68)「国民思想の統一」（『統一』二二四号、大正二年一〇月号、一二頁）。

(69)田中智学「敢て同士の人々に告ぐ」（『国柱新聞』八九号、大正三年一一月一日発行、二頁）。

(70)『国柱新聞』九〇号（同年一一月一一日発行、四頁）。

(71)同前。また、「国柱会々則」が同一〇八号（大正四年六月一日発行、一一頁）に掲載されている。

(72)伊東智霊は一九一八年（大正七）二月二八日、京城で脳溢血により逝去する。六七歳であった。別枝智救の追悼記が『国柱新聞』二〇五号（大正七年三月一一日発行、九頁）に載っている。智学による回顧録として、「伊東智霊」（『田中智學自伝』第一〇巻、四四三―四四四頁）がある。

(73)田中香浦『田中智学』（真世界社、一九七七年）、二七〇頁。なお、香浦（一九二二～一九九六）は智学の令孫で、国柱会三代会長である。

(74)『昭和ファシストの群像』（校倉書房、一九八四年）、一二八頁。

(75)この資料は、執筆者も発行年も記載されていないが、資料中の「調査表」内に「大正十三年十一月現在」と記されていることから、大正一三年の執筆と推測できる。筆者は、この資料を宗教法人国柱会の師子王文庫資料室で閲覧した。

(76)中央教化団体連合会『全国教化団体名鑑』（財団法人中央教化団体連合会、一九二九年）。

(77)同前、二一八―二一九頁。

(78)同前、二一九頁。

(79) この貴重な資料は、国柱会近畿地方連合局から、ご提供いただいた。記して感謝したい。

(80) この統合実現を起点として、以後、日蓮門下統合の動きは「大諡号宣下、勅額拝戴、宗祖六百五十遠忌をへて、昭和十六年(一九四一)の三派合同に帰結してゆく」ことになる(石川教張「大諡号宣下と宗祖六百五十遠忌」日蓮宗現代宗教研究所編『日蓮宗の近現代―他教団対応のあゆみ』日蓮宗宗務院、一九九六年、八一頁)。

(81) 門下統合の経過については、聖祖門下七教団統合交渉事務所『聖祖門下七教団統合事業経過第一回報告』(聖祖門下七教団統合交渉事務所、一九一四年)と聖祖門下七教団統合事務所『聖祖門下七教団統合事業経過第二回報告』(聖祖門下七教団統合事務所、一九一五年)を参照したほか、『日宗新報』『統一』『国柱新聞』『法華』などを随時参照した。

(82) 小笠原長生の回想によれば、この統合は日蓮宗と顕本法華宗との提携からスタートした(「日生上人の特長」『統一』四三五号、昭和六年六月号、聖応院日生上人追悼号)。一九一四年(大正三)の秋、日生が小笠原を来訪した際、統合問題に話題がおよんだ。小笠原は「かねて日蓮宗の統合を必要と思つて、夫には先づ身延系と顕本派を結ばすに限ると考へ」た(二九頁)。そして、後日、懇意にしていた日蓮宗の佐野宗務総監と日生を握手させ、その時、記念として一対の香爐を贈りあったことを述懐している。

(83) 前掲書『聖祖門下七教団統合事業経過第一回報告』、二―三頁。

(84) なお、このなかには「由来日蓮主義は開顕主義を標榜し統一主義を厳令するものにして即是分立割拠を否定するの主義也」という一節がある。照会状の執筆者は三人の連名になっているが、少なくともこの一節には日生のこれまでの主張が反映されている。

(85) 「発刊の辞」(『法華』一巻、大正三年五月一二日発行、一〇頁)。

(86) 法華会については、浜島典彦「近代日蓮主義研究―法華会草創期の動向」(『大崎学報』一三九号、一九八五年)、同「法華会草創期の動向について」(一)~(四)(『法華』七五九、七六二、七六三、七六四号、一九八八年)、同「門下統合と日蓮宗―天晴会と法華会」(日蓮宗現代宗教研究所編『日蓮宗の近現代―他教団対応のあゆみ』日蓮宗宗務院、一九九六年)が参考になる。

(87) 前掲書『聖祖門下七教団統合事業経過第一回報告』、一四頁。

(88) 同前、三三頁。

(89) 正式な発会式は、翌年の一月一三日に明治大学で行なわれた。会の規則が『法華』二巻二号(大正四年二月号、一二四―一二六頁)に掲載されている。

(90) 会の設立経過や「会則」については、「日蓮門下統合期成同盟成らんとす」(『法華』二巻三号、大正四年三月号、一二三―一二五頁)や「京都統合期成同盟会」(同二巻五号、同年六月号、一二七―一二八頁）を参照のこと。

(91) 会の趣意書と「規則」については、「統合翼賛会趣意書」（『法華』二巻六号、大正四年六月号、一一七―一二一頁）に詳しい。

(92) 『田中智學自伝』第八巻、一一四頁。

(93) 統合事務所『統合大講習会講演集』（統合事務所、一九一五年）、一―六九頁。

(94) 「合同より融帰へ」（『法華』二巻一号、大正四年一月号、一六頁）。また、「日蓮門下各派合同に就て」でも、制度改革についての具体的な提言（本山の一元化など）とともに、祖道復古の理念が強調されている。

(95) これは、一九一四年（大正三）一一月二九日の統一閣での定期講演会の講演録である。

(96) 前掲書『統合大講習会講演集』、七〇―一七三頁。

(97) 「日蓮門下の統合私見」（『統一』二三八号、大正四年二月号、六頁）。

(98) 以下の記述は、『日宗新報』一三三九号（大正四年六月二七日発行、四―九頁）を参照した。この会議開催を、一部の僧侶（日生と小泉日慈を指していた）の「政略」とみる見解が、『中外日報』などで報道され、また日蓮宗内にも存在した。それに対する反論として、加藤文雄「誤解か曲解か―七教団管長並代表者会の決議に就て」（『日宗新報』一三一〇号、大正三年一一月九日発行）や清水梁山「七教団統一の決議に就て」（同）がある。

(99) その詳細は、前掲書『聖祖門下七教団統合事業経過第二回報告』、一八―二九頁を参照のこと。

(100) この統合期成会は、加藤文雄、山川智応、山田三良、宮岡直記、柴田一能、鹽出孝潤、関田日城（養叔）を創立委員として、この年七月一日に正式に結成される。趣意書と「会則」は『法華』二巻八号（大正四年八月号、一一二―一一五頁）に掲載されている。

(101) この講習会での全講師の講演録は、前掲書『統合大講習会講演集』に収録されている。

(102) 『日蓮教団史概説』（平楽寺書店、一九五九年）、一四八頁。

(103) 「日宗各派統合大学林地鎮式」（『法華』三巻七号、大正五年七月号、一〇九―一一〇頁）ならびに「勝劣六教団教学上の結束全く成る」（『統一』二五六号、大正五年六月号、一九―二〇頁）。

第六章　第一次世界大戦と「日蓮主義の黄金時代」

一　大戦期の日蓮仏教界

戸頃重基は、大正初期から第一次世界大戦（一九一四～一八年）までの時期（大正前期）を「日蓮主義の黄金時代」と捉え、この「黄金時代」が智学と日生によってもたらされた、と指摘する[1]。一九一〇年前後（明治末年）以降、ふたりの活動によって、日蓮主義の社会的な流行の兆しがみられていた。筆者は――戸頃の指摘に対して――「日蓮主義の黄金時代」を一九二〇年代初頭（関東大震災前）までと捉え、本章でその隆盛ぶりを検討する。では、その「黄金時代」の背景となった当時の社会状況から確認していこう。

世界大戦と社会秩序の動揺

第二次西園寺内閣（一九一一年八月～一二年一二月）と陸軍の対立をめぐる政変で幕をあけた大正時代は、第一次世界大戦、ロシア革命、米騒動、シベリア出兵、三・一運動（朝鮮独立運動）、五・四運動（中国独立運動）など、国際的にも国内的にも大々的な事件が頻発する。こうした出来事の影響を受け、日本でも急激な社会変動・

文化変動が起きた。

まず、国際的な状況であるが、世界大戦やロシア革命を契機として、古典的な帝国主義的世界体制は全面的な解体状況に追い込まれ、新たな帝国主義的世界体制の構築へ向かった。ロシア、オスマン・トルコ、オーストリア＝ハンガリー、ドイツなどの君主制国家の消滅によって、世界列強における君主制国家はイギリスと日本だけになり、「君主制の世界的危機」[2]を迎えることになる。また、「デモクラシーの戦争」といわれた世界大戦をへて、デモクラシーの影響が国内でも顕著になっていった。このような国際状況のなかで、君主制国家・日本は新たな世界体制に対応しうる国内体制を整備していくことになる。

一方、国内の状況であるが、明治天皇から大正天皇への移行は「天皇制の政治統合力の顕著な弱体化」をもたらし、一九一二年（大正元）末から翌年にかけて起こった大正政変は、国家機構による政治統合の「無力化」を暴露した[3]。政府は、一九一〇～二〇年代を通じて、国家体制の再編成を進めていくことになる。

なお、日本にとって大戦は――元老・井上馨のいう――「日本の国運の発展にたいする大正新時代の天佑」であった。日清・日露戦争につづく三度目の「天佑」によって、日本の経済は独占資本主義体制を確立する。大戦中の好景気は農業国から工業国への転化、重化学工業の発展、三井・三菱・住友・安田の四大財閥の形成、債務国から債権国への転換、資本の集積と集中をもたらした。その結果、投機や事業の拡張によって、巨利を得る成金も続出したが、輸出超過のつけは米などの生活必需品の物価高騰を生み、一九一八年（大正七）の米騒動を引き起こした。また、大戦終結による戦後恐慌は人びとの生活を圧迫することになる。

大戦景気による資本主義の発展は、日本の産業構造を大きく変貌させた。一九一四年（大正三）から一九一九年（大正八）にかけて、第一次産業就業者が一六四九万人から一四五三万人へと一九六万人も減少したのに対して、第二次産業就業者は四三五万人から六〇一万人へと一六六万人も増加している。また、第三次産業就業者は四〇五万人から四九五万人へ増加した。[4] 都市に人口が集中し、労働者の数が急増する一方、中小商工業者などの旧中間層、サラリーマンや公務員、ジャーナリスト、教員、知識人などの新中間層、日雇人夫、人力車夫、土木従事者などの都市無産大衆の間で階層分化が進んだ。そして、劣悪な労働条件にあった中小零細工場の労働者や都市無産大衆による労働争議が、一九二〇年代にかけて急増する。一方、農村では大戦景気による米価高騰や肥料代の騰貴によって、寄生地主制が発展した。米騒動以降、寄生地主制の弊害、小作農の窮乏化、都市への労働力の流出が問題化し、小作争議が頻発することになる。

うちつづく労働争議や小作争議の発生は社会秩序を動揺させ、米騒動を契機として、さまざまな社会運動が高揚した。日露戦後から米騒動までの時期（大正前期）には、吉野作造の民本主義に代表される自由主義・立憲主義の影響が強く、都市中間層をおもな担い手とする廃減税運動や憲政擁護運動などが活発であった。しかし米騒動以降（大正後期）は、普選運動や社会主義運動をはじめ、労働運動、農民運動、部落解放運動、女性解放運動、学生運動、市民運動など、まさに多様な社会運動が繰り広げられた。雑誌『改造』や『解放』の創刊（一九一九年）に象徴されるように、さまざまな変革思想が主張され、「改造」が流行語となる。鹿野政直は、一九一〇年代後半から二〇年代前半の「改造」（社会変革）の潮流を、『改造』の創刊に象徴される潮流（デモクラシー思想や運動の展開）、北一輝の『日本改造案原理大綱』（一九一九年）が示す潮流（国家主義団体の簇生）[5]、大本に集約的にみられる潮流（「土俗的な」宗教運動）に分類する。[6] 大戦後から一九二〇年代にかけて、これらの潮流が一体となり、社会変革の風潮が一挙に噴出することになる。[7]

総力戦体制と国体神話

政府は、このような社会危機にどのように対応したのか。利谷信義と本間重紀によれば、一九一〇〜二〇年代にかけて、臨時的な国家機関の設置、政策体系（外交・軍事・経済・教育・法の各分野）や法体制の整備を通じて、国家体制が再編された。[8]とりわけ「総力戦」という新たな戦争形態のもとに遂行された第一次世界大戦をへて、政府は強力な権力集中と物的・人的資源の動員による総力戦体制を進めることになる。たとえば寺内内閣（一九一六年一〇月～一八年九月）のもとでは、軍備拡張政策が進められ、軍需工業動員法の制定や帝国国防方針の改定などが行なわれた。

また、一九一七年（大正六）九月には内閣直属の臨時教育会議が設置され、国民統合のためのイデオロギー政策が準備された。そこでは「大戦による思想上の変動に対して国民道徳を徹底させ、国体観念を強固にするという国家主義的な方針」が審議され、[9]小学校で道徳教育を徹底するための国史の重視、女子教育での国家観念の養成、兵式体操の振興と国体明徴思想の強調などが答申された。実際の教育現場では「敬神崇祖、思想善導の諸政策[10]」として、大正天皇の御真影の下賜、祝日大祭日行事、皇室の歓送迎行事、神社参拝などが実施された。神社崇敬を推進することで国民統合を図ろうとする神社政策も行なわれ、地域社会では学校児童、青年団、戸主会による神社参拝や神社奉仕などが推進されている。[11]大戦後には民力涵養運動、生活改善運動の教化政策も実施された。[12]こうして国家体制の再編が進められ、教育政策や教化政策を通じて、国民統合のための政策が実行された。

しかし、統合されるべき国民は諸階級・諸階層に分解し、大戦後の社会思潮はナショナリズムの後退をもたらした。デモクラシーや社会主義が興隆をみせ、白樺派にみられるコスモポリタニズムなど、インターナショナリスティックな価値が台頭する。「天皇観・国家観の流動化」がさらに顕著となり、国体神話の信憑性はますます低下していった。こうした状況のもと、インターナショナリスティックな価値に対抗する新たな国家原理が求められた。

この時期、たしかに国体神話の信憑性は低下していた。しかし、すでに国体神話は人びとの間で自明化し、国体神話の信憑構造が形成されていたこともみのがすべきではない。たとえば鈴木正幸は、次のような労働者の声を紹介している。[13]「労働者も等しく日本人である。大和民族の血を受け、日本魂を持って居る以上、断じて国体を穢すが如きは有り得るべき事ではない」(友愛会鉄工部神戸連合会『新神戸』、一九一八年)。「国体はどんなことがあっても変わらぬ。(中略)日本で此後、衆議院が生産者会議に代り、貴族院が無くなることが有っても国体は決して代るものでは無い」(友愛会関西労働同盟会『労働者新聞』、一九一九年)。鈴木によれば、彼らは「根源的な日本国家と考えた国体的国家によって現にある(政体的)国家を相対化したのである」。[14]すなわち、ここには日本国体(国体的国家)によって現実の国家(政体的国家)を批判する人びとのまなざしをみることができる。じつはこの国体的国家/現実の国家という対立項が、智学の「日本国体学」を理解する重要なポイントとなる。

また、天皇の権威再編は、原内閣(一九一八年九月~二一年一一月)のもと、皇太子のスター化というマスコミ演出を通じて行なわれている。さらに民間の国体論が、この時期に再編されていることにも注意しておこう。大戦後に新たに出現した民間の国体論は、「大正デモクラシーにおける社会の復権、あるいは国家に対する社会の優位の思潮に対応し、かつ民主主義と国体との調和を強調するものであった」。[15]この「民主主義と国体との調和」という観点は民間の国体論ばかりでなく、治安維持法審議における「政府委員の説明の論理」にも登場する。[16]つまり、官民の国体論再編の過程で、国体神話と民主主義が競合し、あるいは調和していくのである。

仏教界の動向

大正期の仏教界の特徴として、森龍吉が、教団体制の動揺、仏教教団の社会活動の進展、仏教文学の開花の三点をあげるように、[17]仏教界も時代状況に応じた活動を進めざるをえなかった。

伝統仏教教団の経済基盤は寺檀制度による農村経済にあったため、都市の資本主義経済への対応が遅れ、教団の弱体化と動揺をまねいた。そうした伝統仏教に対して、都市部の宗教的浮動人口を掌握したのが天理教や金光教、大本、大戦後のひとのみちや霊友会などの新宗教教団であった。「天理・金光の二教は、資本主義の発達にともなう社会変動、ことに急激な都市化現象と密接な相関関係をもって展開した」、という大谷渡の指摘を確認しておこう。[18] 大谷によれば、天理教は大正期に急激に教線を拡大し、金光教も着実に教会数を増やしている。こうした新宗教の動向に対して、伝統仏教教団は産業化や都市化に対応した「組織布教」を開拓し、[19] 都市部での工場布教にも着手することになる。

仏教教団の社会活動としては、僧侶の参政権を求める宗教法案制定の活動や国家による教化政策の一翼を担う活動、社会事業への取り組みなどがみられた。一九一五年（大正四）の秋、仏教懇話会（一九一二年設立）の斡旋で開かれた仏教各宗派の管長会議で、仏教懇話会が仏教連合会と改称され、翌年五月にはその下部組織として、仏教護国団が結成されている。[20] こうして仏教各宗一三宗五六派が集まり、僧侶の参政権と宗教法の制定を求め、さまざまな対外的活動を組織することになる。[21] 政府は世界大戦参戦に際して、宗教教団に「奉公ノ実ヲ挙ゲシメンコト」を求める訓令と訓諭を発したが、一九一七年（大正六）、仏教各宗管長は一斉に「時局に関する訓諭」を各宗派内に発令し、「国民精神作興の指導統一」につとめることを徹底した。こうして仏教教団は大戦中の教化政策を担い、大戦後も政府の民力涵養運動などに関わった。

また、社会事業への組織的な取り組みも活発化する。仏教徒の社会事業（感化救済事業）は一九〇九年（明治四二）の仏教同志会の結成をへて、一二年（明治四五）に仏教徒社会事業研究会が創設され、一四年（大正三）六月には「第一回全国仏教徒社会事業大会」が開催されている（日生も参加）。さらに一七年（大正六）四月、浄土宗の矢吹慶輝や長谷川良信が中心になって、大正大学内に日本最初の社会事業研究所である社会事業研究会が開設された。この時期に編纂された仏教徒社会事業研究会編『仏教徒社会事業大観』（一九一九年）には、窮民救助事業、養老事業、救療事業、育児事業、感化救済事業、盲唖教育事業、貧児教育事業、子守教育事業、幼児保育事業、授産職業紹介事業、宿泊保護事業、免囚保護事業といった仏教徒による数多くの社会事業が紹介されている。なお、これらの活動は「国家による要望に答えるかたちで、国家のなかでの『正当』な位置を獲得するための具体的な運動」であったことを確認しておこう。[22]

なお、仏教文学の開花であるが、一九一六年（大正五）の倉田百三の『出家とその弟子』以降、とくに一九二二年（大正一一）頃から「一種の仏教文学ブーム」が到来するが、詳細は次章で後述する。

日蓮仏教界の動向

大正期（とくに一九一〇年代）を通じて、「日蓮主義」の用語は日蓮仏教界において完全に自明化し、さまざまなヴァリエーションも登場した。『日宗新報』一二二三号（大正二年二月一六日発行）に掲載された日蓮宗僧侶・北尾日大の「新日蓮主義」という小文に着目しよう。当時三七歳の北尾は「旧日蓮主義」と区別した「新日蓮主義」を唱えた。それは「現代的批判宗学の成立を期す」こと、「現代的信念修養の方針を確立すること」を意味していた。「現代宗門の巨人」である智学と日生を「新旧両時代の中間に現れたる、模範的活宗教家」として敬意を払いつつも、青年はさらに進んで「新日蓮主義」を標榜し、「宗門の維新と国家人類の改善」に全力を尽くすべきと主張している。また、二六歳の加藤文雄は『日宗新報』に掲載された「自己折伏」[23]や「蛍燭の末光」[24]で、「講壇上の口舌」に終始する「講壇日蓮主義」[25]を批判している。

その一方、国柱会の山川智応は「日蓮主義研究叢書」（後述）の発刊の辞で、智学によって創唱された「日蓮主義」を「純正日蓮主義」と規定し、ほかの日蓮主義との差別化を図った。[26]「純正日蓮主義」は「明治以前に於いて、一回も適当に研鑽せられたことがない。これ正にわが恩師の絶叫に初まり、明治聖世の後半期より大正聖世以後の、日本及び世界が、天より下された最高最大の問題である」、という。しかし、これ以降、各方面で「純正日蓮主義」という用語も一般化していった。

ここで、当時の日蓮主義の社会的流行の様子と日蓮仏教界の動向をみておこう。

明治末期（一九〇〇年代後半）から大正期（一〇年代）にかけて、天晴会や法華会による知識人の組織化や、大学・専門学校における日蓮研究会の発足など、日蓮主義の社会的な受容が進んだ。たとえば東京の学生団体として、東京帝大の樹洽会、第一高等学校の樹洽会、東京高等商業学校（現在の一橋大学）の一橋日蓮鑽仰会、早稲田大学の日蓮主義研究会、慶応大学の日蓮主義研究会、東洋大学の橘香会、日蓮宗大学同窓会などがあった。大正期にはこれらの学生団体が結集し、「日蓮上人鑽仰都下学生大会」が開かれている（一九二一年には日蓮主義宣伝学生聯合会を結成）。これらの諸団体の講師を智学や山川、日生をはじめ、小林一郎や山田三良、佐藤鉄太郎などの天晴会や法華会の会員が担当している。とくに日生は、一九一五年（大正四）五月に橘香会の名誉会長に就任し（会長は日蓮宗の山田一英）、同じ年には山川智応が中央大学で月例講演会を開始している。ほかにも国柱会や顕本法華宗・統一団、法華会は一般人を対象とする公開講演会を積極的に開催し、日蓮主義の布教・教化につとめた。

また、日蓮仏教関係の重要な著作・文献の出版もこの時期にあいついだ。

山川智応の『和訳法華経』（新潮社、一九一二年）や姉崎正治の『法華経の行者日蓮』（博文館、一九一六年）は、日蓮仏教界以外にも多くの読者を獲得した書籍である。宗学書・宗史書としては、谷日昌編『日隆上人聖教要集』（本妙寺、一九一二年）、磯野本精『日蓮宗史要』（日宗新報社、一九一四年）、服部日義『本門法華宗綱要』（妙京寺、同年）、北尾啓玉（日大）の『新日蓮宗綱要』（新日蓮主義社、一九一六年）、田辺善知の『日蓮宗教義大意』（大阪屋、一九一九年）などがある。また当時、日蓮門下間で蔵書や霊宝の公開が進み、その成果として稲田海素編『日蓮聖人御真蹟対照録』（対照録出版会、一九一二年）や神保弁静編『日蓮聖人御真蹟』（一九一四年）、日蓮宗全書刊行会編『日蓮上人全集』（須原屋書店、同年）などが刊行された。[27] ちなみに、宮沢賢治が『法華経』と出会うきっかけとなった島地大等編著の『漢和対照妙法蓮華経』が公刊されたのが、一九一四年（大正三）である（島地は浄土真宗の僧籍をもつ仏教学者）。

さらに一九一六年（大正五）一二月、日蓮門下の僧侶が結集して、「日蓮主義の下に於て其の聖典たる法華経並に御遺文の学究的研鑽」を掲げた「本化聖典研究会」が結成された。清水梁山を会長・講師とし、日生と智学を顧問として会は立ち上がった。[28] 一九二〇年（大正九）には「日蓮宗学全書刊行会」が発足し、その翌年の日蓮生誕七〇〇年には『日蓮宗宗学全書』全二三巻の刊行がスタートしている。

国柱会からは機関誌『日蓮主義』が創刊された翌一九一〇年（明治四三）に智学の『日蓮聖人乃教義』（博文館）が刊行された。この著作は「総要」「教判」「宗旨」「信行」「史伝」「雑要」の全六篇から構成され、一般人や初学者を対象とした国柱会教学の解説書とでもいうべき著作である。石原莞爾や宮沢賢治、井上日召をはじめ、多くの読者がこの本を手にしている。また、一九一四年（大正三）には『類纂高祖遺文録』（国柱会版の日蓮遺文録）が出版され、一六年（大正五）から二〇年（大正九）にかけて、『本化聖典大辞林』全三巻（日蓮仏教の辞典）が刊行されている。さらには智学の指導のもと、新潮社から「日蓮主義研究叢書」が出版された。[29] 一九一五年（大正四）五月の山川の『日蓮聖人と耶蘇』にはじまり、志村智鑑の『国聖としての日蓮聖人』、山川の『種々御振舞御書略註』、智学の『龍口法難論』、志村の『聖訓の研究』、山川の『日蓮聖人と親鸞』、長瀧智大の『立正安国論新釈』、志村の『日蓮主義と世の中』、山川の『日蓮主義と現代将来』、志村の『日蓮聖人の教へられたる国家と人生』の計一〇冊が刊行されている。

なお、「日蓮主義」をタイトルとした書籍の刊行もこの頃から一般化した（講演や論文はこれ以前から）。高島平三郎の『日蓮主義』(日蓮宗大学同窓会、一九一五年)や小林一郎の『日蓮主義講話』(大同館、一九一六年)などが出版されている。日生も『日蓮主義』(博文館、一九一六年)以降、毎年のように「日蓮主義」を付した著書を公にしていった。

以上のように、この時期は日蓮主義の流行が起こり、日蓮主義関係の書籍が続々と刊行され、日蓮主義が広く社会的に受容された時期だった。その一方、日蓮の真蹟や遺文など、門下所蔵の重要文献や資料が、なかでも日蓮の原テクストが公にされた時期でもあった。

また、当時の仏教界の動向と並行して、日蓮門下でも布教活動や社会活動が活発となる。日蓮宗は一九一七年(大正六)四月九日に第一回布教講習会を本郷の日蓮宗伝道館で一週間にわたって開催している。この講習会は宗派内の布教家の育成のために開催され、風間随学や脇田堯惇の日蓮宗関係者のほか、日生や智学、佐藤鉄太郎、高島平三郎、姉崎正治、山田三良ら、当時の日蓮主義の隆盛を支えた人びとを講師に招いた。日蓮宗の社会事業としては、綱脇龍妙の身延深敬園、加藤時次郎の社会活動、神保弁静の感化院、山田一英の慈済会などがあった。

奉献本尊問題

第一次世界大戦開戦の翌年、つまり日蓮門下統合会議が開催された一九一五年(大正四)、日蓮門下に大きな反響をよんだ出来事が起こる。――いわゆる「奉献本尊問題」(または「護国曼荼羅論争」)である。

一九一二年(大正元)一〇月、京都府相楽郡加茂町の燈明寺の境内から、「蒙古調伏護国曼荼羅」(以下、護国曼荼羅と略)が発見された。この曼荼羅には、「南無妙法蓮華経」の中尊七字の真下に「天子金輪大王」、その左右には天照大神と八幡大菩薩が勧請されており、日蓮の花押の向かって左には脇書として「諸天昼夜常為法故而衛護大日本国」「弘安四年五月十五日」と認められていた。その真偽については、出所や図式、筆致などから問題点が多く確定されなかったが、何とこの曼荼羅が一九一五年（大正四）一一月、大正天皇の即位大典を奉祝して、日蓮宗から宮内省に献納されてしまう。献納の際には「奉献本尊玄釈」（以下、「玄釈」と略）が添えられた。後日、この「玄釈」と「奉献開光文」「奉献説明書」が『日宗新報』に発表されたが、それらの内容も問題化する。[30] この「玄釈」等は清水梁山（当時五二歳）によって執筆されたが、その内容に反発したのが、日輝教学の継承者である日蓮宗僧侶・清水龍山（当時四六歳）であった。王法と仏法との一致を説き、王法の優位を強調する王仏一乗論に立つ梁山は、「玄釈」のなかで、この「本尊大曼荼羅ハ王仏一乗ノ玄秘也。中央ノ七字［「南無妙法蓮華経」のこと―筆者注］ハ本尊ノ正体即チ我ガ聖天子金輪大王」とのべる。つまり、この曼荼羅は本尊の正体が聖天子（天皇）＝金輪大王（転輪聖王）であることを示しているという見解を提示したうえで、「本門壽量仏本尊トハ正ニ我ガ聖天子ヲ指ス」と、自説の天皇本尊論（にもとづく法華神道的な国体論）を展開している。[31] 龍山は宗門当局による献納を問題視し、護国曼荼羅の宗義的な批判を行なったが、受け容れられなかった。[32] 決して護国曼荼羅を真筆と認めず、梁山の説を「宗義の正格に非ずして台密の余唾なり」[33]と退け、「国体迎合曲学阿世」[34]と厳しく批判している。

この問題は関係者に反響をよび、「天皇」の位置づけが日蓮仏教界で注目を浴びることになる。智学と山川の見解は――西山が詳述しているように――基本的には真筆説を採用している。[35] 転輪聖王＝天皇説を採用する国柱会教学では、真筆説を強調する教学的な理由があった。「転輪聖王は王中の王世界統一の大王」でなければならなかったのである。

日生は『統一』二五一号（大正五年一月号）に「日蓮聖人終生一貫の主張」を発表し、この問題に対する自らの見解を示している。[36] 日生は「天皇陛下を以て宗教の本尊と同視し、天皇宗を立せんとする者あり、日蓮門下にして此見解に付和雷同せんとする者を生ぜり」と、この問題を憂いている。そして、「皇位の絶対神聖は今更言ふも畏こし、然れどもこの絶対神聖の語義は、現実界に於ての事なり」とのべ、「特に日蓮門下にして之に雷同するが如きは、其迷見断じて許すべきあらず」と断言している。日生は真偽問題については言及せず、梁山の見解（とくに本尊論）にはっきりと反対を表明した。智学や山川にくらべて、日生の場合は「天皇」に対して特別な教学的な意味づけをしておらず、その本尊論は人本尊論をとっていることから、このような見解が提示されたのである。

世界大戦への対応

さて、日蓮門下統合運動や奉献本尊問題が日蓮門下内外をにぎわせていた時期、第一次世界大戦がはじまった。当時の日蓮宗、国柱会、顕本法華宗の動向を確認しておこう。

一九一四年（大正三）八月二三日、ドイツへの宣戦布告の詔書が渙発された。文部大臣の一木喜徳郎は、宗教家に対して「奉公の至誠」を求める諭告を発令した。翌日、小泉日慈日蓮宗管長は詔書や諭告にもとづいた「忠誠の途」を全うすることを宗派内に諭達する。以後、全国各地の日蓮宗寺院では——日清・日露戦争時と同じく——戦勝祈禱会や国禱会、講演会などが開かれた。

加藤文雄が『日宗新報』一三〇二号（同年一〇月四日発行）に発表した「軍国に於ける日蓮主義者の運動」によると、まず、「吾れ等日蓮主義者は、（中略）殊に軍国の為めに満身の熱血を湧かしめねばならぬ先天的の使命を有する者」と自己規定したうえで、「国家永遠の基礎的精神の上に立脚して、国民思想を統一せねばならぬ」と強調している。さらに、「先づ要望するのは、挙宗一致である」と、日蓮門下統合を訴えた。一ヶ月後、門下七教団の統合会議が開催されるが、この時点では挙国一致の前提として、日蓮門下統合の実現による報国運動を提起していたのである。

同年一〇月一一日、日生は神田駿河台の明治大学で開催された「本化門下連合講演会」に登壇した。時局に対する国民の覚悟を促すために開かれたこの講演会では、日生のほか、小林一郎、山田三良、松森霊運、笹川臨風、清水梁山、石橋甫陸軍少将、三宅雄二郎、牧野賎夫弁護士らの天晴会会員が講演している[37]。日生は「予願副力[38]」の演題で、日蓮主義の大理想（統一主義）を「我国家の威力を以て護持し、国家を通ふ《ママ》して世界に理想の文明を建設せん」ことを訴えている。その根拠は、『三大秘法抄』における「法国冥合」の教説にあった[39]。

なお、顕本法華宗・統一団も日蓮宗と同じく積極的な報国運動を組織している。九月一三日には、統一閣で時局対応の講演会が開催された。三上義徹の「戦と死」、井村の「時局と信仰」、日生の「我国の使命と日蓮主義」が講演され、国民の進むべき方向が示された。これ以降も、東京や千葉を中心とする各地の顕本法華宗寺院で戦時講演会が開かれている。管長の日生は、全国の布教師に「一段の活躍奮闘」を指示し、「顕本戦時伝道隊」を組織させた。とくに山根、関田、笹川、国友の四人を特命布教師に任命し、一〇月一八日から二七日にかけて、伝道活動に従事させている[40]。

最後に国柱会であるが、この時期、国柱会は三保最勝閣の正境宝殿遷座式や教団編成に多忙であった。しかし、一一月四日から一〇日までの一週間、対独戦勝祈願の国禱を修めている。智学は「国禱祈願文」において、『法華経』安楽行品の一節、「転輪聖王の威勢を以て諸国を降伏せんと欲する」を引用して戦勝を祈願している[41]。

二　ロシア革命の影響

一九一六年（大正五）四月二八日、東京上野の鶯谷で国柱会館の発表式と国柱会東京局の開局式が行なわれた。当時、活動拠点は三保の最勝閣だったが、「中央帝都に於いて運動をする必要が屢々《しばしば》あるので（中略）中央運動

図11 1919年（大正8）**3月9日、国柱会館での思想問題解決のための特別講演の受付の模様。**写真提供：宗教法人国柱会。

の根城を造ろうといふ[42]」ことになり、鶯谷の五〇〇坪以上の邸宅を買い取り、新たに国柱会館が建立された[43]（完全な落成は二年後の四月）。翌年（一九一七）六月二五日には「産業の霊化」を掲げた国柱産業株式会社（のちに天業民報社に改称）が創設され、智学が社長に就任している。[44] 機関誌の印刷・発行を中心として、国柱会の書籍（教書）の取り扱い、薬品（「不思議膏」）や消火器の販売などを行なった。一九一九年（大正八）一一月一日には谷中の天王寺五重塔の傍らに借地して師子王研究所を設置し、同月六日には国柱会館に「中産階級療病補助」を標榜した師子王医院を開設している。東京の活動拠点を確保したうえで、産業活動や社会活動などの新たな活動を開始したわけである。なお、国柱会館では連日午後七時から講師陣による講演が行なわれ、週末には上野公園で布教・教化活動が実施された。

　またこの時期、智学は（前述した）『類纂高祖遺文録』や一五年の年月をかけた『本化聖典大辞林』の編集・出版、新潮社からの「日蓮主義研究叢書」の発刊など、日蓮仏教界に貢献する出版活動も行なっている。

『国柱新聞』発売禁止となる

ここで、国柱産業株式会社を立ち上げた翌月（一九一七年七月）に起こったひとつの事件に注目しよう。智学の国体論と政府の国体論とが、一瞬だけ齟齬をきたした出来事である。

『国柱新聞』一八二号（七月一一日発行）の三頁に同人の朝彦（中村旭鴛）が「公園伝道」という短編小説を発表した。そのストーリーはこうである。女学校の教師である「私」が新緑をみようと、日曜日の上野公園を訪ねると、竹之台の一角に人だかりがしていた。その中心でひとりの青年が演説をしている。弁士の青年の演説を聞くと、「日本の国体」についての内容であった。弁士の演説が終わり、その内容に興味をもった「私」が次の弁士の登壇を待っていると、弁士の仲間の女性たちが聴衆に小冊子を施本している。そのなかに「私」は教え子を発見する。彼女の話を聞くと、この演説を行なっている団体が「××××先生」を中心として、純正日蓮主義を掲げる「△△会」という在家教団であることがわかった。やがて彼女が立ち去ると、「私」は青葉の陰のベンチに腰掛け、彼女から施本された本に読みふける、という内容である。つまり、国柱会による実際の布教・教化活動をモデルとした小説である。このなかの一節が、安寧秩序を紊すとの理由で、内務省から発売禁止（発禁）処分を受けたのである。

処分の対象となったのは、弁士の青年が行なった演説の一節、「たゞ皇統連綿、万世一系といふ丈けで尊貴といふのならば、それは無内容の国体である」という部分である。ちなみにこの後、「真理的に無限の価値を有して居ない国体論などは、理智の発達した現代人には何の尊敬が起らう」と、「一知半解の愛国者の国体論」を否定したうえで、「日蓮聖人の国体観はそんな無内容なものではない。仏教の根本教理を以て日本国体の内容を開顕された大宗教大哲学としての日本国体である」とつづく。ただし、こうした見解は、じつは中村の独創ではない。『国体の権化明治天皇』で、智学はこうのべている。

「日本のえらいのは、皇統連綿万世一系と直に言ふが、皇統連綿万世一系はえらいものではない、皇統連綿万世一系であるから日本はえらいのではない、逆さまだ、日本はえらいから皇統連綿万世一系なのである」(45)。

智学は「日本のえらさ」を「古さ」によってではなく、万世一系・天壌無窮の「根源」をなす「道」によって保証する。つまり、道義的な世界統一の使命を担う「道の国」だからこそ「えらい」のであり、日蓮主義によって基礎づけられた日本国体の道義性によって、「日本のえらさ」を根拠づけている。中村の主張は、智学のこうした見解を敷衍しているのである。

国柱会では内務省の処分に対して、『国柱新聞』で反論した。まず、一八三号（七月二一日発行）の、「遺憾千万／国家の不幸！」と題された巻頭言で、「我党の言論が国体を危ふし《ママ》秩序を紊すものと解せられたるは実に破天荒の珍事」であると訴えた。さらに一八四号（八月一日発行）巻頭の「国体発揚の時来れり」では、「事の真相を叙べ、これに対する予の所感を開陳して、一は内務省大臣以下当局の官吏に質し、一は因《よっ》て以て世人に吾が国体の何たるを開示せんとす」と、智学は宣言している。そして執筆されたのが、「日本国体の真意義」である(46)。また、一八四号には田中絃渠（澤二）による「国柱新聞の発売禁止に就て内務省に対する交渉顚末」と、志村膽郷（智鑑）の「立正安国論献上紀念宣正会の聖日に国柱新聞発売禁止の飛報を握り大雷大雨のなかに正嘉正元の昔を追懐して静かに此の国を思ふ」が掲載されている。前者は、発禁を通達された七月一二日の翌朝、抗議のために内務省を訪れた澤二と図書課の係官との会見、さらに翌日の警保局長・永田秀次郎との交渉、さらに一九日の警保局長との二回目の会見の報告である。警保局長との押し問答の末、「主義、目的はよくても、用語がいけない」との理由で、結局、処分は撤回されなかった。

さて、智学の「日本国体の真意義」であるが、「国柱新聞第百八十二号発売禁止事件に就て内務大臣以下当局官僚諸氏の省察を求め／併せて此機会を以て道の為め国の為め進んで吾人の国体論を天下に高唱せんとす」との副題がついている。全体の構成は「緒言」「前論」「本論」からなり、「前論」では事件の経過、『国柱新聞』の性格、智学の「国体宣揚の概略」が語られ、「本論」では智学の国体論が説示されている。「本論」（「日本国体学」の内容）については本章三に譲るとして、ここでは「前論」の一部を検討し、この事件に対する智学の見解を確認しておきたい。

智学は、事件の経過をたどるなかで、「内務省と吾人との解釈の異点」を問題にする。その相違を「正しく現代の謬想を代表せるもの」と把握し、「その何れが正当なりやを究めねばならぬ」とのべる。さらに「国柱新聞は、『妙宗』と称した時分から、常に国体宣揚の為に全力を尽くしつゝある日本唯一の古き歴史をもッた国体擁護紙である」と、自分たちの立場を規定したうえで、これまでの自らの活動や著作による「国体宣揚の概略」を列挙する。以上を踏まえて、「吾人は彼の文篇を立派な国体宣揚の目的によッて書かれたものと確信する」とのべ、次のように断言する。

「内務省としては、此微少なる一小欠点を以て、四十年来一貫し来れる、思想史上の一大事実たる国体擁護の団体に、取返しのつかぬ致命傷的の汚名を印せしめたるは、甚しき国政上の遺憾なることを痛歎するのである。」[47]

以下、「本論」で、自らの国体論の正当性を論述している。

この出来事を通じて、政府の国体論と智学（国柱会）の国体論との「解釈の異点」が問題となった。だが、その相違は——安丸良夫のいう——一九一〇年代以降の大本（皇道大本）や天理研究会（天理本道）などの「国体論的ラディカリズム」[48]のように、政府の国体論（国体神話）の正当性を根底から否定するものではなかった。このことは、その後の国柱会の活動からも明らかである（ちなみに発禁はこの時だけである）。つまり、国柱会はあくまでも「国体擁護の団体」であった。むしろ、そこから逸脱する活動を展開したのが、智学の影響を受けた軍人の石原莞爾であり、智学の子息である田中澤二や里見岸雄であった。

以降、智学の日蓮主義的国体論（「日本国体学」）は、ロシア革命の勃発やデモクラシーの隆盛という社会状況のなかで体系化され、その結果、智学は「現実の日本」を相対化する「あるべき日本」を発見し、その実現を主張するようになる。

ロシア革命への対応

『国柱新聞』発禁事件が起こる四ヶ月前の三月二〇日、智学は三保の春季講習会で「露国の革命に就て」と題した特別講演を行なっている。この年の三月一五日（ロシア暦の二月二七日）、ロシア国内では革命の波及によって、ニコライ二世が退位し、ロシア帝政が滅亡した。いわゆる二月革命の勃発である。智学は講習会中にこのニュースに接し、すぐにこの特別講演を行なった。その筆記録が『国柱新聞』一七三号（大正六年四月一一日発行）に掲載されているので、一瞥しておこう。

この講演のポイントは「日本対世界各国、君本位と民本位、将来世界の色別は此二ツになる」という主張にある。智学によれば、「吾人が平素熱心に唱道する所の日本国体の内容何ものなりやを、不思議千万にも此露西亜の革命が説明して呉れた」。これはどういうことか。智学は、「道に合ッた君臣道の正系から外れた国」は共和制（民主制）国家へ移行し、「日本のみが唯独り真の君臣道を保有する事になる」と断言する。「将来世界の色別」を「民本位」の共和制（民主制）国家と「君本位」の君主制国家に大別し、とくに「日本国体の主義と之を否認する思想との此二大潮流」の間の争いとみる。当時の国際状況のなかで、日本の君主制（日本国体の内容）を顕示する契機としてロシア革命を解釈し、こう結論づける。

「最後結局は天下万民諸乗一仏乗となッて妙法独繁昌し、一閻浮提一同に他事をすて丶南無妙法蓮華経と唱ふる時が来て、宇内人類悉く最終の光明に落居するに至るであらう(49)」。

当時、国柱会員にとって、きわめて切迫した課題として、社会主義やデモクラシーへの対応が求められていた。『国柱新聞』二二三号（大正七年九月二一日発行）に掲載された山川智応の論説「今正是時」をみてみよう。ここでは、デモクラシーに対する日蓮主義の対応が提示されている。

山川は、当時の日蓮主義の流行を踏まえ――智学の主張を敷衍しながら――こうのべる。

「日本国体を忘れた日蓮主義なら、それは『ぬけがらの日蓮主義』『だしがらの日蓮主義』である。日蓮主義を忘れた日本国体が唱へらる丶ならば、これまた『ぬけがらの日本国体』『だしがらの日本国体』である。日本国体は本門法華経の身である。日蓮主義は、日本国体の心である(50)。」

さらに、「今や日蓮主義は熾《さかん》なやうであるが、日本国体の主張は、これと併行して居ない」という。山川は「ぬけがらの日蓮主義」に対して、日本国体を伴った「純正日蓮主義」を対置する。智学や山川にとって、日蓮主義と日本国体は「一体不離、身心の関係」であり、「純正日蓮主義」とは国体神話を包含した日蓮主義を意味していた。また、「民主か君主か」「民本か君本か」という問いを設定し、「世界の大勢が、民主的であるといふことを否まない」が、「たゞ一つだけ日本は完全なる君主国なのである」とのべる。それを「法華経は君主、諸経は民主」と教学的に翻訳し、さらに『法華経』の迹門を「君主民本主義」、本門を「君主道本主義」（君民一体の道本主義）と分節する。そのうえで、日本の施政に「迹門の君主民本主義の如き形が至るところに見得らる丶」ことを批判し、日蓮主義にもとづく日本国体の「君主道本主義」を掲げる。民主に君主（の日本国体）を対置するわけである。こうした言説によって、国柱会は当時の社会状況に対応していった。

さらに智学は『国柱新聞』二二五号（同年一〇月一〇日発行）の論説「あ、正義なき自由」で、「戦慄すべき大革命」を起こした「レニン一派」に言及し、「吾々人民は大に根本的に覚醒深慮して、国体宣揚に努力せねばならぬ、一心不乱に！」と呼びかけた。その「国体宣揚の努力」の具体的な活動を確認していこう。(51)

社会主義とデモクラシーへの対応

一九一九年（大正八）初頭、「大戦は熄んだ！　人間の思案はこれからである!!」と、智学は高らかに告げ、「今度の戦争は、世界中の人が、総掛りで日本国体を世界的に発見すべき大行動を演じたのである」と訴えた。(52)以下、二月一六日（日蓮降誕会）に日蓮宗大学で「日本国の有無」を講演し、三月九日には国柱会館で「日本国体の開顕」を六時間にわたって講演し、思想問題の解決を聴衆に訴えた。また、四月一日から六日まで、日蓮宗からの依頼によって日蓮宗の本郷伝道館の布教講習会に出講し、「本化宗学より見たる日本国体と現代思想」を講義した（その内容はのちに詳しく検討する）。さらに八日からの六日間、国柱会館で「純正日蓮主義講習会」（春季講習会）が催され、日蓮の『報恩抄』を講じている。以後、社会主義やデモクラシーの隆盛に対抗するため、一九日の横浜を皮切りに、神戸、大阪、名古屋、京都、浜松の中京・関西地方の各都市で、国柱会は「思想問題解決特別大講演会」を開催する。(53)

四月一九日、横浜開港記念館で、国柱会横浜局が主催する「思想問題解決特別大講演会」が開かれ、智学は「世界改造の鍵」を講演した。会場は立錐の余地なく、二〇〇〇余名の聴衆で埋まった。入場できなかった人びとのために、場外でも講師による講演が行なわれるほどであった。盛況のうちに講演会を終えた智学たちは関西に転じ、五月二三日には神戸諏訪山下の武徳殿で講演会を開いた。本部から派遣された長瀧智大の指導のもと、神港局の会員が準備と運営に携わったが、その概要を確認しておこう。(54)

講演会に先立ち、吊り広告六〇〇枚、大立札三〇ヶ所、案内状三〇〇〇通、広告用紙数万枚、新聞広告数回、各戸訪問による案内箋の配布など、大々的な宣伝活動が行なわれた。そして当日、四五〇〇人（場内三〇〇〇人、場外一五〇〇人）の聴衆が集まった。会場では小冊子『旭日瞳々の国運』などの教書を三〇〇〇部配布し、教書を一六円分売り上げている。

午後五時に開会し、神港局会長の相羽恒次の開会宣言と鉄道院技師・津田鋳雄のあいさつにはじまり、高知尾誠吉の「世界思想の変化大要」、長瀧の「我等の主張」の講演とつづき、五分間の休憩をはさんで、智学が登壇した。時間は七時五〇分。智学は一一時四〇分までの約四時間、「天業民族の使命」と題した講演を行なった。講演が終わると、「天皇陛下万歳」と三唱して退壇したが、その時、聴衆の間から「田中先生万歳」の声が湧き起こったほどであった。

以下、二五日には大阪中之島公会堂、二八日には名古屋県会議事堂、六月一日には京都公会堂、五日には浜松演武館で講演会を開催し、それぞれ八〇〇〇人（場内五〇〇〇人、場外三〇〇〇人）、四〇〇〇人（場内三〇〇〇人、場外一〇〇〇人）、五〇〇〇人（場内三〇〇〇人、場外二〇〇〇人）、四〇〇〇人（場内二〇〇〇人、場外二〇〇〇人）の聴衆を動員している。中京・関西地方は立正安国会の大阪開教以来、活動の盛んな地域だが、これらの講演会で合計二万五五〇〇人（場内一万六〇〇〇人、場外九五〇〇人）という大量の聴衆を動員した[55]。

智学はこれらの講演で大戦後の社会主義やデモクラシーの隆盛に対して、ナショナリスティックな日蓮主義的国体論（「日本国体学」）を繰り返し強調した。当時の社会危機を「思想問題」に還元し、思想問題解決の鍵を日蓮主義にもとづく日本国体の宣揚に求め、「国体観念の自覚」を訴えたのである。それは社会危機の解消を国家レベルの変革にもとめた対応であり、当時の民衆の実生活のレベルとはかけ離れていた。（神戸の講演会の）「聴衆は中産階級最も多数にして知識階級の人々之に次ぎ、すべて粒選りの人士たることは歓喜の至りである」と報告されているが、生活の困難を抱えた社会下層の人びとに対する訴求が弱かったことが、こうした報告からもわかるであろう。

さて、「思想問題解決」の活動は、この年の一〇月二一日に新たに創刊された雑誌『毒鼓《どっく》』によっても実践された。去る四月には企業家・山本実彦によって『改造』、堺利彦・山川均らの社会主義者によって『社会主義研究』、六月には黎明会同人による『解放』が創刊されており、ほかにも河上肇の個人誌『社会問題研究』や長谷川如是閑や大山郁夫による『我等』も発刊されていた。智学は『中央公論』や『改造』などの「デモクラシーの主張を持ッて立ッて居る雑誌[56]」に対抗するため、『毒鼓』を創刊した[57]。

その創刊宣言をみてみよう。

「世界は長き欲争を結ぶに、空前の鉄火惨状を以てせり、（中略）『世界の改造』は今正に時なり、善哉改造、夫れ将たいかに改造するとやせん、『改造』は須らく改善ならざるべからず、『改造』は亦根本的ならざるべからず、根本的改善の前、世は先づ『根本善』の何ものなるやを知らざるべからず、我等の起たざるべからざる所以は、専らこの『根本善』の提供といふことに存す[58]」。

智学は「世界の改造」を「根本的改善」に求め、その前提として「根本善」の確定を要求した。いうまでもなく智学にとって、それは『法華経』であり、日蓮主義であった。「日蓮主義によりて世界を改造せよ」。これが、智学の基本的なメッセージである。

なお、「世界の改造は、即ち善き国を造る」ことにあり、「世界改造の見本」は「世界を整理すべき目的を以て建てられたる日本」であった。智学の主張はここでも一貫していた。

三　本国土（妙）としての日本の発見―「日本国体学」の体系化

『国柱新聞』二四二号（大正八年四月一一日発行）には、四月一日から六日まで本郷の日蓮宗伝道館の布教講習会で、智学が「本化宗学より見たる日本国体と現代思想」と題した「教学的専門大講演」を行なったことが報告されている。すでに確認したように、当時の仏教界における布教活動の活発化のなかで、日蓮宗も二年前から布教講習会を開いていた。その三回目がこの年に催され、風間随学日蓮宗大学学長の「台当異目」、清水龍山日蓮宗大学講師の「法華経大意」、紀平正美東大講師による「現代思想の論理的批判」、丸山鶴吉内務省救護課長の「救済事業と宗教」とならんで、田中智学国柱会総裁の講演が行なわれた。智学は毎日平均四時間、総計二〇余時間にわたって弁舌を振るっている。この講演の一部が後日、機関誌『天業民報』に掲載され、全文が「本化宗学より見たる日本国体――一名　日蓮主義日本国体論」と改題されて、『師子王全集』第一輯第二巻「教義編」（師子王全集刊行会、一九三二年）の冒頭に収録されている。[59]

この「本化宗学より見たる日本国体」と（次に検討する）『日本国体の研究』によって、智学の「日本国体学」（日蓮主義的国体論）は組織化・体系化される。世界大戦後の社会状況のなかで「日本国体学」は整備され、国柱会の教義体系の中核に国体神話が位置づけられていくことになる。

「本化宗学より見たる日本国体と現代思想」の講演

この講演（録）は、「第一篇　総論」「第二篇　日本国体開顕の法門的原理」「第三篇　法国冥合の因縁事証」「第四篇　日本国体と現代思想」「第五篇　時国感応の日蓮主義」からなる。『天業民報』（と『全集』）への掲載に際して、「緒言」が付されている。この講演のポイントは――「総論」においてのべられているように――「予が平素の主張にかゝる法華開顕の日本国体といふことを、宗学上の根拠に立脚して講明すること」にあった。つまり、日蓮主義的国体論の「法門的根拠」が、日蓮門下関係者に教学的に明示されたのである。日本国体の日蓮主義的な基礎づけが、日蓮仏教のきわめて専門的な観点から解説された内容となっている。

まず、「緒言」に注目してもらいたい。「近来、日蓮主義の勃興につれて、や、浅薄な国家観や忠君観を以て日蓮主義の本領であるかの様に言ふもの」に対して、「確とした国家観」を提唱する必要があること、また「日蓮主義の国体論を否定しようとするもの」に対して、その「疑網」を解くことを訴えている。とくに後者では、智学が「日蓮主義なる宗教を、無理に国体論に結び付けて、国家の甘心を得ようとするものだと考へている誤想」が学者の間にあること、また、「日蓮主義と国体論とを引離そう」としたり、両者の関係を「牽強付会」と考えているものが日蓮宗関係者のなかにいることを指摘し、その「両方面の疑網」を解くことを強調している。

こうした批判は智学の国体論に対して繰り返しなされてきたが、智学は、日蓮主義の国家観、日蓮主義と日本国体の関係（法国相関論）を明示することで、これらの批判に応えようとした。智学にとって、「日蓮主義を精研しての上に顕はれ来る国体論それが真の国体論であッて、法華経に没交渉で居る古来の国体学者流」の国体論は、「真の国体論」ではなかった。[60] つまり、日本国体の日蓮主義的基礎づけとは、日蓮主義による日本国体の意味づけや解釈であり、智学は、日蓮主義のエッセンスを日本国体の問題に集約するのである。

講演（第一篇）の冒頭、日蓮主義は「世界的解決の使命」をもつと主張する。大戦後の社会危機のなか、日蓮主義者が世界的な運動を起こし、世界の救済にあたるべきであるとアジテートする。日蓮主義とは「人類を悉く化し尽すべき世界的大宗教」であり、「世界的思想に対して解決を与へる即ち世界的解決を与へてやるといふ先天の使命ある宗門」であった。であるがゆえに、「日蓮主義が世界的登場の時機は、今日正しく来た」。この「世界的登場」は、日蓮主義によって教学的に根拠づけられた日本国体を通じて実行されるのである。以下、その「法門的根拠」や運動方針が明らかにされた。

第二篇（ならびに第一篇）で、日蓮主義的国体論の「法門的根拠」となる「本門事観の国土観」が語られた。日蓮主義の信行は「本門の事観[61]」を標準とするが、この本門事観のエッセンスが「国土観」であった。「国土というもの、取扱ひが特色たることに依ッて、日蓮主義の法門は大成するのである」。それはなぜか。「世間の『国体』は『国家論』中の一つだが、今予が説く『国体』といふ中には、却ッて『国家』といふものを『国体論』の中に含ませて説く」のであり、国家が国体の下位概念として設定された。さらに、「国体即ち国家の一切」は「国土」に属するとされ、国土が国体と国家を包括する概念として規定されている。この「本門事観の国土観」こそが、智学の日蓮主義的国体論の「法門的根拠」であった。「国家」「国体」「国土」のトリアーデにおいて、「日本国体学」は構成される。

では、「国家」「国体」「国土」の関係はどのように了解されているのだろうか。「本門事観の国土観」については、すでに第二章三で検討した。すなわち、『本化妙宗式目講義録』で顕示された「本国土妙」の法門こそが、この「本門事観の国土観」である。智学の次の発言をみてもらいたい。

「予が日本の国体を本国土妙で説くと本国土妙は霊界の問題だ。現実の国家を論ずることはどうだかうだとか言ふ学者がある。けれどもこれはどうする。予より以前に六百何十年前に日蓮といふ人が日本国を法華経の本国土妙の娑婆世界だと言われた。えらい人だ[62]。」

この時、智学が典拠としているのは、六老僧（日蓮の六大弟子）のひとりである日向が日蓮の『法華経』講義の要点を筆録した（とされる）『日向記』（『御講聞書』）の次の一節である。

「本有ノ霊山トハ此娑婆世界也。中ニモ日本国也。法華経ノ本国土妙娑婆世界也。本門壽量品ノ未曾有ノ大曼荼羅建立ノ在所地[63]」。

智学は、『法華経』の説く「本国土妙」が日本国という娑婆世界であるという一節を踏まえて、日本国体を「本国土妙」の観点から捉える。超越的な霊的・理想的世界である「本国土」が現実の日本国家の実相であり、それが日本国体であると示唆された。日本＝本国土（妙）という指摘自体は――「本国土妙とは日本である」というように――『本化妙宗式目講義録[64]』でもなされており、また『日向記』もしばしば引用されている[65]。この講演では、「日本国体」が「本国土妙」の問題として解釈されたことで、日蓮主義によって基礎づけられた日本国体が「現実の日本」に対する「あるべき日本」として定立され、「現実の日本」が相対化された（ここで、本章一の国体的国家／現実の国家という対立項を思い出してほしい）。ここにおいて、本国土（妙）としての日本が発見されたのである。これこそが「日本国体開顕の法門的原理」であり、日蓮主義と日本国体を媒介する日蓮主義の国家観であった。このようにして国体神話は、国柱会の教義体系のなかに明確に位置づけられた。

なお、智学の国体論には「活きた法華経」「国体の解決者」である日蓮の存在が不可欠だった。「日本国体の法華開顕」は、「日蓮聖人を通じて見たる法華経」や「日蓮聖人を通じて見たる国土なり世界なり」が前提だった。その法国相関論には、「能顕の日蓮仏教と所顕の日本国体[66]」という関係が措定されていたのである。

つづく第三篇で、智学は日蓮主義（『法華経』）と日本国体との関係を「法国冥合」（政教一致）の解説を通じて説明する。「法国冥合」が先天的・後天的に区別され、『法華経』と日本はそれぞれが「統一的宗教」「統一的国家」であることから先天的に対応しており、この両者を後天的に一致させるための運動が必要となる、という。智学にとっては、「本化の法華経の信仰的道義が此の日本国の魂となッたとき、初めて天照太神の目的も達せられ、神武天皇の目的も達せられる」のであった。この後天的な「法国冥合[67]」とは――第二章三で検討した――「本門戒壇の建立」における「二法冥合」の「王法仏法冥、仏法王法合」の過程である。前者は「国をして国体の自覚を深刻に発揮せしめ」る過程であり、後者は「仏法をして社会的に国家に普及せしめる」過程である。[68] ここで注目したいのは、「仏法王法合」（国家への日蓮主義の普及）に「王法仏法冥」（「国体観念の自覚」の徹底）が先行することである。つまり、「国体の自覚」の徹底が、後天的な「法国冥合」の前提となっている。一九一〇年代（明治末年）以降の国柱会の運動が、「国体観念の自覚」を促す布教・教化活動を進めてきたのは、こうした教学的な背景があったのである。智学は「国体観念の自覚」を促す「日蓮主義的社会運動」を実践することを聴衆に訴えかけた。

講演の後半（第四篇）では、当時の「現代思想」であるデモクラシー批判が繰り広げられた。智学にとっては、デモクラシー思想は「反国体の代表思想」であるがゆえに、批判の対象だった。西洋は民衆主体の民主国であるが、日本は君民一致の君主国である、と智学はいう。デモクラシーの基本である権利思想を批判し、徳にもとづく君臣道こそが日本の政治・社会のあり方として提示され、デモクラシーを「法華開顕の電流を通じて」捉え直すべきである、という。ここから、「日本の君臣道を以て消毒せる自由平等主義」が主張され、さらにこの「自由平等主義」を「平等大慧、教菩薩法仏所護念の法華経」によって「もう一遍消毒しなければ仕上げにならない」ことが強調された。こうして『法華経』にもとづく君臣道的な社会関係が顕揚されたのである。

最後の第五篇「時国感応の日蓮主義」で、具体的な運動の展望が語られた。智学は「日本国体の世界的宣揚」を力説し、「法華開顕の願業の織り込まれたる国体運動」の実践を聴衆にアジテートする。『三大秘法抄』を引用しながら、後天的な「法国冥合」の実現を次のように訴えた。

「帝国議会の協賛と　天皇の詔勅に依ッて、国立戒壇を成就するといふことが日蓮主義である。即ち日蓮聖人に依ッて、開顕せられたところの日本国体、その日本国体が宗教となッて現はれ、日本国体が信仰となッて現はれて行くところのものが三大秘法である。[69]」

「法国冥合」の実現のために、まず、「国体観念の自覚」を求める「世界悉檀」（状況適合的な布教・教化活動）の布教・教化活動が入口とされ、ついには「日本国体が宗教となッて現はれ、日本国体が信仰となッて現はれて行く」「第一義悉檀」（宗教的真理の直接的な布教・教化活動）によって実現されていくことが主張されている。

なお、運動の具体的な内容は、「本化開顕の四悉檀」（本地の四悉）の布教・教化戦略によって説明されている。

「△世界——国体宣伝運動（正しき大勢順応）

△為人——社会的待遇及び其の思想の向上開発

△対治——｛悪平等（破壊主義的諸見）／悪差別（官僚的　貴族的　富豪的諸見）

△第一義——｛本化の判開を以て得意せる世界問題の解決／信仰的に解決せる国体思想の帰着」[70]。

まず、「世界悉檀」で「国体観念の自覚」を求める「国体宣伝運動」が提起され、「為人悉檀」（個人の能力に応じた布教・教化活動）では個人の待遇や思想への対応をあげている。「対治悉檀」（煩悩や偏見を除去しながらの布教・教化活動）では、とりわけ「悪平等」のデモクラシーを破折することが強調され、最後に「第一義悉檀」として、あらゆる思想を『法華経』の解釈によって思想問題に還元し、それを信仰的に解決することによって生じる「国体思想」を宣伝し発揚することが要求されている。「此処までに至らなければ、吾々の運動は成功しない」のであった。

こうして智学は、「四悉檀」にもとづく「社会運動」の実践を主張した。とくに「国体観念の自覚」を求める「国体宣伝運動」という状況適合的な運動方針を提起することで、「大勢順応」によるナショナリスティックな思想運動の実践を提起した。「国体宣伝運動」（という手段）を通じて、「第一義悉檀」の「信仰的に解決せる国体思想の帰着」（という目的）に接続させることで、「あるべき日本」の実現をめざしたのである。

『日本国体の研究』の刊行

翌一九二〇年（大正九）二月、智学は『毒鼓』（大正九年二月号）に「日蓮主義研究の根本用意」を発表し、当時の日蓮主義の流行を踏まえ、その研究の手引きを提示している。智学は、「日蓮主義の流行」が「決して一時的ではなく、又部分的でなく、又嗜好的でなく、性命《ママ》の改造といふまでに行はれねばならぬ」とのべたうえ、日蓮の人格や教義を研究するよりも、日蓮の「事業中心の研究」が「第一義」であるという。「活ける世界的問題に対する、活ける解決としての上人」を研究することが「日蓮主義の整束した見方」であることを力説し、次のように結論づけている。

「事業中心で見て行くところに、日蓮主義の真特色も見られ、又吾々人生の真帰趣も決し得るのである。」[71]

智学にとっては、あくまでも日蓮主義は実践の宗教であり、日蓮の教義を現実世界で実現していくことこそが関心事だった。そうした智学の姿勢が、さまざまな人間に影響を与えることになる。

この年の四月二二～二八日、国柱会館で春季講習会が開かれ、智学は「観心本尊抄大意」を講義したが、この講義に軍人の石原莞爾が感銘し、入会している。[72]石原は前年から『毒鼓』をはじめ、『日蓮聖人乃教義』『宗門之維新』『本化摂折論』を買い求めており、国柱会館にも通っていた。また、日生の『日蓮聖人の感激』も読み、統一閣で日生の「社会改造と日蓮主義」の講演も聴いていた。[73]石原は国柱会の信行員として、熱心な活動をするようになる。

また、宮沢賢治が入会するのも、この年のことである。賢治は、一二月に友人の保坂嘉内に「今度私は／国柱会信行部に入会致しました。即ち最早私の身命は／日蓮聖人の御物です。従って今や私は／田中智学先生の御命令の中に丈あるのです」との手紙を送っている(74)。そして、翌年（一九二一年）一月二三日夕方、盛岡の実家を飛び出して、翌日の朝に国柱会館を訪れることになる。その時、対応したのは、高知尾智耀であった。賢治は機関誌の発送作業に奉仕したり、上野公園での布教・教化活動にも参加している。ちなみに、賢治は生涯を通じて、『本化妙宗式目講義録』を五回も繰り返し読んでいる。

石原と賢治が入会したのは日蓮主義が流行しており、智学が「日本国体学」を体系化しながら、日蓮主義による現実世界への積極的な対応を図ろうとした時期だったことを確認しておこう。

さて、一九二〇年（大正九）の智学の活動に戻ろう。九月一二日、智学は念願だった日刊新聞『天業民報』を創刊する（紙の色が緑色をしていたことから「緑の新聞」とよばれた）。タブロイド形式の四頁構成（のちに八頁）で、智学の執筆記事や講演録、会員の執筆記事、国柱会や日蓮門下の動向、「天業時談」という社説、時事評論や連載小説などが掲載された。宗教関係の記事が少ないのが特徴で、「文芸号」「政治号」「青年号」「信仰号」「婦人号」「武育号」「報道号」などの特集号が断続的に発行されている。なお、その創刊は大本の『大正日日新聞』よりも、一三日早かった。

この『天業民報』四四号（同年一一月三日発行）一頁に、智学は、「日本国体学の研究を発表するに就て」を公表する（のちに『日本国体の研究』に所収）。

「明治神宮奉鎮の吉日。我近く吾が四十年来の冷暖を経たる『日本国体の研究』を世に公表すべきことを宣言す。あゝ時は来れり！　世界を挙げて日本国体を研究せよ。」

いよいよ、智学の「日本国体学」（日蓮主義的国体論）の全貌が明らかにされることになった。

この翌年、還暦を迎えた智学は『天業民報』九一号（大正一〇年元旦号）から一年間にわたって「日本国体の研究」を連載し、翌一九二二年（大正一一）四月二〇日、連載をまとめて、『日本国体の研究』を天業民報社か

図12 1921年（大正10）**10月30日、上野公園における国柱会の公園布教の光景。**写真提供：宗教法人国柱会。

ら刊行した。約一〇〇〇頁からなるこの大冊によって、「日本国体学」は体系化された。

本書の内容を、西山茂は次のように簡潔に要約している。

「本書は、それ自体としては日蓮仏教と何の関係もない建国三綱の解説を入口とし、日本の実相が本仏釈尊常住の本土ないし本仏の観心内証の仏国土（本国土妙）に相当し、現実の日本はその顕現によって道義的に世界を統一救済すべき使命をもった妙国であるとの結論を出口としている、『本国土妙開顕の書』であるということができる。[75]」

智学の国体論のポイントは日蓮主義の国家観、日蓮主義と日本国体との関係（法国相関論）の明示にあるわけだが、「本化宗学より見たる日本国体と現代思想」では、日本国体の日蓮主義的な基礎づけによって、本国土（妙）としての日本という日蓮主義の国家観が開示されることで、日蓮主義と日本国体の関係も明らかにされた（第一義悉檀上の法国相関論）。それに対して、『日本国体の研究』は「建国の三大綱」にみられる日本国体の「世界悉檀」的な説明によって、日蓮主義と日本国体との対応関係（先天的法国冥合）が宣示され、「道の国」日本が道義的な世界統一の使命を担った特別の国であることが明示される（世界悉檀上の法国相関論）。つまり、「本化宗学より見たる日本国体と現代思想」が「法」から「国」を開示したのに対して、『日本国体の研究』は「国」から「法」を開示したのである。

なお、『日本国体の研究』でも、日蓮主義と日本国体を媒介するのは本国土（妙）としての日本である。この本国土（妙）としての日本の発見によって、「能顕の日蓮仏教と所顕の日本国体との間に、さらには、所顕の日本国体（在るべき日本）と現実の日本の姿との間に、深い溝、鋭い緊張」が設定された。[76] この「深い溝」を埋めるため、智学の国体論は、つねに「日蓮仏教の布教と社会的実践」を必要としたのである。[77]「法国冥合」の実現には、この二重の「深い溝」の解消が必要であり、そのために、とくに「世界悉檀」的な国体運動が提起されたのである。

では、『日本国体の研究』の概要をみていこう。

全体の構成は、「第一篇　総論」「第二篇　道義建国」「第三篇　建国の八大主義」「第四篇　模範的国相」「第五篇　天業光発の国運」の全五篇二五章一七一節からなる。第一篇で日本国体の内容が、第二編で日本国体（三綱）と日蓮主義（三秘）との対応関係が、以下、国体の内容（第三編、第四編）や明治天皇論（第五編）が論じられている。ここでは、おもに（この本の中心である）第一篇と第二編を重点的に検討する。

智学は「日本国体」を次のように定義する。「国体とは『国の精神《こころ》』といふことである、『体』とは心である」。「国の心」とは「建国の主義」、「国の法」を意味し、「国体《クニツミノリ》」と訓じられている。この「建国の主義」をもった国は世界中にただ日本だけしかなく、日本以外は『国はあっても国体がない』のだから、実は国家として未製品なのである」。こうして世界の国々のなかで日本だけが中心化・特権化される。

では、「建国の主義」とは何か。智学は日本国体の由来、内容、使命を次のように解説する。日本国体は「養正」（正義を養い護り実行すること）、「重暉」（智慧を以て理を照らすこと）、「積慶」（慈悲を以て生を憐み物を慈しむこと）の「建国の三大綱」（三綱）をもって説明された。この三綱こそが、日本の「建国の主義」である。日本は「三綱」による世界統一の使命を担って道義建国された国であり、その使命を担うのが「天業民族」たる日本人である。また、日本国体の内容は、「神・道・国・民・君」の「国体の五大要素」(78)（五要）と、「神人一如・祭政一致・中心統一・報本反始・克己内省・積聚膨張・開発進取・絶対平和」の「建国の八大主義」（八義）にまとめられている。「日本国体学」は、この「三綱・五要・八大」を基本的な骨格とする。

智学にとって、日本とは「建国の主義」をもった「道の国」であった。智学は、「道」（真理の実行）を世界に普及していく「王道」（または「天業」）を強調する。また、「道」とは「君臣」（関係）でもあった。「君臣道」は、「人生と国家の結束点」にある道徳（社会規範）である。それが「民」においては教育勅語に示された「克忠克孝」であり、「君」においては人類を忠孝化していく「王道」であった。この「君臣道」の社会規範こそが、世界人類の「唯一の帰着点」として提示され、自由・平等・博愛に対しても、忠孝にもとづく「真の自由平等博愛」が対置されている。さらに「食」（欲望）本位の生活（「禽獣生活」「消極的生活」「動物生活」）に対して、「道」本位の生活（「人間生活」「積極的生活」「精神生活」）を対置し、「『食本位』の観念を去つて、『道本位』の観念に改める」ことを力説する。このように社会関係や生活態度においても、徹底して日本的な「道」を強調するのである。

こうした日本国体の概要（第一編）をふまえて、日蓮主義（三秘）と日本国体（三綱）との契応関係（第二編）が示される。

「法華経を形にした国としての日本と、日本を精神化した法華経と、この法国の冥合といふことが、世界の壮観として、世界文明の最殿者として、日本国体を開顕すべく日蓮主義は世に出た、日本でなくてはならぬ法華経！　法華経でなければならぬ日本！　（中略）かくて三秘は即ち日本建国の三綱と契応して、世界指導の最大文明であるのである。[79]」

「養正」「重暉」「積慶」は、それぞれ「本門の本尊」「本門の題目」「本門の戒壇」に対応する、とされた。まず、「養正」と「本門の本尊」（妙法曼荼羅）との対応であるが、智学は曼荼羅の中尊（本仏本法）と日蓮の花押（本化）との接合点に、天照大神・八幡大神（日本の先祖）が勧請されていることに注目する。日本は「養正」（「王道」）による世界統一を理想とすることから、「天照大神の宗廟」が世界統一の本尊に勧請された、と指摘する。さらに根本三妙（本因・本果・本国土）によって両者の関係を敷衍し、日本が本果（本仏本法）と本因（日蓮）を結びつける本国土（天照大神の宗廟）であるとのべる。また、「積慶」と「本門の戒壇」の対応関係は次の通りである。「積慶」は「慈悲を主体としての王道施政」であることから「先天的戒法式」であり、「本門戒法の国立戒壇」である「本門の戒壇」との対応関係が指摘される。日本は「先天的に『戒壇国』である」から、「後天的に『戒壇国』として、世界を風靡し人類を統化して、事の寂光世界を世に実現する」、とされた。この「事の寂光世界」は「『本国土妙』の活法門」に基礎づけられており、本国土（妙）としての日本を通じて、両者の対応関係が開示されていることがわかる。最後の「重暉」と「本門の題目」の対応関係であるが、上行所伝の要法たる「本門の題目」は「本仏の智慧」が中核となるが、この「本仏の智慧」が『克忠克孝』の根本的醇性」という「智慧の累積より発して来た淵源のある精神文明」と対応するとのべられている。

　以上、それぞれの対応関係が明示された。智学にとっては、両者の関係はあくまでも「能顕の日蓮仏教と所顕の日本国体」であった。「神武天皇が仏造つたのを、日蓮上人が魂を入れたのである」。そして、その両者を媒介したのが、本国土（妙）としての日本という国家観であった。

こうして日蓮主義と日本国体との関係を体系化し、国体神話を取り込んだ法国相関論を整備した智学は、「あるべき日本」の実現を求めて、一九二〇年代を通じて、活発な運動を展開していくことになる。

四　社会教化活動への取り組み

一九一〇年代後半の顕本法華宗と統一団の活動に目を転じよう。まず、この時期の顕本法華宗僧侶の言説を検討する。智学の「日本国体学」に対して、顕本法華宗僧侶の法国相関論においては、国体神話がどのように位置づけられていたのだろうか。

日生の国家観

日生は、一九一六年（大正五）一〇月、「日蓮主義の真面目が開顕統一主義である」ことを宣示した『日蓮主義』を博文館から刊行する。この年、『釈尊の八相成道』（平楽寺書店）や『破仏論を弁ず』（同）も出版された。翌年には『大蔵経要義』全一一巻（博文館）、『日蓮主義研究講話』（中央出版社）、『修養と日蓮主義』（博文館）、『法華経の心髄』（中央出版社）、『人と教』（実業之日本社）、その翌年には『国民道徳と日蓮主義』（博文館）、『日蓮聖人正伝』（博文館）、『日蓮主義綱要』（博文館）、『日蓮主義の運用』（中央出版社）、『日蓮聖人の感激』（博文館）、『日蓮聖人聖訓要義』全一〇巻（大鐙閣）、『開目抄詳解』上巻（大鐙閣）、『法幢』（博文館）、『東洋文明の権威』（大鐙閣）、『日蓮主義初歩』（大鐙閣）などが、続々と刊行されている。これらはほとんどが講義録や講演録である。

日生の著作群は――智学の著作群とくらべて体系的ではないが――次のように整理できる。日蓮主義の観点か

図13　1918年（大正7）5月、統一閣での顕本法華宗第九宗会の記念撮影。前列中央が日生。
写真提供：財団法人統一団。

ら『大蔵経』を講義した『大蔵経要義』全一一巻は、『法華経講義』全二巻（統一団、一九〇六年）や『日蓮聖人聖訓要義』全一〇巻とならぶ代表作である。また、『国民道徳と日蓮主義』『法幢』『東洋文明の権威』は、いわば日生の国家論である。日蓮の評伝として『日蓮聖人正伝』があり、日蓮論として『日蓮聖人の感激』と『立正大師――一名 日蓮聖人の主義主張』（中央出版社、一九二二年）がある。さらに自らの日蓮主義に関する体系的な著作が、晩年の『信仰修養思想より論じたる日蓮主義の本領』（中央出版社、一九二八年）、『日蓮主義の真髄』（中央出版社、一九二九年）、『日蓮主義精要』（中央出版社、一九二九年）である。[80]

ここでは、日生の「日蓮主義に関する所見の大要」が最初にまとめられた『日蓮主義』をとりあげ、この時期の日生の宗教論と法国相関論を検討しておく。

日生の宗教論は、神道・儒教・仏教の三教の調整・統一を主張した点に特徴がある（仮に「三教統一論」とよんでおく）。この三教統一論が、『日蓮主義』のなかの「神儒仏の三教と日蓮聖人」にまとめられている。日生によれば、この三教は「頗る能く調節して居る」ものであった。そして、「公平に其価値を認め、(中略)大きな理想と高き程度に日本の文明を向上せしめ、之を標準とし根拠として欧米の思潮を咀嚼すべきである」とのべる。「純神道」には「建国の大理想」「我皇室の尊厳」「国民的精神の維持」「天佑の保全」という特色があり、儒教の特色は「倫理の根底」「倫理の調節」「道徳の格言徳目の完備」にあり、仏教の特色が「哲理の深遠」「教訓の周備」「菩薩行の奨励」「四恩［父母・衆生・国王・天地の恩―筆者注］の調節」「道徳を行う活力の源泉」にあるという。[81] 日生によれば、この三教を「最も能く調節して徹底的に発揮したのが日蓮上人である」。日蓮は「一宗の祖師」でなく、「日本思想界の大偉人」であった。「殊に現代の欠陥を匡救しやうと云ふには、上人を研究すれば大なる指導を与へらるると思ふ」と断言する。日生は、「三教」が国民思想を代表するものであると把握したうえで、日蓮主義による「国民思想の統一」を主張した。

こうした三教統一論を踏まえて、次のような法国相関論が明言された。

「日蓮上人は『立正安国論』を作つて『国亡び家滅びなば仏をは誰か崇むべき、法をば誰か信ずべき、先づ国家を祈つて須らく仏法を立つべし』と絶叫し、国家本位の上から宗教を見られて居る、現代の文明は国家本位であらねばならぬ[82]」。

日生の「国」概念は、近代日本の国民国家を指し示している。その意味で、日生の「国家本位」の主張は宗教的ナショナリズムの主張であった。ただし、「日蓮主義は国家と消長を共にするものである、然れども狭い意味の国家主義ではない」とも語られている。[83] 日生は「固陋なる国家主義[84]」や「実利主義の国家観」にもとづく「産業的帝国主義」や「侵略的軍国主義[85]」を批判する。日生にとっての国家とは、「日蓮主義」にもとづく「理想の国家[86]」でなければならず、現実の国家を追認していなかったことが確認できるが、その言説はテキストによってばらつきがある。徹底して「国家本位」のみが強調されていることもあり、その主張は両義的であった。なお、日生においても国家と国体は区別されており、日本の国家観念の中核にある「建国の大理想」や「皇室の尊厳」が一貫して強調された。日本国体の存在を前提として、三教統一論は構成されていた。

では、「立正安国」や「法国冥合」はどのように実現されるのだろうか。それは、日蓮主義の「大理想を我国家の威力を以て護持し、国家を通して世界に理想の文明を建設せんと努力する」ことによって達成される[87]。その具体的な方法は——智学と同様に——『三大秘法抄』にもとづく「法国冥合」の実現によってである[88]。日生の場合は、日蓮主義による「国民思想の統一」が主要な手段であり、日蓮門下から国家・世界にいたる思想の統一を強調した。ちなみに、国柱会教学で重要な位置を占めている「転輪聖王」や「天皇」を、日生はどのように考えていたのだろうか。

「社会に相互幇助の理想を実現するには、転輪聖王の統率の下に、徳化を以て天下を治むるのであり、我が日本は皇室の威徳に依つて、国民全体の幸福が保全され、我等の祖先は何れも皇室に対して絶対の感謝を捧げて居るのである[89]」。

智学ほど明言はしないが、日生も「我が転輪聖王に等しき皇室[90]」というように、転輪聖王＝天皇という見解を示している。しかし、日生の場合は天皇を顕揚する言説は少なく、その意味づけは積極的ではない。

以上、日生の法国相関論が国体神話を前提とした三教統一論をもとに、「法国冥合」の実現を主張していたことがわかるであろう。

仏教とデモクラシー

次に野口日主と松尾鼓城の言説を検討する。日生を支えた顕本法華宗僧侶のなかで、とりわけ国体論的な日蓮主義を表明していたのが、このふたりであった。

野口は日生と一緒に妙満寺派の改革運動に参画し、のちに本山部長や宗務総監などの宗派内の重職に就き、日生を助けた。浅草の妙経寺、京都の寂光寺、千葉の蓮照寺などで住職をつとめ、犬養毅、頭山満、金子雪斉らの名士との幅広い交流があり、書道や絵画、詩歌、囲碁に秀でた飄然とした人物だった。一九二九年（昭和四）には、英訳大曼荼羅を奉持して世界を巡錫している。ここでは、野口が『統一』に発表した「日本は神国なり」[91]と「一王一仏主義の顕現」[92]をみてみよう。

「『日本は神国なり』」とは、日蓮聖人が屢々繰返し給ひし御言葉である」との発言にはじまる前者では、「神と仏」や「政治と仏教」の関係が簡潔にのべられている。「神と仏」の関係を「天照大神は世界統一の政王、釈尊は閻浮統一の教王である」とまとめたうえで、「祭政一致」が日本の政治のあり方であると指摘する。「日本は神国なるが故に、『祭神』を以て政治の根元と為す」、と。そして、「政治と仏教」の関係について、次のようにいう。

「『仏法東土日本より出づべし』とは日蓮聖人の語なり。日蓮聖人の仏教は印度支那伝来の仏教にあらず、真に『法国冥合王仏一如』の日本国教である。[93]」

この「日本国教」を日本の国力をもって世界に宣揚し、「世界最後の人類救済の大使命」をはたすことが日蓮の理想であり、「日本の国謨」であると力説している。

後者は、世界大戦後の社会状況のなかで執筆された。「今はデモクラシイ全盛の時である」が、「デモクラシイも用心せぬと由々敷大事を惹き起す事があると思ふ」と注意を促している。デモクラシーを仏教の四恩説（衆生恩・父母恩・国王恩・三宝恩）の衆生恩にあたると教学的に翻訳して、「本仏功徳の妙法」に照されなければならないという。そして、（ここでも）「統一王」と「統一仏」の「一王一仏主義」を顕示する。「統一王」とは「仏教の所謂転輪一聖王家である」ことが示唆され、「統一仏」を「思想界王」「出世間王」たる「大釈迦本仏」

と規定している。この「統一王、統一仏の主義主張全面」は「日蓮聖人所顕のマンダラ本尊」に顕示されており、本尊への信仰によって、「一切世間の有《あら》ゆる政治、法律、国防、軍事、文学、技芸」は包含され、「世界の平和も人類の真幸慶」ももたらされると力説した。野口においては、日蓮仏教と皇室（国体）との密接な関係を前提とした「法国冥合」の実現が主張されていた。

一方の松尾であるが、ちょうど大戦期に『統一』の編集を担当したのが、この松尾鼓城（もと英四郎、忍水）であった（一九一五年一一月に三上義徹から引き継いだ）。小石川の白山前町の常検寺に編集局を構えて健筆をふるった。もともと大阪で新聞記者をしていたが、のちに顕本法華宗で得度している。かなりの多趣味で、俳句、南画、華道に造形が深く、その風雅は誌面にも反映された。もともと国体論的志向の強い人物であるが、ここでは一九一九年（大正八）四月に発表された「デモクラシーと仏教と国体」[94]を取り上げてみよう。

まず、松尾は「昨年から本年にかけてのデモクラシーの伝播の勢ひ」に対して、「我国固有思想穿鑿の必要」を強調する。松尾のいう「我邦固有の道」とは「神儒仏の三道」であり、とりわけ仏教を重視する。仏教は自由平等解放思想であり、「個々の分散な我（個人本位）であつて多数意志（無明縁起）の集合勢力を主張する」デモクラシーに対して、仏教がもつ（とされる）デモクラシーの方が「最も古く最も新しき、且つ良種良性である健全性である」という。このように「デモクラシーと仏教」についてのべたうえで、「デモクラシーと国体」の関係を次のようにまとめる。外国では国王と民衆の間に敵対関係があり、民衆の解放が叫ばれたが、日本では「我国全人民は即ち一家であつて、悉く神の裔孫」であり、「我国体に於ては皇室と人民との間」は接近していた。ゆえに、「我完全不備の国体に対しては、デモクラシーもへモクラシーもない、歯の立ち所はないではないか」。これが松尾の見解であった。さらに結論でこう断言する。

「我国の皇室を除いては我国民はないのであり、又我国民を除いては皇室は現れない上下一体の最良理想の国体を有して居る此の日本国に何の必要があつて成りあがりのデモクラシーなどを丸吞するの危険を敢てすることが出来ようか。[95]」

つまり、「上下一体の最良理想の国体」をもつ日本では、仏教の方が健全なデモクラシーを有しており、デモクラシーは必要ない、というのである。

以上、三人の言説をみると、国体神話の受容を前提として、（日蓮）仏教と国体の法国相関論をのべるというスタイルで共通している。いずれも、国体神話を内在化したまなざしによって、「法国冥合」の実現を主張していることを確認しておこう。

自慶会による社会教化活動

一九一八年（大正七）初頭、労働者の「慰安と善導」を目的とした教化団体・自慶会の設立が発表された。『統一』二七五号（大正七年一月号）に「自慶会の創立　労働者に対する福音」という創立宣言（執筆者は編集主任の松尾か？）が掲載されている。

まず、冒頭には「趣意書」（執筆者は日生か？）が引用されている。

「時代の進運に伴ふて労働者を慰安し且つ之を善導すべき必要は益々迫れるものあるを観る、故に適当なる機関を組織し、此の目的の達成に尽すは蓋し健全なる文明を擁護する所以の事業たるべきを信じ、同志胥《あい》謀りて茲に本会を創立せり」。

以下、趣意書では「慰安向上の会合」などを開催して、「清新なる娯楽の中に慰謝と向上とを期し、復訓話に因つて健全なる思想を涵養し、（中略）苦楽得喪に処して進路を誤たず、次第に精神の愉悦を増加して、終には自慶満足の生活に立たしめん」ことがうたわれている。これを受けて宣言書では、「彼等［労働者のこと―筆者注」をして慰安以上に精神的訓育を与ふべく平易にして簡明なる教門を開いて之を善導するものは最も緊喫なる心あるもの、直に着目実行すべき要件であつた」とのべられている。この発言の背景には、いうまでもなく労働者の増加や労働争議の発生などの時代状況があった。宣言書の末尾には、「本多師曰く」として、次のような日生のコメントが掲載された。

「我等の自慶会の運動は国家的社会政策を援助せんとするものに外ならない。国家の恩恵に包まれて、労働者に歓悦を催さしめんとするのである。国家として限りなき社会政策を施されないから我々有志に於て之を援助するのである。(96)」

ここに日生の基本的な立場が表明されている。「国家的社会政策」を援助するという自慶会の性格は、その「会則」においても明らかである。(97)「会則」は全二一条からなり、「第二章　目的」では「本会ハ労働者ノ安慰ト善導トヲ目的トス」ることが明記され、「第三章　事業」では次のような事業が掲げられた。東京市や全国各地で「労働者ノ慰安修養会」を開催すること、工場その他の団体から希望があれば講師や演芸者を派遣して「慰安修養」を行なうこと、「労働者ノ慰安善導」の方法や主旨について考える有識者や経験者による会合を開くこと、「上流者資産家」に「健全ナル文明ヲ擁護スベキ責任」を自覚させるための講演会を開催すること、ほかに模範的な労働者の表彰や印刷物の発行などである。労働者に対する「慰安」や「思想善導」のほか、「上流者資産家」の教化といった点が特徴的である。

本部は統一閣内に設置され、機関誌『みたから』が発行された。創立者には日生のほか、岩野直英造船大監、小原正恒陸軍少将、高橋義章陸軍中将、矢野茂元大審院検事、山田三良法学博士、松本有信海軍少将、福田馬之助造船総監、小林一郎文学士、佐藤鉄太郎海軍中将が名前を寄せた。これらは日生の日蓮主義ネットワークに連なる人びとである。名誉会員には大迫尚道陸軍大将、床次竹二郎政友会総裁、早川千吉郎三井銀行専務、加藤高明子爵、平沼騏一郎検事総長、岡田啓介海軍中将、斉藤実海軍大将らの名前がみえ、ほかにも軍人、学者、実業家、役人、議員、法曹界関係者などが名誉会員を占めている。理事、幹事、評議員には天晴会や法華会関係者が就任し、僧侶は日生以外には野口日主が評議員、松尾が庶務として参加しただけであった。自慶会が社会上層の人びとによる労働者の教化団体であることがわかるであろう。

同年二月八日夕方には、上野精養軒で協議会が開かれ、名誉会員と役員の顔合わせが行なわれた。この時、会員が一七〇名を越えたことが報告されている。三月二日には有楽座で設立大会が盛大に催された[98]。大会は七〇〇名の参加者を集め、午後一時にはじまった。司会の小原陸軍少将による開会宣言につづいて、「君が代」の奏楽、会歌「国の宝」の合奏、斉藤海軍大将による教育勅語の奉読、矢野理事長による趣意書の朗読、岩野理事による会の設立経過の説明、後藤新平内務大臣の祝辞の紹介とつづいた。佐藤海軍中将の講演があり、余興の橘旭紘の琵琶演奏と松林伯知の講談をはさんで、筧克彦法学博士による「祖先の美風」の講演、竹本綾之助一門の義太夫、宝楽舎栄楽の浪花節をもって、午後五時に盛りだくさんのプログラムを終えている。最後に宮岡直記海軍中将の発声による万歳三唱で散会となった。

この設立大会以降、どのような活動がなされたのだろうか[99]。三月一〇日には在京軍人職工会主催の講演会が板橋砲兵工廠工場で開かれ（つまり講演依頼を受けた）、日生が出向し講師をつとめている。以下、二〇日には東京モスリン紡績主催の講演会に松尾、宮岡が出向し、余興として松林伯知の講談が行なわれた。その夜には、松尾と日生が講演をしている。二一日には三秀舎主催の講演会が和強楽堂で催され、松尾、岩野、小林が出向、二二日には東京市電気局青山教習所で日生が講演、二三日には海軍造兵廠で佐藤が講演を行なった。さらに四月一日には統一閣で「慰安善導会」が開かれ、約六〇〇名が来会した。琵琶演奏や浪花節、曲芸、講談が披露され、野口が訓話をしている。これ以降も本部主催の「慰安修養会」（慰安善導会）や、講師を派遣しての講演会が活発になされ、会員を挙げての労働者の思想善導が図られた[100]。

地方支部も各都市に結成されている。四月一五日には京都市公会堂で京都支部の設立大会が挙行された[101]。名誉会員の木内重四郎京都府知事が支部長をつとめ、本部からは矢野や日生が参列した。さらに翌々年（一九二〇年）、名古屋、京都、大阪、神戸の各都市に支部を結成するため（京都支部はすでに活動が停滞していた）、二月一四日、日生と実弟の国友日斌は夜行電車で中京・関西地方に向かった。一五日から一九日にかけて、各地の官吏、実業家、篤志家と面談し、支部の設立に尽力した[102]。結果、この年末までに名古屋、京都、大阪、神戸、明石の各都市で支部が結成されている。

なお、一九一九年（大正八）三月、内務省による世界大戦後の教化政策として、民力涵養運動という「官製教化運動[103]」が開始された。日本は大戦後、アメリカ・イギリス・フランス・イタリアとならぶ五大強国の一角を占めるようになったが、この教化政策は、その「国際的地位を維持するのに必要な国民的覚悟を説くものであった」。生活水準を引き下げる消費節約が奨励され、祝祭日における各戸の国旗掲揚や神宮・神社への参拝の強制を通じて、「国家観念の注入」が図られた[104]。こうした「民力涵養」と「国家観念の注入」（国体神話の信憑性の徹底）にみられる思想善導によって、国民教化が実施されたのである。ところで、この教化政策を推進したのは床次竹二郎内相であった。床次は五月下旬に内相官邸に宗教家を招待して意見交換をしている。そして親交のあった日生をはじめ、加藤咄堂、井上科三、松村介石、今井兼寛、留岡幸助を講師として東北地方に派遣し、民力涵養運動の趣旨を宣伝させた[105]。日生は地方改良運動につづいて、この民力涵養運動にも積極的に関与したのである。この年の一〇月二九日に遠州横須賀町で行なわれた「国民思想大講演会」で「民力涵養の趣旨」を講演し、三一日には静岡市師範校講堂で開かれた「民力涵養講演会」（静岡清明会主催）に参加し、顕本法華宗僧侶・松本堅晴の「正法宣伝の五義」と一緒に、「国民教化の根本的考察」を講演している[106]。これ以降も日生たちは、政府の教化政策にリンクした活動を継続していった。

ある統一団員の二週間

一九一八年（大正七）三月二四日午後六時、統一閣で統一団幹事会が開かれた[107]。これまで統一団所属の各組織（天晴会、講妙会、地明会など）の運営は、顕本法華宗僧侶によって担われてきたが、今後は各団体に所属する在家の会員が行なうことになった。この時、統一団総裁の日生の委嘱によって、統一団の幹事が新たに選出された。竹下亀太郎、大原亮、増田松治、幅政吉、亀井利一、木原彦二、森数馬、斉藤重司、宍倉諭一郎、増山名古四郎、高橋辰二、猪又金太郎、浅尾清蔵、小島伝平、野島連平、丸山中庸、玉川由太郎、吉田珍雄、窪田貞二、矢野浪子、久富久子の二一名が選ばれている。一九一二年（大正元）に再規定された「統一団規則」が、顕本法華宗からの統一団の財政的分離を図るものであったとすれば、この人事は両者の人的分離を意図したものと考えることができよう。

この頃の統一団の運営は、日生を総裁とし、井村日咸が総務、高木本順が庶務主任、松尾鼓城が『統一』主任をつとめていた。地方支部としては、名古屋支部（一九一八年一月発足）や千葉の山武統一団支部（同年一〇月発足）があった。なお、『統一』二九四号（大正八年八月号）表紙には「統一団支部設立広告」が掲載されており、「今や思想界混乱して適帰する所を迷ふ」状況のなか、支部を拡張し団勢を伸ばすことで、「国民教化の大挙運動」を実行することが呼びかけられている。その結果、常総統一団や台湾支部、大阪支部、さらに名古屋支部のもとに四日市分団、豊橋分団、一宮分団、枇杷島分団、新川分団、南郊分団などが続々と設立された。また、東京の小石川支部や本所支部の活動報告も『統一』に掲載されている。ちなみにこの時期の『統一』の発行部数は、編集主任の松尾によれば、三四〇〇～三五〇〇部であった。松尾は一九二〇年（大正九）一月に降板することになるが（後任は国友日斌）、その際、「我が統一誌の経営を元に還すに就て」[108]を寄せている。松尾が編集を引き継いだ時（一九一五年）には、発行部数が七〇〇から八〇〇部しかなかったが、松尾の時に読者を大幅に開拓したことが述懐されている。当時、顕本法華宗寺院四百数十寺には無料で『統一』が発送されており、それ以外が在家の団員に発送されていたわけである。

さて、ここでひとりの若き日蓮主義者に登場してもらおう。彼の日常的な活動を通じて、この時期の統一団の布教・教化活動を検討することにしたい。

その日蓮主義者とは、のちに新興仏教青年同盟を結成し、社会主義的な仏教運動を展開することになる妹尾義郎である[109]。

まず、妹尾の生活史を確認しておく[110]。妹尾は、広島県奴可郡東城村に酒造業を営む旧家の四男として、一八八九年（明治二二）に生まれた（のちに実家は没落）。第一高等学校に進学し、学校長であった新渡戸稲造の薫陶を受けた。しかし一九一〇年（明治四三）一〇月、病気のため学校を休学し、帰郷している（翌年に退学）。翌年二月下旬、町の豆腐商・松崎久太郎と出会い、松崎の感化で『法華経』に親しむようになる。その後、代用教員や東亜同文書院の県給費生などをへて、一九一五年（大正四）一二月六日、岡山県総社の日蓮宗僧侶・釈日研のもとで出家得度した。また、この年の七月、病気療養に訪れた湯治場で、宿の主人から智学の『日本国の宗旨』を借りて、智学の日蓮主義に出会うことになる。以降も『国教七論』を求めたり（同年八月）、『国柱新聞』も定期購読している。さらに姉崎正治の『法華経の行者日蓮』をはじめ（一九一六年一二月二八日）、一九一七年（大正六）には雑誌『法華』（二月一〇日）、佐藤鉄太郎『我が日蓮主義』（二月一八日）、山川智応『日蓮聖人と親鸞』（六月一一日）、智学の『国体の権化明治天皇』（六月一六日）、志村智鑑『聖訓の実験的告白』（六月二〇日）、智学の『本化摂折論』（七月二四日）、日生の『日蓮主義』（一一月八日）、半井桃水『小説日蓮』（一一月二九日）など、いわゆる日蓮主義関係の書物を繙いている。

妹尾は、「一度是非国柱会へ参り、田中智学先生を通して日蓮大聖人の大霊に接し、少しきざしかけたる久遠の寿命に大覚を成し度く思」っていた（同年二月二六日）。翌一九一八年（大正七）三月二四日、大阪の国柱会幹部・中平清次郎（当時は国柱産業株式会社の取締役だった）の紹介状をもって上京する。二六日に鶯谷の国柱会館を訪ねるが、智学は多忙のため、別枝智救と星野武男と会談して終わった。その後も国柱会を訪問し雑務を手伝ったり、四月一一～一三日の国柱会館落成式・国柱会臨時大会にも参加するが、智学と対面する機会はなかった。妹尾は四月七日にたまたま日生の『法華経の心髄』を手にしており、その「壽量品の解釈適切にして滋味湧しが如し」という感情を覚える（二〇日）。翌日には浅草の統一閣を訪問し、日曜講演での日生の講演を聴講し、啓発された。五月一六日、日生に面会を求める手紙を出したところ、翌日に返事をもらい、一九日、統一閣で日生と面会することができた。そして、「在家として外護に当らう」と決意することになる。こうして妹尾は、一九三一年（昭和六）四月五日に新興仏教青年同盟を創立して、日生のもとを離れるまで、日生に師事し、日蓮主義者としての活動を精力的にこなしていくことになる。

一九一九年（大正八）三月六日、三一歳の妹尾は日生から統一団の専任事務を嘱託される。日々の事務仕事に加え、日生の著作の校正も担当した。この時期に出版された日生の多くの著作（たとえば『東洋文明の権威』『日蓮主義初歩』『大蔵経要義』など）の校正を行なっている様子が日記に記されている。また、統一閣で開かれる講演会・例会や行事の準備と参加、信徒宅での家庭集会への参加、日生の講演活動への随行など、多忙をきわめた。この時期、統一閣での日曜講演は、（日生登壇の際には）コンスタントに五〇〇～八〇〇名の聴衆を集めており、当時の日蓮主義の流行や日生の人気ぶりがうかがえる。この年の一月一八日、顕本法華宗僧侶を中心に日蓮主義青年会（第三次）が発会式を挙げている。[111] 妹尾もこの青年会の例会には毎回参加しているが、ここに集まった在家の青年を中心として、同年一一月五日に大日本日蓮主義青年団（以下、青年団と略）を組織した。翌年九月には機関誌『若人』を刊行し、一二月には同郷の斉藤文代と結婚している。その翌年（一九二一年）一月には、自らの闘病と求道の体験をまとめた『光を慕ひて』を出版し、多くの読者を獲得した。この時期の妹尾は、「吾が望みは日蓮主義を弘めるより外にはない」と考えていた（一九一九年一一月一四日）。また、一高時代の同窓生に再会した際、彼らが「時代風潮に流れて、デモクラシーに動けること」になり、「国体の本義も知らず皇室の尊厳も深く考へず徒らに欧風に靡いて喋々な」ることを批判している（同年五月一日）。国体神話を内在化したまなざしから、最新の時代思潮を身につけ、エリートの道を歩んでいた同窓生たちを批判する妹尾の姿があった。

ここで、統一団専従者・妹尾の一九一九年（大正八）七月六日から一九日の二週間の活動をみてみよう。[112]

七月六日日曜日、午前中は「コドモ会大会」が開かれ、二七〇名の来会者を迎えている。「君が代」と「宗歌」の合唱、若林不比等（のちに青年団に参加）による開会の辞につづいて、野沢悌吾陸軍少将が訓話し、妹尾が童話を語った。余興の奇術、「法国歌」の合唱、自誓文の朗読とつづき、最後に子どもたちにお菓子が配られて散会となった。午後一時からは日曜講演が開かれ、長谷川義一の「日蓮主義信仰意識」と野口の「聖日蓮再現の秋」、日生の「日蓮主義者当面の活動」が講演され、五〇〇名の聴衆を集めている（この時、妹尾は日蓮主義青年団の創立を発表）。夜には、信者の懇親茶話会に参加した。翌日、雑司ケ谷の矢野茂宅で開かれた法会に参加し、井村日咸の本門本尊の講義を聴き、八日には本所区の向島小梅町の川島松雄宅での夜講に参加した。妹尾が「小日蓮」、井村が「精神修養の必要」を講じている。九日木曜日、妹尾は小林一郎を訪ねて、一五日の久保田雅巳宅での夜講の講演を依頼する。夜には野沢陸軍少将宅での信仰座談会に参加した。座談会では、基督教の神と本仏との関係が討論された。ちなみに野沢は翌年五月二日、大迫尚道陸軍大将を団長として大日本仏教救世団という教化団体を結成している。一〇日の梅雨の晴れ間、日蓮正宗の信者であり、親しくしていた本田仙太郎を訪問した。翌日は雨のなか、一日中家（当時、統一閣の一室に居住していた）にいて、来客と会談している。一二日には吾妻座で「高田の馬場の仇討」という芝居を観劇した。主演女優は熱心な法華信者であった。

一三日日曜日、午前中は「子供会」、午後七時からは日曜講演。川島の「産みの苦しみ」につづいて、妹尾は「生か死か」を講演し、最後に野沢が「広宣流布の時」を話している。聴衆はいつもより少なく、二〇〇名だった。翌日は午前中に本田宅を訪問し、午後には森直継と松本・金子両氏が来閣する。森たちは職場の労働問題に悩んでおり、労資親善会を組織して、労資協調の立場から問題の解決に奔走していたが、この日は会の方針について、妹尾をまじえて協議している。妹尾は森たちに日蓮主義の立場に立った解決方法をアドバイスし（社会主義者に対する反発も表明している）、カンパもした。この時期の妹尾は、労働問題に対しては労資協調による解決を考えていた。それは、当時の統一団の立場を反映したものだった。一五日、夜八時から久保田宅の夜講に出席し（参加者は四〇名）、小林の「将来の宗教」を聴講した。一六日水曜日、午後一時から統一閣で自慶会開催。小林の訓話のほかにいくつかの余興が行なわれ、会場は満員の盛況だった。夜には野沢宅で座談会。皇室の尊厳と進化論についての討論がかわされている。一七日、神田区の三崎町河岸の中沢平五郎宅で夜講。長谷川の「二陣三陣」、野沢の「日蓮主義信仰」が講じられた。顕本法華宗の信徒宅での夜講では、井村や長谷川らの顕本法華宗僧侶、野沢や小林一郎といった天晴会会員が講師として信徒宅を回っていたことがわかる。翌日、昼に盛泰寺施餓鬼法要に参列し――その「無意味な遊技的三昧」を批判しつつ――午後一時から浅草区の浅草町労働館付属少年楽団の開団式に参列した。さらに夜には、同館で行なわれた行道会主催の無縁霊追善法要にも参列している。一九日土曜日、東洋大学橘香会の小林智道（青年団にも参加）が来閣して対談し、ともに本田仙太郎宅を訪問した。

こうして妹尾の二週間は過ぎた。毎週日曜日の「子供会」と日曜講演を基本として、連日、信徒宅での夜講やさまざまな会に参加し、その合間で事務作業や来客に対応するなど、かなり多忙な日々を過ごしていた。

なお、翌年一月下旬から、統一団社会部の事業として「巡回教化（うごくてら）」という布教・教化活動がはじまった。これは、街頭に「巡回教化」と大書された天幕を張り、本尊を安置して法要を修めたうえで講話や余興を行なう街頭での布教・教化活動である。僧侶と在家者が一体となって、浅草と品川を皮切りに東京各地を巡回した(113)。

また、同年一月二四日には神田駿河台の明治大学記念講堂で日蓮主義宣伝学生聯合会の発会大講演会が開催されている。この会は、日生の指導のもと、帝国大学、第一高等学校、早稲田大学、高等商業、明治大学、日本大学、東洋大学、日蓮宗大学など、各大学の日蓮主義を信奉する学生たちによって結成された学生団体である。発会式には日生のほか、小原陸軍少将、野沢陸軍少将、柴田一能慶応大学教授、国友日斌が臨席した(114)。妹尾はこれらの活動に協力はしつつも、青年団を活動の基盤としながら統一団の活動に従事した。翌年九月以降は、福島、盛岡、青森、弘前、秋田、山形、水戸などの東北・北関東地方へ日蓮主義の宣伝旅行を開始し、以降も各地の布教・教化活動に飛び回る日々を過ごしている。

とりわけ一九二三年（大正一二）以降は、山梨県下の小作争議に関わり、妹尾は地主側からの依頼を受け、その調停役をつとめている。妹尾にとって「小作問題は帝国の一大問題」であり、その「解決の鍵」を「日蓮主義的解決」に求めた（一九二三年二月一八日）。妹尾は「現代の社会問題に関して、日蓮主義者がふれないで、唯々精神問題ばかり取り扱ふてゐるのはいけまい」（七月一四日）と、現実的な対応に苦慮するようになる。妹尾が「資本主義社会の共同社会的改造(115)」を提唱するようになるのは、一九三〇年代を待たなければならない。

注

(1)『近代社会と日蓮主義』(評論社、一九七二年)、一一三頁。

(2) 鈴木正幸『皇室制度—明治から戦後まで』(岩波書店、一九九三年)、一四五頁。

(3) 利谷信義・本間重紀「天皇制国家機構・法体制の再編—一九一〇〜二〇年代における一断面」(原秀三郎他編『大系・日本国家史5 近代II』東京大学出版会、一九七六年、一五七頁)。

(4) 江口圭一『大系日本の歴史14 二つの大戦』(小学館、一九九三年、原著一九八九年)、五二頁。

(5) 一九一八年(大正七)一〇月、左翼から右翼までの幅広い人脈を網羅した老壮会が設立され、翌年八月には「日本主義にもとづく国家改造」を掲げた革新的な猶存社が設立されている。以後、続々と国家主義団体が結成された。後年の田中澤二による立憲養正会も、革新的な国家主義団体の一団体であった。

(6) 出口なおを開祖とする大本は、出口王仁三郎のもと、一九一七年(大正六)〜一八年(大正七)頃から終末論的な「立替立直」を主張した。「大正維新」のスローガンを掲げ、数多くの人びとを動員し(二〇年には信者三〇万人)、二一年(大正一〇)二月には政府による弾圧を受けている(第一次大本事件)。この時期、天理教や金光教、本門佛立講などの新宗教教団も教勢を拡大している。

(7) 鹿野政直「解説」(鹿野編『近代日本思想体系34 大正思想集II』筑摩書房、一九七七年、四六〇—四六三頁)。

(8) 利谷・本間前掲論文、一五七頁。

(9) 今井清一『日本近代史II』(岩波書店、一九七七年)、一六〇頁。

(10) 山本信良・今野敏彦『大正・昭和教育の天皇制イデオロギー—学校行事の宗教的性格[I](新装版)』(新泉社、一九八六年、原著一九七三年)、五六頁。

(11) 孝本貢「『思想国難』と神社—大正期を中心にして」(下出積與博士還暦記念会編『日本における国家と宗教』大蔵出版、一九七八年、三三一—三三三頁)。

(12) その教化活動を担った教化団体は、軍部系統の在郷軍人会や青年訓練所、内務省系統の自治会や戸主会といった地域の半官半民の行政補助団体、文部省系統の青年団や婦人会、内務・文部省系統の民間教化団体と既成宗教団体に整理される(赤澤史郎『近代日本の思想動員と宗教統制』校倉書房、一九八五年、一六頁)。そこには民間教化団体としての国柱会、既成宗教団体としての顕本法華宗の姿があった。

(13) 鈴木前掲書、一三七—一三八頁より重引。

(14) 同前、一三八頁。

(15) 同前、一五六頁。

(16) 同前。

(17) 森龍吉「大正期の仏教」(圭室諦成編『日本仏教史III

近世近代篇』法蔵館、一九六七年)。
(18) 大谷渡『天理教の史的研究』(東方出版、一九九六年、原著一九九二年)、七一頁。
(19) 森前掲論文、四一七頁。
(20) ちなみに日蓮宗の酒井日慎が仏教連合会の幹事と仏教護国団の顧問に、柴田一能と影山佳雄が仏教護国団の理事にそれぞれ名前を連ねている。
(21) 土屋詮教『大正仏教史』(三省堂、一九四〇年)。
(22) 孝本貢「大正・昭和期の国家・既成仏教教団・宗教運動」(孝本編『論集日本仏教史9　大正・昭和時代』雄山閣出版、一九八八年、一二頁)。
(23) 『日宗新報』一二三六号(大正二年五月一八日発行、一一二頁)。
(24) 同一二三七号(同年五月二五日発行、一一三頁)。
(25) 同一二三六号(二頁)ならびに同一二三七号(二頁)。
(26) 山川智応「『日蓮主義研究叢書』を発行するの辞」(『日蓮聖人と耶蘇』新潮社、一九一五年、頁数表記なし)。
(27) 守屋貫教『明治以後日蓮主義者著述目録』(立正大学出版部、一九三三年)、六〇一一〇六頁。
(28) 「会規」と特別協賛員が、『日宗新報』一三九八号(大正六年一月一五日発行、二五一二六頁)に掲載されている。
(29) 山川の回想によれば、この叢書は、山川が新潮社社長の佐藤義亮と計って実現した。「日蓮主義の書籍が名ある書肆から発行されたのはこれが最初で、漸次種種の出版物が諸所から出て、日蓮主義は一時の流行の如くになつた」(『立願五十五年の春を迎へて―回顧と経過』浄妙全集刊行会、一九七八年、七六―七七頁)。
(30) 奉献本尊玄釈・同開光文・同説明書の全文は、清水龍山『偽日蓮義真日蓮義』(東福寺、一九一六年、一三一―一三四頁)に掲載されており、ここから重引する。玄釈は漢文で起草されているが、引用の際には読み下し文にして、適宜句読点をつける。なお、この問題については、西山茂「日本の近・現代における国体論的日蓮主義の展開」(『東洋大学社会学部紀要』二二巻二号、一九八五年、一七五―一七八頁)や小野文珖「素描・近代日蓮宗の教学者⑤　時代にそそり立つ山」(『福神』五号、大田出版、二〇〇〇年)に詳しい。なお、小野の論考では清水龍山の生涯や教学が紹介されている。
(31) 「説明書」では、「転輪聖王は王中の王世界統一の大王」であり、「大日本国を中心として世界の統一を行ふべき意を示された」とのべられている(『偽日蓮義真日蓮義』、一三三頁)。
(32) 龍山は「大典紀念奉献本尊玄釈を読んで清水梁山師に質す」を執筆し、『日宗新報』への掲載を求めたが、拒否されている(『偽日蓮義真日蓮義』、一―一六頁に所収)。また、智学や山川、日生にこの問題について見解を求め、数度の書簡のやりとりをしている(『偽日蓮義真日蓮義』、一〇九―一一〇頁、一一九―一二一頁にそれぞれ所収)。

(33) 清水前掲書、一一頁。
(34) 同前、二七頁。
(35) 西山前掲論文、一七七―一七八頁。なお、国柱会の見解としては、山川が一九一六年(大正五)二月二六日に天晴会例会で行なった講演「大日本護国衛護の御本尊に就て」に詳しい(『国柱新聞』一四二号、大正五年五月二一日発行~同一五六号、同年一〇月一一日発行に掲載され、のちに山川の『日蓮聖人研究』第二巻、新潮社、一九三一年に収録された)。
(36) これは、前年一二月一八日の天晴会例会での講演録である。
(37) 講演会の概要は、『法華』一巻七号(大正三年一一月一日発行、一二三―一二五頁)に詳しい。なお、当日、会場には護国曼荼羅が奉安されている。
(38) 日蓮鑽仰天晴会編『天晴会講演録』第三輯(天晴会事務所、一九一五年)、六四一―六五九頁。
(39) ほかに大戦に関する日生の言説として、「軍国民の精神修養」(『統一』二三五号、大正三年九月号)、「軍国と日蓮主義」(同二三六号、同年一〇月号)、「我国の使命と日蓮主義」(同二三七号、同年一一月号)や「日蓮主義の使命」(前掲書『天晴会講演録』第三輯)などがある。
(40) 「顕本戦時伝道隊の活動(其一面)」(『法華』二巻二号、大正四年二月号、一二〇―一二一頁)。
(41) 『国柱新聞』九〇号(大正三年一一月二一日発行、五頁)。
(42) 『田中智學自伝』第八巻、一四六頁。
(43) 本部は三保最勝閣のままで、夏期・冬期の講習会も三保で開かれた。なお、国柱会館には師子王文庫が移転され、『国柱新聞』の編集・印刷が行なわれた。国柱会東京局のほか、後述する師子王医院も設置されている。
(44) 『国柱新聞』一七三号(大正六年四月一一日発行、五頁)には、智学が「産業の霊化」についてのべている。また、同号一一頁には、「国柱産業株式会社株式募集広告」が掲載されている。
(45) 『国体の権化明治天皇』(師子王文庫、一九一三年)、三九―四〇頁。
(46) 『国柱新聞』一八八号(大正六年九月二一日発行)~二〇七号(大正七年四月一日発行)に掲載された。この年の一二月二七日から一〇日間にわたって開催された越年講習会でも、「日本国体の真意義」が講義されている。
(47) 『国柱新聞』一九三号(大正六年一一月一日発行、四頁)。
(48) 『近代天皇像の形成』(岩波書店、一九九二年)、二二二頁。
(49) 『国柱新聞』一七三号(大正六年四月一一日発行、五頁)。
(50) 『国柱新聞』二二三号(大正七年九月二一日発行、二頁)。

(51) この時期の『国柱新聞』には、社会主義や経済問題に関する記事が頻繁に掲載された。二一二号（大正七年六月一日発行）には、早稲田大学政治科出身の会社員・平沢兵之介という研究員による、社会主義から日蓮主義へと転じた信仰告白が掲載されている。同じく社会主義から転じ、平民社にも出入りしていた三生坊道人の記事なども掲載されている（二四五号、同年七月一日発行）。また、歴史学者の上原専録は国柱会の会員であったが、二二四号（同年一〇月一日発行）から「貧乏に就て」という連載を開始している。

(52) 「旭日瞳々の国運」（『国柱新聞』二三二号、大正八年一月一日号）。

(53) 以下の記述は、『国柱新聞』二四四号（大正八年五月一日発行）～同二五〇号（同年七月一日発行）に掲載された講演会の報告記事を参照した。

(54) 以下、長瀧智大「国柱会主催／思想問題解決特別大講演陪従の記」（『国柱新聞』二五〇号、大正八年七月一日発行、四―九頁）にもとづく。

(55) 聴衆のデータについては、長瀧の記事中の「大獅子吼一覧表」にしたがった。なお、講演会後、大阪では国柱会入会の申し込みが数十名あったが、これだけの聴衆の動員が入会者の増加にはほとんど寄与していないことにあらためて注意しておこう。

(56) 『田中智學自伝』第八巻、一五六頁。

(57) 「毒鼓」は、毒を塗った太鼓を聞いた者は皆死ぬという『大涅槃経』の喩え話に由来し、この毒は衆生の煩悩悪行を駆除する対治薬の象徴である。智学は「毒鼓」という言葉に折伏の意味を込め、「日蓮主義の武装的公称」を意図した（「創刊の辞」『毒鼓』創刊号、大正八年一一月、七頁）。なお、機関誌発行のローテションは毎月上旬に『毒鼓』、中旬に『国柱新聞』、下旬に『国柱要誌』となった。しかし、社会状況の進展が「月刊雑誌位ではもう間に合はなくなッて」（『田中智學自伝』第八巻、一五七頁）、翌年九月には日刊新聞『天業民報』を創刊する（『毒鼓』はこの年の六月に休刊）。

(58) 同前「創刊の辞」、三頁。

(59) 『全集』は全三輯全三六巻からなり、教義篇は「三輯のそれぞれに各一巻あるが、これは第一輯の分で、つまり教義篇と称する第一巻の、しかもその冒頭に自ら選ばれたのが、この速記録であるということをみても、先生自身がいかにこの講義を重視されていたかが知れる」（田中香浦監修『国柱会百年史』宗教法人国柱会、一九八四年、「第四章　教学の振興」、一〇一頁）。つまりこの講演録は、智学（国柱会）にとって、きわめて重要なテクストなのである。

(60) 「本居［宣長―筆者注］や平田［篤胤―筆者注］がいくら国体を説いても仏教から見れば、それは浅薄な一種の外道見たるにすぎぬ」（『全集』第一輯第二巻「教義編」、師子王全集刊行会、一九三一年、五九頁）。智学は、自らの国体論を国学者のものと区別する。智学にとっては、「国体に織り込まれたる法華経でなければ、本化の法華経でな」く、「法華経に織り込まれたる国体でなければ、日本の真の国体でな」かった。智学のいう国体とは、「法華経に依ッて開顕した国体」であった。だからこそ、「若しもこの法華経に従はない謗法充満の国であるならば、亡びても苦しくない」という発言が飛び出すのである。

(61) 日蓮仏教は『法華経』の迹門と本門を相対し、本門に依拠する。天台教学の「理」的立場（迹門に依拠した『法華経』の理念的・哲学的解釈）に対して、日蓮教学では「事」的立場（本門に依拠した『法華経』の事実的・実践的解釈）を重視する。こうして日蓮仏教は「本門事観」の教義体系として定立される。

(62) 『師子王全集』第一輯第二巻、一一五頁。

(63) 立正大学日蓮教学研究所編『昭和定本日蓮遺文』第三巻（日蓮宗総本山身延山久遠寺、一九九二年、原著一九五二年）、二一五五〇頁。なお、この『日向記』は、日蓮や日向に仮託して後世に成立したテキストであるという説もある。

(64) 『本化妙宗式目講義録』第四巻（師子王文庫、一九〇四年）、二六八二頁。

(65) 同前、五九四、二二七〇、二二九四、二六四一頁。

(66) 注30の西山前掲論文、一七二頁。

(67) 第五篇では先天的な「法国冥合」が「法国冥合」、後天的な「法国冥合」が「王仏冥合」と区別されている。ちなみに筆者がここまでのべてきた「法国冥合」とは、後者である。

(68) 『本化妙宗式目講義録』第四巻、二六五〇頁。

(69) 『師子王全集』第一輯第二巻、三七〇頁。

(70) 同前、三九三頁。

(71) 『毒鼓』（大正九年二月号、一七頁）。

(72) 田中芳谷『田中智學先生略傳（改訂）』（師子王文庫、一九七四年、原著一九五三年）、二四二頁。なお、入江辰雄は石原の日記を検討し、国柱会入会の前年（一九一九年）に、石原が日蓮仏教に入信していたことを指摘している（『日蓮大聖人の大霊と石原莞爾の生涯』近代文芸社、一九九六年、三四頁）。

(73) 入江同前、三一―三四頁。

(74) 『新校本宮澤賢治全集』第一五巻「書簡　本文篇」、一九五頁。なお、国柱会と賢治の関係に関する研究として、上田哲『宮沢賢治―その理想世界への道程（改訂版）』（明治書院、一九九四年、原著一九八五年）「I　賢治と国柱会」がある。また、国柱会関係者の研究として、大橋富士子『宮沢賢治　まことの愛』（真世界社、一九九六年）がある。

(75) 西山前掲論文、一七一頁。

(76) 同前、一八七頁。

(77) 同前、一七二頁。

(78) 「国体の五大要素」という用語は、本書では用いられておらず、『日本とはいかなる国ぞ』（天業民報社、一九二八年）で用いられている。

（79）『日本国体の研究』（真世界社、一九八一年、原著一九二二年）、二九七―二九八頁。

（80）日生の教学・思想については、長谷川義一「近代の教傑本多日生上人」（『統一』四〇〇号、昭和二〇年三月号）と同『什門教学伝統誌』（妙顕寺、一九五八年）が詳しいので、参照されたい。

（81）ちなみに国友日斌編集『国民思想講演集』（天晴会豊橋支部、一九一三年）「現代思潮に就て」では、三大思想の特徴を「理想的国家の建設発展」（神道）、「倫理的政治の実行」（儒教）、「深遠なる哲学を基礎とせる人生観と宗教の信仰」（仏教）にまとめている（九四頁）。

（82）『日蓮主義』（博文館、一九一六年）、一〇六頁。

（83）『修養と日蓮主義』（博文館、一九一七年）、四二五頁。

（84）前掲書『国民思想講演集』、三二頁。

（85）前掲書『修養と日蓮主義』、七二頁。

（86）同前、七九頁。

（87）『日蓮主義研究講話』（中央出版社、一九一七年）、六七頁。

（88）同前。

（89）『思想問題の帰結と法華経』（弘道館、一九二〇年）、二五五頁。

（90）同前、二五七頁。

（91）『統一』二五一号（大正五年一月号、一一―一二頁）。

（92）『統一』二八九号（大正八年三月号、六―七頁）。

（93）『統一』二五一号（大正五年一月号、一二頁）。

（94）『統一』二九〇号（大正八年四月号、一三―一五頁）～同二九一号（同年五月号、一〇―一三頁）。

（95）『統一』二九一号（大正八年五月号、一三頁）。

（96）『統一』二七五号（大正七年一月号）、二頁。

（97）以下の記述は、「自慶会の創立」（『統一』二七五号、大正七年一月号、二三―二四頁）ならびに「自慶会記事」（同二七六号、同年二月号、一八―二〇頁）の各記事を参照した。

（98）「自慶会設立大会」（『統一』二七七号、同年三月号、一五頁）。

（99）以下、「自慶会の其後」（『統一』二七八号、同年四月号、一五頁）による。

（100）ちなみに翌年一〇月二日には松尾を会長とし、労資協調を掲げた教化団体・力産会も結成されている。その「規則」が『統一』二九四号（大正八年八月号、一八―一九頁）に、役員と発会式の模様が同二九七号（同年一一月号、一一―一三頁）にそれぞれ掲載されている。

（101）「自慶会京都設立」（同二七九号、大正七年五月号、一七頁）。

（102）「自慶会支部設立経過概況」（同二九九号、大正九年二月号、二五―二六頁）。

（103）注12の赤澤前掲書、一七頁。

（104）同前、一七頁。

（105）「内務省の民力涵養政策」（『法華』六篇七号、大正八年七月号、九〇頁)。

(106)「統一団報」(『統一』二九七号、大正八年一二月号、一五頁)。

(107)「統一閣幹事会」(同二七八号、大正七年四月号、一八頁)。

(108)『統一』二九八号(大正九年一月号、一五—一八頁)。

(109)妹尾に関する研究としては、稲垣真美『仏陀を背負いて街頭へ—妹尾義郎と新興仏教青年同盟』(岩波書店、一九七四年)、松根鷹編著『妹尾義郎と「新興仏教青年同盟」』(三一書房、一九七五年)、林霊法『妹尾義郎と新興仏教青年同盟—社会主義と仏教の立場』(百華苑、一九七六年)、中濃教篤「妹尾義郎」(田村・宮崎編『講座日蓮4　日本近代と日蓮主義』春秋社、一九七二年)、同「妹尾義郎」(中濃編『近代日蓮教団の思想家—近代日蓮教団・教団史試論』国書刊行会、一九七七年)、吉田静邦『日本資本主義の発展と仏教思想の展開—妹尾義郎の社会運動をめぐって』(和光出版、一九八七年)、『日本の近代化』(上野書店、一九九三年)などがある。ちなみに、林霊法は妹尾の運動に参加した当事者である。

(110)妹尾は学生時代から逝去するまで膨大な日記を遺しており、妹尾鐵太郎・稲垣真美共編『妹尾義郎日記』全七巻(国書刊行会、一九七四年)にまとめられている。以下、煩雑になるので、ここからの引用は日付を表示する。なお、妹尾が書いた論考の一部は、稲垣真美編『妹尾義郎宗教論集』(大蔵出版、一九七五年)で読むことができる。

(111)第一次は、一九一〇年(明治四三)五月一五日に創設され、第二次は一七年(大正六)一月二〇日に、日生を総裁として結成されている(『法華』四巻三号、大正六年三月号、一〇四頁)。

(112)以下の記述は、妹尾の『日記』第二巻(五五—五八頁)と「七月統一閣報」(『統一』二九四号、大正八年八月号、一三—一四頁)を参照した。

(113)「巡回教化(うごくてら)」(『統一』二九九号、大正九年二月号、二六頁)と「巡回教化」(同三〇〇号、同年三月号、四〇—四一頁)を参照した。

(114)発会式の模様と「宣言文」「会則」などが、『統一』三〇〇号(四二—四三頁)に掲載されている。

(115)「社会変革途上の新興仏教」(稲垣編前掲書『妹尾義郎宗教論集』、三三六頁)。本論はもともと一九三二年(昭和七)に新興仏教青年同盟の機関誌『新興仏教』に発表され、翌年にはパンフレットとして刊行された。

第三部　国体論的日蓮主義運動の展開（一九二〇年代）

第七章　立正大師諡号宣下と関東大震災

一九一〇年代の社会状況のなかで、国体神話を教義・実践体系の中核に組み入れた田中智学と本多日生の日蓮主義運動は、政府の教化政策とリンクしながら、さまざまな活動を実践していくことになる。両者は、一九二〇年代を通じて、国体論的な言説を全面に押し出した国体論的日蓮主義運動を展開していく。

一　一九二〇年代の社会状況

一九二二年（大正一一）前後は、まさに国家体制が再編成されようとした時期だった。原敬首相の暗殺（二一年一一月）や元老の山形有朋の死去（二二年二月一日）、ワシントン条約の調印（同年二月六日）による海軍の軍縮とシベリア・中国からの日本の撤退など、国内外の政治・社会状況をうけて、体制再編の動向が明確化した。[1]

その背景には――前章で確認したように――米騒動以降のさまざまな「改造」運動の昂揚による社会秩序の危機があった。とりわけ一九二一年（大正一〇）には、足尾銅山大争議や神戸の川崎・三菱両造船所のストライキに代表される労働争議の発生がピークに達し、小作争議もこの年に急増している（前年の四倍を数える一六八〇件）。アナルコ・サンディカリズムによる労働運動や日本農民組合（二二年四月結成）に指導された農民運動をはじめ、部落解放運動（二二年三月の水平社結成）、日本社会主義同盟（二〇年一二月）や日本共産党（二二年七月）の結成による社会主義・共産主義運動など、さまざまな社会運動が国内を席捲するようになる

また、北一輝、大川周明、満川亀太郎らの猶存社グループや権藤成卿、橘孝三郎といった農本主義者たちによる超国家主義運動の胎動、永田鉄山陸軍中佐を中心とする総力戦体制を掲げた幕僚グループ（のちの「統制派」）や北一輝の『日本改造法案大綱』に影響を受けた青年将校グループ（のちの「皇道派」）といった陸軍における国家革新運動など、革新的な国家主義運動もこの時期以降に活発化していく。さらには「大正維新」のスローガンのもと、終末論的な「立替立直」を掲げた大本が教線を急激に拡大し、弾圧されるのもこの時期である（二一年二月に第一次大本事件）。

ところが、一九二三年（大正一二）九月一日の関東大震災の発生によって時代状況は変転していく。日本経済の中枢である東京と横浜は壊滅状態に陥り、罹災者が三四〇万四八九八名を数えた。うち死者九万一三四四名、行方不明者一万三二七五名を数えるほどの甚大な被害を被った。(2) とりわけ本所区や浅草区、神田区や日本橋区などの下町は焼失によって壊滅的な状態となった。本所区の両国横網町にあった陸軍被服廠の空き地では、火事による突風によって、四万名以上の人びとが焼死している。また、東京市内では根拠のない流言飛語によって、多数の朝鮮人が虐殺され、社会主義者や労働運動家が連行された。無政府主義者の大杉栄、伊藤野枝、甥の橘宗一が扼殺され、労働運動家の平沢計七や川合義虎ら一〇名が亀戸警察署に連行されて、殺害された。

この大震災は、「浮かれすぎている国民に対する天罰であるとする『天譴《てんけん》論』が唱えられ、社会不安のなかで多くの人びとの心理の底に共感をよびおこ」すことになる。(3) 二ヶ月後の一一月一〇日、「国民精神作興に関する詔書」（または癸亥詔書、以下、国民精神作興詔書と略）が渙発される。その内容は、資本主義の発達による生活の偖侈（「浮華放縦」）と危険思想の発生（「軽佻詭激」）を戒め、教育勅語と戊申詔書の遵奉による「国本」の強化を

強調するものであった。大震災を契機として、社会状況が転回していくことになる。

治安維持法と「国体」

一九二四年（大正一三）六月、加藤高明を首相とする護憲三派内閣が組織され、普通選挙の実施、行財政の整理、軍縮、治安立法の制定などの諸政策を通じて、政治体制の再編が進んだ。とくに二五年（大正一四）に制定された普通選挙法と治安維持法は転換点となった。「民衆に普選という『あめ』をあたえるとともに、これに満足しない分子を治安維持法の『むち』によって押さえつけ、支配の安定をはかるという新しい政治体制がつくりだされた」(4)。この治安維持法のなかで、はじめて「国体」が法律用語として登場することになる。

国体（国体神話）の強調は、第一次世界大戦後の民力涵養運動でもみられた。しかし、関東大震災とテロリスト・難波大助の摂政狙撃事件（一二三年一二月二七日）をへて、「国民思想の善導」による国民統合が徹底されるなかで、国体神話の信憑性も徹底されていった。たとえば国民精神作興詔書の渙発一周年を記念して、全国で「聖旨普及」のキャンペーンが繰り広げられたが、この時も――民力涵養運動と同じく――消費節約と国体観念の徹底が教化されている。しかし、この政策が当時の新聞紙上で冷評されたことを、赤澤は指摘している。各新聞の共通の論点は次の点にあった。「いわゆる思想問題の発生は社会の進歩の必然的帰結で、その根底には生活問題が存在している、従ってそれに対して古めかしい道徳をもち出すのは時代錯誤でもあり有効性をもちえないだろう」(5)。

とはいえ思想善導による教化政策は、以後も反復的に実行されていった。それを中心的に担ったのが、一九二四年（大正一三）一月一五日、内務省社会局のイニシアティヴによって設立された教化団体連合会（一八年に中央教化団体連合会に組織編成。以下、連合会と略）だった。連合会は世界大戦中と大戦後に簇生した民間教化団体を包括するために設立され、「当時全国で約七百団体と推定された諸種の教化団体を、詔書の趣旨の普及実行という一点でまとめあげようとする」意図があった(6)。

摂政裕仁の天皇即位の大礼が挙行された一九二八年(昭和三)は、「経済国難・思想国難・政治国難」の「三大国難」が喧伝されはじめた年だった。翌年、文部省社会教育局の指揮と連合会の協力によって教化総動員が実施され、国難に対処するため、国民精神の作興と経済生活の改善を目標とした教化運動が実施された。なお、当時、「既成政党が政権争いの手段として皇室・国体問題を争点とし、それに反発する右翼革新運動も、体制打破のシンボルとして皇室・国体を顕揚し」た。その結果、「デモクラシーにかわる、国民統合のシンボルとして天皇と国体は価値上昇していった」ことを、鈴木正幸は指摘する(7)。

そして、一九二九年(昭和四)にはじまる世界恐慌を契機として、大戦後の国際協調主義は退潮し、日本は世界で孤立していく。ふたたびナショナリズムが台頭し、一九三一年(昭和六)九月の満州事変の勃発によって、「日本中心的なナショナリズムは完全に復権をとげた(8)」。デモクラシーなどのインターナショナリズムは後退し、ナショナリズムの台頭に伴って国体が強調されるようになる。以後、一九三五年(昭和一〇)の天皇機関説事件とそれにつづく国体明徴運動など、天皇の神格化と国体の絶対化が進み、国体価値を中心とした社会規範の統合が促進された。

つまり、一九一〇年代を通じて低下していた国体神話の信憑性は、三〇年代のナショナリズムの再浮上によって、再度、その信憑構造を強固にしていく。その過渡期として、二〇年代にはインターナショナリスティックな価値との競合のなかで、国体神話の信憑性の回復を図ろうとするさまざまな政策が実行されたのである。こうした時代状況のもと、国体神話を取り込んだ両者の国体論的日蓮主義運動が展開されていくことになる。

新宗教教団の発展

仏教教団の社会活動はあいかわらず活発だった。一九二〇年（大正九）四月九日、東京の明治会館で「第二回全国仏教徒社会事業大会」が開かれた（翌年以降も開催）。また、僧侶の参政権問題もひきつづき取り組まれた。二一年（大正一〇）二月六日、東京芝増上寺で仏教連合会主催の「僧侶参政権問題仏教徒大会」が催され、仏教教団の「教化指導ニ対スル政治的障害ヲ一掃シ、挙国一致ノ報效ヲ明ニシ、国運ノ隆昌ニ貢献シ、時代ノ要求ニ対応スルノ根基ヲ定メン」という宣言と、僧侶の参政権獲得を求める決議を可決している。(9) そして二五年（大正一四）の普通選挙法によって、僧侶にも参政権が与えられ、僧侶の国民化が実現する。

同時に教化活動も精力的に進められた。政府の宗教政策の基本は――孝本貢が指摘するように――「宗教にいかにして国民教化の一翼を担わせ、また、国家の補完機能を持たせていくか」という点にあった。(10) こうした政府の期待に応えて、仏教教団の教化活動が実施されたが、とくに国民精神作興詔書の教化活動は積極的に実行された。

関東大震災の翌年の二月二〇、二一日、清浦奎吾首相は宗教教団と教化団体の代表者を首相官邸に招いて懇話会を開き、国民精神作興詔書の趣旨を宣伝する教化活動を要請している。一日目の午前に仏教各宗管長（および代理者）四九名、午後に神道一三教派管長一三名、二日目の午前に基督教各派代表者九名、午後には教化団体代表者二六名が集まった。仏教各宗代表の名簿には、顕本法華宗管長の本多日生、本門法華宗管長の吉田日海、日蓮正宗管長の土屋日柱の名前があり、(11) 教化団体代表者のなかには、国柱会の智学と保坂、山川の姿があった。

なお、一九二〇年（大正九）末から二一年（大正一〇）にかけて、仏教文学が流行する。とくに二一年（大正一〇）から翌年にかけては、親鸞を代表として釈尊、法然や空海に関する小説や戯曲がつぎつぎに刊行された。日蓮関係も、坪内逍遙による戯曲『法難』（一九二〇年）、中里介山の小説『清澄に帰れる日蓮』（二一年）、本山萩舟の評伝『日蓮』（同年）、藤井真澄の『超人日蓮』（二三年）などが出版された。雑誌『大観』（大正一〇年一一月号）では、「大正に活現せる親鸞信仰と日蓮信仰」という特集が組まれ、この時期の親鸞ブームと日蓮ブームが論じられている（日蓮ブームは時期的にもう少し先行すると筆者は考える）。日蓮主義にとって、社会の動向は完全に追い風だった。ちなみに、一九二一年（大正一〇）三月には、智学の脚本による演劇「佐渡」が歌舞伎座で上演され、その後、各地を巡業している。

以上のように、伝統仏教教団は「国家公認への地歩を確保せんと奔走し、民衆への視点を欠落しがちであった」[12]が、戦後恐慌に苦しみ、社会不安に悩む人びとの欲求に応え、教線を拡大していったのが、新宗教教団だった。それまで農村部の中下層農民を組織してきた新宗教は、大戦後は都市部の新中間層や労働者層を組織して、広く都市や農村に浸透していくことになる。一九二〇年代（大正末から昭和初期）、大本や天理教の拡大に加え、天理研究会（一九一三年）、大日本霊友会（現在の霊友会、二四年）、ひとのみち教団（現在のパーフェクト・リバティー教団、二五年）、解脱会（二九年）、創価教育学会（現在の創価学会、三〇年）、生長の家（同年）、大日本観音会（現在の世界救世教、三四年）などの諸教団があいついで結成・開教されている。一九三〇年代にかけて、新宗教教団は急激に増加していった。一九二六年（昭和元）には神道系六五、仏教系二九、キリスト教系四の計九八教団であったが、三一年（昭和五）には四一四教団、三五年（昭和一〇）には一〇二九教団にまで増えている[13]。

たとえば御木徳一によって、一九二五年（大正一四）に創唱されたひとのみち教団は、都市大衆（小売店店主や小工場主などの旧中間層やホワイトカラーを中心とする新中間層）を広く組織した。その数は、警察調査で三四年（昭和九）に三〇万人、三七年（昭和一二）に八〇万人を数えた。人びとはまず生活困難からの救済を現世利益的な信仰に求め、さらに現状変革を希求した。「危機に悩む中間層は、生活苦その他からの救済を心情的にラディカルな革新運動に求め、（中略）ひとのみち指導者層はかかる中間層の要求に応えた」のである[14]。都市大衆の組織化にほとんど着手できなかった日本共産党に対して、ひとのみち教団は積極的に都市大衆を組織していった。また、久保角太郎によって一九二四年（大正一三）に創始された大日本霊友会（正式発会は三〇年）は、祖先崇拝と法華シャーマニズムの実践による現世利益的な信仰によって、都市下層の零細経営者層、労働者層に広まっていく。昭和初期にかけて教線を拡大し、三一年（昭和六）には八四万世帯余の会員を得た。慢性的な不況と恐慌に苦しむ数多くの人びとが、新宗教教団に集まったことを確認しておこう。

二　立正大師諡号宣下をめぐって

一九二二年（大正一一）一〇月一三日、政府（形式上は皇室）から日蓮に対して、「立正大師」の諡号が宣下された[15]。この出来事は、停滞していた日蓮門下統合の気運をふたたび高めるとともに、日蓮門下が政府との交渉を公にはたした重要な出来事となった。

この一ヶ月前（九月一一日）、日蓮門下九宗派の各管長（日蓮宗の河合日辰、日蓮正宗の阿部日正、顕本法華宗の本多日生、本門宗の瀬島日濟、本門法華宗の尾崎日暲、法華宗の津田日彰、本妙法華宗の清瀬日守、日蓮宗不受不施派の釈日解、日蓮宗不受不施講門派管長事務取扱の佐藤日柱）と、在家の日蓮信奉者（東郷平八郎、加藤高明、床次竹二郎、小笠原長生、犬養毅、井口省吾、田中巴之助、木内重四郎、佐藤鉄太郎、矢野茂、大迫尚道）の連名によって、「大師号降賜請願書」（以下、請願書と略）が文部大臣・鎌田栄吉を通じて宮内大臣・牧野伸顕に提出された。そもそもこの諡号宣下は、日生の立案と智学の協力によってはじまった。この時期の両者の動向を通じて、請願書が提出される経緯をみていこう。

一九二一年（大正一〇）四月一七日、還暦を迎えた智学は『天業民報』一七八号付録に「披雲看光録——中村又衛の退身に就て会員諸君に告ぐ」を発表する。前年一一月、会員の中村又衛（旭鶯）が智学を批判して国柱会を去り、中村の仲間が会員に智学たちを誹謗、中傷する手紙を出すなどして、国柱会内部に動揺をきたした事件が起きた。この事件の責任をとって、智学は国柱会総裁を退くことを決意し、『天業民報』一九〇号付録（同年五月一日発行）の「退隠宣言」と同一九六号付録（五月八日発行）の「総裁退職ニ付特ニ会員諸君ニ告グ」をもって、国柱会総裁と天業民報主筆を退職し、職務を付嘱することを宣言する。執筆活動に専念することを公表し、会の運営は合議制となった。翌年の選挙の結果、保坂智宙と小泉徳兵衛が常任統務、長瀧智大と中平清次郎が統務、別枝智救と豊田伝次郎が常任理事、高知尾智耀と杉浦静が理事にそれぞれ就任した（役員は講師と信行員の両方から選ばれた）。

そして一九二二年（大正一一）の一月、智学は「芸術の霊化」を掲げた国性文芸会を設立する。千葉県市川に新居を定めて邸内に事務所を設け、「国体主義の新芸術興立・法華開顕の新文化運動」[16]である「国性芸術」による芸術教化活動に本格的に取り組むことになった。前年三月には、智学の脚本による「佐渡」が歌舞伎座で公演されており、以後も日蓮の生涯や逸話を題材とした「国性劇」や歌舞音楽（雅楽、能楽、狂言、日本舞踊、舞楽、邦楽など）を創作し、公演している。

一方、この時期の日生は、全国を巡回していた。一九二〇年（大正九）二月、東京をはじめ、名古屋、京都、神戸、大阪の各都市（五大都市）で「法華経要文講義」を開始する。自慶会の活動とあわせて、毎月、定期的に各都市を巡回し、『法華経』の講義と思想善導の講演に励んでいる。

こうして、それぞれ多忙な日々を過ごしていた一九二二年（大正一一）の夏。湯河原で執筆していた智学のもとに、面会を求める日生からの手紙が東京から転送されてきた。[17]「是非八月一日に逢ひたい、何時頃どこへ往つたら可いか、直に報らせて呉れ」という差し迫った内容であった。結局、二人は四日に対面し、次のようなやりとりを交わした。[18]智学が用件を聞くと、「〔日蓮―筆者注〕大上人に大師号の宣下を奏請したいとおもふ、それに就ては此八月一日から運動するとして、その壁頭第一に貴下の意見を聞いてから決着したいと思つて、手紙をあげた」、と日生はいった。諡号宣下の請願が、日生の発案によってはじまったことがわかる。[19]智学は、「随自意」的に考えると、（請願は）「宗教の本領と大上人の事業の抱負」からは不可であるが（なぜなら諡号宣下は「法国冥合」実現の際に遂げられるものだから）、「随他意」的に考えると、「国家をして、改めて日蓮主義に対する公の接触を促しむる為め」としては可である、と告げた。[20]さらに智学は、「各教団連合出願して、その総体へ下賜さるゝ事によつて、各派の共同一致を昴めることが出来て、それこそ本多師の曾て熱心主張された『教団統合』の基礎ともならう」とも考えた。こうして智学の協力を得た日生は、「疾風電撃の如き肝煎で」各派管長に交渉し、日生と親交のあった名士たちの協力も得て、九月一一日付で請願書を提出したのである。

請願書（執筆者は日生か？）の内容を一瞥しておこう。[21]まず、日蓮が「我国歴史上」の「高僧」であり、「宗教上」からは「聖者」、「思想上」からは「学者」かつ「国民善導ノ先覚者」、「国家ノ上」からは「勤王愛国ノ国士」と位置づけられ、「我　皇室ノ聖徳ハ古今ニ亘リテ渝ルコト無ク歴史上ノ高僧ハ率ネ尊号ヲ賜レリ然ルニ日蓮聖人ハ未タ追賞ノ典ニ接セス是レ今回ノ大師号ノ降賜ヲ請願スル次第ニ有之候」と請願の趣旨がのべられている。また、請願の目的は、次の一節に明らかである。

「今ヤ我国状ハ人心ノ向上ヲ促シ思想ノ健全ヲ期スルヨリ緊急ナルハ無シ此時ニ方リテ思想界ノ先覚者勤王ノ国士タル日蓮聖人ニ対シ其徳ヲ表旌セラルルアラハ（中略）実ニ国民全般警醒ノ上ニ多大ノ効果アルヘキヲ信シ茲ニ本請願ヲ提出スル次第ニ有之候[22]」。

ここでは、この諡号降賜が思想善導の多大な役割をはたすことが強調されている。日生たちは、当時の危機的な社会状況のなかで、日蓮主義の流行という日蓮仏教の一定の社会的受容を背景として、政府に対する積極的な

図14 1922年(大正11)**10月13日、立正大師諡号宣下奉戴式に出発する日生。妙国寺玄関で撮影。**写真提供:財団法人統一団。

働きかけを行なったのである。

日蓮主義の黄金時代

一〇月一〇日、宮内省から日生に一通の通知が届く。「日蓮宗宗祖日蓮へ諡号宣下候間来ル十三日午前十時参省有之候也」と記してあった[23]。各宗派が協議した結果、一三日に築地の水交社で奉戴式を挙行し、一一月六日に上野の自治会館で奉祝大会を開催することを決定した。そして一〇月一三日午前一〇時、不受不施講門派をのぞく各宗派の管長(および管長代理)八名は皇居に参内し、宣下書を受け取った。日生が各宗派代表として牧野宮内大臣と面会したのち、一同は築地へ向かった。午後一時三〇分から奉戴式が奉行された。磯野日筵日蓮宗管長の発声による『法華経』壽量品偈の読誦と唱題(一同唱和)、磯野の言上文の朗読、日生による奉戴文(智学執筆の「大師号宣下欽戴疏」)の奉読、各管長および管長代理の焼香が行なわれた。ついで加藤高明と大迫尚道の祝辞、阿部日蓮正宗管長の挨拶とつづいた。大食堂へ場を移して簡単な祝宴が開かれ、佐藤鉄太郎、智学、日生の講話が披露され、散会となった。なお、講話のなかで日生は、次のような牧野宮内大臣の談話を紹介している。牧野によれば、今回の大師号宣下は「日本の現代思想界のこの状態に対して、どうしても是れは堅実なる思想殊に鞏固なる宗教の信念よりして善導しなければならぬといふ御思召から出でた事であ」った。つまり、日生や智学と政府との思惑の一致をみることができる。

また、この日、日蓮門下の管長連名で訓示(おそらくは日生の執筆)が発表され、各宗派に布達されることになった。訓示にはこう記されていた。

「我等立正大師門下ノ僧俗ハ愈々益々精励シテ追賞ノ聖旨ニ奉答シ立正大師ノ遺教ヲ発揚シ以テ立正安国ノ実現ヲ期シ進ンテ理想的文化ノ建設ニ寄与セスンハアラス而シテ此責任ヲ全フセントスルニハ先ツ各派ノ融合ヲ念トシ僧俗ノ異体同心ヲ重ンシ清新ナル時代適応ノ教化ヲ盛ニシ此好機ヲ一転期トシテ旧来ノ陋習ヲ脱却セスンハアラス[24]」。

諡号宣下に応答し、「立正安国」の理想世界の実現につとめるにあたり、「各派ノ融合」(門下統合)の必要性を強調している。この諡号宣下は、日生にとって門下統合の手段でもあった。また、訓示のなかの「時代適応ノ教化」という一節は、明らかに当時の社会状況における思想善導を指し示している。

奉戴式からほぼ一ヶ月後の一一月六日、上野の自治会館で奉祝大会(立正大師賜号奉戴正式)が挙行された[25]。水交社の奉戴式は当日の関係者のみの参加であったが、この日は日蓮門下関係者ならびに在家者二五〇〇名が集結した。式壇正面には日蓮の尊影(水鏡御影)が奉掲され、その下に賜号宣下書が奉安された。各派管長がこれに正対し、その左右には来賓と門下の名士が着座した。午前一〇時、陸軍戸山学校軍楽隊の奏楽ののち、日宗大学の学生四〇〇名による慶讃歌、国柱会雅楽部の雅楽につづいて、磯野日蓮宗管長の『法華経』壽量品偈の読誦と唱題(一同唱和)と日生による奉戴文の奉読、小泉身延山貫主、鎌田文部大臣、宇佐見東京府知事、後藤東京市長等の祝辞の紹介と進んだ。そして床次竹二郎、佐藤鉄太郎、小笠原長生、智学の祝辞演説、「君が代」の斉唱、「天皇陛下万歳、日蓮主義万歳」の三唱で午前の部が終了した。午後一時からは講演が行なわれた。野沢陸軍少将の「諡号宣下と思想問題」、武田宣明日蓮宗僧侶の「諡号宣下に依つて与へられたるものは何ぞ」、智学の「法国冥合」、佐藤海軍中将の「諡号宣下に対する感想」、日生の「立正大師の諡号宣下に就て」が講演され、散会となった。講演を行なった名士たちは、日蓮主義を信奉する政治家や軍人であり、ほとんどが日生の知人である。奉戴式はもちろんのこと、諡号宣下自体が完全に日生のイニシアティヴのもとに履行されたことが明らかであろう。この諡号宣下という出来事は、智学と日生の「日蓮主義の黄金時代」の画期点となった。

以後、各地で日蓮門下寺院（連合）の奉祝行事が催された。たとえば、名古屋では一二月一日の夜に奉祝の提灯行列が行なわれ、二万人が集まった。その翌日、日蓮門下各教団連合主催の「立正大師諡号宣下奉祝会」が舞鶴公園グランドで行なわれ、一万余の人びとが押し寄せている。大阪では一日に中之島公会堂で本化聖教団（大阪日蓮門下各派連合組織）主催による奉祝式典が開催された。大阪府知事や大阪市長の列席のもと、細野陸軍少将、高島平三郎、本多日生、田中智学らの講演があり、七〇〇〇余名が集まった。二日から五日まで慶讃大法要と大講演会が開かれ、日生と細野が招待されている。一〇日には長崎で「九州連合慶讃大講演会」が催され、望月日謙日蓮宗僧侶と智学が招かれ、講演を行なっている。ほかにも北海道、新潟、宇都宮、東京、千葉、岡崎、身延、京都、神戸、岡山、福井、徳島、大分などの全国各地、遠く満州やロサンゼルスなどでも奉祝行事が挙行され[26]、諡号宣下は日蓮門下関係者を挙げての祝賀的な出来事となった。ちなみにこの時、日生は、「立正大師の諡号宣下を記念し追賜の　聖旨を奉戴し日蓮聖人即ち立正大師の遺教を発揚」する「立正結社」を宗派内の僧俗で組織している[27]。

以上、諡号宣下をめぐる動向を検討した。門下合同の請願にはじまり、訓示の通達や奉祝式典の合同開催など、一貫して日蓮門下の協調行動がとられた。一九一五年（大正四）六月の日蓮門下七教団の統合成立以来停滞していた統合運動が、ふたたび起動することになる。翌年、門下統合が計画され、そのための規約も締結された。さらに翌一九二四年（大正一三）一月一八日、日蓮宗宗務院で懇話会が催され、各宗派の代表（日生も参加）や有志が参加し、統合の促進や各教団連合講演会の開催が決議された[28]。同じ日、国民精神作興詔書の普及のための国本会（後述）も結成され、門下共同の教化活動が実施された。一八日には立正教団布教連盟も成立している。[29]門下各宗派が協力しながら、講演会や教学の講習会、社会事業についての研究会を開催したり、図書出版などを行なうことが決められた。二月六日にはその委員会が開かれ、日蓮宗、顕本法華宗、本門法華宗、日蓮正宗の僧侶が参加した。各派の代表として、日蓮宗の岡田教篤、外山英晳、山田一英、顕本法華宗の武田顕龍、川崎英照、本門宗の柳下義聞、長倉孝美、日蓮正宗の小笠原義聞、下山広健が集まった。六月九日には各派連合会の幹事会が開催されている。アメリカの排日問題といった時局への対応が協議され、教徒大会を開催することなどが決定された。[30]七月二二日には、立正教団布教連盟の主催による「日蓮教徒大会」が上野自治会館で開かれている（後述）。こうして日蓮門下の協調行動は継続していった。

諡号宣下の意味

日生と智学は、この諡号宣下を自らの運動にどのように位置づけたのだろうか。

最初に、日生の見解を「立正大師諡号宣下に就いて」[31]（『統一』三三六号、大正一二年一月号）を通じて検討していこう。

日生は（先に引用した）誓願書の一部や牧野宮内大臣の談話を紹介しながら、次のように語った。

「日蓮聖人の人格の高風と主張の意義とは以て国民を指導するに足ると信じますから、どうか大師号を・・・・《ママ》と申上げた時に、その通りぢやとお認めになつて大師号を下されたのみならず、聖旨伝達として、聖人の高徳を旌表《せいひょう》するのみならず、日蓮聖人の人格と主張とは以て現在の危急なる民心善導に最も有効なりとお認めに相成つたから、汝等日蓮門下の者は益々精励してその人格の高風と主張の意義とを国民の間に広く普及するやうにといふお言葉が下つて居る次第である。[32]」

ここには「現在の危急なる民心善導」のため、「日蓮聖人の人格の高風と主張の意義」を「国民の間に広く普及する」運動の展開が宣言されている。政府の教化政策とリンクした教化運動の実施。これは地方改良運動や民力涵養運動に参加し、自慶会の活動などを通じて教化活動を実施してきた日生の日蓮主義運動そのものであった。こうした運動方針が政府に公認された出来事として、日生はこの諡号宣下を捉えたのである。

一方、智学の見解は「法国冥合の第一歩[33]」(『天業民報』六四九号「勅賜立正大師諡号報奉戴紀念」、大正一一年一一月六日発行)や「大師号宣下に就て日蓮門下は整々たり——清水梁山君に安心を乞ふ[34]」(『天業民報』六七一〜六七三号、同年一二月三日〜五日発行、全三回)などに表明されている。ここでは、よりはっきりとこの出来事の位置づけが表明されている前者を検討しよう。

智学によると、「諡号の宗義的解釈」が行なわれている「本化の宗義」からすれば、諡号は「行政的諡号」と「冥合的諡号」に分節される。前者は「国家の部分的尊敬」を朝廷が代理するものであり、「俗人に対する位階勲等又は爵位の授与」や「各宗への祖師先徳への諡号」と同じである。それに対して、後者は「他の宗門では夢想だもせざる、日蓮主義独特の主張に基くもの」であり、本門戒壇建立の「一国同帰」の時に宣下される「絶対的公崇拝の諡号」である。今回の諡号宣下は「行政的諡号」であるが、「冥合的諡号」こそを「本化教徒の最大目標」とすべきである、と智学はいう。しかし、「日蓮主義者の理想」である「冥合的諡号」への過程として、この「行政的諡号」は(方便的に)「正しい順序」となる。というのも、これまでの七〇〇年間、大師号が宣下されなかったのは「日本国家が公に日蓮主義を認める用事もなかった」からである。しかし、「今この世界問題旺盛の時に会して、こゝに国家の対日蓮主義公認の最初として、国家の必要に成り代つて、朝廷が大師号宣下をなされた事は、全く時だ、自然に来つた時だ」った。智学にとっては、「今日こそ日蓮主義の登場すべき時なのである」。

そして今回の出来事を、次のように結論づけている。

「扠《さ》て朝廷から勅号は下つた、これで国家と法華経と、はじめて公に接渉した、即ち吾等の最大理想たる法国冥合の第一歩が啓かれたのである。いよ〳〵日蓮主義本舞台の幕があいた[35]」。

智学にとって、諡号宣下とは「法国冥合の第一歩」であった。自らの運動の一過程として、この出来事が解釈されたのである。

このように日生も智学も、それぞれの運動のなかにこの出来事を位置づけていることが明らかであろう。しかし、客観的にみれば、この諡号宣下は、日蓮門下が思想善導を担うことを政府との間で合意した出来事ではなかったか。たしかに――智学のいうように――諡号宣下は「国家の対日蓮主義公認」ではあったが、それは「行政的諡号」のレヴェルを出るものではなかったのではなかろうか。しかし、智学と日生は「冥合的諡号」をめざして、さらに政府と積極的に交渉していくことになる。

国柱会の政治志向

一九二二年（大正一一）の年の瀬、諡号宣下奉祝式典を終えた国柱会は、三保最勝閣で越年講習会を開いた（一二月三〇日～一月三日）。長瀧智大の正科講演「法華経五百弟子授記品」（一二月三〇日、一月一日）、高知尾智耀の助科講演「人格の再建」（一二月三一日）と志村智鑑の正科講演「一昨日御書」（一二月三一日、一月二日、三日）、保坂智宙（病気の山川の代講）の「信仰感話」（一月二日）がそれぞれ講義された。そして最終日の一月三日午前一一時、智学の特別講演「日蓮主義の実行期」が三時間にわたって講じられた[36]。

智学は師号宣下の意義から説き起こし、過去三〇〇〇年間の宗教の失敗は国家に無関心だった結果による、と説いた。「本化独特の法門たる国土成仏の意匠」を徹底して、「今や日蓮主義者が、陛下の左右に列して、法華経主義の政治を執り、正法治国の実を挙ぐべき時は来れり」とのべ、その「実行方法」を次のように論じた。それは「社会指導」と「政治進展」にわかれる。さらに「社会指導」が衛生・文芸・興産・救済の四項目にわけられ、「政治進展」として三大政綱・根本政策・民命発揚・現政公批の四項目が示された。ここに智学は、日蓮主義者の政治進出を宣言した。選挙に立候補して政党を組織し、ゆくゆくは内閣組織までねらった「日蓮主義政治」の実践を表明したのである。この講演によって、政治に対して宗教がより主体的に関わって行くべきことが提起された。

この日の午後八時からは懇親会が催された。国柱会東京局所属の信行員・石原莞爾陸軍大尉は、会衆総代として謝辞を朗読している。参加者が講習会の感想をのべあう場では、石原は智学の講演に感激した旨を告げ、「日蓮主義者は果して天来の声に応じて、直に安国の第一歩に入り得る自信ありや」と参加者に問い、智学によって「立正内閣」が組織されたら、自分が陸軍大臣を拝命することを宣言している。[37] この時期の石原が智学に多大な影響を受けていたことがわかる。

ともあれ、智学は「あるべき日本」の実現を――諡号宣下を契機として――政治の場面ではたすべきことを決意した。芸術活動の一方、政治活動による「日蓮主義の実行」が開始されていくことになる。ちなみに国柱会の政治志向は、以前から『国柱新聞』で表明されていた。たとえば社会主義から日蓮主義に転じた三生坊道人は、「日蓮主義内閣へ」という論説を『国柱新聞』二四三号（大正八年四月二一日発行）に発表している。「我等はニチレニズム（日蓮主義）を以て現代を導き、ニチレニズムの彼岸へ現代を引きづッて行きたい」とのべ、「目さす処は五百万票！　次いでニチレニズム内閣！」と力説している。智学自身も、（この記事に先立つ）同年四月一～六日の「本化宗学より見たる日本国体と現代思想」の講演で、「我が同志が三十人の議員を有ッて、この三大秘法を提《ひっさ》げて帝国議会に臨めば、茲に政党として一つの部屋を貰ふことが出来る。さうすれば日蓮主義の一つの政党が出来る」とのべている。[38]

後日、「日蓮主義政治」をめざした活動が現実化する。この年（一九二三年）の二月一一日（紀元節）。紀元節の式典とあわせて、政治団体・立憲養正会の結成が公表され、「養正建国・積慶統民・重暉済世」の「国体主義の政綱[39]」が発表された。その「立憲養正会政綱発表の宣言」では、次のようにのべられている。

「吾等は現世界の機運に対向し、吾建国の根本目的に鑑み、吾天業民族の使命に省み、四十年来の思想運動を政治に移して、究竟文化の実現を遂行せんため、茲に国体主義の政治運動を開始すべきことを宣言す。[40]」

「国体主義の政治運動」、これが基本方針である。この「国体主義」とは、いうまでもなく智学の日蓮主義的国体論によって開示された国体の宣揚である。この政治活動は、智学の「四十年来の思想運動」の延長であり、自らの日蓮主義運動の一環として把握されていたことに注意しておこう。なお、当日は智学をはじめとして、田中澤二や高知尾、山川、別枝、河野譲（桐谷）の各講師が講演している。別枝は「立党の宣言を拝して」を語ったが、そのなかで、「日蓮主義開顕の日本国体、その国体主義の政治を興立するといふことは、即ち明治維新が制度上の王政復古であつたのに対して、之は神武天皇建国の御精神を復活して且つこれを世界的に恢弘せんとするものである」とのべている。[41] 会員たちの「国体主義」は、「日蓮主義開顕の日本国体」が前提であった。

この日、即時入会者が二〇〇余名を数え（その大部分が会員ではなかったと報じられている）、本格的な政治活動の準備が進められた。

天業青年団の結成

立憲養正会の結党式の約一ヶ月前の一月一五日、国柱会の青年会員を中心とする修養団体・天業青年団が設立された。[42] もともとこの団体は、智学の三男・里見岸雄によって神戸で結成された。話は一九二〇年（大正九）一二月にさかのぼる。二四歳の里見（この年の七月に早稲田大学哲学科を卒業）が渡欧準備のため、東京から京都へ移り住んだ。渡欧が近づいた翌年一一月、神戸の会員たちが里見を訪問し、教線の維持と拡大の相談をもちかけた。その頃、神港局の青壮年は「弁舌の立つ者が比較的多く、時折三宮や、湊川神社附近などで、夜間出勤して街頭演説を行ってゐた」ので、「この活動を組織化し活発ならしめるのが最良の方法だと思ひ、天業青年団をつくる案を示した」[43]。こうして里見の指導のもと、国柱会神港局の青年たちによって天業青年団が結成された（里見は長期不在のため、顧問に就任）。活動は月五回の街頭宣伝と月一回の研究会を基本とし、地道な活動がつづけられた。その後、各地の国柱会支局でも天業青年団が結成され、関西では翌一九二二年（大正一一）にかけて大阪天業青年団、西成天業青年団や浪速天業青年団が創設され、京都、西宮、堺でも次々と天業青年団が結成された。[44] 里見はこの年の五月三日に横浜を船で出発し、ロンドンへ向かったため、天業青年団は里見の手を離れて発展していくことになる。[45]

こうして立ち上がった全国各地の天業青年団を統括するため、一九二三年（大正一二）一月一五日に本部組織が成立したのである。この日、「綱領」と「規則」が発表され、智学が名誉総裁、星野梅耀が総幹、保坂、長瀧、山川、高知尾、志村が顧問に就任した。[46]「綱領」は、次の三条からなる。

「第一　天業青年団は五大国聖[47]［天照大神・神武天皇・聖徳太子・日蓮・明治天皇—筆者注］の宏猷を奉じ国体の正義を以て修養生活の根本精神となすべし。

第二　天業青年団は五大国聖の洪謨を体し天業民族の使命を自覚して建国の精神を現代に活用すべし。

第三　天業青年団は五大国聖の明訓に従ひ国体民性の戕害となるべき思想習性を開導して徹底文化の普及に努むべし。」

これらの内容から、青年団が国柱会の主張する「国体の正義」を掲げた修養団体であることがわかる。六月九日には、国柱会館で「天業青年団第一回臨時大会」が開催され、団旗と団章の授与と星野の挨拶や智学の訓示などが行なわれている。(48)

こうして立憲養正会や天業青年団などの新たな団体の活動が本格化しようとしたその時、関東大震災が発生する。

思想善導の教化活動

一方、この時期の顕本法華宗・統一団の活動はどうだったのだろうか。

一九二〇年（大正九）二月以来、日生は東京、名古屋、京都、神戸、大阪の各都市を巡回して、『法華経』講義と統一団各支部や自慶会各支部での講演を行なっていた。それは、日蓮主義による思想善導を目的とした巡回講演だった。たとえば、この年四月のスケジュールを一瞥すると、一日の京都妙満寺での『法華経』の講義にはじまり、名古屋と四日市（四日～九日）、大阪（一〇日～一八日）、明石（二〇日）、神戸（二二日～二四日）を巡回して、東京へ戻り、統一閣で講演している（二五日）。こうした活動パターンを基本として、その合間に巡教や各種の講演会へ参加するといったきわめて精力的な活動をこなしていた。(49)

この時期の『統一』をみると、活動報告欄は「各地の思想戦」と題され、毎月にわたって全国の「思想戦」が報告されている。日生個人の活動に限定されず、各地の顕本法華宗僧侶や統一団団員、さらに自慶会会員は活発な活動を繰り広げていた。北海道や東北地方（盛岡）、関東地方（東京、千葉、茨城、宇都宮）、東海地方（名古屋、四日市、豊橋）、関西地方（京都、大阪、神戸、姫路、明石）、中国地方（岡山、津山、和気、広島、呉、萩）、北陸地方（金沢、鳥取）、九州地方（久留米、大牟田、長崎）、さらに朝鮮半島まで、各地の活動報告が誌上を飾っている。

また、統一団の支部も一九二二年（大正一一）末までに、札幌、小石川、本所、千葉、山武、常総、名古屋（四日市、豊橋、一宮、枇杷島、南郊各分団）、新舞鶴、京都、大阪、神戸、明石、青谷、台湾等の各支部が設立されている。ちなみにこの時期の統一団は、日生が総裁、井村が総務、国友が社会部長、そして久富久子、宮岡ふさ子、五十嵐正、中村寿市、時友仙次郎らの在家者が幹事をつとめていた。

さて、ここで主要な活動拠点のひとつだった名古屋を取り上げ、この頃の顕本法華宗・統一団と自慶会の活動を確認しておこう。

統一団名古屋支部は、一九一八年（大正七）一月一九日に発足した。この数年前に名古屋市中区新栄町の常徳寺に国友日斌（日生の実弟）が赴任して以来、名古屋での顕本法華宗・統一団の活動が活発化した。日生や野口、佐藤鉄太郎、野沢悌吾らを招いて講演会を開いたり、四日市や豊橋に統一団名古屋支部の分団を組織するなど、着々と活動の規模を広げている。一九二〇年（大正九）二月からは『統一』の編集部を常徳寺内に設置し、国友自らが編集をつとめた。国友は名古屋を拠点として、幅広く活動した。前年の末に自慶会名古屋支部（のちに財団法人名古屋自慶会）を結成し、同年四月二日には名古屋国技館で六〇〇〇余人の聴衆を集めて、創立大会を兼ねた「思想問題大講演会」を開催した。また名古屋自慶会は、豊田佐吉の豊田紡績株式会社など、名古屋周辺の大工場の職工を対象とする「工場講話」による教化活動を実施している。一九一九年（大正八）の設立以来、一九二七年（昭和二）末までに地方講演で約七万人の聴衆を集め、市内外の大工場三〇ヶ所のうち、毎月一〇ヶ所に講師を派遣して工場講話を行ない、約七〇万人の聴衆を集めた(50)。

ここで、一九二一年（大正一〇）九月一八日から二一日までの活動をみてみよう（次頁の表3を参照）。

このように自慶会名古屋支部の工場布教を中心にして、顕本法華宗寺院、常徳寺と統一団名古屋支部の活動が実施されていた。この五日間の内容をみると、自慶会では精神教化的な内容が講演され、統一団では「祖書要文

日時	講演内容	場所	参加人数
9月18日(日)	国友「人生々活と信仰」(自慶会) 国友「修養と信仰」、本多「心の宝」(自慶会)	豊田織機 豊田押切工場	職工300名 女工300名
19日(月)	国友「人の心」、本多「心の宝」(自慶会) 国友「人生と力」、本多「日本の美風」(自慶会) 国友「修養の必要性」(統一団)	豊田本社 菊井紡績 渡辺工場	男女工員800名 職工700名 ?
20日(火)	彼岸会ならびに妙教婦人会発会式(顕本法華宗)　児玉小治郎「所感」、本多「信仰の必要及価値」 本多「祖書要文講義」(統一団)	常徳寺(昼) 常徳寺(夜)	300余名 ?
21日(水)	本多「日本文明の正統」(自慶会) 本多「我国文化の特色」(自慶会) 本多「祖書要文講義」(統一団)	愛知時計 三菱内燃機 常徳寺	職工1,000名 社員800名 ?
22日(木)	本多「日本文化の正統」(自慶会) 本多「人と道」(自慶会) 本多「祖書要文講義」(統一団)	機器製造所 山岸製材 四日市安楽寺	職工750名 職工300名 ?

表3　名古屋の顕本法華宗・統一団・自慶会の活動
(「名古屋自慶会月報」ならびに「名古屋支部月報」『統一』322号、大正10年11月号)

講義」といった宗教的な内容が講義されている。また、彼岸会のような仏教儀式も執り行なわれていることがわかる(児玉は顕本法華宗僧侶)。このほかに常徳寺では、さまざまな法要・儀式や信徒宅での家庭講話、少年少女会が行なわれたり、道路宣伝なども実施されている[51]。

ちなみに日生は一四～一六日まで(同じ名古屋の)舞鶴で講演や巡教を行ない、一八～二二日の活動をはさんで、二三日には京都にいた。妙満寺で彼岸中日の法要を執行し、「御彼岸と信仰」を親教している。東京、京都、大阪、神戸の各都市を中心に、日生の巡回・巡教はさらにつづいたが、この時期、これらの都市では、自慶会の活動にみられるような工場や軍隊での布教・教化活動が大きな位置を占めていた。

では、一九二〇年代初頭(大正中期～後期)、政治進出を表明した智学に対して、日生はどのような運動方針を掲げていたのだろうか。

この時期の日生の言説には、「思想問題」への言及がきわめて多い。たとえば「国民思想の徹底要求」（『統一』二九八号、大正九年一月号）、「思想の悪化善化」（三〇二号、同年五月号）、「危険思想に対する警戒」（三〇四～三〇七号、同年七月号～一〇月号、全四回）、「思想戦の意義」（三一一、三一二、三一四号、大正一〇年一月号、二月号、三月号、全三回）、「教育勅語と思想問題」（三一四～三一七号、同年三月号～六月号、全四回）、「健全思想とは何ぞ」（三一六～三一八号、同年五月号～七月号、全三回）、そして「法華経より見たる現代思想」（三三〇～三三一号、大正一一年七月号～八月号、全二回）などがある。時事問題や社会問題に対する発言も多く、「尼港事件に就て」（三〇五号、大正九年八月号）、「我国の現状と民衆教化」（三〇七号、同年一〇月号）、「日蓮主義と実際問題」（三〇八～三〇九号、同年一一月号～一二月号、全二回）、「精神教化と吾人の活動」（三一二号、大正一〇年二月号）、「統一団の使命」（三一五号、同年四月号）などがある。

これらはこの時期に日生が各地を巡回して、自慶会支部や天晴会例会、統一団支部で精力的に行なった講演の筆記録である。その一例として、「思想の悪化善化」に注目してみよう。これは、一九二〇年（大正九）四月二日に名古屋国技館で開かれた「思想問題大講演会」（兼自慶会名古屋支部創立大会）での講演録である。

「今日国民の思想の趣く所如何に依つては、前に申す通り国家の消長が岐《わか》れ、随つて国民の幸福と否とが岐れ、又我が大日本帝国が世界に尽すべき使命を果たし得るや否やと云ふことも、今日の国民思想の趣く所如何に依つて岐れるのであります。（拍手喝采）[52]」

つづけて日生は、「今は国民の思想の善化するか、悪化するかと云ふ分水嶺に立つて居るのが我国である」とのべ、「国民の嚮《むか》ふべき健全なる思想を涵養する必要があるのであります」と力説している。日生は、社会危機の原因が「思想の悪化」にあると考えた。つまり、当時の労働争議や小作争議の頻発という労働問題や社会問題を「思想問題」に還元したうえで、この「思想問題」の解決によって社会危機を解消しようとした。であるがゆえに、この時期、思想善導を目的とした教化活動を積極的に展開し、「思想問題」を集中的に論じたのである。また、別の講演で「日蓮主義は日本国民の思想を善導する模範的の教義を示して居る」とのべており[53]、思想善導の根拠はあくまでも日蓮主義にあった。そして次のようにいう。

「日蓮主義者は国民思想の善導に向つて一斉に力を尽さなければならない、（中略）日蓮聖人が立正安国論を書いて『先づ教を正さんかな。』と言つたのは、今日の一般日蓮主義者が考へて居るやうな遣り方ではあるまい、今の所謂国民教化の問題であらう[54]。」

日生は、日蓮の「立正」を「国民教化」と翻訳したうえで、日蓮主義者が「国民道徳の上に確乎たる力を与へて行くべきであ」ると強調している。

つまり、思想善導の教化活動を運動方針として位置づけたわけだが、諡号宣下はまさに思想善導を政府との協調のもとに実行していく重要なきっかけとなった。そして関東大震災にあい、日生たちは新たな国民教化活動を繰り広げていくことになる。

三　関東大震災の発生

「九月一日、我が天業民報社の所在たる国柱会館は、代理部、編輯部、発送部、さては国柱会本部事務所等、出勤者つねの如く、（中略）編輯室では山川社長、別枝課長等が、編輯員工部員を督励して、一方宣伝号の下版に、一方は三日号の原稿の執筆をして居た。（中略）保坂国柱会統務は埼玉県与野へ講演にとて、十一時に出かけた。その午前十一時五十八分、突如として、ドン〱と上下動が来て、つゞいて大きな水平動だ。大分大きな地震だなとおもつて居ると、なか〱やまない。水平動は大きな波をつゞける。壁がバタバタと落ち出した。二階でガラスの毀れる音がする。人々は追々に会館玄関前の広場へ出た。地はなほ波を打つて居る。処々の屋根瓦は落ちて居る。[55]」

関東大震災の発生である。山川や別枝、高知尾をはじめとする会員たちは、会館内の本尊や日蓮の肖像、真筆をはじめ、一切経、国性文芸会や国柱会の衣装、会の帳簿や記録・名簿などを避難させ、会館近辺の消化活動に奔走した。国柱会館は焼失をまぬがれ、別枝も無事であった。

日生と智学の反応

智学は、その時、三保最勝閣にいた。最勝閣は壁や天井に亀裂を生じたほどの被害だった。三保ではすぐに善後策が協議され、罹災者への慰問と応急救助方針を定めた「慰問牒」を発している。三日に鈴木智靖と村上亀之助を慰問使として東京へ向かわせている。六日には、東京からの使者・鹿山実（照谷）が三保に到着し（四日に自転車で出発した）、国柱会館や市川の国性文芸会にきわだった被害がなかったことが報告され、会員たちの無事が報告された。[56]

一方、品川妙国寺にいた日生も無事だった。しかし、浅草の統一閣は焼失した。東京市内では深川浄心寺、下谷徳大寺、浅草幸龍寺、日限本覚寺、下谷蓮成寺、小伝馬町身延別院や村雲別院などの日蓮門下の有力寺院が罹災している。さらに片瀬の龍口寺や鎌倉の本覚寺も倒壊した。[57] 九日、日生は名古屋から上京した国友日斌や岩野海軍少将らを伴って、東京の焼け野原を自動車で回り、その惨状をみて回った。[58] 数多くの遺体を前に、日生たちは『法華経』を読誦し、霊を弔った。翌日には戒厳司令部の福田雅太郎戒厳司令官を訪ね、「帝都の復興は精神の方面から着手されなければならない」と語っている。そして数十万枚の警告箋を印刷し、一〇〇余の宣伝隊がそれらを配った。警告箋には、「我々国民は天災に関する御詔勅の聖旨を奉戴し、人心の安定と、思想の健全とに努めねばならない」や「自然の力の偉大なるに鑑み、宗教の信仰に目醒めよ」といった警告が印刷されていた。日生の無事が各地の顕本法華宗寺院や統一団支部に伝えられると、京都の妙満寺では善後策が検討され、緊急の救護事業や教化活動、罹災寺院の応急対策が決定されている。

九日、日蓮宗宗務院内に震災救護日蓮宗報効団が設置され、罹災者の救護や慰安、供養や弔霊などの活動を行なっている。[59]また、日生と野沢陸軍将校らの発起によって、日蓮門下各宗派の連合団体・安民護国仏教団も結成され、救護活動に従事した。[60]安民護国仏教団は罹災者に精神的慰安を与えるために結成され、本部を日蓮宗宗務院に設置し、日生や野沢、顕本法華宗宗務役員らが毎日、本部を訪れて執務をとった。この後、九月下旬にかけて、日生は福井をはじめ、京都、大阪、神戸、豊橋、名古屋を巡教し、死者の追悼会と講演会を行なっている。

一二日、智学は「国難救護正法宣揚同志結束令」を発して、「再び陣頭に」立つ決意をする。[61]この結束令は、「空前ノ国難ニ際シテ救世護国ノ特別運動ヲ起スタメ吾同志ノ一大結束ヲ行フ」（第一条）ために会内に発令された。具体的な活動としては、『天業民報』の復旧と拡張、会員中の罹災者の救護、社会救済のための罹災者の救護活動が掲げられた。

さらに智学は自ら救護活動にあたるため、一九日、船で清水港を発ち、東京へ向かった。入京した智学を先頭に、師子王医院の医師と会員中の医師が衛生救護班を組織し、幹部と会員有志からなる慰問法話隊が一緒になって、東京市内の罹災者を慰問している。各地の支部から、見舞金や慰問物資も届けられた。

この時期、震災を国民への天罰と考える天譴論が、財界の渋沢栄一や実業之日本社社長の増田義一らによって唱えられた。この震災天譴論は「都市の発展から疎外され、その華美な都市生活を苦々しく思う人びとには共感をよんだ[62]」。では、智学や日生たちはどのようにこの震災を理解したのだろうか。

国柱会では、当初から「天警に粛然たれ」と『天業民報』紙上で訴え、震災を天の警告と把握した。当時の「物質文明の耽溺的崇拝」や「個人的思想の流毒」、「享楽奢侈」を批判している。(63) 智学も、「日本を忘れた日本人が、日本を誤ッた。その一大国病を、天が警《いまし》めたのであります」と、「天警論」をとっている。(64) また、国柱会の会員にとって、恐れるべきは「天災よりも人災」であった。高知尾は次のようにいう。「思想の流毒についてはあまりに屢々吾々は論じた。然しながら今度の様に実証によつて裏書きされた事はなかった」。震災からの再建の原理として、「吾等は純正日蓮主義と日本国体とを挙げて起たなければならぬ」とアピールしている。(65)「大逆事件に於ける国民的反省」にもみられたように、国柱会では大事件を「天警」と捉える。その原因を「思想の流毒」に帰し、日蓮主義の信仰と「国体観念の自覚」によってその解決を訴求するのが、大事件に対する国柱会の基本的な応答パターンであった。

一方、『統一』誌上では、この震災を「大正の立正安国論だ」と把握している。「天変地夭、飢餓疫癘《えきれき》、踵を接して、民衆の大半は廃滅せられ、内憂外患競ひ起つて、日本国の国礎は脅かされないと、誰が保証する事が出来よう、大震災大火災は来るべき大災厄の緒口ではなからうか」と、きわめて悲観的な見解が表明されている。(66) 日生は震災以前の状態を「人心の頽廃を来し、思想は動揺し、奢侈逸楽の風を生じ、慥《たしか》に修養訓練を欠いて居つた」と述懐し、今回の震災を「我が国家の全体に及ぼす大事変」と捉える。(67) 日生にとっては、「大震災後の精神的指導者」が「立正大師」(日蓮)であった。なぜなら、『立正安国論』で「予言的一大警告」を発している日蓮は「精神的偉大なる予言者」だったからである。今後、「立正大師の如き理想的なる指導者を広く国民一般に奉戴せしめ」ることを強調している。統一団では、『立正安国論』に即して震災を解釈し、日蓮主義による「精神的指導」を訴えたのである。

国民精神作興に関する詔書

震災からの復興作業が進められるなか、一一月一〇日、「国民精神作興に関する詔書」（以下、国民精神作興詔書と略）が御名御璽と摂政裕仁の名で渙発された。智学はその三日後に立憲養正会の決党式を国柱会館で挙げ、日生は各都市で巡回教化していたが、すぐにこの渙発に応答して、ふたりは詔書の趣旨を普及する教化活動を組織することになる。

詔書は、近年の「浮華放縦」という生活の奢侈と「軽佻詭激」の危険思想の発生を戒め、「文化ノ紹復」と「国力ノ振興」のため、国民精神の「振作更張」を訴えており、「国本ヲ固クシ以テ大業ヲ恢弘セムコトヲ冀フ爾臣民其レ之ヲ勉メヨ」と結ばれている。この詔書には「政府や資本家階級と民衆階級が対立・葛藤する構図」[68]という社会状況が浮かび上がり、政府の「国家瓦解の危機感」[69]が表出されていた。震災を通じて、こうした社会危機があらためて表面化することになった。

翌年一月七日に成立した清浦内閣は、「思想国難」のもとに「思想善導」を標榜し、国民精神作興詔書の普及を図っていく。一月一五日には内務省の呼びかけで、詔書の普及を目的とした教化団体連合会（以下、連合会と略）が結成された。[70]中央報徳会の一木喜徳郎を会長とし、社会局第二部長の三矢宮松が常務理事、本多日生、留岡幸助、今泉定助、後藤武夫、加藤咄堂らが理事に就任している。

連合会の活動以外にも詔書の教化体制が整備され、教育現場や地方町村の公的機関に詔書謄本が配布された。たとえば長野県では、学校の三大節の儀式でこの詔書を教育勅語と一緒に奉読することが、二月一二日付で各郡の市長に通達されている。[71]また、二月二〇、二一日には清浦首相から宗教団体と教化団体に対して、詔書の趣旨普及の教化活動の要請がなされた。五月には、平沼騏一郎（もと大審院検事・司法大臣）を会長とする国本会が再組織された。[72]この会は司法関係の高級官僚、陸海軍高級軍人、内務省の治安関係者から組織され、詔書による国民精神の啓蒙教化をめざした。さらに、詔書渙発一周年には「聖旨普及」のキャンペーン（国力振興運動）も実施され、こうしたさまざまな回路による教化政策によって、詔書の趣旨が人びとに徹底されていくことになる。

ちなみに教化団体設立のピークはこれまで二度あった。日露戦後と第一次世界大戦後から一九二〇年代にかけての時期である。とりわけ一九二〇年代に簇生している。日露戦後に成立した教化団体が「地方—開発改良」や「自治—興振発展」を掲げていたのに対して、大戦後に設立された教化団体は「皇室ヲ中心トシタル社会教化」「国民思想善導」「国民精神作興ノ御渙発ニ対シテ御聖旨ヲ奉体シ」のように、「デモクラシー状況のなかで思想善導や国体擁護にその目的や活動が向けられてい」た。[73] 智学と日生たちは、こうした数多くの教化団体のなかの一団体として活動したのである。

智学による詔書の普及活動—大詔聖旨普及同盟の実践

まず、智学の動向から確認していこう。

前年の一二月二七日からこの年（一九二四年）の一月五日まで、三保では三〇〇名の参加者による越年講習会が開かれていた。智学は全期間を通じて、「大詔を拝せる我等の覚悟いかん」を特別講演している。[74] その初日、新聞の号外が突然舞い込んだ。皇太子裕仁が帝国議会開院式に出席する途中、虎の門で「凶漢」によって発砲されたという事件の号外である（難波大助のいわゆる「虎の門事件」）。「此の日本国家に於いて国民が　帝室に対し不敬又は大逆の思想を懐くことは、全く以て有る間敷事である。然るに斯うも頻繁に不祥事が起るとは何たる事である？」という苛立ちから、講演ははじまった。智学はここでも、「外来思想」に毒されて「国体の自覚」を失った日本人に対して、早く「国体の自覚」を与えるべきであると主張する。そして国民精神作興詔書を『興国の大詔』と称し奉るべき」であるとのべ、「日本国体学」と『法華経』の十如是の観点から、「興国の大詔」を説明している。

講習会の最終日、智学は詔書の普及を掲げた大詔聖旨普及同盟（以下、普及同盟と略）の設立を宣言し、一月二一日、国柱会館で催された新年会で正式に結成を発表した。[75] 一月二五日、智学は「大詔を拝せる我等の覚悟いかん」の要旨をまとめて、『興国の大詔』という施本用の小冊子を発行し、『天業民報』九七一号（同年一月一三日発行）以降、「大詔に目覚めよ／（是からの日本は、よろづ大詔で行かう）」と題された警訓を、毎日一面に掲載した。以降、普及同盟による大詔聖旨普及運動が実施されていくことになる。

二月一一日から二一日まで、「第一回大詔聖旨普及大講演」が国柱会館や上野公園で行なわれた。智学をはじめ、保坂、長瀧、山川、別枝、志村、高知尾、河野桐谷、そして田中顕一や澤二らの国柱会幹部が総出演している。なお、二月一六日には『天業民報』が創刊一〇〇〇号に達し、その祝賀行事として、連続講演会があわせて開かれている（ここでも大詔普及の講演が中心だった）。そして二月二一日、智学が重大発表をした。五月一〇日の衆議院議員選挙に自らが立憲養正会を代表して立候補することを表明したのである。[76] 同じ日、永田町の首相官邸で教化団体の協議会が開かれ、智学と国柱会統務の保坂、天業民報社代表の山川の三人が出席し、詔書普及の要請を受けている。

二月二四日からの一〇日間、東京市内で大詔聖旨普及の行列宣伝が実施された。[77] 初日の午前一〇時半すぎ、場所は国柱会館前。行列は「天業民報」の旗を先頭に、『興国の大詔』や警告箋を満載した天業色（つまり緑色）の箱車、「大詔聖旨普及大行列」の旗を手にした少女隊、婦人隊、紅い服を着た音楽隊、紅・紫・青・黄色の布地に「大詔ニ目サメヨ」と染め抜かれた八旒の大幟をもった緑色の服の会員たち、少年隊、天業青年団員や一般会員とつづいた。総数二〇〇名のカラフルな行列である。フロックコートに身を包み、利剣帽をかぶった智学が先導し、行列は楽音高らかに根岸町通りを出発した。上野公園を抜け、神田須田町を通り、正午には日本橋の泰文社（天業民報社支局）に到着した。握り飯で昼食をすませ、待ち合わせた会員が加わり、四〇〇名が行進を再開した。行進中は、この日のために作詞された「振作更張」の行進歌（メロディーは「立正歌」）が合唱され、道行く人には「皆さん御同前に奮起しましょう」と末尾に記された警告箋が配布されている。三越の前を通過し、京橋の万朝報社を訪問し、さらに時事新報社、東京朝日新聞社、国民新聞社、内幸町の都新聞を訪れ、有楽町の日々新聞社と報知新聞社を過ぎ、午後三時、この日の目的地である二重橋前に到着した。皇居に向かって、一同合掌・最敬礼し、「天皇陛下万歳」を三唱して、一行は東京停車場前の丸ビルで解散している。

以後、一〇日間におよぶ「大詔聖旨普及」の行列行進が行なわれた。行列は京橋区、本郷区、小石川区、北豊島、早稲田、下谷区、浅草区、深川区、神田区、日本橋区、赤坂区、四谷区、牛込区など、東京市内をほとんど網羅している。三月八、九日には、『天業民報』創刊一〇〇〇号紀念事業の一環として、「大詔奉賛大講演会」が国柱会館で催された。八日には晴山作樹帝国大学教授、本多日生顕本法華宗管長、田中巴之助（智学）、九日には磯野日筵日蓮宗管長、歌人の与謝野鉄幹、高島平三郎東洋大学講師、田中巴之助がそれぞれ登壇している。

さらに智学たちは関西に転じ、四月三日から八日まで、神戸、大阪、京都で「大詔聖旨普及」の行列宣伝を実行し、講演会を開いている(78)。三日の神戸にはじまり、四～六日には高知尾の指揮のもとに二〇〇名の行列隊が大阪市内を行進した。色彩豊かな「大詔ニ目サメヨ」の大幟を掲げ、「大詔聖旨普及大行列」の旗を手にした会員たちが「振作更張」の立正歌を合唱しながら、詔書の普及・教化を行なった。その際、通行人や各家庭に一〇万枚の警告箋が配られている。七日には、大阪中央公会堂で『天業民報』創刊一〇〇〇号紀念の講演会が催され、三〇〇〇名の聴衆を集めた。高知尾と志村の講演のあと、智学は「国家興隆の時到る」を三時間にわたって論じている。なお、この講演会で「君が代」に振付をした国柱会独自の式舞楽がはじめて演奏されている。

このように国柱会では、普及同盟による大詔聖旨普及運動を通じて、詔書の教化活動が実践された。「大詔ニ目サメヨ」をアピールしたこの活動は、人びとに「国体観念の自覚」を訴えた。つまり、この活動も国柱会の国体運動の一環であったわけである。その一方、この活動はほかの教化団体等による教化活動の一環としても位置づけることができよう。ちなみに、この詔書普及に対しては、「思想問題の発生は社会の進歩の必然的帰結で、その根底には生活問題が存在している、従ってそれに対して古めかしい道徳を持ち出すのは時代錯誤でもあり有効性ももちえないだろう」という批判があった[79]、という。しかし、智学にとっては、その「古めかしい道徳」とされた教育勅語と戊申詔書に象徴される「国民精神」の作興こそが問題であった。「その根底」にある生活問題も、「国民精神」の作興による「国体観念の自覚」によって解決されていくべき問題であったのである。

日蓮門下による国本会の教化活動

次に顕本法華宗を含む日蓮門下の活動をみてみよう。

日生は震災の発生後、九月下旬から東海・関西地方を巡回し、震災後の国民の覚悟を説いて回った。一〇、一一月も東京、大阪、名古屋、広島、岡山、福井、豊橋、四日市、一の宮の各都市を巡回した。たとえば一〇月二六日の名古屋自慶会では、日生が「如何に覚醒すべきか」（於豊田本社）と「大災害所感」（於三菱内燃機製作所）を、松本堅晴が「震災所感」（於日本車輌）を講演している。さらに国民精神作興詔書の渙発後には、詔書の趣旨を普及する講演を行なっている。一一月二一日の名古屋自慶会で、日生が「御詔勅に就て」（於豊田本社）と「国民精神作興に関する詔書を拝して」（於三菱内燃機製作所）を、国友が「大惨害の教訓」（於豊田式機械尾頭工場）を講演している[80]。

では、日生はどのような観点から、詔書を普及しようとしたのだろうか。一一月二一日の「国民精神作興に関する詔書を拝して」（『統一』三四八号、大正一三年三月号）の講演内容を一瞥しておく。

「この詔書は国民一般に対して道徳的大反省を促されたものであつて、誠に恐懼戒慎に堪へぬ次第であります。近来押し寄せ来れる時弊を匡正する為に、悪風潮一変の時なりと示されたので、我々立正大師の教を奉ずる者は、一段深く聖旨に感激して、奉効の誠を致さねばなりませぬ。昨年は立正大師の謚号を賜はり、感激の涙未だ乾かざるに、今又この優渥なる詔書を拝す、大いに感憤興起すべきこと、思ふ。(81)」

「この詔書を一貫せる最大要旨は、国民精神涵養の一事である」とのべる日生は、日蓮主義者による「国民精神の涵養」の方法として、「三教の教化」を提示する。それは――日生の持論であるが――「惟神道の国の概念」「儒教の義の道徳」「仏教の信の生活」の調和であった。この「三教の調和的発揮者」が「立正大師」であった。そして、謚号の請願文や牧野宮内大臣のコメントなどを紹介しながら、震災からの復興のため、「立正大師を精神的指導者と仰ぐべき」ことを訴えた。日生においても、自らの日蓮主義運動の一環として、この教化活動が位置づけられていることがわかる。

このあと、一二月から翌年（一九二四年）にかけて、日生は野沢陸軍将校と一緒に名古屋や神戸を回り、詔書の普及を精力的に実行している。

最後に日蓮門下の取り組みを確認しておきたい。

この年（一九二三年）の一二月二二日、東京駅前の工業倶楽部で日蓮門下合同の国民精神作興詔書奉戴式が挙行された(82)。磯野日蓮宗管長の詔書奉読と唱題三唱、岡田教篤日蓮宗総監の宣誓文の朗読にはじまり、清水龍山と高島平三郎が講演し、岡野敬次郎文部大臣や後藤新平内務大臣、宇佐見勝夫東京府知事、東京市長の永田秀次郎の祝詞が代理者によって朗読された。さらに智学や日生、佐藤鉄太郎、野沢悌吾、本田仙太郎らの日蓮主義者も講演している。

翌年一月一八日──前述した立正教団布教連盟の創設日と同じ日に──日蓮門下による詔書普及のための教化団体・国本会が結成された。(83)「本化の信仰に住して聖旨を奉戴し王仏冥合ニ諦映発して民心の向上醇化を謀り進むで之を色読体験に移し以て皇恩に報答せんことを期」し（趣意）、「国体ヲ護リ国本ヲ固クシ社会ノ福祉ヲ増進スル」ため（規則第二条）、創設された。宣伝活動は三期にわけられ、第一期は二月一一日の紀元節から三月末まで、全国大都市での講演会開催が企画された。講師として清水龍山、柴田一能、鹽出孝潤、角田致敬の日蓮宗僧侶、佐藤鉄太郎、宮岡直記、高島平三郎、野沢悌吾、小林一郎らの日蓮主義の在家者が派遣されることになった。

なお、この国本会は磯野日蓮宗管長が総裁をつとめ、日蓮宗僧侶が中心となって結成された教化団体であるが、京都や大阪、姫路などの地域では門下各教団が連合して詔書奉戴式と国本会地方支部発会式を挙げている。つまり、基本的には日蓮宗が中心の団体であったが、地域によっては門下の協調行動がとられた。会の顧問には岡本日盛（本門法華宗）、瀬島日濟（本門宗）、津田日彰（法華宗）、土屋日柱（日蓮正宗）、本多日生（顕本法華宗）らの他宗派の管長が名前を連ねている。(84)また、清浦首相をはじめ、犬養毅、鈴木貫太郎、加藤高明、床次竹二郎らの政治家、大迫尚道、小笠原長生、佐藤鉄太郎、東郷平八郎、野沢悌吾、福田雅太郎、宮岡直記らの軍人、姉崎正治や三宅雄二郎らの学者らも顧問にくわわっており、智学と山川、顕本法華宗の野口も顧問であった。

二月一一日、日本橋小伝馬町身延別院で奉戴講演会が開催され、この講演会を皮切りに国本会の教化活動がはじまる。この日から四月下旬まで、東京から派遣された講師と日蓮宗の布教師、寺院僧侶によって、奉戴式と地方支部発会式が各地で開催された。(85)講師たちは数班にわかれて全国を巡回したが、第一班の清水龍山と佐藤鉄太郎両講師は、岐阜（一三日）、名古屋（一四日）、姫路（一五日）、京都（一六日）、神戸（一七日）、大阪（一八日）を回った。ここで姫路と大阪の様子をみておこう。

一五日午後二時に姫路に到着した清水と佐藤を、日蓮宗僧侶のほか、顕本法華宗の中川日史や吉永日洋、立正教法社の竹内善次郎らが迎えた。姫路市城南小学校を会場として、午後七時から奉戴式と講演会が開かれた。吉永の開会の辞につづき、深見日蓮宗布教監の詔書拝読、佐藤の「大詔を拝して」と清水の「国民精神とは何ぞや」の大詔講演が行なわれ、最後に佐藤の発声による万歳三唱で散会となった。午後一一時からは各派懇親会が開かれ、中川と吉永のほか、法華宗の鈴木好学、本妙法華宗の西沢日厳が参加している。

一八日、大阪の日蓮門下の共同開催により、中之島公会堂で奉戴式が挙行された。国家斉唱や詔書奉読につづき、大阪府知事や大阪市長、智学、村岡第四師団長と権藤陸軍中将の賛辞が紹介された。講演会は二部にわかれ、昼の部では佐藤による「大詔を拝して」、日生の「国民精神と日蓮主義」、夜の部では佐藤の「大詔を拝して」と清水の「大詔を拝せる我等の誓」が講演されている。なお、日生は一六日の京都でも講演している。

第一班の活動はこの大阪で終わっているが、ほかの班の講師たちも中国・九州地方をはじめ、北陸・関東・東北地方を巡回し、各地で教化活動に邁進している。なお、四月二七日の日曜日には、東京大塚の高等師範学校大講堂で、七〇〇名の参列者をもって「国本会中央発会式」(実際は東京支部の発会式)が挙行された。智学が慶讃の辞をのべ、清水が「国本論」、日生が「詔書と日蓮主義」を講演している。

第二期は、七月二五日から一一月六日まで実施された(地域によってそれ以降も継続)。日蓮宗僧侶の角田致敬と神代智明両派遣布教師(角田が前半、神代が後半)、藤井教仁専任布教師が全国を巡回し、講演と映画上映(フィルムは『日蓮上人』『久遠の響』『被服廠百ヶ日忌』『宮城前国禱会』)による教化活動が実施された(86)。

以上、日蓮宗を中心とする日蓮門下では、きわめて精力的に詔書の教化活動を繰り広げたことがわかる。国柱会や顕本法華宗・統一団と同じく、日蓮門下でも政府の教化政策に合致した教化活動が実施されたのである。こうした政府の教化活動に対する日蓮門下の協力体制は、一九二九年(昭和四)の教化総動員でも発揮されることになる。

注

(1) 今井清一『日本近代史II』(岩波書店、一九七七年)、二二四頁。
(2) 山野晴雄「関東大震災後の社会情勢」(金原左門編『近代日本の軌跡4 大正デモクラシー』吉川弘文館、一九九四年、二〇三頁)。
(3) 同前、二一〇頁。
(4) 江口圭一『大系日本の歴史14 二つの大戦』(小学館、一九九三年、原著一九八九年)、一七八―一七九頁。
(5) 赤澤史郎『近代日本の思想動員と宗教統制』(校倉書房、一九八五年)、一二一頁。
(6) 同前、二三頁。
(7) 鈴木正幸『皇室制度―明治から戦後まで』(岩波書店、一九九三年)、一七一頁。
(8) 同前、一七六頁。
(9) 土屋詮教『大正仏教史』(三省堂、一九四〇年)、九四―九七頁。
(10) 孝本貢「大正・昭和期の国家・既成仏教教団・宗教運動」(孝本編『論集日本仏教史9 大正・昭和時代』雄山閣出版、一九八八年、三頁)。
(11) 土屋前掲書、一二二―一二三頁。
(12) 孝本前掲論文、一九頁。
(13) 同前、二四頁。
(14) 池田昭「序文」(池田編『ひとのみち教団不敬事件関係資料集成』三一書房、一九七七年、三頁)。
(15) この諡号宣下についての資料として、日蓮聖人大師号追賜奉祝事務所編『立正大師諡号奉戴記事』(日蓮聖人大諡号追賜奉祝事務所、一九二二年)がある。
(16) 『天業民報』六三二号「文芸号」(大正一一年一〇月一五日発行、一頁)。
(17) 田中智学「法国冥合の第一歩」(『天業民報』六四九号、大正一一年一一月六日発行、二頁)。
(18) 同前。
(19) なお、小笠原長生の述懐によると、大師号申請はすでに一九一二年(大正元)頃、日生と佐藤鉄太郎によって発案されていた(「本多日生師と私」『毒鼓』昭和六年五月号)。ふたりが小笠原を訪ねてきて、「どうしても大師号をお願ひしたいものだ、何も大師号があるからといつて大聖人がどうのこうのといふ訳ではないが、然しこれは国家として当然大聖人に対してすべきことではないかと思ふので、機会を見てやらうではないかといつて話した」ことを振り返っている(一四八頁)。
(20) 「随自意」とは仏が自らの悟りの境地をありのままに説くこと(真実の教え)をいい、「随他意」とは衆生の能力に応じて法を説くこと(方便の教え)をいう。いわば、第一義悉檀と世界悉檀の関係に対応する。
(21) 前掲書『立正大師諡号奉戴記事』、一―五頁。以下、ここから引用する。
(22) 同前、三頁。
(23) 以下、『立正大師諡号奉戴記事』ならびに「立正大師

諡号奉戴記事」（『宗報』七二号、大正一一年一一月一一日発行、九―一〇頁）、「立正大師諡号記事」（『統一』三三四号、大正一一年一一月号、三〇―三二頁）などを参照した。

(24)『立正大師諡号奉戴記事』、四一―四二頁。

(25) 以下の記述は、前注の『立正大師諡号奉戴記事』と「立正大師諡号奉戴記事」、また「上野自治会館に於ける／立正大師諡号奉戴正式」（『統一』三三五号、大正一一年一二月号、四七―五〇頁）ならびに『天業民報』六五一（大正一一年一一月九日、四頁）～同六五二号（同年一一月一〇日発行、三頁）などを参照した。

(26) 以上、『宗報』『法華』『統一』『天業民報』の関係記事を参照した。

(27) その「規約」が『統一』三三四号（大正一一年一一月号、三五―三六頁）に掲載されている。

(28)「各派懇話会」（『宗報』八六号、大正一三年二月号、六―七頁）。

(29) 会の「規約」が前注の『宗報』八六号（六―七頁）に掲載されている。

(30)「対米問題に対する門下の画策」（『宗報』九一号、大正一三年七月号、二四―二五頁）。

(31) これは、奉祝大会の翌日、一一月七日に統一閣で行われた諡号宣下奉祝会での講演録である。

(32)『統一』三三六号（大正一二年一月号、一三頁）。

(33) これは、「日蓮大上人大師号宣下に就て」（『天業民報』六三三～六三五号、同年一一月一七、一九、二〇日発行、全三回）を補足して発表された論説である。翌年に小冊子として刊行された。

(34) これは、清水梁山の「大師号の宣下に就て日蓮門下を戒む」（『万朝報』日曜付録、大正一一年一一月一二日、一九日発行）と題する批判記事への反論として執筆され、『万朝報』日曜付録（同年一一月二六日、一二月三日発行）に掲載された論説の転載である。

(35)『天業民報』六四九号（大正一一年一一月六日発行、三頁）。

(36) 講演の概要は、「三保の越年講習会」（『天業民報』七〇〇号、大正一二年一月一二日発行、四頁）の記事中に掲載されている。以下、ここから引用する。

(37)「三保の越年講習会」（『天業民報』七〇一号、同年一月一三日発行、三頁）。

(38)『師子王全集』第一輯第二巻「教義編」（師子王全集刊行会、一九三二年）、三七二頁。

(39)「立憲養正会政道大綱」「政綱発表の宣言」「創立準規」「奏白文」が『天業民報』七四一号（政治号、大正一二年三月一日発行、一頁）に掲載されている。これらは、のちに立憲養正会『国体政治ノ政治団結　立憲養正会』（立憲養正会、一九二三年）として刊行された。

(40) 同前、一頁。

(41) 同前、三頁。

(42) 天業青年団に関しては、田中香浦監修『国柱会百年史』（宗教法人国柱会、一九八四年）「第十五章　派生した活動と団体」のなかの「天業青年団」に詳しい。

(43) 里見岸雄『闘魂風雪七十年―明治・大正・昭和三代体験史』（錦正社、一九六五年）、一五五頁。

(44) 国柱会近畿地方連合局編『国柱会開教百年の歩み』（国柱会近畿地方連合局、一九九一年）、四八頁。

(45) ちなみに里見はロンドンに滞在後、翌年（一九二三年）の六月にドイツに向かい、七月五日午後九時、ベルリンに到着する。里見の到着を待ち受けていたのが、石原莞爾であった。石原莞爾はこの年の一月、日本を発ち、ベルリンに滞在していた。里見の乗った国際列車がベルリンに到着すると、石原が車内に入ってきた。降車の支度をしている里見に向かって、「いきなり『先生、お待ち申上げておりました』といひながら、国柱会式で合掌の礼を以て挨拶した」（里見前掲書、一八一頁）。里見と石原は、ベルリンで関東大震災の発生を知ることになる。

(46) 『天業民報』七〇四号（大正一二年一月一七日発行、三頁）。「綱領」も「規則」も掲載されており、以下、ここから引用する。

(47) 「五大国聖」については、『日本国体の研究』（真世界社、一九八一年、原著一九二二年）、六五八―六五九頁を参照のこと。

(48) 「天業青年団第一回臨時大会の記」（『天業民報』八三五号、大正一二年六月二二日発行、一頁）。

(49) 「自慶会支部月報」（『統一』三〇二号、大正九年五月号、六二一―六二三頁）。

(50) 「名古屋自慶会大会」（『統一』三九三号、昭和二年一二月号、四八頁）。

(51) 翌年の五月、常徳寺は名古屋市東区田代町字城山（現在の千種区城山町）の法道寺と合併し移転した。その跡地には一五〇〇名を収容できる大ホールを備えた教化会館が建設され、一九二六年（大正一五）四月九、一〇日に開館式が行なわれた。建設に際しては顕本法華宗の檀家であり、日生や佐藤鉄太郎と親交の深かった豊田佐吉から数万円の喜捨があった（国友日斌「常楽院文庫の設立」『統一』三七四号、大正一五年五月号、三〇―三二頁）。

(52) 『統一』三〇二号（大正九年五月号、四頁）。

(53) 「日蓮主義と実際問題」（同三〇八号、同年一一月号、一頁）。

(54) 「統一団の使命」（同三一五号、大正一〇年四月号、一五頁）。

(55) 『天業民報』八九六号（大正一二年九月二一日発行、三頁）。以下、数号にわたって、震災関係の記事が掲載されている。なお、八九九号（同年一〇月八日発行、一頁）の「天業時談」には「不逞鮮人の大陰謀」と題する記事があり（執筆者不明）、当時の流言を「事実であろうとおもふものだ」とのべている。九〇六号（一〇月二二日発行、四頁）にも「不逞鮮人の暴虐」や「鮮人暴虐」、次号（九〇七号、一〇月二四日発行、四頁）にも

「鮮人暴虐（二）」という記事がある。こうした記事に対して、翌年九月、智学は「不幸なる鮮人の奇禍を傷むに就て」（一一六九号、大正一三年九月三日発行、一頁～一一七〇号、同年四日発行、一頁）を発表している。

(56) 鹿山実「恩師大先生の安否を尋ねて　箱根越えの記」（同八九六号、大正一二年九月二一日発行～同八九九号、同年一〇月八日発行、全四回）。

(57) 「宗門寺院の罹災」（『法華』一〇巻一〇号、大正一二年一〇月号、八九頁）。

(58) 「関東地方大震災大火災」（『統一』三四四号、大正一二年一一月号、五七―六四頁）。以下、同じ。

(59) 「報効団本部活動情報」（『宗報』八二号、大正一二年一〇月号、八―一〇頁）。

(60) 「安民護国仏教団の活動」（同前、一二頁）。

(61) 「結束令」の全文は、『天業民報』報道号一一号（『天業民報』九〇九号付録、大正一二年一〇月二五日発行、三―五頁）に掲載されている。

(62) 注2の山野前掲論文、二一〇頁。

(63) 「天警に粛然たれ」（『天業民報』八九六～八九九号、大正一二年九月二一日、二四日、二七日、一〇月八日発行、全四回）。なお、執筆者は不明。

(64) 「国家の一大事に際し吾等同志の一大奮起をうながす宣言」（『天業民報』九〇九号付録、同年一〇月二五日発行、一頁）。

(65) 「天災より人災」（同八九六号、同年九月二一日発行、二頁）。

(66) 「関東地方大震災大火災」（『統一』三四四号、大正一二年一一月号、六〇頁）。執筆者は明記なし。

(67) 「大惨害に当面せる国民の覚悟」（同前、三頁）。

(68) 副田義也『教育勅語の社会史―ナショナリズムの創出と挫折』（有信堂、一九九七年）、二六八頁。

(69) 橋川文三『昭和維新試論』（朝日新聞社、一九九三年、原著一九八四年）、一二八頁。

(70) 教化団体連合会については、注5の赤澤前掲書のほか、山本悠二『教化団体連合史Ⅰ』（学文社、一九八六年）を参考にした。なお、当初、青年団や婦人会、在郷軍人会、宗教団体などは連合会から除外されていた。

(71) 「国民精神作興ニ関スル詔書捧読ノ件［長野県］」（佐藤秀夫編『続・現代史資料8　教育―御真影と教育勅語Ⅰ』みすず書房、一九九四年、一〇四頁）。

(72) 国本会については、橋川前掲書の「十一　平沼騏一郎と国本会」を参照した。なお、国本会は一九一九年（大正八）に結成された東大の右翼学生団体・興国同志会のメンバー太田耕造による国本社と、平沼が中心になって一九二一年（大正一〇）に設立された辛酉会のメンバーが一緒になって再結成された（一七二―一七三頁）。

(73) 山本悠二前掲書、五頁。

(74) 『師子王全集』第一輯第五巻「講演編」（師子王全集刊行会、一九三二年）、二七―一二八頁。なお、これに先立つ一二月一五日、智学は大阪北区教育会の要請によって、大阪堂島尋常小学校講堂で「大詔遵奉に就ての根本用意」を講演している（同、一―二六頁所収）。
(75)　設立の趣旨が、『天業民報』九八二号（大正一三年一月二六日発行、三頁）に掲載されている。その目的は、「大詔正文ヲ数多ク普及スル事」であった。
(76)　「衆議院議員選挙立候補宣言」（『天業民報』一〇〇四号、大正一三年二月二一日発行、一頁）。
(77)　大詔普及行列については『天業民報』一〇〇九号（大正一三年二月二七日発行）～一〇二一号（三月二〇日発行）を参照した。また、高知尾知耀の報告記事「十日間に亘り満都を震該せる吾が大詔普及大行列」（『天業民報』一〇二四号、同年三月一六日発行～同一〇二六号、同年三月一八日、全三回）も参考になる。
(78)　関西での宣伝活動については、国柱会近畿地方連合局編『国柱会開教百年の歩み』（国柱会近畿地方連合局、一九九一年、四九―五一頁）に詳しい。
(79)　赤澤前掲書、二二一頁。
(80)　以上、「名古屋自慶会」（『統一』三四六号、大正一三年一月号、四一頁）。
(81)　『統一』三四八号（大正一三年三月号、三一―四頁）。
(82)　その詳細は、「大詔奉戴式」（『宗報』八五号、大正一三年一月号、一五―一九頁）に詳しい。この奉戴式に日蓮宗と顕本法華宗以外の日蓮門下教団が参加したのかどうかは不明であるが、少なくとも本門法華宗の三吉顕隆が参加していたことが確認できる（松井日宏編『法華宗年表』法華宗（本門流）宗務院、一九七二年、二一五頁）。
(83)　会の趣意と「規則」、「活動方針」が「国本会組織」（『宗報』八六号、大正一三年二月号、五―六頁）に掲載されている。以下、引用はここから行なう。なお、平沼騏一郎の国本会とは別の組織である。
(84)　「国本会記事」（『宗報』九〇号、同年六月号、一七―一八頁）。
(85)　その模様は「全国に於ける詔書奉戴式及国本会発会式概況」や「国本会記事」として、『宗報』八七号（同年三月号）以下、逐一報告されている。
(86)　「大詔講演布教彙報」（『宗報』九二号、大正一四年八月号、一一―一三頁）。

第八章　智学の政治進出と日米問題

一　智学の政治進出―立憲養正会の結党

関東大震災から二ヶ月後の一九二三年（大正一二）年一一月三日、立憲養正会の結党式が挙げられた。午前中、約一五〇名の党員が明治神宮を参拝し、田中巴之助総理が「願文」を奉読している。[1]「国体主義ノ政治運動ヲ興起シ人類同善四海一家ノ皇猷ヲ実現セン」ことが誓われた。[2]「今此三界」の三徳偈を合唱して退出し、午後一時、参拝に来ていた摂政裕仁を奉迎し、午後三時から国柱会館で決党式を行なった。

この日、「日本の労働者独立せよ」のスローガンを掲げた天業労働会もあわせて結成された。宣言文では「大日本の国体と共に独立せよ！」「独立して世界人類を救済せよ！」とも主張されており、社会主義運動からの「独立」と建国三綱による君民一体が強調されている。[3]

すでに確認したように、立憲養正会（以下、養正会と略）は、衆議院議員選挙に智学が出馬することを表明していた。しかし、そもそも日蓮主義者の政治進出を提起し、会の創立を準備したのは智学の次男・澤二であった。[4]澤二は一九二二年（大正一一）六月頃から、その頃居住していた満州の鞍山で同志を糾合し、鞍山楽団の名で政治結社の創立を準備していた。一一月中頃に「立憲養正会興起の宣言」を書き上げ、『天業民報』の編輯部へ送り、掲載を依頼したがなかなか掲載されなかった。そのため天業民報社へ問い合わせたところ、智学が政治結社を創設する意志があったため、掲載をみあわせているとのことだった。つまり、諡号宣下が行なわれた年の終わりには、智学が政治進出を考えていたことがわかる。当時三六歳の澤二にとって、「父の政社結成といふことは、（中略）全く寝耳に水の話であった」[5]。しかし翌一九二三年（大正一二）の一月末に来日し、智学と会見した結果、自分の意志と希望はだいたい受け入れられたので、澤二は父親の智学のもとで活動することになった。団体名も澤二の命名による立憲養正会となった。二月一一日の政綱大綱発表ののち、澤二は一度満州へ帰り、「立憲養正会会則」を起草して来日する。そして再度満州へ帰り、決党式のために一〇月末に再来日するが、そこで澤二が目撃したのは、「震災後の東京の大惨状」だった。養正会の決党は、「かういふ惨憺たる情景の中に執り行はれた」のである[6]。

立憲養正会の理念

さて、場面はふたたび国柱会館での決党式に戻る。式は一六〇余名を集めて大広間で開かれ、高知尾の司会によって進められた。伶人による国歌吹奏ののち、保坂の「神武天皇勅語」、長瀧の「政綱発表奏白文」、志村の「立憲養正会政道大綱」、別枝の「政綱発表の宣言」の朗読がそれぞれ行なわれた。つづいて智学が登壇し、明治神宮で奏上した「願文」を式辞代わりに読みあげた。創立委員の河野による経過報告が行なわれ、祝辞・祝電が披露され、天業労働会の創立も報告されている。ついで澤二によって「会則」が発表され、その質疑応答をへて「会則」が制定されるとともに、役員の任命も行なわれた。智学を総理とし、山川、保坂、長瀧、志村が総務、別枝、高知尾、星野、河野、小泉、田中顕一が幹事をつとめている（三日後の六日付で澤二が総裁目代に任命された)。役員には、国柱会幹部が就任し、本部は国柱会館内に設置された。「天皇陛下」と「立憲養正会」の万歳三唱で式は終わり、そのあと懇親会が催された。その席上、立憲養正会決党届が地域の坂本警察署に受理されたことが、澤二によって報告されている。この決党式では、日蓮主義的な要素がほとんどみられず――もちろん智学の日蓮主義的国体論にもとづく政治理念という前提はあるが――いわゆる国家主義的な政治結社の結成式という雰囲気であった。

ここで「会則」を一瞥しておこう。(7) 会の目的として、「本会ハ立憲養正会政綱及ビ宣言ノ趣旨ヲ貫徹シテ国体主義ノ政治ヲ日本国ニ実現センガ為メニ広ク同志ヲ糾合シテコノ団結ヲ興ス」(第二条)ことが宣言されている。ここで養正会の基本的な政治理念である「政綱」をあらためて確認しておく。

立憲養正会は「国体主義の政治」を標榜し、次の三つの政道大綱(三大政綱)を基本理念とした。それが「養正建国」(の大謨にもとづく王道翼賛・皇風高揚による世界人類の平和の現出)、「積慶統民」(の洪猷にもとづく克忠克孝の徳政宣敷と国風民俗の醇化による世界平和の木鐸化)、「重暉済世」(の宏化にもとづく正智正見の文化の扶植による世界文明の醇化統融)を通じての「国体主義の政治」の興立である。(8) すなわち、「日本国体学」の「建国の三綱」を政治理念に敷衍して、「国体主義の政治」の実現をめざした。こうした政治理念にもとづいて、会則の第三条で運動目的が次のように定立されている。

「本会ハ第二条ノ趣旨ヲ達成センガ為メニ、外、世界列国ニ向テ日本国体ノ正義ト平和トヲ闡明宣伝シテ人類究極ノ願望タル平和的世界ノ実現ヲ促進スルト共ニ、内、日本現在ノ政治、法律、経済、産業、教育、軍事等一切ノ国家的実務ニ対シテ根本的研究ヲ加ヘ、以テ日本国政ノ国体的完成ヲ期ス」。

「日本国政ノ国体的完成」、これこそが養正会のめざす基本理念であった。日蓮主義によって基礎づけられた日本国体を、「日本国政」の指導原理とすることが標榜されたのである。

衆議院選挙への立候補

翌一九二四年（大正一三）一月二一日、六四歳の智学は衆議院議員選挙への立候補を宣言した。[9] 東京府第五選挙区の日本橋（智学の出生地）からの出馬である。智学のほかに二名（近藤達児と高木益太郎）が立候補し、三人で定員数一を争った。この三日後、国柱会では大詔聖旨普及同盟による大詔聖旨普及の行列宣伝がはじまり、三月からは『天業民報』一〇〇〇号祝賀行事も催されている。ちなみに、この時期の国内の政治状況をみておくと、この年の一月に成立した清浦内閣に対して、護憲三派連合による第二次護憲運動が昂揚していた。一月二六日の皇太子と久邇宮良子との結婚式をはさんで、一月三一日に衆議院は解散され、五月一〇日の総選挙となった。この五月一〇日に向けて、養正会の選挙運動が行なわれたのである。なお、智学たちは、選挙運動では文書と言論によって宣伝し、個別訪問などの「陋態」をさらさない「理想選挙」の実施を明言している。

大詔聖旨普及運動と『天業民報』一〇〇〇号祝賀行事の最中である三月三〇日、公開演説会を開き、ここに選挙運動が本格的にスタートした。[10] 山川智応を選挙委員長、小泉智健と田中顕一を副委員長、保坂、志村、別枝、高知尾、河野、澤二らを委員に据え、立憲養正会の党員をはじめ、国柱会と天業青年団の成員を総動員して選挙体制が組まれた。選挙事務所は日本橋区本石町の泰文社[11]（本石町会館）をはじめ、区内の会員宅などの計九ヶ所に設けられた。

言論による選挙活動として、四月一五日から五月九日までの連日連夜、公開演説会が実施された。本石町会館以外にも、日本橋の薬研堀、小伝馬町の身延別院、元大工町の日本橋ビルディング、蛎殻町の帝国新報社と人形町倶楽部、北島町の寿亭、浜町の浜町倶楽部に臨時会場が設けられた。演説会は、まず会員たちが推薦演説をし、ついで智学が登壇するという形式（もしくは智学ひとり）で行なわれている。どの会場にも「三綱・五要・八大」

を大書した標示が掲げられ、智学の演説が終わると「天皇陛下万歳」の発声で締め括られた。四月一五日から五月九日までの選挙運動期間中、計四二回の演説会が開かれ、毎回一〇〇~四〇〇名の聴衆を集めており、合計でその数は一万一二六四名を数えた(12)。

ここで四月一五日から三日間、泰文社楼上の本石町会館で行なわれた演説会（いずれも午後七時開始）の模様をみてみよう。

一五日午後七時、山川の開会の辞にはじまり、志村が「時は来たれり人は如何に」の応援演説をした。つづいて登場した候補者の智学は、「現代に於て最も新らしく最も必要なる政治(13)」を演説している。

「近来の我国情を深く察するに、荒廃紊乱の状まことに捨て置けない、これはどうしても国体の正義を発揚して、政治舞台の実際運動を起さなければならぬと深く思ひ立ちましたので、昨年二月立憲養正会なるものを同志と共に組織して、国体政治の政治運動を起すことを発願しました(14)。」

このように養正会結成の動機を語り、決党式にいたる事情などを明らかにした。ついで話は政治批判におよび、「総じて現今行はれてゐるところの政治といふものが、其根本を過誤《あやま》ッてゐる」と、政府当局による思想善導の政策を批判する。「生ぬるい忠孝談や、勤倹貯蓄の講釈や、先祖の墓参りをしろぐらゐのはなしでは、今時耳を藉すものはあるまい」とのべ、「畏れ多いが、大詔普及の趣旨で開かれるといふ講演会が、到るところで一向人が聴きに来ぬといふ話しである」と歎いている。「要するに深い至誠の迸りがなくて、万事が形式的だから徹底しないのだ」と、その善後策を次のように提言している。

「儒教でも仏教でも、乃至西洋の学問思想にしても、国体精神の根本に合致すれば、皆立派な光りが出るのだが、その根本を失つてはどんな教えへでも役には立たない、要するに根本に還らなければならぬ(15)。」

智学は、政治もまた国体精神へ還るべきであるという。「一切の大事の中に国の亡ぶるが第一の大事」とのべ

図15 1924年（大正13）**4月28日、日本橋の本石町会館での選挙演説会の光景。**写真提供：宗教法人国柱会。

た日蓮の『蒙古使御書』の一節を引用し、政治における「最後の目的は国家でなければならぬ」と力説する。そして、「日本建国の理想」である「積慶重暉養正の三綱」によって示された「正義と道徳と文化の三大標準」に戻るべきであると断言する。演説の最後で、「現在の政治の利権本位を改めて国体正義の徳政を根本とすべきこと」を提唱しているが、智学はここでも「現実の日本」を「あるべき日本」（日本国体）という観点から批判している。政治の場においても、智学の言説は一貫していた。この日の演説会には、三五〇名の聴衆が集まった。

翌日、雨の降るなか、一〇八名の聴衆を前に演説会は行なわれた。顕一の挨拶につづいて、満州から応援にかけつけた寺尾興三の「真日本政道の暁鐘」と志村の「いかなる人を選ぶべきか」の演説ののち、智学が「立憲養正会政綱（其一）」を語った。翌一七日には山川の挨拶、高知尾の「日本の代議士」と志村「一票が有する国家的使命」、智学の「立憲養正会政綱（其二）」が演説され、一八〇名が集まっている。こうして智学と党員（国柱会幹部）たちはいくつもの会場を回り、また昼夜におよぶ公開演説会を開催した。ちなみに期間中に応援演説は五二回行なわれ、二五名が出演している(16)。

ところで智学の演説内容であるが、一五日の演説や一八日の「施政の中心を何に求むべきか」では、日蓮主義と国体論を中心に話をしている。しかし、二一日の「政治の根本的約束いかん」や二四日の「国民参政の真意義」、二九日の「世界的なるべき国政」では「建国の三綱」による国体論を中心に論じ、日蓮主義的な内容にはほとんど言及していない(17)（こうした傾向は応援演説にも明らかである）。演説では一貫して国体論が中心に論じられたことがわかる。

一方、文筆による選挙活動として、智学は『天業民報』紙上に自分の政見（演説の筆記録）を掲載した。また『天業民報』は四月二一日から選挙日当日までの二〇日間、「田中先生推薦号」として、智学の政見と経歴、委員たちによる智学の推薦文などで誌面が構成された。会員たちは区内の有権者に対して、『天業民報』一五万部と警告箋（や政綱・宣言など）一〇〇万枚あまりを配布しながら、演説会への参加や智学への投票をよびかけている。たとえば、連日、区内の各戸に配られた警告箋（四月二四日分）には、次のような警告が記されている。「この非常の時であればこそ非常の人、田中先生は立候補せられたのである。／選挙有権者も亦た非常の決心を以てこの非常の人を選挙すべきである、断じて一身一家の情実や利害に拘はつてゐる時ではないと存じます(18)」。なお、『天業民報』「田中先生推薦号」にも――演説会と同じく――日蓮主義的な言説が掲載されることは少なかった（といっても、この時期の『天業民報』自体がそうなのだが）。

そして投票日前日。五ヶ所での演説を終えた智学は、明治神宮に参拝し、「国体の権化」明治天皇に選挙運動の終結を奉告している。その直後、青山から、「最後の通牒」を日本橋区内の全有権者に発送した。通牒は「今の日本を此侭にしては置けません」にはじまり、「田中巴之助を貴下の代議士となさる様、一身のためでなく全く国家の為に、公々然と此の儀を進言致します。至誠感至誠切言如件」と結ばれていた。

五月一〇日の投票日。結果は高木益太郎二五九二票、近藤達児一三八三票、智学は七九四票に終わり、智学は落選した（ちなみに会員の区内有権者は二八名）。なお、総選挙の結果、憲政会・政友会・革新倶楽部の護憲三派が大勝し、加藤高明憲政会総裁を首相とする護憲三派内閣が成立している。

この選挙活動では、智学をはじめとする立憲養正会（国柱会）の会員たちは、一貫して国体論を中心とする言説によって有権者にアピールし、日蓮主義的な言説は目立たなかった。この政治活動でも、「世界悉檀」的な「国体観念の自覚」の普及が実行されたのである。それは、明らかにこの時期の国柱会の日蓮主義運動の特徴を象徴していた。日蓮主義的な言説の後退は養正会の独自性ではなく、この時期の国柱会の特徴だった。

以後、立憲養正会は澤二にゆずられた。一九二九年（昭和四）二月一一日、智学からの付嘱を受け、三月には澤二が総裁に就任し、役員も国柱会幹部ではなく、養正会会員がつとめた。議会進出による一九四六年（昭和二一）の政権獲得をめざして、「天皇政治の確立」を掲げた政治運動を展開していくことになる。養正会の政治運動は満州事変後の国家主義運動の隆盛にリンクし、革新的な国家主義運動として、一九四一年（昭和一六）七月には一三〇万人の会員数を自称するにいたる。(19) そして、一九四二年（昭和一七）三月一七日には結社不許可処分を受けている。

二　日米問題と日蓮主義—日生の対応

まず、次の一節に注目してもらいたい。

「今春ヂョンソンによって提出されたる排日移民法案が米国下院を通過し、更に上院にても可決されるに至るや、我国民の危惧と義憤とは次第に嵩じ来った。さうして最後唯一の頼みであったクーリッヂ大統領の署名反対の推想も遂に吾人の期待を裏切るに至るや、国民的の義憤は俄に爆裂し上下こぞって排日移民法案の不義非人道を鳴すに至った。[20]」

これは大日本日蓮主義青年団の妹尾義郎が、一九二四年(大正一三)の機関誌『若人』八月号に掲載した「日米問題と日蓮主義」の一節である。妹尾がここで言及しているアメリカの排日移民法案が、当時の日本国内に大きな波紋を投げかけていた。

アメリカの排日問題の波紋

一九二〇年(大正九)にカリフォルニアで排日土地法が制定されたのにつづいて、この二四年(大正一三)五月、アメリカ議会は排日移民法を制定し、ほかのアジア人と同じく日本人の移民を全面的に禁止した。この政策は「関東大震災で過敏になっていた日本人の自尊心を傷つけ、国辱意識をよびおこした」。その結果、「ワシントン会議以来の国際協調主義は退潮し、かわって国家主義が擡頭し[21]」、第二次護憲運動と並行して反米運動が繰り広げられることになる。東京一五新聞社の共同宣言(四月二一日)や対米問題国民大会の開催(五月一八日)をはじめ、七月一日の法案実施の日には貴族院・衆議院両院で抗議の決議がなされた。また、日米未来戦争をテーマとする小説の出版もあいついだ[22]。こうした状況のなか、妹尾は六月一四日に静岡で「日米問題と立正安国論」を講演し[23]、二三日には東京商科大学で「日米問題と立正安国論」を論じている[24]。そして七月一三日、先に引用した「日米問題と日蓮主義」を書き起こすのである。

この日米問題に日蓮門下も対応していく[25]。六月九日、日蓮門下各派連盟会幹事会が芝二本榎の日蓮宗宗務院で開催された。井上日光、長倉孝美(本門宗)、三吉顕龍(本門法華宗)、草野日淳(日蓮宗不受不施派)、下山広健

(日蓮正宗)、山田一英、馬田行啓、神代智明、岡田教篤、外山英畣、村上孝俊、上島行暢(日蓮宗)が集まり、対米問題についての講演会の開催を決議した。この決議をもって、村上日蓮宗主事は日生を訪問したところ、日生は「此際一層大々的に活躍しては」と忠告している。一二日、日生は日蓮宗宗務院を訪れ、村上と懇談し、そのまま村上を連れて鶯谷の国柱会を訪問する。ふたりは智学、山川と協議した結果、一四日に宗務院で門下各派の打ち合わせ会が開かれることになり、日米問題への取り組みが本格化した。

一四日午後四時に会議ははじまり、軍人の佐藤鉄太郎や野沢悌吾をはじめ、智学、山川、鷲塚の国柱会関係者、日生や川崎英照、大森日栄の顕本法華宗僧侶、山田、神代、岡田、外山、村上、柴田一能らの日蓮宗僧侶、三吉本門法華宗僧侶、柳下本門宗僧侶、金山日道(宗派名不明)、松島正泰(宗派名不明)が集まった。会議では「教徒大会の開催」「檄文の配布」「全国的な国禱会講演会の開催」「各派有志の会合」が協議され、それらを時局問題協議委員会に委託することになった。この委員会は、智学や日生、佐藤や野沢をはじめ、各派の有志一九名から構成された。委員会では具体的な日程や実現方法が話しあわれ、次のような決議が委員代表の脇田堯惇、田中巳之助、佐藤鉄太郎の連名で、六月一七日付で採択されている。

「時局問題は頗る重大なり日蓮門下は立教の根本義に則り国本に基き時局に対し剴切《がいせつ》なる指導を成さざるべからず此主義精神を実現する機関として国本会に於て特別事業として適当なる檄文宣言決議等を発表し普く立正大師門下の各教団の寺院檀信徒に対し時局適当の措置を徹底せしむる様御裁量あらむ事を望む(26)」。

つまり、教徒大会の開催をはじめとする各事項の実現を国本会に委託したわけである。さらに各事項の斡旋を、立正教団布教連盟(この年一月二八日に成立した日蓮門下連合の布教・教化団体)にまかせることを要求した。この決議は磯野日筵国本会総裁に提出され、排日法案に対する日蓮門下の協調行動は、門下連合組織の国本会と立正教団布教連盟を通じて実行されることになった。これらの経緯をみると、日生や智学、佐藤や野沢らの日蓮主義者たちの影響力の大きさが明らかであろう。

七月二二日に「日蓮教徒大会」を開催することが門下に告知された。大会に先立つ七月九日、大会準備のため、関係諸団体（在家団体や学生団体、日蓮門下新聞社等）の招待会が日蓮宗宗務院で開かれた。[27] 正隆会、正法護持会、青年協会、日蓮主義青年団、立正護国団、立正大学同窓会、統合学林、帝大樹治会、法響社、東洋大学橘香会、地湧学会、正宗会、日宗社の一三団体関係者と、長倉本門宗僧侶や山田、柴田、岡田、外山等の日蓮宗僧侶が参加した。

これまでの経過報告に対して、日蓮主義青年団の妹尾が質問し、次のように意見した。「排日問題を好箇の契機として国民の覚醒を促す事は結構なれ共今少し進んで先づ政府当局をして法華経信仰に眼さむる可き国諫運動の必要がある」。妹尾の意見をきっかけとして、参加者の間で「熱烈なる意見」がかわされた。最後は原案が承認され、「立正教団万歳」三唱で散会となっている。

日蓮主義の限界

すでに国内の反米熱は冷めていたが、七月二二日、上野の自治会館で立正教団連盟主催による日蓮教徒大会が開催された。[28] 大会の準備にはポスター五〇〇〇枚と警告箋五万枚が印刷され、二〇〇〇通の案内状が発送された。その結果、門下各教団をはじめ、前述の関係諸団体、国柱会や統一団、法華会などの成員も結集し、参加者は一五〇〇名を越えた。会場の受付では、『天業民報』（天業民報社は三〇〇〇部を寄贈）と『立正安国論』の抜き刷り、決議文等のプログラムが手渡されている。

戸山学校軍楽隊による行進曲が場内に響き渡り、午後一時、振鈴とともに軍楽隊による「君が代」の吹奏がはじまった。と同時に、壇上に奉掲された本尊（護国曼荼羅）が開扉された。司会者・柴田一能の進行のもと、脇田日蓮宗僧侶が『立正安国論』の一節を奉読し、日生によって開会が宣言された。その後、磯野日蓮宗管長が座長に選出され、三吉本門法華宗僧侶によって決議文が朗読された。その内容は、以下の通りである。

「我ガ日蓮教徒ハ立正安国異体同心ノ遺訓ヲ奉ジ僧俗男女ヲ問ハズ立正教団ノ結束ヲ念トシ時局ノ重大ナルニ鑑ミ之ニ善処スルノ覚悟ヲ定メ厳粛ニ左ノ事項ヲ実行セムコトヲ誓フ。

一、我ガ日蓮教徒ハ国民精神作興ノ　聖旨ヲ服膺《フクヨウ》シ実践躬《キョウコウ》行以テ国力ヲ充実スル事

一、我ガ日蓮教徒ハ時局ニ対応スル為メ沈滞ヲ誡メ、軽挙ヲ慎ミ、以テ知法思国ノ教風ヲ発揚スル事

一、我ガ日蓮教徒ハ浮華放縦ノ弊軽佻詭激ノ害ヲ匡救スル為メ極力奮闘シ至心ニ法国興隆ノ祈願ヲ行フ事」[29]。

この大会は、もともとアメリカの排日法案への抗議のために企画・実行されたわけだが、決議された内容は前年からの国民精神作興詔書の趣旨の徹底と時局への対応が中心となっていることに注意しておこう。

次に各団体の賛詞として、国本会の岡田教篤、立正大学同窓会の馬田行啓、天業民報社の別枝智救、日蓮主義青年団の妹尾義郎、日蓮正宗の有元広賀、法華会の小林一郎の六名が賛詞をのべた。三六歳の妹尾は、米国の横暴に憤慨する前に自己反省をすること、またあらゆる思想をみだりに排斥するのを止めて法華の大道によって開顕すること、そして国家諫暁の大事を忘れるなということを聴衆に訴えている。最後に「天皇陛下万歳」を会場全体で唱和して、式は終わった。軍楽隊の「黄金の冠」と「ドナウの漣《さざなみ》」の演奏をはさんで、午後三時、時局講演がはじまった。鹽出孝潤日蓮宗東京布教監による開会の辞を兼ねた対米問題に対する発言にはじまり、野沢陸軍中将の「排日問題の教訓」、志村智鑑（智学の代理）の「国家存亡の分岐点に立ちて」、佐藤の「日米問題と吾人の覚悟」とつづいた。最後に登壇したのが顕本法華宗管長の日生である。日生は「国家の現状と日蓮教徒」[30]を講演している。では、日生は、何を論じたのだろうか。

講演の冒頭、決議文の「三大要綱」を厳粛に実行し、「宗教的信念と愛国的熱誠とを以て、立正安国の祖願を貫徹する為に、邁進致さねばならない」と強調している。ついで日本の現状と日蓮在世当時の国状が似ているとのべ、日蓮の法統を継ぐ者（日蓮教徒）が「今日の国状」へ積極的に交渉していくことを説いた。日蓮の――日生は一貫して「立正大師」を用いているが――「護法愛国の赤誠」は「立正安国又は知法思国の法幢」にある。「法国冥合の観念」にもとづく「立正安国知法思国の法幢」を擁護して、「堂々として法国の興隆を期するのが、我々日蓮教徒の本領であり、是れ即ち立正大師の遺教に忠実なる所以」であると力説した。日蓮教徒として「国家の現状」へ対応していくことを、日蓮の法国相関論を示して聴衆に訴えたのである。講演の最後に、「三大要綱を厳粛に実行して、日蓮教徒の本領に背かぬやう致さねばならぬ」とのべたうえで、「法国の興隆」を祈願するため、聴衆と一体になって題目三唱して退壇している。

こうして日蓮教徒大会は終わった。決議文は各宗派に持ち帰られ、宗派内に布達された。決議文や日生の講演に明らかなように、国民精神作興詔書や日蓮の法国相関論によって日米問題などの時局に対応していくことが、日蓮門下（あるいは智学や日生たち）の基本的な姿勢であった。「大盛会であった。併し自分にはさびしかった。真に人生の本質に思ひ入って、よく信仰を語れるもの幾人ありや」と、妹尾はこの日の日記に記している。[31] この頃、山梨県下の小作争議に調停役として立会ってしだいに内省化し、顕本法華宗僧侶たちの言動に幻滅を感じつつあった妹尾のコメントなので一般化はできないが、妹尾の発言からは日蓮主義的な精神教化の限界に対する批判がうかがえる。

この大会は日蓮門下の協調行動の役割もはたしたが、大会後の動向も確認しておこう。

この年の一一月一八日、工業倶楽部で日蓮門下懇話会が開かれた。今後の布教や門下統合、天晴会の復興などが話し合われている。日生や能仁事一の顕本法華宗関係者、岡田、外山、山田、柴田、馬田らの日蓮宗関係者、三吉らの本門法華宗関係者、山川や別枝の国柱会関係者が参加している[32]。しかし、その後、こうした会合が開催されたのかどうかは不明であり、日蓮門下としてのきわだった行動もみあたらない。一九二七年（昭和二）六月二〇日から二四日、東京芝公園の明照会館で第一〇回仏教連合講習会が開催された。二三日の講習会終了後、講習会に参加した日蓮宗、法華宗、本妙法華宗、不受不施派、本門法華宗、本門宗の各僧侶が懇話会を開き、門下統合などについて談話している（これは単なる茶話会程度の話し合いであろう）。その四年後、日蓮六五〇遠忌を迎えた一九三一年（昭和六）一〇月一日、天皇洗筆による勅額「立正」が身延山久遠寺へ下賜されることになった。この時も——諡号宣下と同じく——門下各管長の連名によって請願された（日生はこの年の三月に逝去）。しかし、最終的に門下統合が実現するのは、一九四一年（昭和一六）である。一九三九年（昭和一四）に成立した宗教団体法による外的な強制によって、仏教一三宗五六派が一三宗二八派に「統合」されるなか、日蓮門下も「統合」を余儀なくされた。いわゆる「三派統合」である。この時、法華宗、本門法華宗、本妙法華宗が「法華宗」に、日蓮宗、本門宗、顕本法華宗が「日蓮宗」に、不受不施派、不受不施講門派が「本化正宗」に、「統合」されている（日蓮正宗のみ単立）。すでに智学と日生は亡く、近代日蓮教団の門下統合運動の帰結が、この「三派統合」であった。

顕本法華宗・統一団の対応

話を一九二〇年代に戻そう。日蓮教徒大会が開催された年、顕本法華宗・統一団も時局対応の活動を積極的に行なっている。大会に先立つ六月八日には、統一団、立正結社、日蓮主義青年団の共催によって、統一閣で時局講演会が催された（関東大震災によって倒壊した統一閣はこの年の三月に復興）。佐藤鉄太郎海軍中将や佐藤皐蔵陸軍中将、井上哲次郎が対米問題などについて講演した。大会後の七月二七日には、顕本宗学会主催の時局問題講演会が上野自治会館で開かれた。妹尾の「日蓮主義と対米問題」、小林一郎の「正義の国」、顕本法華宗僧侶で顕本宗学会講師の小西日喜による「根本解決の三大原力」などが講演されている。

関東大震災発生から一年後の九月一日、各地で追悼の法要が営まれた。統一閣では、午前九時から「国力振興国民覚醒大講演会」が催されている。内務省社会局部長の三矢宮松による「勤倹貯蓄について」、教化団体連合会（この年一月に創設）の理事・松井茂の「震災と火防問題」、日生の「国民覚醒の時」[33]が講演され、震災記念の活動写真（主催は東京市社会教育課）も上映された。

教化団体連合会は、国民精神作興詔書の趣旨の普及を掲げた「国力振興運動」を六月から実施していた。この日も、加盟している教化団体を総動員して教化活動を実施している。連合会の役員でもあった日生によれば、東京市その他三〇〇ヶ所で講演会、東京市内の六九ヶ所で「国民覚醒運動の宣伝」、さらに日比谷公園など五ヶ所（統一閣含む）で活動写真の上映が行なわれることになっていた[34]。各教化団体は「質素を守ること」「善く働くこと」「善く貯へること」の三大モットーを掲げて、宣伝活動した。その際、ポスター五〇〇〇枚と「国力を振興せん」という趣旨の宣伝ビラ五〇万枚が、東京市内の各所で通行人に配布されている[35]。なお、このなかには自慶会も参加しており、赤坂見附方面を担当した。「水よく船を浮べ、又よく之を覆す」の標語をかざして、メガホンで会員数十名が道行く人びとに注意を呼びかけている[36]。また芝公園の協調会館では、連合会主催の講演会が開催され、一木喜徳郎会長や若槻内務大臣、井上準之助が講演をした。

以上、顕本法華宗・統一団ならびに自慶会は、この国力振興運動の一環として、自らの教化活動を展開していたことがわかる。こののち、一一月九日には国民精神作興詔書の奉戴一周年記念野外宣伝大会を開いたり、一一月二〇日には立正結社の第一回総会も開催している[37]。なお、一一月一七日からの五日間、立正結社主催による「社会教化講習会」が東京牛込の常楽寺で開かれた。日生や井村が講演したほか、矢吹慶輝や加藤咄堂、小島内務省嘱託や坂田農商務小作官を講師としてまねいている。[38] 当時の内務省や教化団体連合会の社会教化運動とリンクして、顕本法華宗・統一団の時局対応の活動は実施されていたのである。

三　天業青年団の国家諫暁運動

国民精神作興詔書の渙発一周年（一九二四年一一月一〇日）に、顕本法華宗・統一団が記念野外宣伝大会を開催したのに対して、国柱会では毎月一〇日を「諫国デー」と定め、政府に護国の具体案を進言する国家諫暁運動を実践していくことになった。この運動を担ったのが、（前章で確認した）天業青年団だった。具体的な活動を検討する前に、国柱会と天業青年団との関係を確認しておこう。

天業青年団の根本方針

この年（一九二四年）の一月下旬、高知尾知耀が『天業民報』九八六号（大正一三年一月三一日発行）に「天業青年団の進路について」を寄せ、このなかで、青年団の「根本方針」について、次のような逸話を紹介している。昨年末、高知尾のもとに大阪天業青年団から次のような質問が来た。それは、天業青年団が日蓮主義を原則としながらも、表面的には必ずしも「宗教的日蓮主義」を標榜せずに、国体の理想を実現することを主として、「国体主義」を宣伝することを奨励すべきなのか、それとも宗教団体としての国柱会の立場にもとづき、日蓮主義の宣伝を主としたうえで、「国体の思想」の宣伝をすべきであるのか、という内容であった。高知尾は智学に教示を仰ぎ、以下のような智学の見解を披露している。

「天業青年団は国柱会と同様なる信仰団体にあらず、むしろ国柱会々員以外の同志を国体思想の元に糾合するを目的とするも、国柱会を母として生まれ出でたる申し子なれば、国柱会との精神的関係は絶ち得ず否むしろ青年団々員の思想が進歩向上して国柱会々員に進まる、ことを希望するのである即ち前条の疑義に対しては

心は第二に置き、形式は第一による。

天業青年団にありては宗教的儀式等は之を用ひず、されど精神としては国体観念より漸次遡源して日蓮主義の体達に至るを理想とする。(39)」

智学の見解は天業青年団の性格と運動方針を明らかにしているのだが、じつはこの時期の国柱会の運動方針も象徴していた。天業青年団は「信仰団体」ではなく、国体思想によって、国柱会の会員以外の人びとを組織することを目的としていた。しかし、国体観念から「遡源」して、日蓮主義に到達することを理想としていた。いわば国体思想を入口として(「世界悉檀」)、天業青年団に組織することで、しだいに日蓮主義の信仰へと到達すること(「第一義悉檀」)をめざしたのである。こうした方針は、とりわけ後年の明治会(後述)の活動にきわめて明確に現われることになる。

八月、団則が改定されて、高地尾智耀が幹事長、智学が総裁となり、国柱会本部が青年団を統括することになった。九月には「全国青年団員一斉に決起して、『国家諫暁』を挙行すべき為め」、毎月一〇日を「諫国デー」と定め、政府当局者や事件当該者に進言して、「一日も早く五大国聖の洪範を実現するの気運を造らん」ことをめざす国家諫暁運動が提起された。(40) そして、一一月一〇日の国民精神作興詔書渙発一周年の際の第一回諫国デーの活動が準備されることになった。ちなみに九月二〇日の時点で、天業青年団は支部数が三八、団員が一五九七人、賛助員が一三八人を数えた。(41)

なお、智学は諫国デー一週間前の一一月三日、市川から静岡県の原田村に移居している。一九三〇年(昭和

五）一月に東京の一之江に転居するまで、この原田「鑑石園」に居住し、ここから活動を指示した。

諫国デーと国家諫暁運動

第一回諫国デーでは、国民精神作興詔書の徹底が進言された。毎年一一月一〇日に全国の各市町村役場および学校で詔書の奉読や講演の集会を開き、毎月一〇日には各学校で詔書の奉読と講演を徹底すべきことを求めた建議書が作成された。この建議書は、高知尾によって、首相官邸の加藤高明首相のもとに届けられている。また全国各地の天業青年団支部で、「天業青年団／本日諫国デー」の旗を掲げ、さまざまな活動が実施された[42]。

たとえば東京では、午後一時から上野公園で宣伝活動が行なわれた。佐村秀太郎が詔書を奉読し、「本日はこれ如何なる日ぞ」と絶叫し建議文を読み上げている。つづいて玉川鍬次郎が現代の時弊の根本的な革正を説いた。通行人には建議書が配られ、団員たちの手元には「天業青年団／本日諫国デー」の小旗が揺れている。午後三時、首相官邸から戻った高知尾が合流し、二時間にわたる演説を行なった。一同場所を牛込の神楽坂の毘沙門境内に移して、午後七時から第二陣の宣伝を開始した。再度詔書と建議書の奉読にはじまり、何人もの団員が交代で熱弁を振るっている。

また、大阪の街頭でも宣伝活動が行なわれた。午後六時、難波駅前に集合した団員たち（田村、西村、瀧野、江村、植村、田中、鹽路、高三、原）は、寒風と雨のなかで約一時間半、建議書を配布し、その趣旨の説明につとめた。一同団旗を先頭に「諫国デー」の大小の旗をかざして高津郵便局へと移動し、局前で宣伝を再開した。五〇～六〇名の聴衆を前に熱弁を振るい、二〇〇〇枚の建議書を配布している。午後九時、「天皇陛下万歳」を三唱して解散した。こうした街頭宣伝や地域の官吏への建議書の提出、家庭集会などを通じて、各地の支部で諫国運動が実施された。

つづく一二月一〇日の第二回諫国デーでは、国旗掲揚を法的に厳定すべきことを内務大臣の若月礼次郎に進言する建議書を提出している。[43] さらに翌年一月一〇日の第三回諫国デーでは、歴史上の徳行者を追表すべきことを文部大臣の岡田良平に進言した。[44] そして二月一〇日の第四回諫国デーを迎える。この諫国デーが、以後の国柱会の運動の起点となる。

『天業民報』一二九一号（同年一月三一日発行）には、二月の国諫運動は「明治節」の制定を進言することが報じられた。「永久に　明治天皇の御偉業を追憶するため、紀元節と相並んで、中興節又は明治節と称し、大帝御誕生日たる十一月三日を以て国家的祝日となすべき件」を、帝国議会へ提出することになった。一月二五日の国柱会館での中央新年会の席上、智学によってこの件が提案され、さっそくこの日に六〇〇名の署名が集まった。新年・紀元節・天長節の三大節にくわえて、明治天皇の生誕日を国家祝祭日とするための請願運動がこの時点からスタートする。智学はこの請願運動を通じて、人びとの意識を「あるべき日本」（日本国体）へ収斂させることを求めていくことになる。

二月九日、諫国デーを翌日に控えて、地方から署名の山が本部へと続々と届き、その数は、一万八〇一二名を数えた。翌一〇日、これらの署名の山が代議士の望月小太郎の紹介で衆議院へと提出された。

ここで署名と一緒に提出された請願書（「明治大帝ノ御偉業ヲ永久ニ紀念感戴スル為メ国家的祝祭日ヲ制定スヘキ請願」）を、少々長くなるが引用してみよう。

「恭ク惟フニ　大帝中興ノ御偉業ハ古今ニ超絶シ宇内ニ光耀ス、王政復古ノ大業、帝国憲法ノ制定、国民道徳確立ノ勅教、数度ノ大戦勝、文武百般ノ興立、沢々タル積慶ノ仁政、明々タル重暉ノ洪範、咸ク万代ノ標式タラサルハナシ、就中国体ヲ闡明シテ建国ノ大精神ヲ中外ニ光揚シタマヘル聖断大謨ニ至リテハ実ニ　神武天皇ノ建国ニ比シ奉ルヘシ、昔者　天智天皇ヲ中宗ト仰キ国忌ヲ百代不廃ノ永典ト為セルニ准例シ、爰ニ国民崇仰ノ帰スル所、宜シク国家万代ノ永典トシテ　明治大帝　御誕生ノ聖日タル十一月三日ヲ以テ之レヲ中興節或ハ明治節ト称シ以テ紀元節ニ准同セル国典祝日ト為スヘキモノト思考ス。

願クハ貴院全会一致ノ御賛同ヲ以テ可決採用アランコトヲ懇願ス」[45]。

二一日には貴族院へも請願書が提出された。この時点で、署名数は二万七九九名を数えている。署名者のなかには東郷平八郎や小笠原長生などの陸海軍高級将校をはじめ、東京府知事や各大学教授、実業家などの名前もあった。三月一〇日の諫国デーは、内閣総理大臣をはじめとする各省大臣に対して、明治節制定の請願が進言された。しかしこの時は審議未了のまま、会期終了となる。請願運動は、この年の五月に結成される明治会に引き継がれた。なお、天業青年団は明治会の運動へと合流し、一九三一（昭和六）年一月に発展的に解消していく。この明治節制定運動は、一九二〇年代における国柱会の運動の重要な活動となる。そのきっかけをつくったのが、天業青年団の国家諫暁運動であった。

注

（1）智学は、この年の二月以来、純法務以外では法号である「智学」に代わって本名の「巴之助」を用いることを宣言している（『天業民報』七四一号、大正一二年三月一日発行、四頁）。ちなみに翰墨には、雅号「巴雷」が使用された。しかし、本論では「智学」で統一する。なお、幹部たちも本名を用いるようになった。

（2）「立憲養正会決党式ニ　明治神宮ノ大御前ニ奏シ上ル願文」（『天業民報』九二一号、大正一二年一一月一〇日発行、一頁）。

（3）『天業民報』九一七号（同年一一月六日発行、一頁）。智学は労資協調を妥協として否定し、労資一体を主張していた。智学によれば、「労資一体の原理は一念三千の国体的表現」であった（同一〇二八号、大正一三年三月二〇日発行、一頁）。

（4）結成から一九四二年（昭和一七）三月一七日に結社不許可処分を受けるまでの立憲養正会の活動を扱った資料として、田中澤二『立憲養正会団結の意義並びに特質』（らんせん先生著書出版委員会、一九八四年）や『田中澤二の半生』（らんせん先生著書出版委員会、一九八五年）、前田舜岳『立憲養正会の生い立ち』（立憲養正会、一九六三年）、久保春三・嶋崎専蔵『結社不許可―立憲養正会に見る隠された昭和史』（暁書房、一九七四年）がある。また、澤二の政治理念をのべた文献として、『日本改造の具体案』（らんせん荘、一九二八年）などがある。

（5） 前掲書『田中澤二の半生』、二三二頁。

（6） 同前、二二三頁。

（7） 「立憲養正会会則」は、『天業民報』九五〇号（大正一二年一二月一五日発行、四頁）に掲載されている。以下、ここから引用する。

（8） 立憲養正会『国体政治ノ政治団結　立憲養正会』（立憲養正会、一九二三年）。

（9） 「衆議院議員立候補宣言」（『天業民報』一〇〇四号、大正一三年二月一一日発行、一頁）。

（10） 選挙運動の詳細は、別枝長夫編『理想選挙の結果』（立憲養正会、一九二四年）にまとめられている。また、『天業民報』の関係記事も随時参照した。

（11） この泰文社は、国柱会会員で絵画・美術商の小泉智健（徳兵衛）の店舗である。天業民報支局などが設置されており、東京における国柱会の活動拠点のひとつだった。もともとは、一九〇五年（明治三八）に京橋の南伝馬町に立正安国会の教書を扱う書店として設立された。

（12） 前掲書『理想選挙の結果』、二二頁。

（13） 『天業民報』一〇五四号（大正一三年四月一一日発行）～同一〇五六号（同年四月一三日発行）。以下、ここから引用する。

（14） 『天業民報』一〇五四号（大正一三年四月一一日発行、二頁）。

（15） 同一〇五五号（同年四月一二日発行、二頁）。

（16） 前掲書『理想選挙の結果』、二六頁。

（17） なお、これらの演説録は、『師子王全集』第一輯第五巻「講演編」（師子王全集刊行会、一九三二年）に収録されている。

（18） 前掲書『理想選挙の結果』、四四頁。

（19） 「立憲養正会に対する不許可処分の状況」（内務省警保局保安課編『特高月報』昭和一七年三月号、一五七頁）。なお、一九四〇年（昭和一五）末時点の警察調査によると、会員数は一九万八二〇一名である。立憲養正会の活発な活動には、特高警察の監視がつき、『特高月報』（昭和九年一一月号）以降、監視報告が掲載されている。

（20） 妹尾義郎「日米問題と日蓮主義」（稲垣真美編『妹尾義郎宗教論集』大蔵出版、一九七五年、五一頁）。

（21） 今井清一『日本近代史Ⅱ』（岩波書店、一九七七年）、二六八頁。

（22） 江口圭一『大系日本の歴史14　二つの大戦』（小学館、一九九三年、原著一九八九年）、一七〇―一七一頁。

（23） 妹尾鐵太郎・稲垣真美共編『妹尾義郎日記』第二巻（国書刊行会、一九七四年）、三八三頁。

（24） 同前、三八四頁。

(25)　以下、「対米問題に対する門下の画策」(『宗報』九一号、大正一三年七月号、二四―二五頁)による。
(26)　同前、二五頁。
(27)　「日蓮教徒大会前記」(『宗報』九二号、同年八月号、一六頁)。
(28)　以下の記述は「日蓮教徒大会本記」(同前、一七頁)、「日蓮教徒大会」(『統一』三五三号、大正一三年八月号、四八頁)や『天業民報』一一三三号(大正一三年七月二二日発行、三頁)～同一一三四号(同年七月二三日発行、四頁)の各記事を参考にした。
(29)　「日蓮教徒大会決議」(『宗報』九二号、一頁)。
(30)　その講演録が、『統一』三五四号(大正一三年九月号、一―八頁)に収録されている。
(31)　前掲書『妹尾義郎日記』第二巻、三八七頁。
(32)　「日蓮門下懇話会」(『法華』一一巻一二号、大正一三年一二月号、八九頁)。記事中には「今後も一年数回この種の会合を申合せたり」とあるが、このあとの動向は不明。
(33)　『統一』三五五号(大正一三年一〇月号、一―一三頁)。
(34)　同前、一頁。
(35)　山本悠二『教化団体連合史Ⅰ』(学文社、一九八六年)、一一頁。
(36)　「大震災を記念すべく/統一閣の国力振興運動」(『統一』三五五号、大正一三年一〇月号、七一頁)。
(37)　「立正結社第一回総会」(『統一』三五八号、大正一四年一月号、四九頁)。
(38)　「社会教化講習会」(同前、四九―五〇頁)。
(39)　『天業民報』九八六号(大正一三年一月三一日発行、一頁)。
(40)　「天業青年団員諸君に告ぐ」(『天業民報』一一七八号、大正一三年九月一三日発行、四頁)。
(41)　「団勢一覧」(『天業青年』一輯、『天業民報』一一八八号付録、同年九月二六日、八頁)。
(42)　以下、「天業青年団諌国デー各地報告」(『天業民報』一二三六号、大正一三年一一月二三日発行、一―二頁)。
(43)　『天業青年』四輯(『天業民報』一二六六号付録、同年一二月二三日、一頁)。
(44)　『天業青年』五輯(『天業民報』一二八六号付録、大正一四年一月二五日、一頁)。
(45)　田中智学『明治節請願紀要』(明治会、一九二七年)、二―三頁。

第九章　国民教化運動への参加

一　明治会による「新国民運動」

智学の明治天皇論

一九二五年（大正一四）五月二八日、明治会が結成された。第八回目の「明治天皇御製講演」（以下、御製講演と略）でのことである。この明治会による活動が、一九二〇年代後半（大正末～昭和初期）における国柱会の運動の中心を占めることになる。その結成のきっかけは、智学による御製講演にあった。まず、この御製講演と智学の明治天皇論を検討しておこう。

「明治の心を以て大正の事を行ふ」ことを主張した智学にとって、明治時代こそが行動の基準であり、「国体の権化」である明治天皇が国家統合の絶対的な基準であった。その明治天皇が詠んだ和歌（御製）を、日蓮主義的国体論の観点から解釈し、講話したのが、一九二四年（大正一三）一〇月二八日にはじまる明治天皇御製講演である。この年五月の衆議院議員選挙に落選後、智学は八月に天業青年団の総長に就任し、一一月一〇日に第一回諫国デーを実施する。それに先立つ一〇月二八日に日本橋の本石町会館で御製講演を開始していた（以後、毎月開催)。初回には、「やき太刀のとつくに人にはぢぬまで／やまとごころを磨きそへなむ」の御製がとりあげられた。

御製講演は、約二時間から三時間、「吾輩が出席して講じるなり、講が終るなり壇を退く、それで解散する」という形式で行なわれた(1)。第二回講演では、「義」という題の「身にあまる重荷なりとも国のため／人のためにはいとはざらなむ」の御製が講義され、約五〇〇名が参加した。

智学にとって、「明治天皇御製」とは何だったのか。それは「国民の覚醒資料として、又奮起の標準として、何よりも一番手近で確実で、且つ親しみのあるもの」であり、御製講話こそが、「一番国民覚醒運動に早い」方法だった。智学にとっては「万事は　明治天皇に集まる」ことが、「国家運動の標準」であった(2)。

次に、智学にとって明治天皇とはどのような存在だったのかを知るために、ここであらためて智学の明治天皇論を検討しておきたい。すでに第五章三で、「大行天皇の御大喪に就て」(一九一二年)と『国体の権化明治天皇』(一九一三年)を検討したが、ここではその後に発表された『日本国体の研究』(一九二二年)「第五篇　天業光発の国運」「第二十五章　明治大帝論」、『明治大帝論』(一九二七年、天業民報社)と『明治天皇の哲学』(一九二九年、天業民報社)を検討する(3)。

まず、『日本国体の研究』における「明治大帝論」の次の一節をみてもらいたい。

「日蓮上人以来、今日迄七百年に於て、六老僧は別として、在家出家一切を通じて、明治大帝ほど、日蓮上人の事業を翼賛した方はない、

明治大帝は日蓮主義開闢以来はじめての大外護者であつて、日蓮主義に対して、何よりも一番大切な而かも根本的な御供養をなされた大共鳴者である(4)。」

これはどういうことだろうか。智学によれば、明治天皇は「政教分離の廟謨」と「信教の自由の憲断」の「二

大鉄案」を示した。政教分離は「潔いものと一所になる支度に、先づ汚いものを取除いた」のであり、「一国の主権者が宗教のどれかを信奉して居るといふことは、天下一統して国教が真に奠定されるまでは、絶対に為すべからざる事」だった。「法国冥合」（政教一致）の実現によってこそ、「日本建国の根本国是たる『祭政一致』の主義に到達する」のである。つまり、日蓮仏教の国教化によってこそ、祭政教一致が実現されると主張した。また、信教の自由は「日蓮主義に取つては、主義の存在を公認せられた大なる『事後承認』である」。どういうことかというと、信教の自由によって、『四箇格言』は茲《ここ》に公張的可能性を裏書された」のである。だからこそ、明治天皇は「日蓮主義の大護持者」であり、明治時代に「日蓮主義の幕が開いた」のである。

さらに、『明治大帝論』と『明治天皇の哲学』で、明治天皇の「事蹟」を次のようにまとめている。

「一　中間の病的国情を一掃して、国運を神武建国の真面目に回復なされた事
二　国体の意義を闡明して、国民の嚮《むか》ふ所を知らしめた事
三　日本国体の威霊を世界的に発揚したまへる事[5]」。

智学は、これらが「明治天皇によって完了された、純真日本の姿である」という。明治天皇によって、天皇親政の古代日本と近代日本が接続され、「国体の意義」が「勅教」（教育勅語）と帝国憲法によって「闡明」された、とのべる。そして、明治天皇による日本国体の世界的な「発揚」をのぞみ、「明治の心を以ッて昭和の事を行ふ」ことを強調するのである。

智学には「明治の心がどこまでも貫徹して居なければならぬ」のであった[6]。「明治天皇の哲学」を研究することで、日本国体を知り、「国民思想の統一」を図るための「固い根拠」を得ることを力説している。こうした智学の明治天皇論を学ぶ場が、御製講座だったわけである。

明治節の制定を求めて

一九二五年（大正一四）五月二八日、第八回御製講演の終了時、聴講者からの緊急動議によって明治会が発足する。明治会は御製講演を通じて、明治天皇の聖徳を渇仰する趣旨のもとに発足した(7)。以後、毎月一回、明治神宮を参拝することになり、六月七日からさっそく実行された。八月一日の第三回参拝後の懇談会で、明治会の内規や支部清規が定められ、智学の顧問就任や創立宣言発表の準備などが決定された。さらに将来的には、全国発展を図ったうえで、皇族を総裁に奉戴することを期すことが決議された。

翌年一月三日、『天業民報』に「明治会創立の宣言」が発表された。明治会設立の意図を確認しておこう(8)。「内憂荐《しきり》ニ萌シ、外患交々臻《いた》ル」現状で、「吾中興ノ偉聖　明治天皇ヲ渇仰奉戴スル特殊ノ団体」である「明治会」を設立し、広く「同感ノ子女」を集めることで、「最健全ナル国家思想ヲ涵養シ、国体精神ノ充実普及ヲ図リ、（中略）以テ、大日本帝国ノ光輝ヲ中外ニ光被発揚セン」ことが訴えられている。また、会の役割が次のように規定されている。

「『明治会』ノ要領ハ、何ラ煩雑ヲ含マズ、唯　天皇ヲ渇仰スルモノ、ソノ聖徳ヲ賛美シ奉リ、ソノ明訓ヲ翫味シテ、以テ正義ノ木鐸ト為シ、因ツテ処世護国ノ正シキ指針ヲ得テ、コノ慶ヲ広ク同志ト共ニシテ、現代ノ闇ヲ破ルベキ一大光明ト為サントスルニ外ナラズ」。

ここではとくに具体的な運動方針が提起されているわけではないが、明治天皇の「聖徳」の「賛美」を通じて「国体精神ノ充実普及」を図ること、つまり国柱会が一貫して主張してきた「国体観念の自覚」を徹底するために結成されたのが、この明治会であるといえよう。「神武天皇ニ還ル」こと、「明治天皇ニ聚《あつま》ル」ことがアピールされた。

なお、前年の一二月二七日から一月五日にかけて、三保では越年講習会が開かれた。智学は新年四、五日の正科講義で「法国冥合と本門本尊」を講義している。この講習会は「法国冥合」が統一テーマとされ、各講師が分担して講義にあたった。この時の講師一一名の講義録がまとめられ、のちに山川編『真宗教と真国家─日蓮主義に於ける宗教と国家』（天業民報社）として出版された。智学の「法国冥合と本門本尊」のほか、「法と国との相関（宗教と国家の関係＝通論＝）」（里見）、「法と国との総釈（宗教と国家の融合＝法門釈＝）」（長瀧）、「二法冥合の過程及び状態」（志村）、山川の「三大秘法抄の真偽問題」などが収められている。そもそもこの講習は、「現代世間一般に、宗教と国家との関係に就てまどふ所多く、また日蓮主義教徒にして、法と国とを分離して考ふるもの少なからず。若し致一を思ふは迎合に類するあり」という見解に対して、「隻方の妄を闢」くために立案された。[9] たとえば、里見はその講義のなかで──智学の法国相関論を敷衍しながら──次のように論じている。「国民が、徹底して日本国体の尊貴を自覚し、国体開顕の妙教たる日蓮主義に帰依する時来らば、こゝに三大秘法抄の宣言は実現せられ、本門の大戒壇は建立せられ、三重変遷の最後段たる政教一致法国冥合は実際に建設せられるのである」。[10] この時期の国柱会では、さまざまな国体運動が展開されたわけだが、その最終的な運動目的は、あくまでも「法国冥合」（政教一致）にあることが各講師によって講義されている。このことが会員を対象とした講習会で講義されたことを確認しておこう。

二月一〇日、ふたたび明治節の制定を求める請願書が提出された。しかし、この時も審議未了のまま会期が終了し、実現しなかった。請願書が提出されるのは、翌年の一月を待たなければならない。なお、この日、内務省から助成金が下付された。国柱会、国性文芸会、天業民報社の教化事業に対して、各二〇〇円ずつが下付されている。すでに前年の三月、国柱会の教化事業へ助成金三〇〇円が下付されており、これらの助成金は「戒壇基金」として貯蓄されることになった。この基金の目的は、「国立戒壇造築ノ詔勅ヲ拝スル時ニ於テ之ヲ国家ニ奉献スル」ための資金の積立であった。(11)この出来事は、政府と国柱会との関係——政府公認の教化団体——を象徴しているといえよう。

さて、明治会の御製講演は興隆をみせ、月によっては二回開催されることもあった。聴講者も着実に増加していた。とくに一一月一八日からは、本石町会館（一八、一九、二〇日）、千住小学校（二一日）、四谷美山倶楽部（二二日）、東京市本所公会堂（二三日）、高田町会館（二四日）というように、一週間連続して開かれている。高知尾の報告記事「明治大帝御製特別講演会の記」（『天業民報』一八五五号、同年一二月一二日発行）によれば、千住小学校の講演会では町長、警察署長、教育会長、在郷軍人、青年団長、小学校長をはじめとする町の有力者が聴講している。また本所公会堂では大雨にかかわらず、一〇〇〇余名が参加した。いずれの場所でも盛況をきわめたことに対して、高知尾は「田中先生四十年来の主張が今や国民に正当に認めらる、時期となつたからであらう」と結んでいる。つまり、日蓮主義的な言説によってではなく、国体論によって、多くの聴衆を動員したのである。その背景には、国体神話の信憑構造があったことはいうまでもない。

一二月二八日の『天業民報』一八六八号は、「奉弔号」として発行された。三日前の二五日午前一時二五分、天皇嘉仁が崩御する。国柱会では、一五日に病悩平癒の特別祈願を国柱会館で修め、智学を式長とし、式員数十名と会員の参列者三〇〇余名が平癒を祈念している。二八日からの三日間は大行天皇奉弔の法要が執り行なわれた。

一九二七年（昭和二）初頭、明治節制定運動が加速する。まず、一四日付で若槻内閣の各大臣宛に「重テ請願シ奉ル件」という請願書を提出し、一八日付で貴衆両院議長に二万七九九名分の署名と一緒に請願書を提出した。(12)二三日には国柱会、天業民報社、国性文芸会、明治会、天業青年団、立憲養正会、天業民力会の成員四〇〇余名が集まり、「国体主義団体連合大会」が開かれた。大正天皇の奉弔大法要を営むとともに明治節制定の促進に関する決議をし、各団体から実行委員が選出された[13]。さらに帝国議会第五二議会でこの建議案が上程されるスケジュールにあわせて、二六日付で「明治節制定ノ儀ニ付重ネテ特ニ請願ノ件」と題した請願書を提出している。

そして一月二六日、貴衆両院で明治節制定の建議案が可決され、三月三日には明治節制定の詔書が渙発された。天業民報社では号外を発行し、いち早く「明治節制定の詔書渙発」を報じている。ここに三年越しの請願運動が結実し、一一月三日が国家祝祭日として正式に制定されたのである。智学は翌四日の『天業民報』一九一九号に「明治節制定の聖詔を拝して」を発表し、その慶びを表明した。「本日　恭しく明治節制定の　聖詔を拝す、あゝ何という広大の慈恩ぞ、あゝ何という吉祥ぞ」。また、近日中に紀念感謝の式典を挙げることを告げ、次のように明言した。

「併せて明治節奉祝の意義充実を唱導せんとするの義あり、予は切にこの厳粛なる精神的準備の、一日も早く国中に徹底して、新たに生れたる高貴なる国祝日を、意義疎漫なる旗日と倣《な》し了らざらんことを望んで已まず。」

この「明治節奉祝の意義充実を唱導せんとする」試みが、後日、明治会による「新国民運動」として実行されていくことになる。

また智学は、「全国青年は蹶起して明治節奉祝の意義を徹底せしむべき新運動に貢献せよ」と題する檄文を、三月一三日の『天業民報』一九二七号に発表した。「政界の紛糾」や「議会の泥闘」などの「ろくでもないことのみ多いイヤな世の中」で、この明治節制定だけが「近時吾国国政中空前の善政」であると評価し、こうのべる。

「明治大帝は、皇祖皇宗の再現であり、御歴代の綜合代表である、明治大帝を渇仰することによツて、国体の意識に触れ、之を崇敬することに依て、国体の尊厳を味ひ得る、この意味に於て、明治節は、国民が国を知り自己を知ることの、一番深い一番貴い反省の聖日である、この一日に一年の覚悟と奮起を養ふべきである、明治大帝を深く解し奉ると否とで、国家の隆否は定まる。」

この明治節を通じて、ナショナル・アイデンティティの体現者（「国体の権化」）であった明治天皇への「渇仰」を喚起することで、国家意識と国民意識を教化すべきであると訴えた。最後に、「全国青年蹶起して、『明治節』の大切なることを宣伝せよ、是れ現代青年第一の国民運動なり」とアジテートしている。つまり、この明治節も「国体観念の自覚」を要求する精神教化の手段として、自らの運動に位置づけたのである。

三月二〇日、予告していた「明治節制定感謝大会」が青山会館で開催された。一八〇〇余名の聴衆を集め、盛大な式典が執り行なわれた。[14]四月には「明治節勅定紀念聖地巡拝旅行」として、伊勢、畝傍、奈良、桃山、誓の井戸の五大聖地巡礼も行なわれた。そして五月、明治会の新たな運動方針、「新国民運動」が提起される。

「新国民運動」という戦略

五月一〇日の諫国デー当日、上野公園で「明治会大拡張第一回野外大宣伝」が挙行された。[15]六七歳の智学自らが陣頭に立ち、明治会、天業民報社、国柱会、天業青年団の成員総出で宣伝活動が行なわれた。明治会会旗の翻るもと、国柱会伶人による雅楽「君が代」の吹奏にはじまり、高知尾明治会主事、河野天業民報社記者、保坂国柱会講師、星野明治会講師、田中芳谷明治会講師が次々と登壇し、熱弁を振るった。そして智学が来場した。志村国柱会講演部長が前講をつとめ、智学を紹介して降壇すると、ふたたび「君が代」が吹奏された。万雷の拍手のなか、智学が登壇し、演説がはじまった。智学は明治節の意義と「新国民運動」の決意を二時間あまりにわたって論じている。一〇〇〇余名の聴衆が演壇を囲み、その模様はフィルムに記録された。また、会員家族の婦人や少年少女によって、『天業民報』特別号や二一日に開催される「明治会大挙宣伝大講演会」のチラシが聴衆や通行人に配布された。

では、智学が高唱した「新国民運動」とは何か。同月二八日、全国の支部や会員に向けて、『新国民運動を開始するに臨み国柱会々員に告ぐ』という内部文書が発送された。このなかに「新国民運動」と名づけられた運動方針が示されている。一六頁からなる小冊子だが、「明治会の興立に就て、広く国柱会の会員諸君に告ぐ」として、今後の日蓮主義運動の方向性が展望された内容となっている。

まず、冒頭で「吾が国柱会は　蓮華会のむかしより通算して、既に四十九年の歴史を有し、その間種々の艱難《かんなん》辛苦を経て今日に至るまで、一意専心内は祖道の復古興隆と、外は国体精神の喚起に尽し」てきた「純潔公明の信仰団体」である、と自己規定している。ついで「多年の業蹟」を左の二点にまとめている。

「（一）　内に在りては、日蓮主義の闡明によりて宗風を複正し祖道を興隆すべき宗門諫暁の運動！

（二）　外に在りては、日蓮主義の正義を以て世間国家の闇を除き、法華経の正知見より見たる国家の正義たる国体精神を普及して、国家を指導開発すべき国家諫暁の国体運動！」[16]。

ただしこの「二大運動」は、「内面に於て其帰着を一にし、究竟して法国冥合の歩み」であり、「一括すれば護法護国の活運動」であった。すなわち国柱会の日蓮主義運動は、「法国冥合」という運動目的に向けて、宗門改革運動（宗門諫暁）と国体運動（国家諫暁）の「二大運動」によって展開されてきた、とまとめている。そして、「宗門諫暁」が「第一義悉檀」に相当し、「『国家諫暁』の為には神髄中核たるもの」と位置づけられている。また、「国家諫暁」は「国土成仏本門戒壇の前提として、『地均し工事』に比すべき」「世界悉檀」であった。さらに「対治悉檀」と「為人悉檀」も、「応用の機宜に出没、相扶け相成」すものであった。

なお、「二大運動」による「法運国運の興隆すべき先兆」として、次の事実があげられている。三月二六日の日蓮宗第二一宗会の決議と三月三日の明治節制定の勅命である。日蓮宗宗会で智学の提言（文書伝道の実行）が決議され、教誌『日蓮主義』が発行されることになった[17]。これが「宗門諫暁」の「吉報」であり、一方、明治節の制定は「国家諫暁」の「吉報」であった。

こうした事実を踏まえて、智学は「吾等が今後に執るべき重要の方針」を提起する。それが「国民意識の緊張を喚起し、民心正導の一大方向を与ふるの緊急運動」、すなわち、「最近に興立せる明治会を隆盛にして、国体意識の普及を速かならしめ、国を挙げて一先づ危険区域より脱出し、根本的に赤化の侵害を防止し、単的に挙国の不安危殆を除き、同時に国民の正順意識を喚起す」るための「新国民運動」であった。この「新国民運動」が、「国柱会の直接報国運動にして、本化信行『世界悉檀』の一大発動なり」と位置づけられた。国柱会の日蓮主義運動が「新国民運動」に集約され、ここに「新国民運動」という状況適合的な布教・教化戦略が提起されたのである。

では、明治会とほかの団体との関係はどのように了解されていたのだろうか。

まず、明治会が「国民を大挙覚醒に導」くとされ、ついで「政治進展」は立憲養正会、「芸術向上」は国性文芸会、「労働問題」は天業民力会が担当すべきである、と定められた。国柱会会員は天業青年団の場合と同じく、協賛員として明治会入会者の募集活動に励むことを指示している。天業青年団と同じく、明治会も宗教団体ではなかった。明治会会員には「直ちに『日蓮主義』又は『法華経』或ひは『宗教』を強いず。只広く国体精神の喚起充実といふだけに止め、一たび国中を覚醒せしめて、この正義の縄張に入れて、内は民心の悪化動揺を防ぎ、外は国本固成の地盤を造ることを当面の急務とす」ることが強調された。すなわち、明治会の「新国民運動」は、「国体精神の喚起充実」をめざす国体運動であり、まずは「国体意識の普及」(「国体観念の自覚」)を図るための精神教化的な大衆運動として位置づけられたのである。すなわち、「固き根柱を国柱会とすれば、明治会は広き土台」であった。

文書の最後で、智学は明治会と諸団体との関係を次のように図示している。(18)

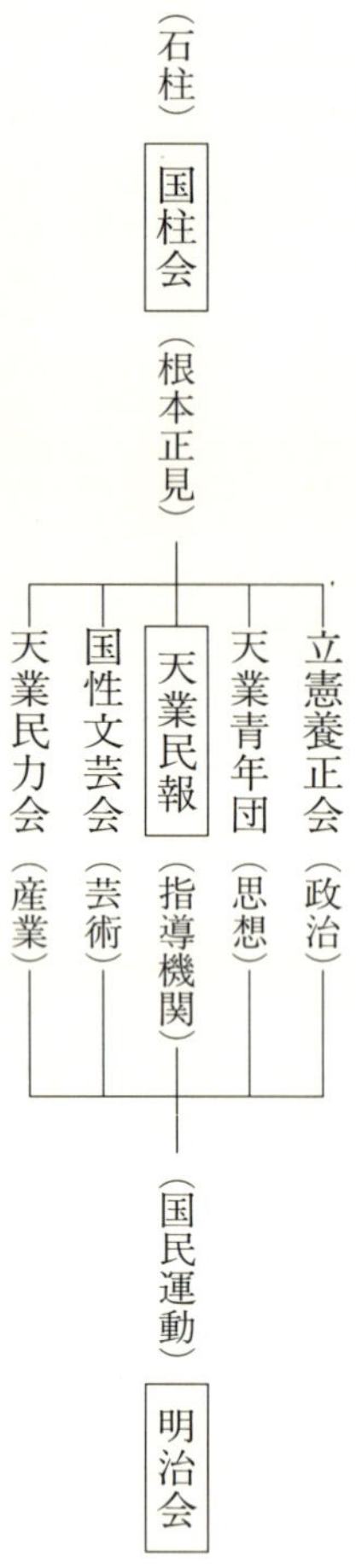

まず、明治会が「国家正義の土台」を造り、そのうえで政治・思想・芸術・産業の分野でそれぞれの団体が活躍していくべきであるとされた。そのためには「明治会の大挙勧誘を行ふことが刻下の最大急要」であった。明治会による「新国民運動」が「世界悉檀」による状況適合的な布教・教化活動と規定され、さまざまな領域で活動しながら、「第一義悉檀」の布教・教化活動に導いていくという戦略が提起された。

こうして、明治会による「新国民運動」がはじまる。

この文書の発送される六日前、五月二二日日曜日、国柱会館で「明治会大挙宣伝大講演会」が開かれた。智学の講演「日本は是からだ」をはじめ、保坂の「明治会の起れる所以」や高知尾の「明治節制定の詔書を拝して」などが講演され、四月の五大聖地巡拝旅行の映画も上映された。明治会の本部が日本橋から国柱会館内に移され、明治会講師や本部職員の配置も整備され、六月一日以降、「新国民運動」が本格的に繰り広げられていった。

六月五日第一日曜日、明治会の明治神宮参拝が行なわれ、これ以降、毎月第一日曜日の神宮参拝が行事化された。七日には聖地旅行映画の巡回上映を行なう宣伝隊が東海・関西方面に向けて出発し、八日からは明治節制定紀念の懸賞標語の募集も開始された。毎月一〇日の諫国デーには、全国の天業青年団団員たちが明治会拡張のために活動している。たとえば六月一〇日、東京では上野公園で宣伝活動が行なわれ、高知尾と河野のふたりが出向し、大阪でも高津郵便局前で、瀧野三郎のあいさつにはじまり、植村正之、菊地鷲太郎、田中義治、中平清次郎らが街頭宣伝を行なった。

「明治天皇に聚まれ！」のスローガンのもと、国柱会の総力を結集した「新国民運動」によって、各地で明治会の支部が結成された。七月一七日の時点で、東京では日本橋、麴町、京橋、神田、下谷、浅草、小石川、牛込、芝、麻布、四谷、深川、高田、千住に、地方では大阪、伊達、安曇、静岡、浜松、清水、磐城、横浜に支部がそれぞれ設けられている。また設立準備中の地域も多くあった。[19]ちなみに東京で支部数が多い理由は、六月一日以降、数回の公開講演、十数回の小講演会、麴町や千住町での戸別訪問、東京天業青年団の連夜の街頭宣伝、上野公園での諌国デーの宣伝活動など、きわめて精力的な活動の成果による。また七月には「緊要告示」として、国柱会会員は明治会協賛員となり、会員の勧誘に励む旨が布達されている。[20]

八月三日から一二日までの一〇日間、三保最勝閣で夏期講習会が開かれた。この講習会は、明治会と国柱会資成部の合同主催による「国体宣揚大講習会」として開催されている。[21]智学は「明治天皇の哲学」を講義し、ほかの講師の講義も「明治聖代に於る国体開顕の大因縁」（田中芳谷）、「明治天皇の足跡」（星野武男）、「国体の契點」（武田甲子太郎）、「明治大帝の御徳に就て」（高知尾誠吉）、「明治節制定と明治会の新運動」（志村智鑑）、「日本国体の認識論的研究」（里見岸雄）、「恩境」（保坂智宙）、「明治の大芸術」（河野桐谷）というように、明治天皇や日本国体に関する内容で統一されていた。期間中は、いつものようにさまざまな行事（茶談会、国性芸術の披露、活動写真の上映、有志演説会、納涼談話、討論会、静岡市内の宣伝活動など）が行なわれたが、これまでの講習会とは異なり、宗教的儀礼が極力排されている。朝夕の勤行は宗教的礼拝ではなく、勅教（教育勅語）と五ヶ条の御誓文を読みあげ、食法（食事前の儀礼）も、国民精神作興詔書の一節と明治天皇御製を唱和するというような「純然たる国体的修養」によって行なわれた。[22]唯一、期間中に修められた「純宗教的の大式典」が、七日の「明治天皇御報恩奉弔大式典」である。しかし、それも「純宗教的といっても」、「日本国体開顕の大宗教の式典」であった。[23]徹底して「国体宣揚」の講習会であったことがわかる。八月下旬、明治節制定の懸賞標語（応募数八九六八句）の結果が発表されたが、一等には「日の丸は天地一パイ明治節」の標語が選ばれている。

各地で「新国民運動」が昂揚していくなか、続々と支部の結成が進んだ。国柱会の場合と違って、明治会の場合には、地域の有力者や名士が賛助者や入会者に名前を連ねた。たとえば、東京市では東京市長の西久保弘道をはじめ、東京市の第一、第二、第三各助役や土木局長、社会局長、電気局長、水道局長、教育局長、各区長（日本橋、京橋、本郷、芝、神田、浅草、麹町、下谷、深川、赤坂、麻布、四谷、小石川、本所、牛込）、さらに警察署長や区会議長、小学校長などが賛助者や会員となった。[24]地方でも同様であった。大阪支部では市長を顧問、府知事を相談役にして、ほかにも住友や鴻ノ池などの実業家、大阪毎日新聞や大阪朝日新聞の社長などを後援者としている。浜松支部でも、市長、市会議長、同副議長、商業会議所会頭、警察署長、市助役、日本楽器製造株式会社社長、帝国制帽株式会社社長、東洋紡績会社浜松工場長を賛助者とするなど、有力者や名士の後援を得ている。[25]会員数は国柱会のそれを越え、一一月三〇日午前一〇時に一万人を突破している。協賛員も三〇〇〇人も数えた。[26]さらに二年後の八月には会員数三万人、支部数七〇ヶ所を数えている。[27]明治会の活動は着実に実を結んでいった。

一一月三日、初の明治節を迎える。智学は東京放送局から「明治節の真意義」をラジオ講演した。『天業民報』は「明治節号」としてグラビア版一六頁の特別号を発行している。また六日から一〇日までの五日間、「明治会第一回大会」が日本青年館で開かれた。[28]一日目は明治神宮参拝、式典と宣伝大会（講演）が行なわれ、式典では、田中義一首相や鈴木喜三郎内務大臣の祝辞が披露され、宣伝大会では詩人の野口米次郎が「明治維新」を講演している。二日目は午前八時からの宮城参拝にはじまり、午後一時から第二回宣伝大会として、小原正恒陸軍少将が「明治天皇の御遺徳」を講演し、芸術宣伝として舞楽「羅陵王」や新作琵琶「勿来《なこそ》」、新作狂言「女権拡張」

などの国性芸術が披露されている。午後六時からは第三回宣伝大会として、長岡外史代議士が「明治天皇を偲ぶにあたりて」を講演し、あわせて国性舞踊、思想劇「函谷関」や新曲「代々木の四季」などの国性芸術が披露された。三日目は第四回、第五回宣伝大会、四日目は地方会員の帝都観光、最終日には懇親会が催された。会期中は明治神宮や皇居参拝、名士の講演、国性芸術の披露が行われたが、ここでもやはり宗教的な色彩が希薄だった。

こうして明治会の一九二七年（昭和二）は過ぎていった。

二　知法思国会の結成

国柱会が「新国民運動」による「直接報国運動」を展開したのに対して、日生は一九二八年（昭和三）七月に新たな教化団体・知法思国会を結成する。その具体的な活動を検討する前に、一九二〇年代半ば以降の顕本法華宗と統一団の活動を整理しておこう。

日生の『本尊論』をめぐる論争

一九二五年（大正一四）七月、日生は『本尊論』(29)（立正結社本部）を発表する。この著作をきっかけとして、日蓮門下で本尊論をめぐる論争が起こる。本尊論は、日生にとって重要な意味をもっていた。それは日蓮門下の統一、仏教各宗の統合、さらには「亜細亜は勿論、往いては全世界の人類に仏陀の梵音を伝へて、永遠に仏の教の下に帰敬せしめようとする」世界統一の根拠となるからであった。日生は、「宗教学上よりの考察」「仏教全体よりの考察」「日蓮教学の考察」という順序で、本尊を検討している。とくに「宗教学上よりの考察」という観点が日生の独自性である。こうした考察を踏まえて、次のようにのべる。

「今や日蓮門下の信仰は枯れて居る、それは実在の人格者たる本仏を忘れたからである。（中略）唱へ言葉は南無妙法蓮華経で宜しいのである、この声のあるところ、仏そこに在せりといふことを信ずるのである。暮れ行く空の雲の色にも有明がたの月の光にも本仏の光を憶念し、心を催ほす思ひなりといふ、この心を催ほすといふ感激の精神に生きるところに信仰があるのである。[30]」

日生の本尊論は徹底して本仏実在の人本尊論である。[31]それに対して、田辺善知（元顕本法華宗、当時日蓮宗）が法本尊論に依拠する『日蓮聖人の本尊論』を七月二五日に刊行した。また、日蓮宗の清水龍山が両者の本尊論に対して、『本門本尊論』を一〇月一二日に公刊し、『大崎学報』六七号（一〇月二八日発行）に「田辺、本多両師の本尊論を評す」を発表して、人法不二本尊論の立場から両者の本尊論を批判した。こうした動向に対して、智学は「本尊問題に就て」という小文を『天業民報』一一五六号（同年一〇月二九日発行）に発表している。智学は、（国柱会が）「佐渡始顕の本尊のみを取ッて他の式を否定する」という「誤解」を否定するにとどめ、具体的な見解を示すことは控えている。なお、翌年、龍山の本尊論に対して、日蓮主義青年団幹事長の時友仙次郎が『若人』三一、五月号で疑義を投じ、龍山から反駁や公開状が寄せられて、論争がはじまる。しかし、時友が病に伏したため、妹尾が引き継ぐことになり、翌一九二七年（昭和二）の『若人』三月号から七回にわたって龍山の本尊論批判を行なった。[32]時友と妹尾の議論は日生の本尊論を踏まえたものであり、妹尾は「本多日生猊下の主張の是なるを信じ」る立場にあった。[33]日生本人は、『統一』三八三号（昭和二年二月号）に、「清水龍山師への回答公開状」を発表している。日生の見解を求める龍山に、日生は「予の既刊本尊論中には貴師の疑義の如きは分明に講明弁折し尽したる事と信じ候」という。さらに「虚心に予の本尊論を御通覧被成下候はゞ何より仕合と存候」と、龍山の訴えを退けている。日生の本尊論は「仏教徒よ釈尊に還れ」（『統一』三七三号、大正一五年四月号）等をへて、妹尾に継承されることになる。妹尾は一九三一年四月の新興仏教青年同盟の結成に際して、「我らは人類の有する最高人格、釈迦牟尼仏を鑽仰し、同胞信愛の教綱に則って仏国土建設の実現を期す」ことを「綱領」第一項に掲げることになる。(34)

一九二六年(大正一五)五月、日生は顕本法華宗管長を辞任する。二二年間におよぶ管長職を退き、後任には井村日咸が就いた。同月一八日には妙満寺で就任の式典が挙げられている。なお、この年の四月には教化会館が竣工し、名古屋の活動はこの会館を拠点として行なわれていくことになる。七月、日生は名古屋放送局から「理想の文化と仏教」を講演している。翌八月には大阪でも「仏教と修養」をラジオ講演した。その大阪では、一一月に立正結社大阪支部の秋季大会を開き、日生と佐藤鉄太郎が講演した。この時期、顕本法華宗・統一団全体の活動は以前とくらべて明らかに停滞しており、『統一』に掲載される活動報告も減っていた。

一九二七年(昭和二)一月二八日、改築が行なわれていた統一閣の落成式が挙行される。日生列席のもと、山田三良夫妻、佐藤海軍中将、岩野陸軍少将、宮岡海軍中将夫妻をはじめ、三〇〇余名が参列した。この時期の統一閣では、日曜講演や地明会の例会、活動写真の試写会や社会部主催の「犯罪防止劇」などの行事が催されている。ちなみに六月の統一閣の行事は次の通りである。五日日曜日の日曜講演(日生の「菩薩行に就て」)、一二日の日曜講演(和賀義見の「大道心」、長谷川義一の「受難の生活と感応」、関田日城の「昭和の国民と日蓮主義」)、一六日の地明会例会(日生の「女性観の諸経の大観」)、一九日の日曜講演(日生の「菩薩行余論」)、二六日には日曜講演が休会で、立正活映画社の加藤清正の映画鑑賞会が開かれている。(35)以前とくらべて、活動規模が縮小していることがはっきりとしている。

この年の一〇月二三日、教化会館で「名古屋自慶会大会」が開かれ、名古屋での活動は順調のようにみえたが、それも暗転する。翌一九二八年(昭和三)四月九日、教化会館の設立者であり、『統一』の編集主任をつとめていた国友日斌が四七歳の若さで急逝する。(36)以後、名古屋の活動も停滞していった。こうして一九一〇年代から二〇年代初頭の勢いを失った顕本法華宗・統一団の活動が多少なりとも再興するのが、一九二八年（昭和三）の夏の「知法思国会」の結成以後のことである。

共産主義との思想戦

一九二八年（昭和三）三月一五日、田中義一内閣は日本全国の共産党員やその支持者千数百名を検挙し、四八八名を治安維持法で起訴した。いわゆる三・一五事件の発生である。この年の一月、田中内閣は議会を解散し、普通選挙法による初の総選挙を二月二〇日に実施したが、総選挙で党員を労農党から立候補させ、公然と活動を行なった共産党を弾圧したのである。また四月一〇日には、労農党、日本労働組合評議会、全日本無産青年同盟の三団体は共産党の外郭団体であるとして治安警察法によって解散処分を受けている。四月の議会招集後、治安維持法の改定案が提出され、国体の変革を目的とする結社行為を死刑・無期懲役の重刑とし、「結社の目的遂行の為にする行為」も処罰の対象とされ、その適用範囲が大幅に拡張された。議会では法案は廃案となったが、田中内閣は議会終了後の六月に緊急勅令で改定案を強引に成立させた。七月には全国に特高警察が配置され、思想と社会運動に対する取り締まりと弾圧体制が整備されていく。さらに翌年の四月一六日にも共産党は弾圧され、（四・一六事件）、大打撃を受ける。これらの共産党弾圧をきっかけとして、顕本法華宗・統一団の思想戦がふたたび活発化することになる。

七月二一日、統一団本郷支部と本郷春木町青年団共催の「思想問題大講演会」が帝大仏教青年館で開かれ、松村龍雄海軍中将の「日本海大海戦と思想問題」、日生の「思想国難と立正大師」が講演された。日生の講演は、思想国難打開の道は日蓮主義にある、立正大師はすでに六〇〇年前に立正安国の大義を説いて国民の思想的武装を警告していた、という内容だった。当日、『大乗父母恩重経』七〇〇部が参加者に施本されている。[37]また二四

〜二六日には、統一団本部主催で「統一団員の思想洗練」を目的とした夜間講習会が統一閣で催された[38]。一日目には浦川秀吉警視庁労働係長の「共産党事件」についての講義がなされ、参加者は「一同慄然として日本国の暗澹たる国状に驚」いた。二日目には佐藤鉄太郎によって「思想問題に就て」が講じられ、最終日には日生による「思想問題と仏教」が講義された。最終日は三日間を通じてもっとも暑い日だったが、「満場水を打つた如く、其の中に猊下は汗一つフカズして論調を進められ、宗教、道徳、哲学、科学とあらゆる時代思潮の病見を、あの明快なる雄弁を以て論難駿撃」したことが、『統一』記者の梶木顕正（顕本法華宗僧侶）によって報告されている。なお、二四日の発起人会で、「思想国難対策運動」として知法思国会の結成が決定され、その日の夜の講習会で発表された。さらに野口日主を代表として、三年前から活動をつづけていた立正安国政教倶楽部でも「共産党撲滅運動」の前線に起つため、講習会の開催と共産党撲滅パンフレットの出版を計画していることが、『統一』に報告されている。

共産党の活動にみられる思想国難への対策として結成された教化団体が、知法思国会であった[39]。日生をはじめ、矢野茂、佐藤鉄太郎、井村日咸、野口日主、岩野直英、安川繁種、佐藤梅太郎、上田辰卯（日蓮主義青年団幹部）、伊東竹三郎（本郷正道会代表）、井上道太郎を創立者として結成され、日蓮主義ネットワークの知識人、顕本法華宗僧侶や在家信者が創立に参加した。「会則」をみると、「国民思想ノ健全ヲ期スル」ことを目的とし（第二章）、次のような事業を掲げている（第三章）。思想対策に関する調査、講演会の開催、有識者や体験者の会合、文書の発行などである。一〇月には「宣言」と「宣伝綱領」が発表された[40]。「宣言」の冒頭に注目してもらいたい。

「我国思想界の現状を視、其勢の趨く所実に容易ならざるものあるを察し、立正大師の遺命昭々として我等の頭上に鑑み、茲に同志胥謀り知法思国会を創立せり。是れ即ち法国の恩に報じて、大師の遺命を辱めざらんとするに外ならず[41]。」

知法思国会創立は「立正大師の遺命」に応えるものであり、日蓮主義による「国家思想」の「善導」を目的としていた。さらに「宣伝綱領」の「大綱」では、「我国精神文化の精髄を講明し、国民教化の大方針を確立し、広く之を宣揚せんことを期す」と宣言され、次のような活動が列挙されている。(一)浮華放縦の弊を戒め、(二)軽佻詭激の害を除き、(三)知法思国的愛国心を養い、(四)東洋文化の守持に努め、(五)統一的文化の理想を貴び、(六)三教特色の発揮を期し、(七)三教調和の妙諦を説き、(八)国家本位の意義を明にし、(九)国家尊厳の深旨を闡明し、(十)西洋文化の批判を過たず、(十一)偏傾的文化の病源を匡し、(十二)哲学無力の失を指摘し、(十三)科学的過信の謬見を矯め、(十四)宗教不合理の害を防ぎ、(十五)政界の混濁を清め、(十六)財界の病弊を警め、(十七)共産主義の欠点を審にし、(十八)無政府主義の誤謬を知らしめ、(十九)仏教復活の気運を促進し、(二十)法国冥合の大理想を発揮すべし。[42] 前半(と最後)の条目にはこれまでの日生の主張が集約されており、後半は知法思国会が取り組むべき実践的な課題が列挙されている。知法思国会の活動は、明らかに日生が実践してきた国体論的日蓮主義運動の一環であった。

八月一一日の理事会をへて、残暑厳しい九月一五日午後五時、麴町区有楽町の日本倶楽部で知法思国会の第一回懇談会が開かれた。[43] 創立者たちのほかに、細野辰雄や小原正恒といった日蓮主義者の軍人、山田三良や小林一郎の法華会関係者、柴田一能や望月日謙の日蓮宗関係者、上田辰卯や妹尾義郎の日蓮主義青年団関係者、下村壽一文部省宗教局長、ほかに顕本法華宗・統一団関係者の三七名が集まった。岩野の開会宣言にはじまり、日生の挨拶、佐藤鉄太郎の講演「我国の現状に就て」とつづいた。佐藤は『立正安国論』を引用しながら、「赤の思想」(共産思想)を痛烈な危機意識のもとに批判している。明治天皇の御製「罪あれば我をつみせよ天つ神／民は我身の生みし子なれば」を紹介して、「吾等は日本人なりとの信念と自覚に依つて進むべきものであると信じます」と結んでいる。外来思想(共産思想)に対して日蓮主義と日本国体をもって対峙するという内容だった。会食をはさんで、井上一次海軍中将や下村宗教局長、妹尾、細野陸軍中将、浦川警視庁労働係長の談話と進んだ。下村は、天理研究会や大本などの「宗教界に於ける偽宗教、悪思想」を日蓮主義によって防ぐことを期待するとコメントしている。また、妹尾は「共産主義の根本に向つて我々の批評は、今迄少し足らぬのではなかつたのか」とのべ、現在、「政治家を指導するのが大切ではないでしょうか」とコメントした（と、報告されている）。時計の針は一〇時を指し、日生によって閉会のあいさつがあり、散会となった。

ここで妹尾の日記に注目したい。『統一』の記事によると、妹尾は前述のような発言をしたことになっている。しかし妹尾自身によれば、「折角の発会であるが、このまゝの態度では、何の役にも立つまい」と言いきったと、その日の日記に記している。[44]「この会の主義方針について全く悲観せざるを得ないものがある。全然、アンチ的運動であって、それらの起る母体についての反省がない」、と妹尾はいう。つまり、反共産党というだけで組織された団体であることを批判している。「むしろ、紊乱せる政治に対してで《ママ》堂々と諫争してこそ、まことに国家を救ふものでなくてはならぬ。これではいかん乍ら御用宗教のそしりをまぬかれぬではないか」とまでのべている。[45]ここには、日生や佐藤たちによる上からの教化活動に対する決定的な違和感が表明されている。社会主義・共産主義にかなりのシンパシーをいだきはじめており、当時の日蓮主義運動に幻滅を感じていた妹尾の発言であるが、日生たちの知法思国会に対してこのような批判があったことを確認しておこう（妹尾は、この三年後に新興仏教青年同盟を創立する）。なお、懇談会から一ヶ月後の一〇月一一日、妹尾は妙国寺の日生を訪れる。日生は、その頃の妹尾の思想に注意を与えた。「猊下の慈父のごとき御訓諭や、憂国の至誠については感謝せざるをえなかった。けれども、思想については、折角の御注意なれども全的に首肯しえなかったことを遺憾におもふた」と、日記に書き記している。[46]

ところで知法思国会の「知法思国」とは、いうまでもなく日蓮の『一昨日御書』の一節である。[47]「立正安国」とならんで、日生が好んで引用した日蓮の法国相関論を意味するテーゼである。たとえば、この年の四月に刊行した『信仰修養思想より論じたる日蓮主義の本領』（中央出版社）の「思想の部」に収められた「国と人と教」[48]に着目されたい。ここでは、「国と人と教」の関係が「縦にあらず横にあらざるところの円妙なる関係」である、とのべられている。

ここで晩年の日生（一九三一年三月逝去）の法国相関論を検討しておく。取り上げるテキストは、日生の見解が明確に提示されている「法国冥合」（『統一』四二二号、昭和五年五月号）である。

「大体日蓮聖人の思想観念の上には、法の絶対なる価値、また国の絶対なる価値といふものを併せて御覧になつたのであります」[49]

こうのべる日生の法国相関論は、両者を相依相即の「円妙なる関係」のうちに把握するものであり、どちらか一方へ偏ることを拒否する。「昨今日蓮主義者の中には、国の大事といふことの方から教を汚すやうな立場に進み行く人もある」とのべ、「国家本位であるとか、愛国心であるといふことを高調力説する為に、法華経の神聖を汚すやう」な言説を否定する一方、「法の神聖の側を力強く信じ込んで、謗法の国は亡びる、罰があたつて必ず亡びる」であるとか、「甚だしきは我が国家を呪詛する左傾派の口吻に似たやうな所まで行き居る」というような言説も否定する。両者は「共に反省すべきである」というのが、日生の立場である。日蓮が臨終の場でも、「立正安国論を携へて壇に上つて、さうして法と国との結合を論ぜられ、法国冥合の信念を述べ」たことを指摘し、日蓮が一生を通じて「護法護国の観念」を保持していたことを力説している。この日蓮の「護法護国の観念」を敷衍して、日生は自らの法国相関論を組み立てる。日生は日蓮主義の国家観として、「国で一番大事なものは第一が国体である」として、国体や皇室の尊重を前提としながら、「国家」と『法華経』との冥合を説く。

つまり、「『王法仏法に冥し、仏法王法に合し』といふ、その両方が相依って行かなければならぬ、絶対の法と絶対の国がそこに協力して行く」ことを重視するのである。

以上のような法国相関論にもとづき、現実の政治機構である国家との主体的な交渉を通じて、知法思国会は教化活動を展開していくことになる。それは、翌年の文部省による教化総動員令への積極的な応答として実践されていく。その詳細を検討する前に、一九二八年（昭和三）一一月の天皇即位礼に際して、日生や佐藤、智学らの日蓮門下関係者にもたらされた慶事をみていこう。

昭和天皇の即位と智学・日生への天杯授与

一九二八年（昭和三）一一月一〇日、摂政裕仁の天皇即位の大礼が京都御所で行なわれた。この大礼は「膨大な経費と人員を投入する国家の盛儀として実施され」、「それ自体が教化事業としての意味をもつ奉祝行事も大掛かりなものであった」[50]。全国各地での奉祝行事によって、「天皇や国家との一体感」[51]が形成され、天皇の権威再編が進められた。

日蓮門下でも盛大な奉祝行事が催された。顕本法華宗では、妙満寺で大典記念伝道（一日）と大典記念講習会（一～三日）を開いた。四日には各布教区代表五〇名の僧侶が集まり、井村管長のもとで大典慶讃音楽天童大法要を修めている[52]。日蓮宗では九、一〇日、京都本圀寺で酒井日慎管長のもとに大礼大祝禱会が修められた。この前後には管長の親教や派遣布教・特別布教・教区布教などの記念布教が実施され、『久遠の王道』と『吾祖の我皇室及国体観』の二冊の小冊子を記念布教の教材に選んでいる。各地の寺院でも、記念講演会や記念映画上映などの奉祝行事が盛大に催されている[53]。本門法華宗では八日に即位大礼慶讃祝禱法要を本能寺で修し、本妙法華宗は一〇日に大典記念国禱会を京都本隆寺で挙行している。国柱会では三～五日の三日間、東京の日本青年館で大典奉祝の明治会第二回大会を開き、一〇日からの五日間、京都で道路宣伝と智学の『国体の話』の施本布教を行なった。京都の宣伝活動には、東京の明治会本部から駆けつけた志村と星野をはじめ、明治会大阪支部出張所長の田中芳谷と大阪各支部の役員たち、西宮の里見岸雄と里見日本文化研究所（一九二四年一二月開設）の所員たち、さらに京阪神の婦人会員たちが参加した。

この大礼に際して、日蓮門下関係者にも恩賞が下賜された。風間随学立正大学学長と高島平三郎に叙勲一等授瑞宝章が、また日生と智学に銀杯一組が贈られ、それぞれ表彰状と桐箱紋章付硯箱が授与されている。風間は三〇年以上の教育への貢献、高島は教育界ならびに社会教育への功績、そして日生と智学に対しては社会教化への功績が認められての恩賞となった。なお、佐藤鉄太郎にも叙勲二等授瑞宝章が授与されている[54]。一一月二六日、文部省の表彰伝達式が東京府庁で開催され、翌二七日には青年仏教会主催による仏教関係表彰者祝賀会が日比谷公園松本楼で催された。高島と日生、高知尾（病気の智学の代理）、加藤咄堂、渡辺海旭、村上専精（の代理）が参加した[55]。

一二月一六日日曜日、鶯谷の国柱会館では午後二時から智学の祝賀会が開かれ、浅草の統一閣でも午後四時から日生の祝賀会が開かれた。鶯谷には、師子王文庫、国柱会、天業青年団、立憲養正会、天業民力会、国性文芸会、明治会、天業民報社の各団体の成員数百名が集まった[56]。この時期、智学は消防事業の功労者として消防協会から表彰され、また読売新聞社主催の読売文献賞で『日本とは如何なる国ぞ』（天業民報社）が一位で当選していた。会場には、文部省からの表彰状と桐箱紋章付硯箱のほか、消防協会からの表彰状、読売文献賞の表彰状と記念メダル、読売新聞社から寄贈された金屏風も飾られていた。

会は高知尾の発起人宣言にはじまり、保坂による式辞や志村による祝詞の朗読につづいて、六八歳の智学があいさつをした。「全く我徒の国体運動が天聴に達したるは、多年逆境にあつての努力がこゝに凝結してかゞやかしき一輪の花と咲いたもの即ち吾等の前途に一道の光明を見出したが為めである」と、この天杯下賜を自ら意味づけている。さらに、「かくして国体運動に折紙がつけられた次第であるから、この点からは公々然として私も同志と同じ量同じ質を以て、この光栄を喜ぶものである」とのべている。[57]『天業民報』では、すでに智学の表彰を「純正国体運動に対する国家が始めての公認」と位置づけていた。[58]つまり、国家が国柱会の国体運動を公認した出来事として捉えていたのである。智学のあいさつのあと、「君が代」の雅頌と「天皇陛下万歳」の唱和、祝賀の清興へと移り、舞踊や大典の映画上映など、祝賀会は盛大に行われた。翌日は、「国醇会」[59]（江戸趣味の研究会）による祝賀会が世田谷の北原白秋邸で開かれ、高村光雲や市島春城、香取秀真らが参列している。

一方、統一閣での祝賀会には、野口日主や鈴木日雄などの顕本法華宗僧侶、佐藤鉄太郎や岩野直英らの軍人、山田三良や小林一郎といった法華会関係者、統一団や正法護持会などの在家団体の成員が集まった。[60]各氏の祝詞や祝電の披露、記念品の授与につづいて、六二歳の日生は答辞をのべた。そのなかで、四恩（父母・衆生・国王・三宝への恩）を語っている。とくに国王（国家）に対する次の発言に注目しよう。

「国家に於きましては洪恩の辱《かたじ》けないのは、私は明治時代に永く［人生を―筆者注］送りましたが、我国運の興隆は実に目覚しいもので、それを思へば皇室の大恩は誠に尊い。超国家をいふ宗教家や学者もありますが夫等は正当でなく、自分は正しく其洪恩を感謝出来ることを難有《ママ》く思ひます。又大師号の追諡もあり、更に今度表彰を受けた以外にも多大の関係あることに就て感謝致します。[61]」

ここには、日生の率直な見解が表明されている。「皇室の大恩」を内在化し、「大師号の追諡」や今回の「表彰」など、国家への感謝を実直に語っている。二〇日には妙国寺でも品川の信者主催の祝賀会が催され、翌年一月二〇日には「社会教化大講演会」が社会功労恩賞祝賀会として開催され、日生の教化活動はつづいた。

以上、両者にとって、この恩賞はたいへん感慨深いものであった。一九二二年（大正一一）の立正大師諡号宣下とこの天杯拝受は――ふたりにとって――国家と日蓮主義運動との公的な交渉を意味していた。政府とのこうした関係を踏まえて、翌年、両者は教化総動員令に応じた教化運動を大々的に展開することになる。この運動こそが一九二〇年代の日蓮主義運動の到達点となった。

三　教化総動員への全面参加

天皇即位礼の翌一九二九年（昭和四）八月、文部省によって、教化総動員が提唱された。「経済国難・思想国難・政治国難」の三大国難が喧伝される危機的な社会状況のなか、七月二日に成立した浜口雄幸内閣が実施した教化政策が、この教化総動員である。[62]『教化動員実施概況』に沿って、その「要旨」と「方法」を一瞥しておこう。

「熟々国家の現状を察するに、世局重大にして、時難頗る急迫せるものあり」と、「要旨」ははじまる。[63]国民精神作興詔書渙発以来六年を経過したが、「浮華軽佻の習」がかえって深刻化している「民心の弛緩」の思想問題、また、「国家経済の危機将に目睫に迫らんとす」る経済問題は深刻であった。「当面緊急の問題」は「国民精神の作興と財政経済の整理緊縮」であり、この問題を解決するために教化総動員が提唱された。運動の趣旨として、（イ）国体観念を明徴にし、国民精神を作興すること、（ロ）経済生活の改善を図り、国力を培養することが掲げられた。[64]この教化運動は「官民の協力」のもとに実施されたが、とりわけ中央教化団体連合会（前年四月に教化団体連合会を改称、以下、連合会と略）の協力があった。連合会は、この年の三月、これまで除外されていた宗教団体や青年団、婦人会、在郷軍人会などの諸団体も教化団体として認めることを決定していた。「国民の道徳的向上を目的として思想を善導し、社会を改善する」あらゆる団体は、教化団体として認められた。[65]『教化動員実施概況』の「要旨」には「各宗教団体は其の独自の立場に於て、又は道府県教化団体連合会と連盟して、所属の布教機関に依り本教化運動に当たること」と明記されており、[66] 宗教教団の参加を呼びかけている。具体的な教化の「方法」（手段）としては、教化綱領ならびにパンフレットの編纂、映画の製作、ポスターの製作領布や通俗的読物の編纂、講演・講話の開催（講談、浪花節、ラジオの併用）などがあげられている。

八月五日、小橋文部大臣は各教化団体代表者を招いて協力を求めた。そのなかには、連合会の山川健次郎会長や常務理事の松井茂とならんで参与の本多日生の姿もあった。[67] 以下、地方長官会議への訓示の発令（六日）、文部省直轄諸学校、公私立大学、公私立および専門高等学校に対する訓令の発令（九日）、教化関係団体代表者三二名を集めての懇談会（一六日）、学務部長会議の開催（二三、二四日）、社会教育主事会議の開催（二六、二七日）といった準備が進められた。そして、九月四日の東京市を皮切りに各地で講演会を開催し、「国民の覚醒を促す」ための教化活動が実施されていった。

総動員の起点となった東京では、次のような団体が参加した。①東京府、②市区町村、③教化団体（神職会、宗教団体、教育会、社会教化篤志家等）、④公私立中等学校、小学校、実業補習学校、青年訓練所、各種学校等、⑤男女青少年団体其他修養を目的とする団体、⑥在郷軍人会、婦人団体其他の諸団体である。総動員の趣旨を徹底するため、各団体に対する会議が開かれ、団体代表者に通牒や依頼状が発送された。九月四日の日本青年館での「教化大講習会」の開催にはじまり、講演会、講習会講座、活動写真映画会、音楽会が催され、ポスターやパンフレットなどの印刷物が配布された。そのなかには、知法思国会と明治会の姿もあった。

知法思国会による教化活動

結成当初、知法思国会は、会員だけの懇談会しか行なっていなかった。しかし、当時の「思想国難」への対策のため、新たな教化運動を起こそうという意見が会員の間で出され、具体的な方針を検討するために、この年（一九二九年）の四月一五日、池上で発起人会が開かれた。[68] 日生をはじめ、日蓮宗の増田海円、柴田一能、加藤文雄、法華宗の藤平日学、本門法華宗の三吉顕隆の代理者がそれぞれ参加し、以下のことを決定している。まず、役員が決められ、顧問に日蓮宗の酒井日慎、望月日謙、神保弁静、岡田教篤、影山佳雄と法華宗の藤平が、理事に顕本法華宗の日生、日蓮宗の増田、柴田、加藤、斉藤舜楞と本門法華宗の三吉がそれぞれ就任した（五月三日に日生が理事長に就任）。また、当面の事業として五月から毎月東京で講演会を開くこと、時期をみて五大都市での運動の促進、入会勧誘を教団によらず有志個人へ行なうことなどが決められ、さらに宣言の文案が協議された。ちなみに会員は、この時点で僧俗一〇〇名を数えた。

教化総動員に先立つ五月一七日、東京朝日新聞社講堂で創立大会と講演会が開かれた。[69] 柴田の開会の辞と趣意書の説明、日生の宣言文朗読、下村文部省宗教局長の祝辞とつづき、酒井日蓮宗管長、井村顕本法華宗管長、藤平法華宗前管長、田中智学国柱会前総裁の祝辞が朗読された。藤平の祝辞には「若シ夫レ本会ノ活動ニヨリテ内門下ノ結合統一ヲ促進シ、外国民思想ノ善導教化ニ資シ以テ法国冥合ノ理想ノ一端ヲモ実現スル事ヲ得ハ吾人ノ歓喜何物カ之ニ過キンヤ」とある。[70] 知法思国会の活動に対して、「善導教化」の一方、門下統合の期待を寄せていたことがわかる。しかし、知法思国会の活動に関しては、日生や日蓮宗僧侶たちはあくまでも門下有志の参加と規定していた。祝辞についで、祝電の披露と佐藤梅太郎理事のあいさつが行なわれ、五分間の休憩をはさんで講演会がはじまった。「教化に就ての希望」（日生）、「国民の誇」（井上一次陸軍中将）、「時局対応の教化」（佐藤鉄太郎海軍中将）、「国難旺盛の時代」（加藤）が講演された。この日以降、知法思国会の「時局対応の教化」が実行されていくことになる。

創立大会以後、第七回懇談会（六月一五日、於有楽町日本倶楽部）、教化大講演会（一一三日、於湯島小学校講堂）、

第二回教化大講演会（七月一七日、於浅草区役所公会堂）と着実に活動を重ね、八月の教化総動員を迎える。『教化動員実施概況』には、教化団体連合会の「道庁各府県実施概要」と各民間教化団体の「計画要綱」が掲載されており、前者には、中央教化団体連合会や大日本連合青年団、大日本連合女子青年団、財団法人修養団、希望社、財団法人報徳会、国本社、帝国在郷軍人会などとならんで、知法思国会と明治会の「計画要綱」が載っている。また、各宗教団体の「計画要綱」も載っており、日本基督教連盟、神道各教連合会、財団法人全国神職会、仏教連合会が名前を連ね、仏教宗派として天台宗、真言宗、浄土宗、臨済宗、浄土真宗の各宗派、曹洞宗、黄檗宗、時宗、融通念仏宗の「計画要綱」が収められている。日蓮門下からは顕本法華宗、本門宗、本門法華宗、法華宗が掲載されている。

ここで、このなかに掲載された知法思国会の「教化総動員に関する実行事項[71]（昭和四年九月二十八日）」をみてみよう。おもな活動内容として、(一) 各種印刷物を以て教化に貢献すること、(二) 各処に講演会を開催すること、(三) 街頭教化を実行することが掲げられている。講演会は九月一三日の東京市浅草の報恩閣[72]、一五日の統一閣での公開講演にはじまり、以下の日程が予定されていた。名古屋市の日本車輌従業員講話と豊田紡績男女工講話（一九日）、同市の菊井紡績男女工講話と藪下紡績男女工講話、教化会館公開講演（二〇日）、同市の押切紡績男女工講話と東洋紡大曽根工場講話、四日市市の安楽寺公開講演（二一日）、名古屋市の豊田紡績男工講話と同社新川工場男工講話、瀧定商店員講話（二二日）、京都市の妙満寺公開講演（二三日）、大阪市の蓮成寺婦人会講演と神戸市の神戸小学校講堂講演（二四日）、大阪市の逓信局監理課職員講話と天王寺区役所楼上公開講演（二五日）、川崎市の公会堂公開講演（二六日）、東京市の統一閣婦人部講話と柴田商店員講話（二八日）。スケジュールは一〇月二七日までつづき、計三九回の講演会が組まれていた。また野外教化講演会（街頭教化）として、一〇月一、二日の明治神宮前にはじまり、上野公園（三日）、本郷新花公園（四、五日）、京橋区南槇町大通り（六、七日）、日本橋区浜町公園（八、九日）、牛込神楽坂毘沙門内（一〇、一一日）、千葉県市川町（一二日）など、一〇月三〇日までの間に合計二〇ヶ所での活動が計画されている。

では、実際の様子を確認していこう。知法思国会の教化活動は――「実行事項」には記されていないが――秋晴れの九月一四日土曜日、本所区外手町の外手小学校講堂での講演会にはじまる[73]（前日に報恩閣で講演会が開催されたかは不明）。午後六時半の開会の時点で、早くも三〇〇名の聴衆が集まった。まず、関東大震災の記念映画が上映され、七時半に講演会がはじまった。梶木顕正の開会の辞、中村藤吉の国民精神作興詔書の奉読があり、柴田一能の「国家観念の謬を是正せよ」の講演とつづいた。ついで小林一郎が「復興の根本義に就て」と題して、精神的な復興こそが真の復興であると力説した。在郷軍人会本所区分会副長の喜多武秀が所感をのべて閉会を告げ、小田糧水による琵琶演奏「日嗣の皇子」の余興が披露されている。最後は、統一団理事の岩野直英海軍少将の発声による万歳三唱で一一時に閉会となった。講演会の内容をみると、震災の映画上映、国民精神作興詔書の朗読、柴田と小林の講演というように、教化総動員の基本趣旨（のひとつ）である「国体観念を明徴にし、国民精神を作興すること」の徹底が図られていることがわかる。また、これまで日蓮門下が取り組んできた教化活動とも一致していた。

翌日の日曜日――「実行事項」の予定通り――統一閣で日曜講演が午後二時から開催され、日生が「信仰の根拠」を論じている。講演会が終了した五時からは、知法思国会の理事会が開かれ、街頭教化に関して協議された。矢野茂や望月日謙も参加している[74]。以後、街頭布教の準備が進められ、日生は名古屋に転じた。一九日の日本車輌の従業員への講話を皮切りに、二二日まで講話をしている。二一日（二二日？）の夜には教化会館で教化講演会が催され、日生は「教化総動員に関する予の所見」を講じた[75]。さらに二四日には、神戸小学校講堂で佐藤皐蔵陸軍中将と一緒に講演をしている[76]。こうしてみていくと、日曜講演や自慶会講演が教化総動員の教化運動にあてられていたことがわかるであろう。

なお、教化総動員に関する日生の見解は、先の「教化総動員に対する予の所見」（『教』四巻一二号、昭和四年一二月号）に示されている。日生は、「日本では善い事があつてもそれがなかなか行はれない、陛下から国民精神作興詔書の詔書を戴いたならば、直に国民運動を起さなければならぬ」という。しかし、それが徹底せず、「国民運動の訓練といふことが日本に於ては非常に欠けて居る、僅かな事を徹底せしむることが出来ない」と歎いている。中央教化団体連合会の参与でもあった日生にとって、今回の教化総動員はこの「国民運動の訓練」であった。さらに宗教家として、宗教を中心とした「恒久の教化」を訴え、「宗教的信念を一般の国民に与へなければならぬ」と主張する。そして、「無論国体の結構な事は謂ふまでもない事であるけれども、たゞ一も国体、二も国体と言つて居りては益々国民の反抗的気風を助長するだろう」とのべ、持論の三教統一論を説いている。「法華経の教を能く考へて開顕統一といふ理想に基いて三教を融合すれば、各々その処を得て、いづれもが立派な活動を現して来る」のである。[77]『法華経』（日蓮主義）にもとづく「国民運動」という位置づけのもと、日生は教化総動員に取り組んでいった。

一〇月一日、知法思国会による約一ヶ月間（三四日間）におよぶ街頭教化が開始された。[78] すでに理事会では活動方針が決議され、九月一〇日頃から統一閣内の本部事務所では、磯辺満事（統一団事業主任、法悦協会代表）、梶木顕正（統一団事業主任、顕本法華宗僧侶）、山口智光（顕本法華宗僧侶、顕本宗学会）、伊東竹三郎（知法思国会理事、本郷正道会代表）、覚義章（顕本法華宗僧侶）らがその準備に奔走していた。「知法思国会街頭布教大運動記（其一）」（以下、「大運動記」と略）の報告記事冒頭の発言に注目しよう。

「愈々政府も教化問題の重大なる事を自覚したらしい、我が知法思国会年来の願望であるが故に此の機会を善用して予ねての教義を拡張すべく本会の幹部総動員のもとに不取敢十月一ヶ月間に亘り野外教化運動を行ふ事となつて理事会の決議を経た、名士と無名士を問はず全く老若を挙げての大運動である」。[79]

ここでは、知法思国会が政府の教化政策を「善用して予ねての教義を拡張すべく」、活動に取り組むことを明言しており、両者の利害が一致していたことがわかる。九月二九日日曜日、統一閣で最終的な打ち合わせ会が開かれ、いよいよ運動の火蓋が切られた。

一〇月一日午後六時五〇分、山口、寛、梶木の三人を中心として、会員や同志たちは集合場所の赤坂区南青山の安川邸を出発し、明治神宮前へ向かった。「知法思国」「立正安国」と大書された大旗を先頭に、日生揮毫の「南無妙法蓮華経」の玄題が染め抜かれた約二・四メートルの大旗二旒、「知法思国」「広宣流布」と記された赤と紫の警句旗を押し立てながら、二列縦隊で会場へ行進した。手にはメガホンや手毬提灯を握りしめ、行進中は大太鼓が打たれ、玄題の行進曲が合唱された。午後七時、会場である明治神宮前の安田銀行青山支店に到着。「知法思国の歌」（小林一郎作詞、岡野貞一作曲）が歌われ、山口智光が開会を宣言した。教化団体の働く会代表の峰田一歩が「働け報ひられん」を説いた。数人の演説につづき、日生が登場し、三〇〇名の聴衆が玄題旗を取り囲んだ。現在の国状を招いた原因が宗教を侮蔑した結果によると指摘し、国民精神の根底に宗教心の喚起を促すべき重要性を訴えた。ついで井上陸軍中将が「明治大帝の遺業を憶想して」を演説している。終了予定時刻の九時を迎え、梶木が今後のスケジュールを発表し、閉会を宣言。一同「知法思国の歌」を歌って散会した。応援者は岩野直英や吉田孟子らの軍人のほか、川原謹子や小野鋭子らの地明会会員、知法思国会の一般会員たち約一〇〇名が集まった。

翌日も同じ場所で行なわれた。新たに「知法思国会野外教化大運動」の大旗がくわわり、安川邸を出発した一行は太鼓を打ち鳴らし、メガホンで道ゆく人に参加を呼びかけながら会場へ向かった。安田銀行前には、すでに

図16 1929年（昭和4）**10月7日、東京京橋の南槇町大通りでの知法思国会による教化総動員の教化活動。**写真提供：財団法人統一団。

日生が待っていた。一同到着と同時に「知法思国の歌」（会歌）が合唱され、玄題が唱和された。梶木の開会宣言のあと、宗学林生の玉島英龍が思想問題を、同じく木村智弘が信仰談を語った。つづいて富山県本叡寺の住職である関厚勇が日蓮在世の鎌倉時代の国状を論じて、現在の国民の国体観念に対する是正を叫んだ。さらに数人の演説につづいて、筧がマルキシズム批判を行なった。そして日生が登壇し、人間の重大な心得として、菩薩行による生活が必要であることを訴えた。つぎに小西日喜が「喜びを得る者は幸なり」と題し、信仰による絶対感謝を説いた。この日は地明会や知法思国会の会員のほか、顕本法華宗僧侶や宗学林学生なども応援に駆けつけている。

こうして街頭教化がつづけられた。雨の日は休会となったが、晴れの日は街頭での活発な活動が繰り広げられている。日生は毎日ではないが断続的に参加し、なおかつ各地への教化活動にも駆けつけ講演をしている。

「仏陀を背負ふて街頭へ！　熱烈なる祖国愛に燃えて続々と当夜の集合所京橋菊地家へ馳せ参ずる者正に四十人」[80]。七日目（一〇月七日）、玄題旗と知法思国旗を先頭に出発した一行は、京橋区の南槇町大通りの会場へ向かった。この日の宣伝活動は大いに盛りあがった。大太鼓の伴奏による会歌の合唱ののち、磯辺が演壇に登り、『一昨日御書』の一節を読みあげ、知法思国と運動の意義をのべて開会を宣言した。すでに聴衆は二〇〇名。山田義一の「六十億の国債を如何せん」と春日井欽吾の演説につづき、働く会会長の峰田は「親切に働く者幸福なり」を説き、岩野が難局を打開する日本国民の覚悟をのべた。そして、日生の登場。演壇に立った日生の背後には、「知法思国会野外教化大運動」の大旗と玄題旗が飾られている。一心に日生を見上げ耳を傾ける聴衆に向かって、まず『立正安国論』の一節を朗読した。ついで、「国民一同に自覚して国難を打開するものこれ教化総動員なり、之を知らざる者を『アンポンタン』と云ふ」と断言した。さらに浮華放縦の世相を批判し、共産党の「売国的行動」を排撃し、「知法思国の大義」を提唱して降壇した。しばらくは拍手が鳴りやまないほどだった。つづいて山口が運動の意義と今後のプログラムを発表し、最後に岩野の発声で万歳三唱、会歌の合唱、題目三唱で散会となった。

以上の活動から、玄題旗の奉戴や題目の合唱など、宗教的色彩の強い教化活動が実施されたことがわかる。しかし、演説は宗教的な話題に限定されていなかった。井上や岩野といった軍人や働く会の峰田の参加に象徴されるように、国民精神の作興や経済生活の改善といった教化総動員の趣旨に沿った話題も多い。なお、応援者は地明会や知法思国会の会員、顕本法華宗僧侶が中心だったが、柴田一能をはじめとする日蓮宗関係者も参加している。[81]また、街頭教化は講演会ともリンクして実施され、一三日目の一〇月一三日日曜日には、報恩閣を会場として、教化講習会と統一団の日曜講演が一緒に開催された。

一一月二日をもって第一期街頭教化活動が終了した。[82]この日、浅草の報恩閣（第一部隊）と品川の妙国寺（第二部隊）で教化活動が行なわれた。つづく三日（明治節）には統一閣で講演会が開かれ、三吉、小西、柴田、岩野、日生の講演が行なわれている。理事長の日生から労いのあいさつがたむけられ、「天皇陛下万歳」の唱和で散会となった。この講演会で第一期の活動終了が確認されている。

以上、街頭教化に重点をおいたこの国民教化運動が、一九二〇年代の日生の国体論的日蓮主義運動の集約となった。

明治会による教化活動

一九二七年（昭和二）における明治会の「新国民運動」を終えた智学たちは、翌年も「新国民運動」を中心として活動した。三月三日には国柱会館で「明治会常設講座」を開講する（以後、毎月第四土曜日開催）。一八日には大阪中之島公会堂で「明治会宣揚大会」を開催し、五月には機関誌『明治』を創刊した。この時期、東京南葛飾郡瑞江村一ノ江に「予が宗教事業の結論」[83]と評した妙宗大霊廟を完成させ、四月一五日に落慶式を盛大に挙行している。一一月三～五日には御大典奉祝の明治会第二回大会を開き、一〇日からは京都で大典奉祝の宣伝活動を繰り広げた。明治会大会に際して、智学は「日本国体学」を平易に説いた『日本とは如何なる国ぞ』（通称「国体読本」）を天業民報社から刊行し、その宣伝・普及を図っていくことになる。この著作は読売文献賞で第一席を獲得するが、里見によれば、「日本国体の組織的講述としては、父の諸作品中最も整備し最も一般にとつて明快な筆致をもつて書かれた代表著作」であった。[84]そして天杯拝受となり、一九二九年（昭和四）を迎える。

智学は二月に『明治天皇の哲学』（天業民報社）を、三月に『大国聖日蓮聖人』（春秋社）を出版し、「国体読本」をくわえた三冊の特別上製本を、小笠原長生を通じて、天皇・皇后・皇太后に奉献している。七月には三保最勝閣で夏期講習会が開かれたが、清水港の築港工事のため、国柱会は三保を撤退することになり、翌年に一之江に移転した。

八月、教化総動員令が発せられた。八月三日の『天業民報』二五八六号一頁の「天業時談」と「社会正判／問題の世相」で、教化総動員が言及されている。前者では「とにかく国家が社会教化といふものに、力を尽そうとするに至ッたことを欣んで置かう」とのべられ、後者では「国体観念を明かにし、国民精神を作興することは、吾人の日夜にも忘れざるところ、一切の教化団体をして国体精神に朝宗せしむるだけでも有意義である」と指摘されている。この時点では、教化総動員を評価するというだけで積極的な関与は表明されていない。五日、文部省に教化団体代表者が集まった。明治会も招集され、病気だった智学の代理として長瀧と高知尾が参加した。一六日の教化団体関係者の会議には智学自らが出席している。翌日、智学は下村壽一文部省社会教育局長を訪問し、長時間にわたって意見交換をした。ここで、教化総動員への参加の意志を示すことになる。さらに二三、二四日の学務部長会議と二六、二七日の社会教育主事会議の時、明治会の芸術教化を「一往見せてくれとの希望」が下村から出された[85]。その結果、二四日と二六日、当局者たちへの試演会を催すことになる。なお、明治会本部は一九日付で「国体宣揚大挙宣伝につき明治会の運動方針[86]」を文部省へ提出し、教化総動員への参加を表明した。

この時点での国柱会の意向は、高知尾が『天業民報』二六〇五号（八月二五日発行）に発表した「社会教化の基準」という小文に明らかである。高知尾は「社会教化の基準を確立することが必要である」として、「国民に国体観念の自覚充実を必要とする」ことを強調する。教化総動員令の趣旨（国体観念の明徴と経済生活の改善）を紹介しながら、「吾等の確信によれば、国体観念の充実といふことの中に、国民精神の作興も、経済生活の改善も、国本の培養も含まれてゐる」のであり、これこそが「社会教化の基準」であった。国柱会では、何よりも「国体観念の自覚充実」こそが大前提だった。

二四日、神田一ツ橋の学士会館大講堂で国性芸術が披露された[87]。各府県の学務部長と社会課長五〇余名のほか、中央教化団体連合会の山川会長と松井理事、参与の松村介石、本多日生、今泉定助、蓮沼門三、文部省の栗谷次官や下村社会教育局長、武部普通学務局長、内務省の大野社会部長が参観している。二六日の神田教育会館での

第二回試演会には、各府県の社会教育主事をはじめ、小橋文部大臣や野村、栗谷両次官らの文部関係者、約一〇〇名が参観している。明治会（国柱会）側からは、智学と志村、星野、河野の明治会講師が出席して、解説と説明にあたった。二四日のプログラムは、国性舞踊（創作国歌舞楽、菊の巻、稚郎子、電車、交通巡査、鹵簿、選挙界）、狂言「女権拡張」、国性舞踊（伊企儺、明治神宮、国旗）であった（二六日はほかの国性舞踊と狂言。ただし一部再演を含む）。智学は国性芸術による芸術教化をもって、教化総動員に参加することになる。ちなみに智学は当初から参加に積極的で、教化総動員令に大いに共感している。なぜなら、それは「民心作興の中心を国体精神の宣明に置いた」からであった。「今度の総動員は、劈頭先づ／国体精神を明徴にし／とある、これで万事は定ッた」[88]。文部省の掲げた「国体精神の明徴」に対して、智学は自らの国体運動を重ねたのである。

八月二八日午後六時、国柱会館で明治会委員大会が開かれた[89]。智学、保坂、長瀧、志村、高知尾、星野、武田らの幹部をはじめ、東京近辺の明治会支部の会員たちが集まった。教化総動員に向けての「精神的結束」が図られ、今後の展望が確認された。智学は「明治会蹶起の申告」[90]を演説している。「国体精神の発揚で生まれた明治会は今度の総動員が、その儘吾が主張の反映と見てもよろしいほど、時節到来したものであります」。ここに自らの「主張の反映」ともいえる教化総動員への参加が正式に宣言された。

九月五日、保坂国柱会常任統務は、『天業民報』二六一四号特別付録に「明治会の全国に亘る大活動について――同会協賛員たる我が国柱会会員諸君に望む」を発表する。明治会会員ばかりでなく、国柱会をあげて教化総動員に取り組むべきことが訴えられた。

ここで、前述の「国体宣揚大挙宣伝につき明治会の運動方針」（以下、「運動方針」と略）と『天業民報』の関係記事を通じて、明治会（国柱会）の運動方針を確認しておこう。

一〇月一日から一二月一〇日までの七〇日間、樺太から朝鮮、満州、台湾、沖縄までを網羅する各地の大都市および明治会支部の所在地等九六都市で、百数十回の宣伝活動が計画された。各地域ごとに中央部隊、東北部隊、山陸部隊、畿中部隊、西南部隊および補充部隊の各宣伝部隊にわけられた。宣伝活動は智学をはじめ、保坂、長瀧、志村、芳谷、高智尾、星野、河野、里見、武田といった明治会講師、明治会の芸術部員や雅頌部員、地方芸術補員が担うことになった。宣伝方法は「講演と芸術」とされ、講演、映画、国性芸術、文書の実費提供や施本を通じて、国性芸術による芸術教化と「日本国体学」の通俗講演を実施することが計画された。また宣伝の大方針として、「一に文部省の策励に呼応し主として、先帝　今上御勅諭の聖旨を奉じて、その貫徹を期し、国体精神の普及充実を不退転ならしむる為め、感銘者を収めて本会に加盟せしむる事」が掲げられている。「国体精神の普及充実」は、明治会の活動と直結していた。

なお、毎回の進行は、次のような形式で行なうことを規定している。（一）開会宣言、（二）勅詔奉読（勅詔は神勅、神武天皇建国の勅宣、明治天皇聖訓、大正天皇勅語、今上陛下勅諭のいずれかを当該地域の地方長官が行なうこと）、（三）文部大臣の訓示要旨の朗読、（四）奉頌舞楽「君が代」の演奏、（五）「天皇陛下万歳」の奉頌、（六）日本国体学通俗講演（明治会講師が行なうこと）、（七）国性舞踊の芸術伝道（講師が曲の解説をすること）。こうした運動方針のもとで、宣伝活動が繰り広げられていった。

まず、九月下旬から一〇月上旬にかけて、東京周辺二四ヶ所で「帝都開端運動」が実施され、「国体宣揚大挙宣伝」の教化運動がスタートする。[91] 九月二一日午後六時半、場所は浅草区吉野町の日本家政女学校。明治会浅草支部少年団発会式をかねて、『講演と芸術』の国体宣伝」が開かれた。二三日には南葛飾郡瑞江村瑞江小学校で行なわれ（明治会江東支部発会式を兼ねる）、松江町長、瑞江村長、小学校長、青年団長、村会議員などの町村の有力者をはじめ、五〇〇余名の聴衆を集めている。そのなかには高島平三郎の姿もあった。当日の模様を一瞥すると、奏楽と開会宣言につづいて、小島瑞江小学校長の勅詔奉読、海老原瑞江村村長の式辞、祝電の披露、式舞

日時	日本国体学講演者	場　所	参加人数
9月21日(土)	高知尾誠吉	日本家政女学校（浅草区吉野町）	400名
9月23日(月)	高知尾誠吉	瑞江小学校（南葛飾郡瑞江村）	500名
10月1日(火)	志村伊三郎 星野武男 高知尾誠吉	十思小学校（日本橋区小伝馬町） 青山小学校（赤坂区青山南町） 赤羽小学校（芝区赤羽町）	800名 650名 600名
10月2日(水)	志村伊三郎 高知尾誠吉 河野譲	錦華小学校（神田区猿楽町） 久松小学校（日本橋区久松町） 三業倶楽部楼上（府下亀戸町）	700名 850名 600名
10月3日(木)	星野武男 高知尾誠吉 長瀧泰昇	千桜小学校（神田区東松下町） 小石川高等小学校（小石川区竹早町） 鮫浜小学校（府下大井町）	850名 1,000名 800名
10月4日(金)	長瀧泰昇 保坂麗山	第二小学校（四谷区左門町） 千壽尋常小学校（府下千住町）	400名 650名
10月5日(土)	田中巴之助	明治会本部（下谷区鶯谷）	600名
10月6日(日)	 志村伊三郎 保坂麗山 星野武男	東京市中警世大行列 築地小学校（京橋区） 第一小学校（府下蒲田町） 第三小学校（府下寺島町）	500名 1,500名 1,000名 1,000名
10月7日(月)	河野譲 志村伊三郎	八名川小学校（深川区八名町） 第二瑞光小学校（府下南千住町）	1,000名 2,300名
10月8日(火)	田中芳谷 河野譲	麹町公会堂（麹町区役所楼上） 日暮里第三小学校（府下日暮里町）	250名 800名
10月9日(水)	志村伊三郎 田中芳谷 河野譲	浅草公会堂（浅草区役所楼上） 高田町会館（北豊島郡高田町） 第一小学校（府下入新井町）	2,500名 350名 1,100名
10月10日(木)	田中巴之助	明治会本部（下谷区鶯谷）	300名

表4　帝都開端運動の実施内容

（明治会本部『文部省教化総動員明治会全国大宣伝成績概報』1929年）

楽「君が代」の披露、「天皇陛下万歳」の唱和のあと、記念講演に移った。高知尾が日本国体学通俗講演をし、国性舞踊（「君民一致」「神武田」「静」「選挙界」「嵯峨の月」「伊企儺」の六曲）が舞われている。「君民一致」と「選挙界」をのぞく四曲を智学自らが解説した。この瑞江村は――妙宗大霊廟が創設され――国柱会（明治会）の新たな拠点であった。多くの有力者が参列しているが、以後の活動でも当該地域の有力者を招いている。

以下、帝都開端運動は次のように実施された（表4を参照）。

この帝都開端運動では、二六ヶ所で宣伝し、総動員数は二万二〇〇〇名を数えた。『国民鑑』[92]や警告箋が、一八万九〇〇〇部施本された。明治会への即時入会者も二四八名を数えている。各会場では——運動方針の通りに——勅語奉読や文部大臣の訓示朗読、「天皇陛下」万歳の発声を、当該地域の有力者（区長、町長、区町役員、学校長、区町会議員、名誉職、軍人等）にまかせている。また会場の設営と運営には、在郷軍人会、青年団、町役場区役所員、学校教職員が協力している。このように当該地域と一体になって、宣伝活動を行なった。明治会の教化活動は、文部省の教化総動員の一環として保証されたことで、当該地域の有力者や諸団体の協力を得ることができたのではなかろうか。

以降、各地の宣伝部隊が全国を巡回した。その際、本部から明治会講師や本部職員、芸術部員が派遣され、講師の指導のもとに宣伝活動が実施されている。その詳細は、表5の通りである。全国くまなく回っていることがわかる。

一例として、一一月一三、一四日の仙台市での東北部隊の宣伝活動をみてみよう[93]。一二日午後三時、志村率いる東北宣伝隊一行六名が仙台に到着した。明治会仙台支部（国柱会仙台支部）の会員は五隊にわかれ、支部旗、提灯、小旗をもって市内各所で宣伝に従事した。翌日は朝から宣伝を行なっている。午後六時から宮城県と仙台市の共催による「教化総動員明治会全国大宣伝」の講演会が仙台公会堂で開かれ、二〇〇〇余名の聴衆で会場は満員となった。県や市の役人、市議会議員、工兵二大隊三〇〇名が参加した。野村七兵衛仙台市学務課長の開会宣言にはじまり、仙台市長の山口龍之助の国民精神作興詔書の奉読、池田忠作宮城県学務部長の文部大臣訓示の朗読、明治会の芸術部員の松本佐一郎と山口本子の舞楽「君が代」、山口仙台市長の発声による「天皇陛下万歳」とつづいた。ついで志村が「日本国体通俗講演」を行ない、志村の解説による国性舞踊で九時三〇分に閉会とな

部隊名	日程	主任講師	巡回場所	参加人数
東北部隊	10月14日 〜 11月19日	志村伊三郎	北海道札幌市、小樽市、釧路市、上富良野、旭川市、室蘭市、函館市、青森市、青森県三戸町、弘前市、秋田県小坂町、秋田市、秋田県横手町、盛岡市、仙台市、宮城県石巻町、同鹽釜町、同白石町、福島市の26ヶ所	4万2,670名
山陸部隊	10月12日 〜 11月28日	星野武男	米沢市、山形市、酒田町、新潟市、佐渡の両津町、同新穂村、同相川町、同小木町、長岡市、柏崎市、高田市、高岡市、富山市、金沢市、福井市、福井県鯖江町、同神明村、長野市、松本市、上諏訪町、上田市の7県23ヶ所	4万3,100名
中央部隊	10月19日 〜 12月7日	保坂麗山、長瀬泰昇、高知尾誠吉、武田甲子太郎	茨城県日立町、福島県平町、宇都宮市、栃木県太田原町、下谷区鶯谷の明治会本部、高崎市、足利市、栃木町、群馬県館林町、横須賀市、埼玉県大宮町、馬込町、中野町の13ヶ所	1万3,700名
畿中部隊	10月13日 〜 11月19日	田中芳谷	横浜市、沼津市、静岡市、浜松市、豊橋市、愛知県大野町、四日市市、津市、奈良市、和歌山市、堺市、大阪市南区、此花区、明石市、岡山市、岡山県高梁町、呉市、広島市、山口市、鳥取市、米子市、松江市の22ヶ所	2万2,000名
西南部隊	11月7日 〜 11月19日	田中芳谷	門司市、小倉市、八幡市、松山市、高松市、徳島市、高知市、今治市の9ヶ所	1万1,500名
補充部隊	11月3日 〜 11月6日	里見岸雄	京都府新米鶴町、大津市、岐阜市の3ヶ所	2,450名
特別部隊	11月5日 〜 12月7日	田中巴之助（途中で里見岸雄に交代）	京都市、大阪市、下関市、福岡市、佐世保市、長崎市、佐賀市、大牟田市、熊本市、大分市、神戸市、名古屋市の計16ヶ所	3万6,100名

表5　全国宣伝各隊の成績概略

（明治会本部『文部省教化総動員明治会全国大宣伝成績概報』1929年）

（注）なお、巡回場所中、一ヶ所で複数回開かれた所もあった。

った。この日は五名が明治会に入会し、『日本国体とは如何なるものぞ』が九部売れている。

翌日は市内の大同生命保険株式会社楼上で、志村らの同席のもと、明治会仙台支部の発会式とあわせて宣伝活動が行なわれた。八〇名が集まったが、そのなかには来賓の長門頼三県教育主事や野村学務課長の姿もあった。志村たち一行は一五日には石巻町に向かい、仙台支部の会員たちは石巻町や塩釜町（一六日）、白石町（一七、一八日）での宣伝大会の応援に駆けつけている。大会には、やはり県の社会教育主事や町長などの有力者が参加している。これらの地域では、宮城県と仙台市や町の主催で宣伝大会が開催されているが、その実行部隊は明治会仙台支部（国柱会仙台支部）の会員たちであった。こうした活動が各地で行なわれたのである。

七〇日間におよぶ明治会全国大宣伝の教化運動を総合すると、宣伝日数七〇日、宣伝箇所一四七ヶ所、総聴衆一九万三二〇〇名、『国民鑑』の施本部数六万部、ポスター二万五〇〇〇枚、警告箋等一三八万一〇〇〇部、即時入会者一四二三人を数えた。国柱会はじまって以来の大規模な活動であった。ちなみに、大量の聴衆を動員しているのにくらべて、ここでも入会者が少ないことがわかるであろう。

ところで宣伝期間中の一一月八日、智学が倒れた。特別部隊による大阪中之島公会堂の宣伝大会でのことである。大会は午後六時半からだったが、午後二時、智学が突然、脳溢血で倒れ、そのまま大阪医科大学に入院している。講演は里見が代講したが、国柱会内に衝撃が走った。ただ、その後の経過は順調で、二五日には退院し、一二月一二日には帰京している。

一二月一五日、「教化総動員明治会全国大挙宣伝終結感謝報告大会」が日比谷公会堂で開かれた(94)。三五〇〇名が集まり、昼夜二回にわたって盛大に執り行なわれた。午後一時に昼の部が開幕した。舞台正面には金屛風を背景に明治会本部旗が安置され、左右には紅緑の幔幕が張られ、それを背にして伶人、その前に来賓が着座した。向かって右側に田中光顕伯爵、長崎宮中顧問官、牛塚東京府知事（代理）、長岡陸軍中将、文部大臣代理の中川

図17 1929年（昭和4）**12月15日、日比谷公会堂での教化総動員明治会全国大挙宣伝終結感謝報告大会の風景。椅子に座っているのが智学。**写真提供：宗教法人国柱会。

次官、保坂大会委員代表、司会者の山口禎太郎、左側に浜口総理大臣の祝辞朗読者、逓信大臣祝辞朗読者、陸軍大臣祝電朗読者、丸山警視総監、商工大臣祝辞朗読者、東京市長（代理）、下村壽一文部省前社会教育長（一〇月八日に辞任）がならんだ。まず、全国各地の成績報告にはじまり、各宣伝隊のあいさつ、浜口首相をはじめとする各大臣、警視総監、東京府知事、東京市長などの名士たちの祝詞と進んだ。そのあと式舞楽「羅陵王」が披露され、「主唱者挨拶」では長瀧智学の代読をつとめている。式舞楽「君が代」と「聖壽万歳」とつづき、一〇分の休憩をはさんで紀念講演となった。田中光顕の「所感」、下村壽一の「教化の真諦」、休憩をはさんで国性芸術が実演されている。午後六時からの夜の部も同じ式次第だった。紀念講演では四天王延孝陸軍中将が「敵は何処にありや」を語り、主唱者の講演では田中芳谷が智学の「なぜ明治会が必要か」を代講した。また、宣伝活動の実写映画も上映されている。

以上、この全国大挙宣伝の教化運動は、これまでの国柱会にはない大規模な大衆動員を実現した。明治会の「新国民運動」とこの教化運動が、一九二〇年代の田中智学の国体論的日蓮主義運動のピークであった。

本多日生の逝去

一九三一年（昭和六）三月一六日、日生は癌腫性胃潰瘍のため、品川の妙国寺で逝去した。享年六五歳。この年は日蓮六五〇遠忌の年であった。五月一六日、妙国寺で本葬が営まれている。井村顕本法華宗管長の歎徳文にはじまり、田中隆三文部大臣の弔辞以下、田中智学国柱会総裁、酒井日慎日蓮宗管長、岩野直英統一団代表、宮原六郎統一団協賛会、加藤文雄知法思国会代表、川原謹子地明会代表、中島徳蔵東洋大学学長、大橋清太郎品川町長、秋沢吉蔵妙国寺信徒代表各氏の弔辞が捧げられた。葬儀には佐藤鉄太郎や細野辰雄などの軍人、山田三良や姉崎正治の学者、また日生が組織したり、関係した団体関係者など、数百名が参列した。

『統一』四三五号（昭和六年六月号）は「聖応院日生上人追悼号」として編まれ、次のような日生ゆかりの人びとが追悼文を寄せている。井村、酒井、鈴木日雄（顕本法華宗僧侶）、山川智応、柴田一能、加藤文雄、井上清純、井上哲次郎、加藤咄堂、境野黄洋、今泉定助、大迫尚道、小笠原長生、佐藤皐蔵、下村壽一、井上一次、岩野直英、佐藤鉄太郎、宮原六郎（智学は弔辞を寄せている）。この顔ぶれに日生の交友関係――日蓮主義ネットワークの広さ――を垣間みることができるであろう。なお、七月二六日には野口日主が六六歳で逝去し[95]、この時期、顕本法華宗はあいついで人材を失うことになる。ちなみに日蓮主義青年団の時友仙次郎も、三月二二日に亡くなっている。

日生は、逝去する二年前の一九二九年（昭和四）、僧俗一〇名（磯辺満事、梶木顕正、河合陟明、小西日喜、柴田武治、田中道爾、中村清一、宮原六郎、山口智光、和賀義見）に自らをくわえた計一一名からなる同師会を結成し、後続を託した。また統一団の「法統擁護」を期して、逝去の前年の一〇月一八日に統一団擁護会を設立している。同年一二月一六日には統一団協賛会と改称し、宮原六郎が会長に就任した[96]（のちに上田辰卯）。そして日生逝去後の一九三二年（昭和七）六月二三日、統一団は財団法人の認可を得る。翌年二月一一日には小石川の音羽に統一会館を建設し、磯辺が主事として事務を担当した。

統一団と顕本法華宗との関係はどうなったのだろうか。日生遷化後、統一団の事業主任であった梶木顕正と高木鐳三郎が辞任して、『統一』の発送や通信などの事務が滞っており、知法思国会の事務や自慶会の開催も放擲されていた状態だった。団員は井村と会見し、統一団の将来を協議することになる。日生の本葬から一ヶ月半後の七月一日のことである[97]。矢野茂と岩野直英を先頭に柴田武治、磯辺、山口や和賀ら二〇数名が集まった。懇談会では、今後も宗団（宗門）の経済的援助と僧侶の講演協力、さらに（統一閣の建立で合併された）盛泰寺の檀家の理解のもと、「円満に」運営していこうとする提案が井村からなされた。しかし、「色々の問題はあるが、現在では先づ皆が朗らかな気分で顕本法華宗団を中心にして進めばよろしい」との井村の発言に柴田が反発した。「統一団は一顕本法華宗のものではありますまい、（中略）私は統一団をして一顕本の宗団に狭くおし込めんとすることは甚だよくないと思ふ、モット広く大きく包容することが本多上人の御心持であつたやうに信じます」とのべた。それに対して、井村は「統一団は顕本のものであるから、団員は無論顕本に隷属すべきである」と反論し、両者の亀裂は決定的となった。

八月二六日、顕本法華宗宗務庁は「宗内寺院へ無代発送ノ統一誌ハ一時中止相成度候」との通達を出す。統一編集部は、購読申込者のみに対して発送する旨を九月一日付で通知した[98]。ここに、顕本法華宗と統一団との関係は断絶する。顕本法華宗僧侶は新たに『統一主義』を創刊し、統一団とは別行動をとっていく。日生の逝去を契機として、日生の組織してきた日蓮主義運動は解体していくことになる。

満州事変と晩年の田中智学

一方、智学は教化総動員の翌年四月、療養先の静岡興津から一之江申孝園に移住した。のちに本部と師子王文庫も移転されることになる。この年（一九三〇年）の二月には「国体主義政治の宣言」を公表したが、[99]これは宣言しただけで終わっている。また教化総動員令に呼応した第二期の宣伝活動が企画され、七月下旬からの一ヶ月間、四ヶ所で「国体学講習会」を開催した。しかし、前年のような昂揚はみられなかった。

翌一九三一年（昭和六）、日蓮門下は日蓮六五〇遠忌の法要を各地で行なった。国柱会も、一之江講堂の落慶式とあわせて法要を四月一二日に修めている。また、三月には報恩宣伝として『法華経魂魄』（天業民報社）を出版し、五月には報恩伝道として、身延で高知尾、志村、芳谷らの講師が交代で野外宣伝をつとめた。智学も一〇日に登詣し、講演している。この時、一六日に営まれる日生の本葬で読み上げる弔辞を書き上げている。

この六五〇遠忌に際して、四月三日、日蓮門下は文部省と宮内省に「立正」の勅額拝戴を請願した。この奏請文の起草を手掛けたのが、智学であった。六月一七日、日蓮門下は文部省から勅額下賜の伝達を受け、一〇月一日、宮内省で「立正」の勅額と下賜の沙汰書を受け取った。当日は池上本門寺で勅額拝戴式が挙行され、翌日には身延山久遠寺で拝戴式が行なわれている。[100]国柱会会員七〇〇余名も身延に直行し、拝戴式に参列した。

勅額拝戴式に先立つ九月一八日――石原莞爾を主導者とする――満州事変が勃発する。智学は「満蒙解決」を一一月七日の『天業民報』紙上に発表した。[101]また一五日には明治会の会員を召集し、明治神宮前で満州事変の解決を祈念している。この時、「明治会新国民運動が皇国の重大時局に対し新に特殊運動を起す宣言」を公表した。[102]智学は満州事変を「日本建国の大精神を発揚すべく、皇祖建業の首長たる世界絶対平和の実現第一歩を開くべき、天の計ひ」ととらえ、「日本国体学」をもって、満州事変の道義性を保証し、「全世界の道義的統一」を訴えた。

そして政府当局、軍部当局、枢機当局、帝国議会、各派政党、知識階級、財力階級、労働階級、新聞雑誌、教化階級の各方面に時局対応の行動を要請し、これらの各方面と国際連盟に電報を発している。慰問使として田中芳谷と鹿山照谷、杉浦荷峰を満州へ派遣することになり、一二月一日には日比谷公会堂で「満州問題徹底解決大講演会」とともに慰問使発遣式が挙げられた。また翌年一月から、『天業民報』は『大日本』と改題され、以後、さらなる時局対応の活動が展開されていくことになる。しかし、往年の活動の活発さはみられなかった。

以降、『師子王全集』第一輯全一二巻（師子王全集刊行会、一九三二年）にはじまる智学の全集や各講座本の刊行があいついだ。『日蓮主義新講座』全一二巻（師子王文庫、一九三四年）や『日本国体新講座』全一二巻（師子王文庫、一九三五年）、『師子王全集』第二輯全一二巻（一九三六年）、『師子王全集』第三輯全一二巻（一九三七年）などが出版されている。

そして一九三九年（昭和一四）一一月一七日、田中智学は七九歳でこの世を去ることになる。

注

（1）『田中智學自伝―我が経しあと』第九巻（師子王文庫、一九七七年）、三頁。
（2）同前、一頁。
（3）『明治大帝論』は、刊行を準備していた『日本とは如何なる国ぞ』（一九二八年、天業民報社）の一節であるが、先に小冊子として刊行されたものである。『明治天皇の哲学』は、一九二七年（昭和二）八月、三保最勝閣で開催された「国体宣揚大講習会」（明治会主催）での講義録である。
（4）『日本国体の研究』（真世界社、一九八一年、原著一九二二年）、九七〇頁。
（5）『明治大帝論』（一九二七年、天業民報社）、七頁。
（6）『明治天皇の哲学』（一九二九年、天業民報社）、九頁。
（7）明治会については、田中香浦監修『国柱会百年史』（宗教法人国柱会、一九八四年）「第十五章　派生した活動と団体」のなかの「明治会」が参考になる。
（8）「明治会創立の宣言」（『天業民報』一五六七号、大正一五年一月三日発行、三頁）。以下、ここから引用する。
（9）山川編『真宗教と真国家―日蓮主義に於ける宗教と国

家』（天業民報社、一九二六年）、凡例四頁。

(10) 同前、四二頁。

(11)「戒壇基金厳規」（『国柱教壇』天業民報特別付録、大正一五年五月七日発行、一頁）。

(12) 高知尾誠吉編『君意民声の結晶　明治節―明治節請願の顛末』（天業民報社、一九二七年）、二一―三〇頁。

(13)「国体主義の実行を申し合せて／天業民報外六団体の連合大会―明治節制定の促進を決議す」（『天業民報』一八八七号、昭和二年一月二五日発行、三頁）。

(14)「明治節制定の感謝式典」（同一九三四号、同年三月二三日発行、三頁）。

(15)「青葉の上野に／新国民運動の第一烽火／田中先生の大師子吼!!」（同一九七九号、同年五月一五日発行、一六頁―一七頁）。

(16)『新国民運動を開始するに臨み国柱会々員に告ぐ』（師子王文庫、一九二七年）、二頁。

(17) この『日蓮主義』の編集・印刷は智学に委任され、この年の一〇月一三日に創刊されたが、きわめて国柱会色の強い誌面構成となった。そのため、宗内から「騒然たる避難」が惹起し、新年号から宗務院が編集にあたるという騒動になる（『法華』一四巻一二号、昭和二年一二月、八九頁）。

(18) 前掲書『新国民運動を開始するに臨み国柱会々員に告ぐ』、一五頁。

(19)「支部設置及準備地方」（『天業民報』二〇三三号、昭和二年七月一七日発行、一五頁）。

(20)『天業民報』二〇三四号（同年七月一九日発行、一頁）。

(21) 講習会の模様は『天業民報』二〇五〇号（同年八月六日発行）以降、随時報告されている。

(22)「三保講習会の記」（同二〇六九号、同年八月二八日発行、一〇頁）。

(23)「最勝閣に開らく／国体宣揚大講習会（第五信）」（同二〇五五号、同年八月一二日発行、三頁）。

(24)「新国民運動は全国に展びる」（同二〇六九号、同年八月二八日発行、一四頁）。

(25) 同前、一五頁。

(26)「十一月三十日午前十時／明治会員一万人突破／協賛員また三千人を数ふ」（同二一四三号、同年一二月三日発行、三頁）。この点は、国柱会の神野進氏にご教示いただいた。

(27) 中央教化団体連合会『全国教化団体名鑑』（財団法人中央教化団体連合会、一九二九年）、三〇八頁。

(28) 大会の模様は、『天業民報』号外（昭和二年一一月六日発行）から同二一二六号（同年一一月一二日発行）にわたって報告されている。また、「明治会大会の記」（同二一四四号、同年一二月四日発行、五―一五頁）も参照のこと。

(29) のちに『日蓮主義精要』（中央出版社、一九二九年）に所収。

(30)『本尊論』（立正結社本部、一九二五年）、一二五頁。

(31) 日蓮門下における本尊論は、法本尊論（「妙法蓮華経」を重視）、人本尊論（本仏釈尊や宗祖日蓮を重視）、人法不二本尊論に大別される。日生の本尊論については、長谷川義一「近代の教傑本多日生上人」（『統一』四〇〇号、昭和二〇年三月号）「五、日生師の教学」（のちに『什門教学伝統誌』妙顕寺、一九五八年に所収）と笹川義孝『日蓮聖人の事観論』（山喜房佛書林、一九七〇年）の「本多日生上人の本尊論」が詳しい。ちなみに智学は、「佐渡始顕の曼荼羅」に開示された人法一如の本尊（人法不二本尊論）を採る。智学の本尊論については、『妙宗式目講義録』第四巻（師子王文庫、一九〇四年、二四七九―二五六四頁）と『本尊造立私議』（展転社、一九八七年）をみよ。山川智応『本門本尊論』（浄妙全集刊行会、一九七三年、原著一九三七年、三二一―四〇八頁）は、日生、田辺善知、清水龍山、清水梁山、智学の本尊論を整理している。また、茂田井教亨「本尊論の展開――田中智学と本多日生との比較」（望月編『近代日本の法華仏教』平楽寺書店、一九六八年）も参考になる。

(32) 稲垣真美『仏陀を背負いて街頭へ―妹尾義郎と新興仏教青年同盟』（岩波書店、一九七四年）、七二頁。

(33) 『妹尾義郎日記』第三巻、一六二頁。

(34) 稲垣前掲書『仏陀を背負いて街頭へ』、六頁。

(35) 「東京統一団本部教報」（『統一』三八九号、昭和二年八月号、一三頁）。

(36) 「噫、国友日斌上人」（同三九九号、昭和三年六月号、四五―四八頁）。以降、『統一』の発行所は名古屋の常楽寺から品川の妙国寺へ移転した。

(37) 梶木顕正「東京統一団本部教報」（同四〇二号、同年九月号、四九頁）。

(38) 同前、四九―五〇頁。

(39) 「趣意書」と「会則」、「人」（同会会員の自慶文）が、『統一』四〇二号（同年九月号、四七―四八頁）に掲載されている。

(40) 「宣言」は『宗報』一五〇号（昭和四年六月号、二七―二八頁）を、「宣伝綱領」は同一四九号（同年五月号、一五―一六頁）を参照のこと。

(41) 『宗報』一五〇号（二七頁）。

(42) 同一四九号（一六頁）。

(43) 以下、「知法思国会懇談会」（『統一』四〇三号、昭和三年一〇月号、四一―四八頁）を参照した。

(44) 『妹尾義郎日記』第三巻、三一六頁。

(45) 同前、三一六頁。

(46) 同前、三二〇頁。

(47) 立正大学日蓮教学研究所編『昭和定本日蓮遺文』第一巻（日蓮宗総本山身延山久遠寺、一九九二年、原著一九五二年）、五〇二頁。

(48) 初出は『統一』三五八号（大正一四年一月号、一―三二頁）。

(49) 『統一』四二三号（昭和五年五月号、八頁）。

(50) 赤澤史郎『近代日本の思想動員と宗教統制』（校倉書

房、一九八五年)、三五頁。
(51) 同前、三六頁。
(52) 「京都教報」(『統一』四〇六号、昭和四年一月号、四六頁)。
(53) 「番外諭達」(『宗報』一四二号、昭和三年一〇月号、一—三頁)ならびに「御大礼彙報」(同一四四号、同年一二月号、一〇—一六頁)を参照した。
(54) 「御大典と本会関係者」(『法華』一五巻一二号、昭和三年一二月号、八一—八二頁)。
(55) 「法勲高し仏教関係/表彰者祝賀会」(『天業民報』二四一三号、昭和三年一一月三〇日発行、三頁)。
(56) 祝賀会の模様は、『天業民報』二四二四号(同年一二月一八日発行)~同二四二六号(同年一二月二〇日発行)に報告されている。
(57) 「天聴に達す苦節五十年/護国の誓ひ更に新なり/天盃下賜祝賀会の盛況」(同二四二四号、三頁)。
(58) 「田中先生の表彰」(同二四一四号、同年一二月一日発行、一頁)。
(59) 一九二四年(大正一三)五月、智学によって結成された。高村光雲(彫刻家)、前田曙山(明治風俗研究家)、香取秀真(工芸家)、市島春城(評論家)、北原白秋(詩人)、木村壮八(画家)などの文士、美術家、実業家、学者などが集まった。前掲書『国柱会百年史』「第十五章 派生した活動と団体」の「国醇会」に詳しい。
(60) 「本多日生猊下/御恩賞祝賀会記事」(『統一』四〇六号、昭和四年一月号、一八—四〇頁)。なお、京都の妙満寺では、すでに一二月五日に祝賀会が行なわれていた。
(61) 同前、二三頁。
(62) その実施概要は、文部省『教化動員実施概況』(文部省、一九三〇年)に詳細にまとめられている。以下、この資料を随時参照する。
(63) 同前、二頁。
(64) 同前、三頁。
(65) 中央教化団体連合会『全国教化団体名鑑』(財団法人中央教化団体連合会、一九二九年)、編纂四頁。
(66) 『教化動員実施概況』、四頁。
(67) 山本悠二『教化団体連合史Ⅰ』(学文社、一九八六年)、二八頁。
(68) 「知法思国会の発祥」(『宗報』一四九号、昭和四年五月号、一四—一六頁)。
(69) 前注記事と「知法思国会記事」(『統一』四一一号、昭和四年六月号、四〇—四二頁)。
(70) 同前、四二頁。
(71) 前掲書『教化動員実施概況』、七三六—七三七頁。
(72) 浅草区新福井町の「顕本法華宗第一宗義布教所」(一八九三年一月開堂)の跡地に建設された会館。この布教所は一九〇九年(明治四二)に社団法人となり、顕本宗学研究会と改称された。小林日至、山名日宗、小西日喜と法統が継承された。関東大震災時に焼失するが、一九二八年(昭和三)一一月一五日、報恩閣として再建・開堂されている。
(73)「教化運動」(『統一』四一五号、昭和四年一〇月号、四二頁)。
(74)「統一団本部教線録」(同前、四七頁)。
(75)「名古屋布教報告」(同四一六号、同年一一月号、五二頁)。
(76)「神戸教信」(同前、五二頁)。
(77)『教』四巻一二号(昭和四年一二月号、七五頁)。
(78)活動の様子は、一日～一〇日までは「知法思国会街頭布教大運動記(其一)」(『統一』四一七号、昭和四年一二月号、三七―四三頁)、一一日から一一月三日までが「知法思国会街頭布教大運動記(其二)」(同四一八号、昭和五年一月号、三一―四五頁)に報告されている。以下の記述はこれらの記事にもとづく。
(79)同前「知法思国会街頭布教大運動記(其一)」、三七頁。なお、執筆者は不明だが、おそらく事務を担当していた磯辺か梶木であろう。
(80)同前「知法思国会街頭布教大運動記(其一)」、四二頁。
(81)「知法思国会の教化野外講演会」(『宗報』一五五号、昭和四年一一月号、一三頁)。
(82)第二期の街頭教化活動は、翌一九三〇年(昭和五)五月一二日から二一日まで、東京各所で実施されている。
(83)田中智学談「霊廟成れり矣／予が宗教事業の一段落」(『天業民報』二二〇〇号、昭和三年二月一四日発行、三頁)。
(84)『田中智学の国体開顕』(錦正社、一九四〇年)、一八七頁。
(85)田中智学「教化総動員前提の一として吾『国性芸術』に対する文部慫慂の大試演」(『天業民報』二六〇九号、昭和四年八月三〇日発行、二頁)。
(86)前掲書『教化動員実施概況』、七二六頁。
(87)その詳細は、『天業民報』二六〇六号(昭和四年八月二七日発行)から同二六一一号(同年九月一日発行)に随時掲載されている。以下の記述もこれらの記事を参照した。
(88)「教化総動員前提の一として吾『国性芸術』に対する文部慫慂の大試演」(『天業民報』二六〇八号、昭和四年八月二九日発行、二頁)。
(89)大会の概要は「文部省奨令教化総動員に対する／明治会委員大会」(『天業民報』二六〇九号、同年八月三〇日発行、三頁～同二六一〇号、同年八月三一日発行、三頁)に掲載されている。
(90)その演説録が『天業民報』二六一四号(同年九月五日発行)～同二六一六号(同年九月七日発行)に掲載されている。
(91)この七〇日間の活動内容は、明治会本部『文部省教化総動員明治会全国大宣伝成績概報』(明治会本部、一九二九年)に詳細に報告されている。以下、この報告書にもとづいて記述する。
(92)これは「先づ国体の元典に拠て、徐ろに国家意識を培養すべく、日夕念読の便を計」るために編まれた小冊子である。「天照大神神勅」「神武天皇聖勅」「明治天皇勅教」「大正天皇聖諭」「今上天皇聖勅」「明治天皇御製」、「日本国体学」の三綱五要八義が掲載されている。

(93) 以下、菅田幸一監修『国柱会仙台局史』(国柱会仙台局、一九八六年、二三—二八頁)ならびに明治会本部前掲書(五七—六〇頁)を参照した。

(94) その概要は、『天業民報』二六九九号(昭和四年一二月一七日発行)～同二七〇四号(同年一二月二二日発行)に詳しい。

(95) 野口は二年前の六月から英訳曼荼羅を携えて世界巡錫に出発し、ホノルル、北アメリカ、イギリス、フランス、セイロン島、インド、シンガポールを回っていた。日生遷化の報を聞き、この年五月六日に帰国したばかりであった。荼毘式が八月二八日に自坊の浅草妙経寺で、本葬が八月二九日に統一閣で八〇〇名の参列者を集めて営まれた。

(96) 設立経過については、磯部満事「統一団協賛会経過報告」(『統一』四三七号、昭和六年八月号、四四—四五頁)に詳しい。「趣意書」は同号(四一—四三頁)に、「会則」は同四三八号(同年九月号、三五—三七頁)に掲載されている。

(97) 会見の模様は、「井村管長と統一団幹部の懇談会」(『統一』四三七号、昭和六年八月号、三五—三九頁)に詳しい。以下の記述もこの記事にもとづく。

(98) 『統一』四三八号(同年九月号、四八頁)。

(99) 「国体主義政治進出の宣言」(『天業民報』二七五一号、昭和五年二月二三日、一頁)。

(100) その様子は「勅額拝戴式彙報」(『宗報』一七九号、昭和六年一一月号、一二—二三頁)に詳しい。

(101) 後日、小冊子として、明治会本部から刊行された。

(102) のちに『満蒙解決』(明治会本部、一九三二年)に所収。

終　章　国家と宗教

本書は、一八八〇～一九二〇年代の日蓮主義運動を対象として、近代日本の国家と宗教の関係（政教関係）と日蓮主義運動の運動的特徴を検討してきた。では、ここまでの考察から、何が明らかになったのであろうか？

一　近代宗教運動としての日蓮主義運動

田中智学と本多日生の日蓮主義運動は、すぐれて近代的な宗教運動であった。智学と日生は、近代という新しい時代のなかで、日蓮主義の教義・実践・組織の体系を整備した。そうして形成された日蓮主義にもとづき、歴史や社会に対する宗教的な意味づけや解釈を行ない、当時の時代状況に対応した運動目標（「あるべき日蓮教団」や「あるべき日本」）や布教・教化戦略（第一義・世界・為人・対治の「四悉檀」）を提起して、さまざまな活動を実践した。

そもそも両者の活動は、近代以前の日蓮仏教を捉え直すことからはじまった。智学は『本化摂折論』（一九〇二年）や『本化妙宗式目講義録』全五巻（一九〇四年）によって、「祖道復古」という日蓮ファンダメンタリズムを前面に押し出し、また日生は近代知（としての宗教学）の立場から、『法華経講義録』（一九〇六年）などを通じて、日蓮仏教を捉え直そうとした。こうしたふたりの姿勢は、いずれも近代的なものであった（モダニストとしての智学と日生）。日蓮仏教の捉え直しとは、近代社会における日蓮仏教のあり方を模索する営みであった。ふたりにとってまず問題となったのは、摂折問題（折伏・摂受に関する問題）であった。智学は、優陀那日輝流の摂受重視の宗教的立場に対して「超悉檀的折伏」を対置することで、折伏の復権を図り、また、日生も「積極的統一主義」という明確な折伏重視の姿勢を打ち出している。さらに両者は、龍口法難無根説・元寇予言否定説や四箇格言問題という出来事を通じて、折伏重視の宗教的立場を確立していくことになる。こうして、日蓮の根本的立場を折伏と規定する日蓮仏教の再解釈によって、日蓮仏教の再編集が図られ、積極的な社会的実践の教学的な基礎づけが図られた。

なお、日蓮仏教のあり方を変えていこうとするふたりの志向性は、当然のことながら、各方面でさまざまな軋轢を生じさせた。「宗門革命・祖道復古」を主張した智学の活動には、当初、日蓮門下からさまざまな批判が寄せられ、本尊の統一による雑乱勧請の廃止を指示した日生の宗派内政策は、保守的僧侶たちから猛反発を受けた。しかし、しだいに両者の主張は教団や宗派を越えた日蓮門下で影響力をもつことになる。折伏重視にみられるふたりの宗教的立場が、当時の状況のなかで、人びとに一定のリアリティをもって受け止められたのである。

智学と日生による改革志向性は、教学的レベルにとどまらず、組織的レベルにもおよんだ。智学は、在家信者を担い手とする在家仏教教団・立正安国会の組織化によって、近代社会における仏教のあり方を提示し、また日生は妙満寺派の中央集権化によって、近代社会に適合的な教団運営を実践したのである。さらに両者は、明治政府の宗教政策のなかで再編された近代日蓮教団の改革を訴えた。智学は宗門革命祖道復古義会の活動（一八九一年）を通じて「宗門革命・祖道復古」を唱え、『宗門之維新』（一九〇一年）による日蓮宗門改革のプログラムを提出し、日生も統一団の結成（一八九六年）によって「日宗統一」を掲げ、門下統合運動を中心的に牽引した。

両者は、教団組織の合理化による「あるべき日蓮教団」の実現をめざしたのである。

こうした教義・組織レベルの整備にもとづき、さまざまなヴァリエーションの活動が実践された。なかでも布教・教化活動では、当初の家庭集会（夜講）や演説会・講演会の開催にはじまり、後年の大規模な大衆集会にいたるまで、つねに活発な活動が繰り広げられた。そうした活動の背景には、折伏重視の宗教的立場にもとづく布教・教化戦略があった。智学と日生の活動を検討すると、つねに「四悉檀」の方針が使いわけられており、時代社会の状況に応じた戦略が提起されている（ただし、智学の「超悉檀の折伏」の主張にみられるように、ふたりの基本的立場はあくまでも折伏の実践が大前提だった）。いわば、日蓮門下の改革は「第一義悉檀」の実践であり、社会問題や思想問題といった世俗的な問題に対しては、「世界悉檀」「為人悉檀」「対治悉檀」による具体的な対応が図られた。こうした幅広い対応の前提には、日蓮主義が「一切に亘る指導原理」であるという認識があった。智学と日生は、日蓮主義が宗教問題にとどまらず、世俗的な問題にも幅広く対応すべきであると考え、実践した。それは近代社会において生起したさまざまな問題への対応であった。

こうしてみてくると、智学と日生の日蓮主義は、近代において再解釈・再編集された日蓮仏教のあり方であり、近代社会における日蓮仏教の実践のひとつのパターンであったことがわかる。現実社会に対応すべき宗教のダイナミズムというべきものが、「日蓮主義」という言葉によって表現されており、日蓮主義運動とは近代社会に発生し、展開された宗教運動なのである。ただしここで注意すべきは、ふたりの日蓮主義の源泉はあくまでも伝統的な日蓮仏教にあり、その伝統を近代化することで、両者は現実社会のなかに日蓮仏教の理想を現実化していくことを追求したことである。智学の復古的な日蓮ファンダメンタリズムはあくまでも近代的な現象なのである。日蓮仏教の近代化の具体的な試みが智学と日生による日蓮仏教の再解釈と再編集であり、この点に日蓮主義の重要な特徴があった。こうした日蓮主義の特徴が集約されたのが、近代日本の国民国家への対応であった（ナショナリストとしての智学と日生）。

二　近代日本の国家と宗教の関係

智学と日生というふたりの日蓮主義者は、近代日本の「あるべき国家と宗教」の関係を日蓮仏教の法国相関論（「立正安国」「法国冥合」「王仏冥合」）を再解釈して主張した。日蓮仏教の伝統的な教説を再編集して、近代国民国家に適応しようとしたわけである。ただし、智学と日生には違いがあった。智学は「国」概念を国土・国体・国家に分節したうえで、「本国土妙」の法門にもとづく「本門事観の国土観」によって、国民国家・日本を基礎づけた。そこから「現実の日本」（日本国家）に対する「あるべき日本」（日本国体）を析出し、日蓮主義によって基礎づけられた日本国体の観念を人びとが自覚することを訴えた。それに対して日生は、「国」＝国民国家・日本という措定のもとに、「国家本位」の主張を強調した。ただし、ふたりは『立正安国論』や『三大秘法抄』という日蓮のテクストに依拠して、「法国冥合」（政教一致）の実現を語っていた点で共通しており、とくに智学は「国立戒壇」論として、政教一致の過程をプログラム化している。両者は、あくまでも現実社会の政治体制と関わることで、「法国冥合」（政教一致）の実現をめざしたのである。智学と日生の法国相関論は、近代日本の国民国家を前提として、「国」を捉えていた。ただし、その言説は国主法従説にとどまるものではなかった。

一八八〇〜一九〇〇年代の政教関係

一八八〇〜一九〇〇年代の智学と日生は、「あるべき日蓮教団」の実現を求めて活動したが、この時期の両者にとっては、「法国冥合」（政教一致）はあくまでも「理想の日蓮教団」を通じて達成されるべき運動目的であった。であるがゆえに、一九〇二年（明治三五）の日蓮開宗六五〇年紀念大会を起点とする門下統合運動が積極的に推進されていったのである。

なお、ふたりは、一九〇〇年前後には日蓮仏教（日蓮主義）の国教化を提唱している。智学は『宗門之維新』（一九〇一年）と『本化妙宗式目講義録』（一九〇四年）で、本門戒壇（「国立戒壇」）の建立による国教の成立をプログラム化し、妙満寺派・統一団は、一八九八年（明治三一）に「国教定立に関する本団の主義主張」を発表して、仏教を「特別保護若しくは国教として奉信すべき」ことを訴えた。

両者の運動が現実の政治体制と関わるきっかけとなった出来事が、日露戦争（一九〇四〜五年）だった。ここから、両者の運動がナショナリスティックに転回していく。立正安国会は国諌運動によって「対国家的な」布教・教化活動を、顕本法華宗は戦時布教をそれぞれ実施している。なお、この時、智学は「日本国体学」（日蓮主義的国体論）を創唱し、日生も「日本国と法華経」の関係を明示して、「国体の宗教的解釈」を行なった。ふたりの日蓮主義が国体神話（天皇や日本）と交渉し、国体神話に日蓮主義的な意味づけを開始するようになるのが、この時期である。それは、日本のナショナリズムの道義性を保証する宗教的ナショナリズムの主張であった。その背景には、日清・日露戦争をへてナショナリズムと結合した国体神話の信憑構造の形成があり、国体神話は人びとの間でその信憑性を増していったのである。この過程で、両者の運動は国体神話を教義・実践体系の中に取り込むことになった。つまり、国体神話の信憑構造が形成されつつあった当時の社会状況のなかで、（ナショナリズムと結合した）国体神話を積極的に自分たちの宗教運動のなかに組み入れることで、状況適合的な活動を展開しようとしたのである。日蓮主義とナショナリズムの結びつきは国体神話の取り込みを通じて行なわれたのであり、智学と日生の宗教的ナショナリズムは、時代状況における日蓮主義と国体神話との交渉過程を検討することなくしては理解できないのである。こうした交渉がさらに進んだのが、一九一〇年代であった。

一九一〇年代の政教関係

この時期、智学と日生は、さらに状況適合的な布教・教化活動を繰り広げた。日露戦後、日生は感化救済事業や地方改良運動にコミットした社会活動を実践し、三教会同への参加によって、国家と宗教との連携を図った。一方、智学は国体擁護のキャンペーンで全国を回り、「国体観念の自覚」を訴求する精神教化活動を組織している。

また、日蓮主義が社会的に普及し、受容されていくのもこの時期であった。ふたりは国体論的日蓮主義を布教・教化することで、日蓮門下外の知識人や婦人、学生を組織するが、この時に築かれた知識人、軍人、政治家、教育者などを中心とする日蓮主義ネットワークが、これ以降の運動の社会基盤となる。このネットワークを通じて、両者は上からの布教・教化活動を実施した。つまり、日蓮主義運動は、国体神話の信憑構造と日蓮主義ネットワークという社会基盤に支えられながら、しだいに社会的な影響力を強めていったのである。

第一次世界大戦（一九一四―一八年）から一九二〇年代前半の社会危機のなかで、智学は――「本化宗学より見たる日本国体」（一九一九年）と『日本国体の研究』（一九二二年）によって――「日本国体学」を体系化して、「あるべき日本」の実現を強調するようになる。一方、日生は三教統一論を整備し、「建国の理想」や「皇室の尊厳」を自らの言説に組み入れ、「国民思想の統一」による「理想の国家」（つまり「あるべき日本」）の実現を主張した。こうして智学と日生は、日蓮主義と（日蓮主義によって基礎づけられた）日本国体を人びとに訴えることで、「あるべき日本」の実現による「法国冥合」（政教一致）の達成を図ろうとした。それは国柱会の運動方針にはっきりとみられ、日蓮主義的な「国体観念の自覚」が徹底されること（「世界悉檀」）を通じて、日蓮主義が国家へ普及すること（「第一義悉檀」）をめざした。国体神話と日蓮主義との密接な関係を宣伝することで、日蓮主義の普及を図ろうとしたのである。

すでにこの時期には、両教団の成員たちは日蓮主義的に意味づけされた国体神話を内在化したまなざしから、「国体観念の自覚」や「国民思想の統一」といった宗教的ナショナリズムを表明し、布教・教化活動に取り組んでいた。当時のインターナショナリスティックな価値と対抗しながら、国体論的な日蓮主義が広く社会に宣伝されたのである。

一九二〇年代の政教関係

智学と日生は、一九二〇年代を通じて、国体神話を教団の教義・実践・組織体系の中核に組み入れた国体論的日蓮主義運動を展開し、現実の政治体制との交渉を図るさまざまな活動を繰り広げた。日生は政府の教化活動にリンクした教化活動を組織し、智学は多くの国体運動を組織したが、両者にとって、立正大師諡号宣下（一九二二年）はエポック・メイキングな出来事となった。ふたりは、この出来事を国家と日蓮主義運動との最初の公的な交渉――「法国冥合の第一歩」――と解釈して、自分たちの運動に位置づけた。そして、国民精神作興詔書の教化活動をへて、智学は天業青年団の国諫運動、立憲養正会の政治運動、明治会の明治節制定運動や「新国民運動」などによって、国体運動を拡張しようとした。日生は、知法思国会によって「思想善導」の国民教化運動を組織した。

こうした両者の教化活動への貢献に対して、一九二八年（昭和三）に天杯が授与される。これもまた、智学と日生の活動を国家が公認とした出来事と解釈され、長年のふたりの主張が政府に届いたものと理解された。両者は翌年の教化総動員に参加し、現実の国家との協力体制のなかで教化活動をすることになる。政府は明治会や知法思国会を教化政策の一翼に組み込み、智学と日生もそれに応えた活動を実施した。

この一九二〇年代、とくに智学の運動では——「あるべき日本」の実現を図るために——宗教的な要素が後退し、国体論的な主張を前面に押し出した活動が多くみられた。「国体観念の自覚」を通じて、日蓮仏教の信仰に導くという手段は、ややもすれば国体論的な主張だけに終始することもあった。そのため、日蓮主義の主張が薄れ、他の教化団体や国家主義団体に対する日蓮主義運動の独自性が弱まった。また、「現実の日本」に対して「あるべき日本」が対置されることで、「現実の日本」に対する批判が理論的には前提とされていたが、実際の運動の過程ではそうした批判が失われ、政府との協力体制のもとで、日蓮主義運動と国家との交渉が図られた。たとえば、日生においては『立正安国論』による法国相関論が、宗教教団と国家との協調関係を正当化する根拠として用いられた場合もみられる。つまり、現実社会と積極的に関わろうとする日蓮主義は、ややもすれば現実の国家を批判する契機を失っていたのである。

一九二〇年代末から三〇年代にかけて、ふたたびナショナリズムが台頭し、国体神話の信憑構造が強化されていくことになるが、智学や日生による日蓮主義運動はその役目を終え、智学に影響を受けた石原莞爾や田中澤二、日生に影響を受けた妹尾義郎たちが新たな運動を組織していくことになる。彼らによって、日蓮主義の現実批判の言説と実践は継承されたのである。

以上、一八八〇～一九二〇年代を通じて、「法国冥合」（政教一致）の達成をめざした日蓮主義運動は、近代日本の国民国家の形成過程に対応しながら展開された。

とくに一九〇〇年代以降は国体神話の信憑構造を前提とした運動を組織し、一〇年代に日蓮仏教の法国相関論に日本国体を接続させた国体論的日蓮主義の言説を組み立て、二〇年代にかけて、当時の人びとがもっていた国体神話のリアリティに訴えかける国体論的日蓮主義運動を展開した。日生は、日蓮主義ネットワークによる人脈を活用して、日蓮主義と国家との交渉をめざし、智学は日蓮主義と国家を媒介する（と措定した）日本国体の信憑性の普及を通じて、「あるべき国家と宗教」の関係を達成しようとしたのである。

では、国体論的な言説によって布教・教化活動を図ることにはどんな意味があったのだろうか。序章で定義したように、国体神話とは天皇の権威を基礎づけ、近代日本の国家体制を正当化するための知識体系であるが、智学と日生は伝統的な日蓮仏教の教説に近代日本国家を正当化する国体神話を組み入れることで、「日本国体学」（日蓮主義的国体論）や三教統一論といった独自の法国相関論を再編集したうえで、さまざまな活動を組織し、現実の国家と交渉したのである。もちろん、智学と日生が組み入れた国体神話は宗教的に意味づけされたものであるが、その国体論的な日蓮主義は――国家の現状を批判するまなざしはもちながらも――現実の国家の正当性を否定するものではなく、むしろそれを補強・強化するシンボリックな役割を担っていた。つまり、近代日本の日蓮主義運動は、国体神話を媒介として国民国家との交渉を図り、「法国冥合」（政教一致）をめざしたのである。近代日本の国家と宗教の背景には、国体神話の信憑構造があり、その国体神話を媒介として、日蓮主義運動は展開されたのである。

三　日蓮主義運動の運動的特徴

両者の運動は、いうまでもなく日蓮主義（日蓮仏教）の言説による宗教活動が中心であった。しかし、日露戦争以降の社会状況に対応するなかで、社会活動、教化活動、政治活動、芸術活動というように活動の幅を広げていった。ただし、活動の基本的な方法は、精神教化による布教・教化が中心だった。そこでは、当時の人びとの生活苦といった個人レベルの問題に直接的に応えるよりは、国家・社会レベルの問題が重視され、さまざまな問題は国民の思想問題へ還元されたうえで、日蓮主義による「思想統一」や「思想善導」による意味的な解決が図られた。両者の運動には、精神教化活動を中心とする思想運動という特徴が明らかだった。

また、運動は――日生による東京、名古屋、京都、大阪、神戸の五大都市への巡回にみられるように――都市を中心として実施された。大都市や地方都市での教団支部や寺院、公共施設での演説会や講演会といった活動が繰り返されている。また、これらの演説会や講演会は――一九一〇年代以降は――地域の当局者や有力者をはじめとする中間支配層を動員しながら開催されている。とりわけ明治会の教化総動員に、その傾向は明らかである。また、日生の組織した天晴会や知法思国会などをみると、知識人や軍人、政治家、教育者、資本家などの社会上層の人びとを網羅している。日生は、小笠原長生、佐藤鉄太郎、宮岡直記、岩野直英らの海軍将校や大迫尚道、野沢悌吾、小原正恒、細野辰雄、佐藤梅太郎らの陸軍将校といった軍人をシンパとして獲得している。両者の運動は、こうした社会中上層への影響力が顕著であった。

では、実際の運動の担い手（会員や団員）は、どのような社会層から構成されていたのだろうか。この点に関してはじつは両教団とも具体的な資料がなく、特定することができないのだが、その概略を描くことはできる。

まず、国柱会であるが、第五章四で確認したように、一九二四年（大正一三）時点の会員数は七〇〇〇余名であり、二八年（昭和三）時点の支局数は八四であった。なお、明治会は二八年（昭和三）の時点で会員三万人、支部数七〇ヶ所を数えた（第九章一を参照）。国柱会の幹部の略歴をみると、[1]保坂智宙や長瀧智大、志村智鑑、鈴木智靖などは元日蓮宗僧侶であり、山川智応や高知尾智耀など、教員出身者も多かった。とくに絵画・美術商の小泉智健、簞笥店の経営者である鷲塚智英、呉服卸商の増本謙霊、質商の大橋謙済、石炭商の中平謙犹などのような中小商店主が多かった。このように僧侶や教員、中小商店主や中小工場の経営者などの旧中間層出身の会員が目立っている。なお、大正期以降には、新聞記者で大学講師もつとめた河野智新やサラリーマンの鹿山照谷のように新中間層もみられた。

では、幹部以外の会員の社会層はどうだったのか。

ここで、一九三二年（昭和七）一二月に刊行された『宗教大鑑』全四巻（読売新聞社）に注目したい。第三巻「基督教篇・諸教篇」のなかで――大本とならんで――国柱会の頁が設けられている。構成は「第一章　歴史」「第二章　教理」「第三章　現勢」からなり、保坂智宙、中島唯次郎、山川智応、安中昌信が執筆している。第三章の「第四節　会員の種類」のなかに次のような記述がある（執筆者は安中）。

「大体職業上から分類すると、商工農に属する人達が約五割を占め、医師、海陸軍人、船員が約二割半、文官、公吏、弁護士、新聞記者、等の人達が約一割半、その他の雑業一割である。（中略）若し教育程度を分かつと、専門学校以上大学教育を受けたるもの約一割五分、中等教育をを《ママ》受けたるもの三割八分である。中に医学、理学等の自然科学に属する学位を有する人が数名有るのは注目に足りる」(2)。

この記述を裏づける資料はないのだが、安中の記述によれば、中間層が圧倒的に多いことがうかがえるであろう。つまり、一九三〇年代初頭の国柱会会員は、中間層を中心とした社会中上層がおもな担い手であったと考えることができる。

また、日生の活動基盤であった統一団の団員数が、堀内英一郎の報告からわかる。雑誌『宇宙』昭和五年一〇月号は「日蓮各派大観」特集号であるが、顕本法華宗の項を（晩年の）日生と堀内英一郎、星野純義が執筆している。堀内は、一九三〇年（昭和五）当時の統一団と知法思国会について、「両者とも会員五六百名を有し、着々健実な発展をなしつゝある」と報告している(3)。第六章四で確認したように、一九一〇～二〇年代の統一団は東京、名古屋、京都、大阪、神戸の各都市を中心に地方支部を設け、一九二〇年（大正九）には『統一』の発行部数が三四〇〇～三五〇〇部を数えた（会員数は特定できない）。しかし、一九一五年（大正四）当時の『統一』発行部数が七〇〇～八〇〇部であることや星野の報告を踏まえると、統一団の団員は五〇〇～一〇〇〇人の間と考えるのが妥当ではなかろうか。なお、団員の社会層は特定できない。一方、顕本法華宗寺院は一九二〇年代末には三百数十寺院であり、その檀信徒を加えても、日生の日蓮主義運動の担い手の数はそれほど多くなかったことがわかる。しかし、天晴会や自慶会、知法思国会の活動にみられるように、日生の国民教化活動の担い手として、有力な社会上層の人びとがいた。

以上から、国柱会の日蓮主義運動は社会中上層をおもな担い手としており、当時の民衆に広く受け入れられたとはいえない。また、精神的な教化活動を中心とする活動内容からも、新宗教ではないことが明らかである。一方、日生の日蓮主義運動は――その国民教化運動に顕著なように――知識人や軍人将校などの社会上層を担い手とする教化活動に大きな特徴があった。ただし、日生の運動は基本的には顕本法華宗の僧侶や檀信徒を中心とする伝統教団の仏教運動であり、活動をおもに担ったのは各地の僧侶であり、特定の活動によっては、社会上層の有力な人びとが協力した。それに対して、智学の運動は在家の会員による在家仏教運動であり、一貫して在家者が活動の中心を担ったという違いがある。

このように、智学と日生が組織したさまざまな運動体による日蓮主義運動は、大都市や地方都市を拠点とし、社会中上層をおもな担い手とする精神教化活動を中心とする思想運動という特徴をもっていた。

こうした運動的特徴のもと、近代日本の日蓮主義運動は、『法華経』にもとづく「法国冥合」（政教一致）による日本統合と世界統一という理想世界の達成をめざして、社会的・政治的志向性をもって展開されたのである。

最後に、あらためて近代社会と日蓮主義の関係について言及し、本書を閉じよう。

日蓮仏教の特徴は、宗教が社会や政治との関わりのなかで自らの宗教的理想の実現を図ろうとする点にあるが、近代社会のなかでそれを実践したのが、智学と日生の日蓮主義であった。日蓮仏教を現実社会に適用するために、摂折論や法国相関論、本門戒壇論という日蓮仏教の伝統的な教説を再解釈し、再編集することで、当時の人びとに日蓮仏教の社会的実践を呼びかけたのである。

ふたりにとって日蓮主義とは、宗教という領域にとどまらず、政治・経済・社会・道徳というあらゆる領域に適用されるべき「一切に亘る指導原理」であった。機能分化の進む近代社会のなかで、他の領域も統合する価値原理として、日蓮主義は提唱された。つまり、日蓮主義を問うことは、政教関係を含めた近代社会における宗教のあり方を問うことであり、日本の近代化を問うことである。すでに本書で明らかにしたように、智学と日生の日蓮主義運動は、近代日本の現実社会に対して積極的にコミットし、「歴史への応答」[4]をはたしてきた。

近代社会において、宗教がどのように社会や政治と関わってきたのか、また、現代社会において、宗教はどのように社会や政治と関わろうとしているのか、筆者は、今後もこれらの課題を追求していくつもりである。

注

（1）　田中香浦監修『国柱会百年史』（宗教法人国柱会、一九八四年）「第十四章　国柱会を支えた人々」を参照した。

（2）　『宗教大鑑』三巻（読売新聞社）、一三七三―一三七四頁。

（3）　堀内英一郎「顕本法華宗現勢」（『宇宙』昭和五年一〇月号、八四頁）。

（4）　西山茂「日本の近・現代における国体論的日蓮主義の展開」（『東洋大学社会学部紀要』二二巻二号、一九八五年、一八八頁）。

おわりに

日蓮主義運動の研究をはじめてから、今年でちょうど一〇年になる。

大学に進学する時には仏教経典を原典から学ぼうと印度哲学科に入学したが、実際に学びはじめてみると、近代日本の宗教運動（大本や新興仏教青年同盟、創価学会）に興味をもち、宗教がどのように社会や政治と関わりながら理想世界を実現しようとしているのかに関心が移った。

さらに、宗教社会学の立場から近代日本の法華系仏教運動を研究したいと思い――二年間のブランクをへて――東洋大学大学院社会学研究科に進学した。西山茂先生のもとで日蓮主義の研究に取り組むこととなり、今日にいたる。

私は、西山先生の論文を通して、日蓮主義と出会った。大学四年生の冬、「日本近代と仏教――田中智学の『日本国体論』を中心に」（『月刊アーガマ』一〇七号、一九九〇年）を読み、新鮮な感動を覚えた。というのも、それまで国家迎合的な宗教運動と評価されてきた田中智学の日蓮主義運動が再検討され、智学の国体論が法華（日蓮仏教）信者の立場から、近代天皇制国家の正当化を試みたものであったことが論じられており、宗教と国家との関わりが鮮やかに考察されていたからである。この論文がつねに私の心のなかにあり、西山先生の指導を受けたく思い、東洋大学の大学院に進んだわけである。

この一〇年間を振り返ると、徹底した実証研究につとめるため、宗教法人国柱会や財団法人統一団に通いつめ、第一次資料にあたりながら考察を重ねては、研究会や学会で発表し、論文を執筆するという繰り返しだった。その間、智学と日生の文献を読み込み、両者の思想の全体像を把捉しつつ、五〇年分の機関誌を一頁一頁めくり、両者の運動の全体像の再構成に徹した。結果、当時の日蓮主義者たちの息づかいが聞こえるほど、その具体的な活動の内容が明らかになり、時代状況に対応しつつ、現実世界を変えようとした生きた宗教運動のダイナミズムをみいだすことができた気がする。そして、智学と日生の日蓮主義運動がどのように国家と関わりながら理想世界を実現しようとしたのかという問題を、修士論文を含めたいくつかの論文として発表してきた。

それらの研究成果は、博士論文「近代日本の『国家と宗教』の研究——一八八〇～一九二〇年代の日蓮主義運動の場合」にまとめ、一九九八年度に東洋大学に提出した。本書は、この博士論文をもとに大幅な加筆・修正をほどこした。しかしながら、やり残した課題は多い。たとえば政府の宗教政策の分析や日蓮主義運動と他の宗教運動との比較、さらには国体神話が当時の人びとに受容されていくメカニズムの分析など、いずれも重要な論点だが、今後の課題といわなければならない。ほかにも不十分点があると思うが、読者のみなさんのご批判・ご意見を仰ぎたい。

今後、私は、近現代日本の仏教系宗教運動がどのように歴史的に社会や政治と関わってきたのか、また現代においてどのように関わっているのかを検討し、さらにそうした宗教運動が社会的に構築されていくプロセスを研究していきたいと考えている。

本書を刊行するまでには、本当にたくさんの方々にお世話になった。この場を借りて、お礼申し上げたい。

まずは大学院入学以来、指導いただいた東洋大学の西山茂先生と小林幸一郎先生に厚く感謝申し上げる。すでにのべたように、私の研究の原点には、西山先生の論文との出会いがあり、研究の前提には西山先生の数多くの研究成果がある。さまざまな機会を通じて熱心に指導いただいたが、とりわけ博士論文の分析枠組や内容について数年間かけて根気強く指導いただいた経験は、私の貴重な財産である。西山先生からは、何よりも研究に取り組む研究者の姿勢を教わった。また、小林先生には、社会学理論から運動論にいたる幅広い領域に関して指導いただき、宗教運動を分析する際の社会学的視座をお教えいただいた。

西山先生、小林先生とともに博士論文の審査を引き受けてくださった竹内郁郎先生、学外から審査に加わってくださった立正大学の渡邉寶陽先生にも、あらためてお礼申し上げたい。また、菅沼晃先生には本書の出版に際して、心暖まる励ましと丁寧なアドバイスをいただいた。明治大学の孝本貢先生、東京大学の島薗進先生、愛知学院大学の林淳先生と山中弘先生、立正大学の安中尚史先生にも、数々のご教示をいただいた。

また、これまで調査を通じてたいへんお世話になった宗教法人国柱会と財団法人統一団をはじめとする教団や団体のみなさんに厚くお礼申し上げる。

国柱会では、田中暉丘会長をはじめ、大橋邦正理事長、大橋冨士子、大屋敬吉、神野進、秋場善彌、櫻井秀行、石見良教各氏、近畿地方連合局の麻田正廣、淀野寿夫、竹中順一、麻田道和各氏をはじめとするみなさんに多大なお力添えをいただいた。田中会長には貴重な資料を閲覧させていただくとともに、数々の有益なご教示をいただいた。貴重な写真をお貸しくださったことにも感謝したい。

師子王文庫資料室長の神野さんには、修士論文の執筆以来、お世話になりつづけた。東京の江戸川区一之江の国柱会本部にある資料室を訪れるたび、資料の閲覧や解説を快く引き受けてくださり、私の不躾な質問にもいつも丁寧に答えてくださった。神野さんに心からお礼の言葉を捧げる。

また、日本国体学会の河本學嗣郎氏、立憲養正会の小川力氏、展転社の相澤宏明氏、名宝刊行会の鎌田敏輝氏、浄妙全集刊行会の廣田龍五郎氏、そして大賀義明氏にも多くの有益なご教示をいただいた。

統一団と顕本法華宗では、和賀義進・信子夫妻、和賀正道、西條義昌、友廣和、会田秀吉各氏、牛込常楽寺の

河野時中、浅草妙経寺の山口裕光、三重実成寺の葛巻尊勇、四日市安楽寺の西方元証各氏、京都の妙満寺にお世話になった。とくに和賀夫妻と西條さんには、親身なご支援をいただいた。東京の北区滝野川の統一団本部では、貴重な資料を閲覧させていただくとともに、和賀義進氏から、当時から現在におよぶ統一団と顕本法華宗の活動を詳しく聞かせていただいた。また西條さんには、資料の収集や写真の貸与、関係者へのインタビューの仲介など、数々のご協力をいただいた。あらためて感謝申し上げたい。

資料の閲覧と収集に際しては、以下の研究機関や図書館にもお世話になった。国立国会図書館、大阪府立中之島図書館、大阪府立中央図書館、京都府立総合資料館、愛知県図書館、トヨタ博物館、産業技術記念館、東洋大学図書館、立正大学図書館、東京大学明治新聞雑誌文庫、慶應大学斯道文庫、佼成図書館。

また、張江洋直（稚内北星学園大学）、井出裕久（大正大学）、佐野正彦（鹿児島国際大学）、角田幹夫（東京電機大学非常勤講師）各氏をはじめとする社会科学基礎論研究会のメンバー、近現代宗教研究批評の会や新しい宗教性／霊性研究会のメンバー、東洋大学大学院の西山ゼミのみなさんにも、知的な刺激と有益な助言をいただくことができた。

なお、本書の刊行に際しては、東洋大学から、平成一二年度井上円了記念研究助成金の交付を受けることができた。

本書出版の機会を与えてくださったのは、法蔵館東京事務所の林美江さんである。林さんは私がお送りした企画書に関心をもっていただき、本書のプランを熱心に聞いてくださった。そして編集の過程では的確なアドバイスをいただいた。私がこれまで書いた論文とくらべて本書が多少なりとも読みやすくなっているとすれば、それは林さんのおかげである。あらためて心からの謝意を表したい。

最後に、これまで有形無形の支援をしてくれた両親の大谷勝利とりつ子、叔父の故鎧塚力雄と叔母の鎧塚澄子に感謝するとともに、私の研究のよき理解者であり、私の研究生活を支えてくれる妻の小尾真理子に最大の感謝を捧げる。

二〇〇一年一月

大谷栄一

【わ】

【や】

【ら】

【ま】

【は】

【な】

【た】

【さ】

【か】

索　引

【あ】

大谷栄一（おおたに えいいち）
1968年東京都に生まれる。99年東洋大学大学院社会学研究科博士課程修了。博士（社会学）。現在、南山宗教文化研究所研究員。専攻、宗教社会学、近代日本仏教史。著書に『構築される信念－宗教社会学のアクチュアリティを求めて』（ハーベスト社、共編著）、『岩波講座 宗教 第6巻 絆―共同性を問い直す』（岩波書店、共著）、『現代と仏教―いま、仏教が問うもの、問われるもの』（佼成出版社、共著）、主要論文に「近代日本の『仏教と政治』のクロスロード」（『南山宗教文化研究所所報』16号）などがある。

近代日本の日蓮主義運動

2001年2月20日 初版第1刷発行
2007年8月10日 初版第2刷発行

著　者　大谷栄一
発行者　西村七兵衛
発行所　株式会社 法藏館
〒600-8153 京都市下京区正面通烏丸東入
電　話　075(343)5656(営業)
電　話　075(343)0030(編集)

印刷 亜細亜印刷　製本 常川製本

ISBN978-4-8318-5626-5 C1015　Printed in Japan